Google
Alles über den
Philipp
Schorn
KAHAGE
ZEITUNG
8

Gymnasium Bayern

Deutschbuch

Sprach- und Lesebuch 8

Herausgegeben von
Wilhelm Matthiessen, Bernd Schurf
und Wieland Zirbs

Erarbeitet von
Johann Anetzberger (Passau),
Karl-Heinz Brauner (Rosenheim),
Gertraud Fuchsberger-Zirbs (Pfaffenhofen),
Martin Hann (München),
Andrea Mahlendorff (Geretsried),
Wilhelm Matthiessen (München),
Christl Ostertag (München),
Ute Reutin-Hoffmann (Vaterstetten)
Gerhard Ruhland (Freyung),
Johanna Schlagbauer (Ingolstadt),
Annegret Schneider (München),
Stephan von Weinrich (Simbach am Inn) und
Wieland Zirbs (Passau)

Unter Beratung von
Kurt Finkenzeller (Ingolstadt)
und Rainer Meisch (Würzburg)

Cornelsen

1

2

3

SPRECHEN UND SCHREIBEN

4

Aufbruch ins All – Informationen zusammenstellen und präsentieren

NACHDENKEN ÜBER SPRACHE

5

Detektivgeschichten – Sprache als Gestaltungsmittel

NACHDENKEN ÜBER SPRACHE • NACHDENKEN ÜBER SPRACHE

6

Stylish, trendy, hip – Die Entwicklung des Wortschatzes

6

7

8

9

10

11

12

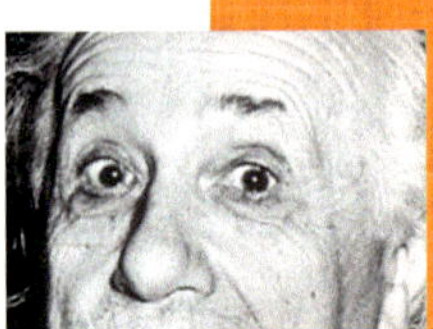

13

14

Die Zeitung als Informationsmedium

UMGEHEN MIT TEXTEN UND MEDIEN · UMGEHEN MIT TEXTEN

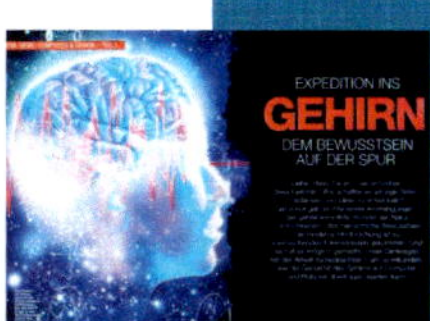

15

Im Bann der bunten Bilder – Zeitschriften im Visier

ARBEITSTECHNIKEN UND METHODEN

Grundwissen

GRUNDWISSEN

Wie ihr mit dem „Deutschbuch“ arbeiten könnt

Lernbereiche

Damit ihr euch leicht zurechtfindet, ist das Buch übersichtlich in Lernbereiche eingeteilt:

- SPRECHEN UND SCHREIBEN
- NACHDENKEN ÜBER SPRACHE
- UMGEHEN MIT TEXTEN UND MEDIEN
- ARBEITSTECHNIKEN UND METHODEN

Kapitelaufbau im Dreischritt

Beispiel:
1 *Die Macht der Musik – Inhaltsangaben schreiben*

Jedes Kapitel besteht aus drei Teilen:

Hauptlernbereich

Im ersten Teil wird das Thema des Kapitels erarbeitet.

1.1 *Klassik, Pop und Meistersinger – Den Inhalt von Sachtexten zusammenfassen*

Verknüpfung mit einem weiteren Lernbereich

Im zweiten Teil werden die Kenntnisse und Fertigkeiten, die ihr euch erworben habt, mit einem anderen Lernbereich verbunden.

1.2 *„Welten, von denen ich nichts geahnt“ – Den Inhalt von literarischen Texten zusammenfassen*

Üben, Vertiefen und Intensivieren des Gelernten

Der dritte Teil eines jeden Kapitels enthält Übungen zur Wiederholung, Vertiefung und Intensivierung des Gelernten. Mit diesem Teilkapitel könnt ihr auch allein arbeiten.

1.3 *Schreibwerkstatt – Das Zusammenfassen von Texten üben*

Grundwissen

! Wichtige Inhalte und Begriffe sind in den Kapiteln deutlich hervorgehoben.

TIPP Die Tipps geben euch Hilfestellungen, wie ihr an bestimmte Aufgaben herangehen könnt.

Am Ende des Buchs ist das Grundwissen aller Kapitel noch einmal zusammengefasst, damit ihr nachschlagen könnt, wenn ihr etwas schon vor längerer Zeit gelernt habt und euch nicht mehr genau erinnert (▷ S. 321–359).

Piktogramme

Die folgenden Piktogramme treten im Buch immer wieder auf und geben euch Hinweise, wie ihr mit den Materialien und Aufgaben arbeiten könnt.

- Partnerarbeit
- Gruppenarbeit
- Rollenspiel
- Arbeiten mit dem Computer
- fächerverbindende Aufgabe
- methodisches Arbeiten

1 Die Macht der Musik – Inhaltsangaben schreiben

1.1 Klassik, Pop und Meistersinger – Den Inhalt von Sachtexten zusammenfassen

1 *Besprecht, zu welchen verschiedenen Anlässen und Gelegenheiten Musik gemacht wird.*

2 *Erzählt von euren Erfahrungen und Vorlieben im Zusammenhang mit Musik:*
- *Welche Art von Musik hört ihr, welche eure Eltern, eure Geschwister und eure Freunde?*
- *Wann hört ihr welche Musik und wie wirkt sie dann auf euch?*
- *Spielt ihr ein Instrument? Welche Art von Musik macht ihr?*
- *Musiziert ihr in einem Orchester, einer Band oder singt ihr in einem Chor? Was macht euch daran besonders Spaß?*
- *Welche Musikveranstaltungen habt ihr in letzter Zeit besucht?*

3 *Erläutert, aus welchen Gründen Musik gehört oder gemacht wird.*

Den Inhalt des Textes verstehen

Meistersinger im Tierreich

Auch Tiere sind musikalisch

von Peter Hergersberg

Der englische Künstler Peter Gabriel hat schon mit vielen Menschen auf der Bühne gestanden, mit schrillen Sängerinnen und abgefahrenen Musikern, aber noch nie mit einer Partnerin, die so behaart war und dazu noch – aus Sicherheitsgründen – in einem Käfig saß. Pan Banisha heißt die Bonobo-Dame, die mit dem Briten an einem Experiment der Georgia State University in Atlanta teilnahm. Die amerikanischen Forscher wollten der Musikalität von Menschenaffen nachspüren.

Pan Banisha stand am Keyboard, Peter Gabriel und der Bassist Tony Levin gaben Rhythmus und Akkorde vor. Alles in a-Moll und ganz einfach, um das Affenweibchen in seiner ersten Musikstunde nicht zu überfordern. Pan Banisha erwies sich als Naturtalent. Schnell fand sie auf den Tasten heraus, welche Töne am besten zueinanderpassten. „Peter Gabriel war der Ansicht, der Bonobo habe sowohl die Harmonie als auch den Rhythmus richtig getroffen", sagt Sue Savage-Rumbaugh, die das Experiment als Biologin leitete. Für den Sänger war nach der Session klar, Bonobos sind musikalisch.

Das schlagzeilenträchtige Experiment in Atlanta hat ein weiteres Mal belegt, was manche Biologen vermuten: Musik ist nicht nur eine kulturelle Errungenschaft des Menschen. Auch in der Tierwelt wird gesungen und musiziert. Egal, ob Bonobos, Gibbons, Schimpansen, Buckelwale oder Kanarienvögel – sie alle machen Musik, das heißt, sie geben Tonfolgen von sich, die sie wiederholen und ausschmücken und die die Gefühle ansprechen. Die Frage, wie musikalisch unsere Verwandten sind, hat auch den Berliner Komponisten Lutz Glandien umgetrieben. Darum hat er Schimpansenrufe auf seinem Klavier nachgespielt. Das Ergebnis hat nicht nur ihn erstaunt. „Ich habe Notenfolgen gefunden, wie wir sie auch in der Jazzmusik kennen", erzählt er.

Ein stichhaltiger Beweis für die Musikalität von Tieren ist aber weder der Versuch Glandiens noch die Keyboard-Einlage von Pan Banisha. Deshalb will die Biologin Sue Savage-Rumbaugh nun die Musikalität der Bonobos systematisch erforschen. Denn auch sie weiß nicht, wie viel die Affen-Dame tatsächlich von dem verstanden hat, was sie da tat. Vielleicht sind alle bisherigen Belege nur Zufall und Produkte wissenschaftlicher Fantasie. Für reine Spielerei hält jedenfalls Michael Tomasello, der stellvertretende Direktor am Max-Planck-Institut für evolutionäre Anthropologie in Leipzig, das Experiment mit dem Bonobo. „Bislang haben wir überhaupt keine Hinweise darauf, dass andere Primaten als der Mensch musikalisch sind", sagt er.

Doch das könnte auch eine Sache der Definition sein. Wann werden Töne zur Musik? Patricia Gray, Pianistin und künstlerische Direktorin des Programms National Musical Arts an der National Academy of Sciences in Washington, DC, fasst den Begriff so: „Musik besteht aus Schallmustern", sagt sie, „die sich mit der Zeit und in der Tonhöhe verändern und zu einem emotionalen, sozialen, kulturellen und kognitiven Zweck erzeugt werden." Musik, so könnte man sagen, unterscheidet sich von bloßen Geräuschen durch die Absicht, mit der die Töne erzeugt und verbunden werden.

Ist das bei Tieren der Fall? „Durchaus", sagt Patricia Gray. Der Primatenforscher Thomas Geissmann, der am Anthropologischen Institut der Universität Zürich arbeitet, hat diese Frage an Schimpansen untersucht. Die Menschenaffen regen sich hörbar auf, wenn sie ihre Rufe, von Zoologen „loud-calls" genannt, zum Besten geben. Mit einem lockenden Glucksen fangen sie ihr Lied an, schrauben Töne und Tempo in die Höhe, bis sie am Ende in wildem Gezeter enden. Das furiose Finale begleiten sie mit aufgeregtem Gehopse. Mit ihrem Auftritt signalisieren sie akustisch ihren Rang in der Horde – je höher die Stellung, desto länger darf ein Männchen brüllen. Die Menschenaffen verbinden also Emotionen mit einem sozialen Ziel.

Auch wenn wir Menschen diese Laute nicht für Musik halten, so rühren sie doch an unsere Wurzeln. „Wir haben entdeckt, dass unsere Musik auf die loud-calls der Affen zurückgeht", erläutert Primatenforscher Geissmann. Aus den Lauten, die den gemeinsamen Vorfahren von Menschen und Menschenaffen über die Lippen kamen, hat nicht nur der Homo sapiens Musik gemacht. Auch Gibbons haben die Rufe kunstvoll weiterentwickelt. „Da sprechen wir eindeutig von Gesängen", urteilt Verhaltensbiologe Günter Tembrock, der bis zu seiner Emeritierung an der Berliner Humboldt-Universität gelehrt hat.

Tatsächlich ähneln die Lieder der Gibbons in mancher Hinsicht menschlichem Gesang. So fangen die Männchen mit einer einfachen Tonfolge an, die sie wiederholen und dabei immer weiter ausschmücken, wenn sie sich frühmorgens als Herr ihres Reviers zu erkennen geben. Der Gesang des Weißhandgibbons erinnert an eine elegisch schmachtende Sopranistin. Denn er lässt seine Stimme wie ein Opernsänger vibrieren, damit die Aufmerksamkeit der Zuhörer bei langen Tönen nicht nachlässt. Und viele Gibbons komponieren ihre Lieder sogar als Duett von Männchen und Weibchen. […]

Und das ist kein Zufall – vermutet jedenfalls Patricia Gray, die die Musikalität von Tieren erforscht: „Die Ähnlichkeit zwischen den Gesängen von Vögeln, Walen und Menschen legt nahe, dass es eine universelle Musik gibt." Vor allem Singvögel flöten Lieder, die der menschlichen Musik sehr nahekommen. Wie Bach, Beethoven oder Brahms beginnen sie oft mit einem Motiv aus wenigen Tönen, aus dem sie immer raffiniertere Klanggespinste formen. Dabei zwitschern sie häufig Tonleitern rauf und runter, die wir aus unserer Musik kennen. Manche können ein Motiv sogar in mehreren Tonarten vortragen. Auch für das gelungene Ende einer Arie zeigen sie dasselbe Gespür wie menschliche Musiker. Die enden nämlich meistens mit demselben Ton, mit dem sie angefangen haben. Bei so viel Gleichklang zwischen Mensch und Vogel erstaunt es kaum, dass sich in den Kompositionen der Menschen hin und wieder Motive von Vogelgesängen wiederfinden. Mozart hat sich zum Beispiel im Schlusssatz seines Klavierkonzerts Nr. 17 von einem Star inspirieren lassen. Auch Chopin und Beethoven haben Vögeln einiges abgelauscht. Schon im vergangenen Jahrhundert vermutete der Musikwissenschaftler Bernhard Hoffmann, dass Beethoven das Thema seiner fünften Symphonie von der Gartenammer hatte. „Das halte ich für sehr plausibel", sagt Günter Tembrock dazu. Der Vogel pfiff seine Phrase Anfang des 19. Jahrhunderts in den Bäumen, die die Alleen bei Wien säumten.

Durch diese Alleen spazierte der Deutsche regelmäßig. „Und er konnte zu dieser Zeit noch hören." […]

Ein besonderer Coup ist der Evolution gelungen, als sie die Kunst des Singens zum Kriterium der Partnerwahl machte. Dadurch entwickeln sich nämlich neue Arten besonders schnell. „Von den 49 Ordnungen der Vögel ist eine die der Singvögel", sagt Tembrock, „aber sie macht die Hälfte aller Vogelarten aus." Auch unter Heuschrecken und Grillen, deren Männchen ebenfalls akustisch um eine Partnerin werben, ist die Zahl der Arten besonders groß. Offensichtlich ist der Druck, immer neue Arten zu entwickeln, unter musizierenden Tieren besonders groß. „Vielleicht liegt das daran, dass sich der einzelne Vogel unter seinen Artgenossen hervortun muss", vermutet Zoologe Tembrock. Denn das Männchen mit der schönsten Stimme hat die besten Chancen bei den Weibchen. Das kann dazu führen, dass sich über Generationen neue Gesänge und damit auch neue Arten herausbilden. So unterscheiden sich die verschiedenen Rohrsänger vor allem durch ihren Gesang. Auch bei den Menschen wirkt eine schöne Stimme anziehend. Egal, ob Rockstar oder Operndiva – die Fans liegen ihnen zu Füßen.

natur + kosmos, April 2004

1 *a) Klärt mit Hilfe von Wörterbüchern und Lexika folgende Fremdwörter und Fachbegriffe:*

Bonobos (z. B. Z. 7) · Session (Z. 24) · Gibbons (Z. 30) · Primaten (Z. 57) · Anthropologie/anthropologisch (Z. 54, 74) · Homo sapiens (Z. 96) · Emeritierung (Z. 101) · elegisch (Z. 110) · universelle Musik (Z. 120) · Coup (Z. 152) · Evolution/evolutionär (Z. 152, 54)

b) Erklärt, warum der Begriff „wissenschaftliche Fantasie" (Z. 51) eine ungewöhnliche Wortkombination ist.

c) Besprecht, was mit Musizieren „zu einem emotionalen, sozialen, kulturellen und kognitiven Zweck" (Z. 66–68) gemeint ist.

d) Stellt andere Begriffe und Textstellen, die euch schwierig erscheinen, in der Klasse zur Diskussion.

2 *Ordnet die folgenden Wörter aus dem Text den beiden Bereichen „Biologie/Wissenschaft" und „Musik" zu. Wenn ihr Schwierigkeiten habt, lest die Wörter noch einmal im Textzusammenhang oder schlagt die Wörter in einem Wörterbuch nach.*

Akkord (Z. 14)
akustisch (Z. 84)
a-Moll (Z. 14)
Arie (Z. 130)
Artgenossen (Z. 165/166)
Definition (Z. 59/60)
Duett (Z. 115)
Experiment (Z. 8)
das furiose Finale (Z. 82)
Harmonie (Z. 20)
Keyboard (Z. 12)
komponieren (Z. 114)
Kriterium (Z. 153/154)
loud-calls (Z. 78)
Motiv (Z. 124)
Phrase (Z. 147)
Revier (Z. 108)
Rhythmus (Z. 13)
Rohrsänger (Z. 172)
Schallmuster (Z. 64/65)
Schimpanse (Z. 30)
Sopranistin (Z. 110)
Symphonie (Z. 144)
systematisch (Z. 46/47)
Tempo (Z. 80)
Thema (Z. 143)
Tonarten (Z. 129)
Tonleiter (Z. 126)
Zoologe (Z. 166)

3 *Erarbeitet mit Hilfe des Textes „Meistersinger im Tierreich" (▷ S. 10–12) eine Definition von Musik. Zieht dazu auch die beiden folgenden Textstellen heran:*

„Musik ist nicht nur eine kulturelle Errungenschaft des Menschen. Auch in der Tierwelt wird gesungen und musiziert. Egal, ob Bonobos, Gibbons, Schimpansen, Buckelwale oder Kanarienvögel – sie alle machen Musik, das heißt, sie geben Tonfolgen von sich, die sie wiederholen und ausschmücken und die die Gefühle ansprechen." *(Z. 27–34)*

„Wann werden Töne zur Musik? Patricia Gray, Pianistin und künstlerische Direktorin des Programms National Musical Arts an der National Academy of Sciences in Washington, DC, fasst den Begriff so: ‚Musik besteht aus Schallmustern', sagt sie, ‚die sich mit der Zeit und in der Tonhöhe verändern und zu einem emotionalen, sozialen, kulturellen und kognitiven Zweck erzeugt werden.' Musik, so könnte man sagen, unterscheidet sich von bloßen Geräuschen durch die Absicht, mit der die Töne erzeugt und verbunden werden." *(Z. 60–71)*

4 *a) Überprüft die folgenden Aussagen am Text und entscheidet dann, ob sie richtig oder falsch sind.*

- ☐ *Ähnlich wie die Menschen in ihren Musikkompositionen produzieren auch Tiere Tonfolgen.*
- ☐ *Tiere können zu vorgegebenen Akkorden und Rhythmen Lieder singen.*
- ☐ *Der Grund für das Musizieren bei Menschen und Tieren ist die universelle Musik.*
- ☐ *Tiere „singen" mit einer bestimmten Absicht, z. B. um einen Partner zu finden.*
- ☐ *Einige der bedeutendsten Komponisten haben Vogelgesänge in ihren Werken verarbeitet.*

b) Untersucht die Textabschnitte, in denen die Ähnlichkeit zwischen den Gesängen von Tieren und Menschen beschrieben wird. Erklärt, in welchen Punkten Parallelen zu finden sind und welche Vermutung daraus abgeleitet wird.

5 *Welche Argumente führen Kritiker gegen die These an, Tiere seien ähnlich musikalisch wie Menschen? Belegt eure Aussagen am Text.*

TIPP

Den Text „erlesen"

Ausgangspunkt jeder Textuntersuchung ist eine gründliche Lektüre der Textvorlage. Am besten ist es, wenn ihr den Text als Kopie vor euch liegen habt, dann könnt ihr den Text während des Lesens bearbeiten, z. B.: wichtige Textstellen und Schlüsselwörter markieren, in der Randspalte Anmerkungen zum Text notieren, zusammengehörende Sinnabschnitte durch Klammern kenntlich machen etc.
Auch das Nachschlagen von unbekannten Wörtern gehört zum „Erlesen" eines Textes.

Den Text in Sinnabschnitte gliedern und einen Schreibplan erstellen

6 *Um den Inhalt eines Textes vollständig zu erfassen, solltet ihr ihn zuerst in Sinnabschnitte gliedern.*

Als Beweis für die Musikalität von Tieren sind diese Ergebnisse nicht zu werten, da man nicht nachvollziehen kann, ob die Tiere die Tonfolgen bewusst erzeugen, oder ob die Tonfolgen nur zufällig entstehen.

a) Sucht im Text „Meistersinger im Tierreich" (▷ S. 10–12) die beiden Sinnabschnitte, die mit den obigen Sätzen zusammengefasst wurden.

Der Gesang einiger Gibbonaffenarten erinnert an Techniken der Opernsänger.

b) Unterteilt nun den gesamten Text in Sinnabschnitte und fasst jeden Abschnitt in ein oder zwei Sätzen zusammen.
Die Beispielsätze aus Aufgabe 6a könnt ihr an passender Stelle einsetzen.
Schreibt die Sätze untereinander in euer Heft und lasst rechts einen Rand für weitere Notizen, z. B.:

Z. 1–11: Der englische Musiker Peter Gabriel nimmt an einem Experiment teil, mit dem man herausfinden will, ob Menschenaffen musikalisch sind.

7 *Für die vollständige Analyse eines Textes ist nicht nur der Inhalt von Bedeutung, sondern ihr müsst auch den Gedankengang des Textes erschließen.*

a) Geht den Text „Meistersinger im Tierreich" (▷ S. 10–12) noch einmal durch und vermerkt neben euren Notizen aus Aufgabe 6, welche Funktion die einzelnen Sinnabschnitte haben.
Damit legt ihr einen Schreibplan für die Textzusammenfassung an.
Beachtet dabei folgende Fragen:

- ☐ *Ist eine Einleitung und/oder ein Schluss zu erkennen?*
- ☐ *Wo wird die Kernaussage (These) bzw. das Thema des Textes vorgestellt?*
- ☐ *Wo wird diese These bestätigt bzw. mit Beispielen belegt, wo wird sie angezweifelt oder widerlegt?*

Schreibplan „Meistersinger im Tierreich"

Sinnabschnitt	Zusammenfassung des Inhalts	Funktion des Abschnittes
Z. 1–11	Der englische Musiker Peter Gabriel nimmt an einem Experiment teil, mit dem man herausfinden will, ob Menschenaffen musikalisch sind.	Einleitung: Einstieg in das Thema über Schilderung eines Experiments
Z. 12–x	...	...

b) Vergleicht eure Schreibpläne miteinander und überarbeitet sie gegebenenfalls noch einmal.

8 *Bestimmt die Textsorte des Artikels „Meistersinger im Tierreich" (▷ S. 10–12). Belegt eure Aussagen mit Beispielen aus dem Text.*

Das Wichtigste in der Einleitung

9 *a) Beurteilt die nachstehenden Einleitungen von Textzusammenfassungen nach den folgenden Kriterien: Die Einleitung informiert sachlich und knapp*

- ☐ *über den Autor, den Titel, die Textsorte, die Quelle (Fundstelle, wo der Text erschienen ist) und*
- ☐ *benennt das Thema bzw. die Kernaussage des Textes.*

1 Peter Hergersberg schreibt in „Meistersinger im Tierreich" über die Musik der Tiere.

2 In dem Artikel „Meistersinger im Tierreich" von Peter Hergersberg aus der Zeitschrift natur + kosmos vom April 2004 wird der Frage nachgegangen, ob Tiere musikalisch sind und inwieweit Musik in der Tierwelt eine Rolle spielt.

3 Peter Hergersberg beschreibt mit seinem Artikel „Meistersinger im Tierreich" in der Zeitschrift natur + kosmos vom April 2004, wie Tiere Musik machen.

4 In seinem interessanten Artikel „Meistersinger im Tierreich" fragt sich der Autor Peter Hergersberg, ob Tiere Musik machen können und musikalisch sind.

b) Formuliert selbstständig eine Einleitung zum Text „Meistersinger im Tierreich". Beachtet dabei die oben angeführten Merkmale.

c) Besprecht eure Einleitungen. Was hat euch gut gefallen, was müsste noch ergänzt oder verbessert werden?

10 *a) Wählt die beste Einleitung aus und verfasst mit Hilfe eures Schreibplans von Aufgabe 7 (▷ S. 14) eine vollständige Inhaltsangabe. Orientiert euch dabei an den Regeln im Merkkasten.*

b) Überarbeitet eure Inhaltsangaben mit Hilfe der Checkliste auf Seite 323.

!

Den Inhalt eines Sachtextes zusammenfassen

Die Inhaltsangabe informiert **kurz** und **sachlich** über den Inhalt und den Gedankengang des Textes. Dabei gelten für die Zusammenfassung von Sachtexten grundsätzlich die gleichen Regeln wie für das Zusammenfassen literarischer Texte.

Aufbau:
Informierende **Einleitung**: Die Einleitung macht Angaben über den Autor, den Titel, die Textsorte, ggf. die Quelle (Fundstelle, wo der Text erschienen ist) und benennt das Thema bzw. die Kernaussage des Textes. Im **Hauptteil** werden der Inhalt und der Gedankengang des Textes in eigenen Worten zusammengefasst.

Stil und Sprache:
Die **Zeitform** ist das **Präsens** (bei Vorzeitigkeit das Perfekt). Der Stil ist **sachlich** und **knapp** (Sachstil). Der Inhalt des Textes wird bei der Zusammenfassung mit **eigenen Worten** wiedergegeben, die gedanklichen Zusammenhänge werden durch Konjunktionen und Adverbien verdeutlicht.
Die in Sachtexten verwendeten Fachbegriffe lassen sich oft nicht mit eigenen Formulierungen wiedergeben, deshalb kann man sie übernehmen. In einer Textzusammenfassung erscheint **keine wörtliche Rede.** Unverzichtbare Äußerungen werden als indirekte Rede oder in einem Aussagesatz wiedergegeben.

Cello meets E-Gitarre

Die Wege zweier passionierter Instrumentalisten zu Klassik und Pop

von Werner Bohl

Leben ohne Musik? Unvorstellbar! Das gilt für beide jungen Musiker. Doch sind sie von früh auf ganz unterschiedliche Wege zur Musik gegangen: Inga Vietzen spielt Cello, liebt Schostakowitsch und Brahms, Robert Bolze ist Gitarrist in einer Rockband und steht auf Led Zeppelin und Fiction Factory. Wir fragen: Warum entscheiden sich junge Instrumentalisten – abseits professioneller Ambitionen – für Klassik oder Pop, diese scheinbar so diametral gegenüberstehenden Musikwelten?

Das „Musikforum" brachte die Hobbymusiker zusammen, die sich in der Sphäre der Musik sonst wohl nie begegnet wären. Warum entwickeln sich junge Leute so unterschiedlich, wo war die Weiche im musikalischen Lebenslauf? Wir führten eine ungeniert unrepräsentative Umfrage durch – eine kurz belichtete Aufnahme zweier musikalischer Sozialisationsprozesse, die nichtsdestotrotz ein gutes Stück des gesellschaftlichen Panoramas einfängt.

„Ich bin von Anfang an den klassischen Weg gegangen", erzählt Inga, deren Eltern beide in Laienchören singen und die den Musikgeschmack der Tochter schon in früher Jugend nachdrücklich prägten. „Zu Hause hörte meine Familie eigentlich nur klassische Musik – im Radio und von der Schallplatte." Schon als „lütte Deern" hat die Hamburgerin mit der Blockflöte und später der Altflöte begonnen, im Alter von sieben kam das Klavier hinzu. „Schon frühzeitig hatte ich aber den Wunsch, ein Orchesterinstrument zu erlernen, und habe mich – da war ich elf Jahre alt – für das Cello entschieden." Als Teenie habe sie zwar nebenher auch gerne populäre Musik gehört, aber „die Klassik hat für mich immer einen besonderen Stellenwert behalten". Ganz anders die Verhältnisse im „Hause Bolze" – in einem bürgerlichen, handwerklichen Milieu: „Meine Eltern", berichtet Robert, „sind völlig unmusikalisch. Die tanzen zwar gerne, aber das ist auch alles." In Berührung mit der Musik kam auch er mit vier, fünf Jahren. Er erinnert sich an den Bekannten seines Opas im Vogtland, hinter dessen Plüschsofa eine alte Gitarre verstaubte. „Die habe ich mir als kleiner Steppke gegriffen und darauf endlos herumgeklimpert. Da kam zwar nichts Vernünftiges raus, aber ich hatte einen Riesenspaß und wollte nur noch eins: Gitarre lernen!" Ein Jahr später zu Weihnachten lag dann ein großes Paket unterm Tannenbaum und darin – eine echte Musima-Gitarre für einen strahlenden Robert. Die Großeltern hatten die Begeisterung des Jungen ernst genommen. Und schon mit sechs Jahren besuchte Robert die Falkenseer Musikschule, nahm in einer Lerngruppe Fingerfühlung mit den Saiten der Konzertgitarre auf. Erlebte auch schnell die ersten Erfolgsmomente, als er vor Eltern und Schülern vorspielen durfte.

Befragt nach ihrem prägenden Erlebnis, nach der Initialzündung fürs Musikmachen, schüttelt Inga Vietzen den Kopf. Diesen entscheidenden Moment habe es nicht gegeben. „Es war einfach der warme Klang des Cellos, der mich fasziniert hat. Ich hatte es auch kurze Zeit mit der Geige versucht, fand daran aber nicht so viel Spaß. Auch zum Klavier habe ich nie einen so engen Bezug gefunden. Am Cello ist man irgendwie näher dran und kann über das Vibrato mehr mit den Tönen machen." Inga liebt ihr Instrument, hat aber andererseits nicht nur gute Erinnerungen an den ersten Cellounterricht. Der sei über längere Zeit gar nicht so angenehm gewesen. Einerseits, weil „ich ein bisschen schüchtern war", andererseits, weil doch ein „gewisser Zwang zum Üben" im

Raum stand. „Erst später, mit der Erfahrung des Orchesterspiels, hat mir das Musizieren wirklich Spaß gebracht und hat begonnen, mir selbst und meinen Wünschen zu entsprechen."

Wie lief es mit dem Gitarrenunterricht? Abc-Schütze Robert Bolze hatte zunächst sein Vergnügen – aber auch nicht allzu lange. Die ersten Griff-Erfolge waren bald ausgereizt, die Gitarrenlehrerin sei „so verquatscht" gewesen und habe ihn nur mit volkstümlichen Weisen („Alle Vöglein sind schon da") und klassischen Stücken gelangweilt. „Das ging mir voll gegen den Strich", erinnert sich Robert. Warum er konsequent „drangeblieben" ist am Unterricht? „Weil ich in Warteposition war", verrät Robert, „um den Platz in der E-Gitarrenstunde zu ergattern. Mit der elektrischen Gitarre begann der Spaß sowieso erst richtig!"

So weit, so gut – was den privaten musischen Unterricht in der Freizeit angeht. Welche Bedeutung aber hatten die Musikstunden in der Grundschule und vor allem im Gymnasium für das musikalische Faible? „Der schulische Musikunterricht", bedauert Inga, „hat auf mein Interesse für das Musizieren keinen Einfluss gehabt. Eher schon das freiwillige Spielen im Schulorchester. Einen Lehrer, der das Erlernen eines Instruments angeregt hätte, hatten wir nicht." Schlechte Erfahrungen machte sie auch gelegentlich mit den Mitschülern; da hätte es immer einige gegeben, die sie in die „Klassikecke" abgestellt und ein bisschen „verarscht" hätten – eine unangenehme Erinnerung, aber auch eine Zeiterscheinung, die sie bald selbstbewusst übergehen konnte.

Robert schaut zufriedener auf die Schulzeit zurück: „Der Musikunterricht war in der Grundschule ein Raum für mich, wo ich die Sau rauslassen konnte. Ich durfte Gitarre vorspielen, die anderen haben zugeguckt und ich hab's genossen, vor allem beim Weihnachtsfest." Besonders lobt Robert die Musik-Leistungskurse auf dem Gymnasium – die seien „toll" gewesen, sowohl theoretisch und musikhistorisch wie praktisch. „Da haben wir Projekte und Themenabende organisiert, dafür speziell Räume geschmückt und Musikstücke geschrieben." Seine Musikbegeisterung habe dadurch nur gewonnen.

Roberts Worten folgt Inga Vietzen fast ein wenig neidisch. „Ich habe gegensätzliche Erfahrungen", berichtet sie, „Musikstunde – das war eher abschreckend! Die wenigen, die ein Instrument beherrschten, konnten mit dem Unterricht eigentlich gar nichts anfangen. Es gab nur einen richtig guten Lehrer, der Begeisterung für Musik überzeugend vermitteln konnte." Inga hätte im Gymnasium durchaus ihren musischen Frust „geschoben", wäre da nicht das Schulorchester gewesen, das sich zu einer „eingeschworenen Gemeinschaft" entwickelt hätte, in der das gemeinsame Musizieren mit Lust und Laune verbunden war.

Sehr viel intensiver gestaltete sich für sie die musische Ausbildung am Konservatorium in Hamburg, wo sie im Alter von 14 Jahren nicht nur einen neuen Lehrer fand, sondern auch in einem Celloquartett und in einem Kammermusikduo spielte, mit denen sie kleinere Auftritte absolvierte. Drei Jahre später ein weiterer wichtiger Schritt: Ingas Eintritt in das Hamburger Jugendorchester. Das Ensemble hat sie dazu motiviert, mehr zu spielen, mehr zu üben: „Ein Push-Faktor!" Im Jugendorchester war die Qualität der musikalischen Arbeit plötzlich eine ganz andere, viel höhere. Professionelle Ambitionen als Cellistin, so Inga, habe sie aber nie wirklich entwickelt. „Da hätte ich viel früher anfangen und das Musizieren noch intensiver betreiben müssen." Jetzt sei sie froh, nie ernsthaft über den Beruf als Musikerin nachgedacht zu haben. Dazu hätte sie sich zu stark auf die Musik konzentrieren müssen; die sei für sie – bei ihrem großen Literaturinteresse – eben doch nicht alles im Leben.

Robert ist heute – neben seiner Ausbildung zum Musiktherapeuten in Berlin – Gitarrist in einer Amateurband. „Rock's Core" spielen zu fünft Rock, Pop, Oldies, Partymusik und die Charts der 60er bis 90er „rauf und runter", verdienen sich Geld mit gelegentlichen Wochenend-Gigs. – Wie wurde Robert Bolze zum Rock-„Gitarrero"? Wie war das mit dieser E-Gitarre in der Musikschule? „Am Anfang ging es mir gar nicht um Rockmusik", gesteht er ein, „der wichtigste Aspekt war für mich die Elektronik an sich, die Kabel, die Anschlüsse, die Effektgeräte. Ich interessierte mich einfach für die Technik und für die Möglichkeiten, der Gitarre mit Hilfe dieser Technik die verrücktesten Klänge zu entlocken." Aber bald sei auch die Musik selbst in den Vordergrund gerückt. Sein Musikschullehrer, selbst zeitweise Gitarrist in der Modern-Talking-Band, habe ihn optimal angeleitet, sei auf ihn eingegangen, indem er ihn die Musiknummern und die Sounds spielen ließ, zu denen er Lust hatte. Bald keimte der Gedanke, in einer Band zu spielen, zunächst noch ohne klare Konturen. Ein Freund am Gymnasium war es schließlich, der ihn im Rahmen eines schulischen Musikprojekts ansprach, ob er nicht Lust hätte, in eine neue Band einzusteigen. Robert hat nicht gezögert. Er war 16, plötzlich Mitglied in einer Popgruppe und genoss den Höreffekt, Teil eines soundstarken Ensembles zu sein.

Eine Karriere als Popstar hält er nun, fünf Jahre älter und reifer geworden, für eher unrealistisch. „Das ist blauer Dunst und auch Glückssache." Er will sich ein sicheres berufliches Standbein schaffen, feilt andererseits aber mit seinen Kollegen an eigenen Songs – wer weiß, was die Zukunft bringt?

Werden die musikalischen Fertigkeiten noch fortentwickelt? „Ich habe schon lange nicht mehr an meinem Cellospiel gearbeitet", gesteht Inga, „würde aber gerne wieder mehr Kammermusik machen. Wenn man immer nur im Orchester spielt, schleichen sich Fehler, Ungenauigkeiten ein. Man hört sich selbst zu wenig." Reizvoll fände sie es auch, einmal etwas ganz Neues auf dem Cello auszuprobieren. „Fortbildung? Nur noch im Selbststudium", sagt Robert. „Ich besorge mir Bücher mit Gitarrenakkorden oder treibe Gehörbildung, indem ich mir Stücke anhöre und dann versuche, die Harmonien nachzuspielen."

Vorurteile oder gar Vorbehalte haben die beiden jungen Hobbymusiker nicht, was die Musikvorlieben des jeweils anderen angeht. Inga hört ohnehin regelmäßig Popmusik, hätte keine Probleme damit, sich ein Konzert von „Rock's Core" anzuhören. Und auch Rocker Robert hatte jüngst eine befriedigende Begegnung mit der Klassik: „Ich habe mir vor kurzem eine CD mit Mozart und anderen Komponisten gekauft. Echt günstig, vier Euro neunzig für drei CDs!" Warum? „Weil da Entspannung draufstand! Und weil ich im Rahmen meines Musiktherapie-Studiums ein Praktikum mit geistig behinderten Kindern mache, mit denen ich musiziere und Entspannungsübungen treibe. Ich fand die Musik richtig schön, kann dabei abschalten, auch ganz gut arbeiten." Klassische Musik, erklärt Robert, sei im Vergleich zur Popmusik ohnehin besser anwendbar in seinem zukünftigen Beruf als Musiktherapeut.

Wie viel Zeit wird in die Musik investiert, ist sie nur die schönste Nebensache? „Sie ist mehr als das", versichert Robert. „Wenn ich in meinem Nebenjob Essen ausfahre, höre ich Kassetten und übe so meine Lieder ein. Mein komplettes Geld, fast meine ganze freie Zeit stecke ich in die Musik. Ich kann nicht anders, ich bin vereinnahmt von der Musik." Inga musste in letzter Zeit nach einer Sehnenscheidenentzündung notgedrungen kürzertreten. Wenn sie gesund ist, sagt sie, hat sie fast täglich ein wenig Zeit für das Cellospiel und zum Üben. Hinzu kommen die wöchentlichen Proben mit der studentischen Philharmonie und regelmäßige Wochenendtreffen des Studentenorchesters.

Auf die allgemeine Frage, was ihr Musik bedeute, denkt Inga Vietzen eine Weile nach: „Natürlich spielt sie eine ganz zentrale Rolle. Wobei mir, glaube ich, der Aspekt der Kommunikation und des persönlichen Ausdrucks fast am wichtigsten ist. Auf der Ebene der Musik lässt es sich ganz anders, vielleicht sogar intensiver mit anderen Menschen kommunizieren als auf der verbalen. Ein Leben ohne Musik kann ich mir gar nicht mehr vorstellen."

Aus Robert Bolze sprudelt es hervor: „Mit Musik kann ich Gefühle äußern, ohne Worte zu sagen. Wenn es mir dreckig geht, spiele ich Gitarre. Mit Musik kann ich mich abreagieren. Und dann steht mir auch manchmal eine Träne im Auge." Früher, bevor er in der Band spielte, sei er schüchtern gewesen, erzählt Robert. Mit der Musik, mit den Live-Auftritten vor vielen Menschen habe er sich persönlich profiliert, weil er Anerkennung bekam, plötzlich akzeptiert wurde. „Musik hat mich stark gemacht. Ich gehe jetzt sicherer und selbstbewusster durchs Leben. Und ich habe gelernt, mit Menschen umzugehen, auf sie zuzugehen und besser mit auftretenden Problemen klarzukommen."

Musikforum April – Juni 2005

1 *a) Schreibt die zentrale Frage heraus, die vermutlich den Autor dazu bewegt hat, den Artikel zu schreiben. Formuliert dann in eigenen Worten die Kernaussage des Textes.*
b) Lest noch einmal im Text nach, wie der Autor Informationen und Material für seine Arbeit eingeholt hat. Überlegt dabei auch, wer mit „wir" (Z. 7 u. 17) gemeint ist.

2 *Was sagt die Formulierung: „Wir führten eine ungeniert unrepräsentative Umfrage durch" (Z. 17–18), über die Absicht des Textes aus?*

3 *Stellt in Stichworten zusammen, was man über die beiden Personen im Text erfährt. Beachtet dabei folgende Punkte:*

Name | Herkunft | Familie | (Schul-) Ausbildung | Berufswunsch
Instrumente | Musikrichtung

4 a) *Erarbeitet aus dem Text (▷ S. 16–19) die Leitfragen, die den beiden Jugendlichen gestellt wurden, und schreibt sie in eigenen Worten auf. Fasst die jeweiligen Antworten auf die einzelnen Fragen in ein oder zwei Sätzen zusammen und notiert sie unter der entsprechenden Leitfrage.*
TIPP: *Schreibt im Präsens und verwendet bei Vorzeitigkeit das Perfekt.*
Beispiel: Hat es ein entscheidendes Erlebnis für das Musikmachen gegeben? (vgl. Z. 62/63)

Für Inga hat es kein ausschlaggebendes Ereignis gegeben, das sie zum Musizieren gebracht hat. Über die Geige und das Klavier ist sie zum Cello gekommen, bei dem sie von Anfang an den warmen Klang gemocht hat.

Robert hat als Kind bei einem Bekannten eine Gitarre entdeckt und hat daraufhin begonnen, das Instrument zu erlernen. Entscheidend für seine weitere Musikausbildung ist der Wechsel auf die E-Gitarre gewesen.

b) *Arbeitet die Gemeinsamkeiten in Ingas und Roberts Antworten heraus.*
c) *Erklärt den folgenden Satz von Inga: „Auf der Ebene der Musik lässt es sich ganz anders, vielleicht sogar intensiver mit anderen Menschen kommunizieren als auf der verbalen" (Z. 258–261).*

5 *Beschreibt, wie der Artikel aufgebaut ist. Lest dazu auch noch einmal im Text (▷ S. 16–19) nach.*

6 *Besprecht, welche Möglichkeiten es gibt, die wörtliche Rede in dem Abschnitt Z. 22–61 wiederzugeben. Formt einige Sätze dieses Abschnitts für eine Inhaltsangabe um. Probiert dabei unterschiedliche Möglichkeiten der Redewiedergabe aus (▷ Formen der Redewiedergabe S. 112).*

7 *Vergleicht die folgenden Auszüge aus Inhaltsangaben miteinander. Unterscheidet, wie jeweils der Inhalt und der Gedankengang des Textes wiedergegeben werden, und begründet, welche Inhaltsangabe ihr für gelungener haltet.*

Dann werden die beiden gefragt, wie viel Zeit sie in die Musik investieren. Robert antwortet, dass sie mehr als nur die schönste Nebensache sei und er auch in seinem Nebenjob Kassetten höre und so seine Lieder einübe. Außerdem stecke er fast sein ganzes Geld und seine freie Zeit in die Musik. Inga kann nach einer Sehnenscheidenentzündung nicht so viel spielen. Wenn sie aber gesund ist, übt sie fast täglich und geht zu Proben und Wochenenden des Studentenorchesters.

Die anschließende Frage, ob die beiden sich musikalisch fortbilden, verneint Inga. Sie wünscht sich aber mehr Gelegenheit zur Kammermusik, die sie zum exakten Spiel zwingt. Außerdem würde es sie reizen, etwas völlig Neues am Cello zu versuchen. Robert bemüht sich, mit Hilfe von Büchern weiterzukommen und sein Gehör zu schulen.
Den nächsten Punkt stellt die Einschätzung der Musikrichtung des jeweils anderen dar. Inga hat sich schon immer auch für Popmusik interessiert, während Robert die klassische Musik zum Entspannen erst kürzlich über eine CD entdeckt hat.

8 a) *Fasst mit Hilfe eurer Ergebnisse aus den Aufgaben 1 bis 7 den Text „Cello meets E-Gitarre" (▷ S. 16–19) schriftlich zusammen. Orientiert euch dabei an dem Merkkasten auf Seite 15.*
b) *Überarbeitet eure Inhaltsangabe mit Hilfe der Checkliste auf Seite 323.*

1.2 „Welten, von denen ich nichts geahnt“ – Den Inhalt von literarischen Texten zusammenfassen

Pierre Bellemare

Das 20 000-Dollar-Konzert

Giuseppe Lazzio gönnt sich ein paar Mußestunden in seinem Hotelzimmer über der traumhaften Bucht von Rio. Es ist April 1947, Herbst – die schönste Jahreszeit in Brasilien. Nicht mehr zu heiß, angenehm mild.
Giuseppe Lazzio ist Amerikaner, wenn auch natürlich, wie es sein Name verrät, italienischer Herkunft. Und er ist der berühmteste Bass der Metropolitan Opera in New York. Nur noch vier Konzerte und seine Tournee durch Brasilien ist beendet. Mit Genuss schlürft er auf seiner Terrasse einen erfrischenden Orangensaft. Wie schön das Leben ist! Giuseppe ist 40 Jahre alt. Er hat sich noch nie so wohl in seiner Haut gefühlt wie gerade jetzt. Die Brasilientournee war ein einziger Erfolg. Manche Kritiker sprachen sogar von einem Triumph. Wochenlang ist der Opernstar überall empfangen worden und alle Welt war reizend zu ihm – ganz besonders die Frauen. Welch ein aufregendes Land! Leider geht die Tournee in vier Tagen zu Ende, aber Giuseppe hat beschlossen, länger dazubleiben – zwei Wochen Urlaub, endlich. Und er ist fest entschlossen, diese wohlverdiente Freizeit auszunützen. Er wird sich ins Vergnügen stürzen. In der Tat, das Leben meint es wirklich gut mit ihm.
Es klopft an der Tür. Etwas verärgert taucht Giuseppe Lazzio aus seiner Träumerei auf und öffnet. Ein kleiner, braun gebrannter Mann steht vor ihm mit einer schwarzen Mappe unterm Arm. Er wirkt schüchtern, ja, fast ängstlich: „Herr Lazzio? Würden Sie mir gestatten ... Ich möchte nur ganz kurz mit Ihnen reden. Es dauert bestimmt nicht lange!“
Giuseppe stellt keine Fragen und mit einladender Geste bittet er den Mann einzutreten. Im Grunde genommen liebt er unvorhergesehene Ereignisse. Das gehört zu seiner Natur. Er hat immer seinem guten Stern vertraut und ist damit auch immer gut gefahren. Doch dieses Mal wird ihn das Unvorhergesehene weit, sehr weit führen!
Der unangemeldete Besucher sitzt nun auf der Kante eines dicken, bequemen Sessels und beginnt sehr umständlich, sein Anliegen vorzutragen. Der Sänger hört zuerst gar nicht richtig zu, ihm fällt besonders die schrille Stimme auf. Unangenehm, falsche Stimmlage – denkt sich der Fachmann.
„Darf ich mich vorstellen? Paulo de Simao. Ich bin Impresario[1] und ich möchte Ihnen einen Vorschlag machen.“
Giuseppe unterbricht ihn sofort mit einer resoluten Handbewegung:
„Ich bedauere! Ich bin in der nächsten Zeit völlig ausgebucht!“
Der kleine Mann im dunkelblauen Anzug wagt ein sehr höfliches Lächeln:
„Herr Lazzio, wenn ich richtig unterrichtet bin, so haben Sie vor, nach dem letzten Konzert zwei Wochen Urlaub in unserem schönen Land zu verbringen. Ein wenig Zeit haben Sie also doch und die Tournee, für die ich Sie gewinnen möchte, würde gar nicht lange dauern. Es blieben Ihnen bestimmt noch genügend freie, ungestörte Tage danach.“
Der Künstler betrachtet aufmerksam seinen Besucher. Woher kennt der denn seine Pläne so genau? Auf einmal spürt er ein undefinierbares Unbehagen. Paulo de Simao fährt fort mit seiner Fistelstimme: „Ich vertrete die Oper von

1 **Impresario:** veraltet für Theater-, Konzertagent

Manaos. Wir möchten Sie für sechs Konzerte einladen. Wir bieten Ihnen dafür eine Gage von 20 000 Dollar!“

20 000 Dollar! Eine unvorstellbare Summe! Mehr als doppelt so viel, wie Lazzio bei seiner ganzen Tournee durch Brasilien verdient hat. Die Gedanken des Sängers überschlagen sich. Manaos? Der Impresario sprach tatsächlich von ... Manaos, der berüchtigten Hauptstadt von Amazonien?! Aber jeder weiß doch, dass Manaos heute – 1947 – nahezu verlassen ist, ein Opfer der Kautschuk-Krise! Wie sollte ihm die Oper dieser ruinierten Stadt mehr bieten können als alle reichen Städte ganz Brasiliens zusammen? Als hätte er seine Gedanken erraten, sagt der kleine Mann mit Nachdruck:

„Nein, Herr Lazzio, es ist kein Scherz! Ich kann es Ihnen auch gleich beweisen. Wenn Sie mir jetzt, auch nur mündlich, versprechen zu kommen, ja, dann erhalten Sie sofort die Hälfte der Gage.“

Daraufhin greift er zu seiner Brieftasche und holt ein dickes Bündel grüner Scheine hervor. Giuseppe Lazzio starrt fasziniert auf die 10 000 Dollar! Dem Geld hat er noch nie widerstehen können. Wie sollte er ein solches Angebot ablehnen?

„Na gut. Ich bin einverstanden!“

„Ich wusste, dass Sie kommen würden! In vier Tagen werde ich Sie also abholen.“

Der Impresario legt die 10 000 Dollar auf den Tisch, steht auf und geht zur Tür. Er zögert aber noch einen Augenblick:

„Herr Lazzio, eine kleine Bedingung gibt es doch bei unserem Vertrag. Was auch immer geschieht, Sie dürfen keine Fragen stellen!“

„Aber warum?“ „Keine Fragen, Herr Lazzio, keinerlei Fragen.“

Vier Tage später.

Giuseppe Lazzio kommt vom letzten Konzert seiner offiziellen Brasilientournee nach Rio zurück. Ein Bombenerfolg. Immer noch hat er den frenetischen Beifall des Publikums im Ohr. Ein fantastisches Gefühl!

Als er sein Hotel betritt, erinnert er sich plötzlich an die Szene mit dem rätselhaften Impresario. Wahrscheinlich wartet der Mann jetzt auf ihn. Eine seltsame Geschichte ist das schon ... Ob es mit rechten Dingen zugeht? In der Zwischenzeit hat er sich nämlich bei seinen brasilianischen Freunden erkundigt: Ein Impresario namens Paulo de Simao ist in der Branche völlig unbekannt. Giuseppe schaut sich in der Hotelhalle um. Niemand zu sehen, niemand, der so aussieht wie der angebliche Impresario. An der Rezeption überreicht man ihm seinen Schlüssel – und einen Brief.

„Seien Sie morgen früh um sieben Uhr am Flughafen von Rio. Sie werden dort erwartet.“

Das ist alles. Mehr steht nicht auf dem Zettel. Keine Unterschrift, keine Adresse, keine Telefonnummer. Nichts.

Aber Giuseppe gehört nicht zu den Menschen, die sich leicht aus der Fassung bringen lassen. Schon gar nicht, wenn es um 20 000 Dollar geht! Er hat zugesagt, also wird er auch hingehen.

Am nächsten Morgen steht er pünktlich in der Abflughalle des Flughafens. Ein Mann kommt sofort auf ihn zu und gibt ihm zu verstehen, er möge ihm folgen – ohne ein Wort zu sagen. Giuseppe stellt keine Fragen und geht mit dem Mann zu einer abgelegenen, kleinen Startbahn. Dort wartet eine Privatmaschine. Der stumme Mann setzt sich ins Cockpit, Lazzio klettert auf den Sitz daneben und schon rollt das Flugzeug, hebt ab und kurvt Richtung Manaos. Ewig überfliegen sie die endlosen Wälder Brasiliens. Jetzt hält es Lazzio nicht mehr aus! Er hat zwar versprochen, dem Impresario keine Fragen zu stellen, aber diese Abmachung gilt nicht für den Piloten. Mit seinem entwaffnenden, freundlichsten Lächeln wendet er sich also an den Mann:

„Ein langer Flug! Unter uns gesagt ... worum geht es hier eigentlich?“

Und um seiner Frage mehr Nachdruck zu verleihen, zieht er einen 1000-Dollar-Schein aus der Tasche.

Doch der Pilot zuckt nur mit den Schultern. Er bedauert sichtlich seine Ahnungslosigkeit! Giuseppe seufzt enttäuscht und steckt das Geld wieder ein. Der Pilot weiß von nichts. Das hätte

Vieux-Ponzauges: Mann mit Ratsche (13. Jahrhundert)

er sich aber auch denken können – der Impresario war nicht so naiv!

Einige Stunden später landen sie in Manaos, wo bereits ein Taxi auf den Opernstar wartet. Sie fahren sofort zum Hotel: ein trostloses Gebäude, ganz anders als die prunkvollen Häuser, in denen er bisher abgestiegen ist. Ja, Manaos ist eben nicht Rio!

Giuseppe Lazzio spaziert durch die Straßen dieser unheimlichen Stadt. Und allmählich macht er sich doch Sorgen. Es ist alles so trist hier, so tot – eine Geisterstadt! Er hat ein ungutes Gefühl und seine Sorgen mischen sich mit aufkommender Angst. Innerhalb weniger Stunden ist er aus der Zivilisation an das Ende der Welt versetzt worden. Er fühlt sich verlassen, kein Mensch kennt ihn, niemand würde ihm zu Hilfe kommen, wenn ... ja, wenn was?

Schließlich steht er vor dem Opernhaus – ein Anblick, der ihm auch nicht gerade Vertrauen einflößt. Es ist ein pompöses Gebäude aus der Kolonialzeit, das heißt, es war mal eines. Jetzt ist es nur noch eine Ruine. Seit zehn, vielleicht zwanzig Jahren hat es dort bestimmt keine Aufführung mehr gegeben! Es gibt keine Oper mehr in Manaos!

Giuseppe versucht, sich zu beruhigen, wahrscheinlich finden die Konzerte heute irgendwo anders statt. Er kauft eine Zeitung, blättert sie nervös durch – zwar versteht er kein Wort Portugiesisch, aber seinen Namen würde er wenigstens lesen können! Ganz gleich, wo er auftritt – seine Konzerte werden immer ganz groß angekündigt! Aber hier – von der ersten bis zur letzten Seite – nichts. Nicht eine Zeile. Kein einziger Hinweis. Was hat das zu bedeuten? Was will man von ihm in Manaos?!

In seinem Hotel wartet eine weitere Überraschung auf ihn: Der Impresario taucht endlich auf. Und er erscheint noch verlegener als bei dem ersten Besuch in Rio. Giuseppe Lazzio stürzt sich auf ihn, packt ihn am Hemdkragen: „Hören Sie! Ich habe gerade die Oper gesehen ... eine Ruine ... eine einzige Ruine!“

„Gehen wir in Ihr Zimmer, Herr Lazzio. Ich habe Ihnen etwas zu sagen.“

Der aufgebrachte Lazzio folgt ihm. Was soll nun das schon wieder?

Im Zimmer setzt sich Paulo de Simao ihm gegenüber, schaut ihn unsicher an und erklärt mit seiner piepsigen Stimme:

„Sie haben Recht. Ich habe Ihnen in Rio nicht die ganze Wahrheit gesagt. Ihre Konzerte sollen nicht in der Oper stattfinden ... und ... übrigens ... es handelt sich auch nicht um sechs Konzerte, wie ich Ihnen damals sagte, sondern um ein einziges Konzert.“

„Ein einziges Konzert?! 20 000 Dollar für ein einziges Konzert! Das gibt's einfach nicht! Raus mit der Sprache! Was geht hier vor! Was wird von mir erwartet? Was soll ich tun für 20 000 Dollar? Ich verlange eine Erklärung!“

„Herr Lazzio, bitte beruhigen Sie sich. Sie sollen nur singen! Singen und sonst gar nichts! Hier, schauen Sie, ich habe eine Liste der Arien zusammengestellt, die wir gerne von Ihnen hören möchten ... sie stehen alle in Ihrem Repertoire.“

Franz Grillparzer

Der arme Spielmann

Franz Grillparzer (1791–1872) gehört zu den bedeutendsten österreichischen Schriftstellern. Der folgende Textauszug ist der Beginn seiner Erzählung „Der arme Spielmann" (1848).

In Wien ist der Sonntag nach dem Vollmonde im Monat Juli jedes Jahres samt dem darauffolgenden Tage ein eigentliches Volksfest, wenn je ein Fest diesen Namen verdient hat. Das Volk besucht es und gibt es selbst und wenn Vornehmere dabei erscheinen, so können sie es nur in ihrer Eigenschaft als Glieder des Volks. Da ist keine Möglichkeit der Absonderung; wenigstens vor einigen Jahren noch war keine. An diesem Tage feiert die mit dem Augarten[1], der Leopoldstadt[2], dem Prater[3] in ununterbrochener Lustreihe zusammenhängende Brigittenau[4] ihre Kirchweihe. Von Brigittenkirchtag zu Brigittenkirchtag zählt seine guten Tage das arbeitende Volk. Lange erwartet erscheint endlich das saturnalische[5] Fest. Da entsteht Aufruhr in der gutmütig ruhigen Stadt. Eine wogende Menge erfüllt die Straßen. Geräusch von Fußtritten, Gemurmel von Sprechenden, das hie und da ein lauter Ausruf durchzuckt. [...]

Ich hatte mich dem Zug der Menge hingegeben und befand mich in der Mitte des Dammes[6], bereits auf klassischem Boden, nur leider zu stets erneutem Stillestehen, Ausbeugen und Abwarten genötigt. Da war denn Zeit genug, das seitwärts am Wege Befindliche zu betrachten. Damit es nämlich der nach Genuss lechzenden Menge nicht an einem Vorgeschmack der zu erwartenden Seligkeit mangle, hatten sich links am Abhang der erhöhten Dammstraße einzelne Musiker aufgestellt, die, wahrscheinlich die große Konkurrenz scheuend, hier an den Propyläen[7] die Erstlinge der noch unabgenützten Freigebigkeit einernten wollten. Eine Harfenspielerin mit widerlich starrenden Augen. Ein alter invalider Stelzfuß, der auf einem entsetzlichen, offenbar von ihm selbst verfertigten Instrumente, halb Hackbrett und halb Drehorgel, die Schmerzen seiner Verwundung dem allgemeinen Mitleid auf eine analoge[8] Weise empfindbar machen wollte. Ein lahmer, verwachsener Knabe, er und seine Violine einen einzigen ununterscheidbaren Knäuel bildend, der endlos fortrollende Walzer mit all der hektischen Heftigkeit seiner verbildeten Brust herabspielte. Endlich – und er zog meine ganze Aufmerksamkeit auf sich – ein alter, leicht siebzigjähriger Mann in einem fadenscheinigen, aber nicht unreinlichen Moltonüberrock[9] mit lächelnder, sich selbst Beifall gebender Miene. Barhäuptig und kahlköpfig stand er da, nach Art dieser Leute, den Hut als Sammelbüchse vor sich auf dem Boden, und so bearbeitete er eine alte, viel zersprungene Violine, wobei er den Takt nicht nur durch Aufheben und Niedersetzen des Fußes, sondern zugleich durch übereinstimmende Bewegung des ganzen gebückten Körpers markierte. Aber all diese Bemühung, Einheit in seine Leistung zu bringen, war fruchtlos, denn was er spielte, schien eine unzusammenhängende Folge von Tönen ohne Zeitmaß und Melodie. Dabei war er ganz in sein Werk vertieft: Die Lippen zuckten, die Augen waren starr auf das vor ihm befindliche Notenblatt gerichtet – ja, wahrhaftig Notenblatt! Denn indes alle andern, ungleich mehr zu Dank spielenden Musiker sich auf ihr Gedächtnis verließen, hatte der alte Mann mitten in dem Gewühle ein kleines, leicht tragbares Pult vor sich hingestellt mit schmutzigen, zergriffenen Noten, die das in schönster Ordnung enthalten mochten, was er so außer allem

1 **Augarten:** Park in Wien
2 **Leopoldstadt:** ein Stadtbezirk von Wien
3 **Prater:** Parkanlage in Wien (Leopoldstadt)
4 **Brigittenau:** ein Stadtbezirk von Wien
5 **saturnalisch:** ausgelassen
6 gemeint ist die **Dammstraße**
7 **Propyläen:** Eingang oder Durchgang aus Säulen
8 **analog,** hier: ähnlich
9 **Molton:** weiches Baumwollmaterial

Zusammenhange zu hören gab. Gerade das Ungewöhnliche dieser Ausrüstung hatte meine Aufmerksamkeit auf ihn gezogen, so wie es auch die Heiterkeit des vorüberwogenden Haufens erregte, der ihn auslachte und den zum Sammeln hingestellten Hut des alten Mannes leer ließ, indes das übrige Orchester ganze Kupferminen einsackte. Ich war, um das Original ungestört zu betrachten, in einiger Entfernung auf den Seitenabhang des Dammes getreten. Er spielte noch eine Weile. Endlich hielt er ein, blickte, wie aus einer langen Abwesenheit zu sich gekommen, nach dem Firmament, das schon Spuren des nahenden Abends zu zeigen anfing, darauf abwärts in seinen Hut, fand ihn leer, setzte ihn mit ungetrübter Heiterkeit auf, steckte den Geigenbogen zwischen die Saiten. „Sunt certi denique fines"[10], sagte er, ergriff sein Notenpult und arbeitete sich mühsam durch die dem Feste zuströmende Menge in entgegengesetzter Richtung, als einer, der heimkehrt.

Das ganze Wesen des alten Mannes war eigentlich wie gemacht, um meinen anthropologischen[11] Heißhunger aufs Äußerste zu reizen. Die dürftige und doch edle Gestalt, seine unbesiegbare Heiterkeit, so viel Kunsteifer bei so viel Unbeholfenheit; dass er gerade zu einer Zeit heimkehrte, wo für andere seinesgleichen erst die eigentliche Ernte anging; endlich die wenigen, aber mit der richtigsten Betonung, mit völliger Geläufigkeit gesprochenen lateinischen Worte. Der Mann hatte also eine sorgfältigere Erziehung genossen, sich Kenntnisse eigen gemacht und nun – ein Bettelmusikant! Ich zitterte vor Begierde nach dem Zusammenhange.

Marc Chagall: Der blaue Geigenspieler (1927)

10 **Sunt certi denique fines** (lat.): Es gibt schließlich gewisse Grenzen.
11 **Anthropologie:** Wissenschaft vom Menschen

1 *Erschließt den Inhalt des Textes mit Hilfe der W-Fragen und haltet eure Ergebnisse in Stichworten fest.*
- ☐ *Wer sind die Hauptfiguren und was erfährt der Leser über sie?*
- ☐ *Wo und wann spielt die Handlung?*
- ☐ *Was passiert nacheinander und wie läuft das Geschehen ab?*

2 *Der Text endet mit dem Satz: „Ich zitterte vor Begierde nach dem Zusammenhange." (Z. 108–109) Lest noch einmal den gesamten Textabschnitt (▷ Z. 95–109) und diskutiert dann, was mit diesem Satz gemeint sein könnte.*

3 *a) Spielt die äußere Handlung zwischen den beiden Hauptfiguren der Geschichte nach.*
b) Besprecht, welche Situationen für die Handlung der Geschichte entscheidend sind, und stellt diese als Standbilder dar. Achtet darauf, durch Gestik und Mimik die Gedanken und Gefühle der Personen (innere Handlung) zum Ausdruck zu bringen. Lest dazu den folgenden Tipp:

TIPP

Ein Standbild bauen
Das Standbild ist eine **besondere Form der Pantomime,** bei der das Charakteristische der Figuren, ihre Gefühle und ihre Beziehung zueinander allein durch Gestik (Körperhaltung) und Mimik (Gesichtsausdruck) zum Ausdruck gebracht werden. Beim Standbild wird nicht gespielt, sondern nur eine bestimmte Situation wie auf einem Foto „eingefroren".

Geht folgendermaßen vor:
- Eine Bildregisseurin oder ein Bildregisseur wählt die Personen für das Standbild aus. Alles Folgende soll übrigens **ohne Worte** geschehen:
- Die Bildregisseurin oder der Bildregisseur stellt die Figuren auf, wobei sie oder er entscheidet, wie groß der Abstand zwischen den Figuren ist und wer wem zugewandt sein soll.
- Anschließend bringt die Bildregisseurin oder der Bildregisseur die Arme, Hände und eventuell den ganzen Körper der Figuren (Gestik) in die gewünschte Stellung.
- Zuletzt wird die Mimik der Figuren „gestaltet". Hierbei muss die Bildregisseurin oder der Bildregisseur den Figuren den jeweiligen Gesichtsausdruck vormachen.
- Ist das Standbild fertig, kann die Regisseurin oder der Regisseur das Standbild erläutern und die Mitschülerinnen und Mitschüler können Änderungsvorschläge unterbreiten. Maßstab für die Beurteilung und die Änderungen ist die Textvorlage. Die Überprüfung am Text könnt ihr auf folgende Weise vornehmen: Ihr charakterisiert die Figuren in Stichworten, die ihr an der Tafel festhaltet, und überprüft dann, ob diese Charakterisierung mit dem Text übereinstimmt.

4 *Bestimmt die Erzählform des Textes (▷ Erzählform S. 349) und besprecht, auf welche Weise der Erzähler jeweils in Erscheinung tritt.*

5 *a) Gliedert den Text „Der arme Spielmann" (▷ S. 30–31) in Handlungsabschnitte und fasst den Inhalt des jeweiligen Abschnitts in ein oder zwei Sätzen zusammen. Notiert auch, welche Funktion die einzelnen Abschnitte innerhalb des Textes haben, z. B.:*

Schreibplan „Der arme Spielmann"

Handlungsabschnitt	Zusammenfassung des Inhalts	Funktion des Abschnittes
Z. 1–x	Jedes Jahr im Juli wird in Wien ein großes Volksfest, der Brigittenkirchtag, gefeiert.	Einleitung: Der Leser wird über den Ort ...
Z. x–y	...	...

b) Überprüft, welche der folgenden Formulierungen die Kernaussage des Textes am besten trifft.

1 Der Ich-Erzähler trifft einen interessanten Musiker, der falsch spielt, aber Latein beherrscht.

2 Der Ich-Erzähler trifft einen alten Straßenmusikanten, der ärmlich aussieht, sich aber sehr gebildet verhält. Dieser Gegensatz zwischen dem Aussehen und dem Verhalten des Straßenmusikers macht den Erzähler neugierig, denn er vermutet eine interessante Lebensgeschichte.

3 Der Erzähler beobachtet einen armen Spielmann, der seinen anthropologischen Heißhunger reizt.

c) Stellt alle Angaben für die informierende Einleitung zusammen: Autor, Titel, Textsorte, Ort, Zeit und Personen der Handlung sowie die Kernaussage des Textes.

6 *a) Verfasst mit Hilfe eurer Ergebnisse aus Aufgabe 5 zum Textausschnitt „Der arme Spielmann" (▷ S. 30–31) eine vollständige Inhaltsangabe.*
b) Überarbeitet eure Inhaltsangabe mit Hilfe der Checkliste auf Seite 324.

7 *a) „Der Mann hatte also eine sorgfältige Erziehung genossen, sich Kenntnisse eigen gemacht und nun – ein Bettelmusikant." (Z. 105–107) Welche Lebensgeschichte wird dieser Straßenmusikant wohl gehabt haben? Führt die Geschichte fort.*
b) Vergleicht eure Fortsetzungen und diskutiert darüber, wie glaubhaft sie jeweils sind.

8 *a) Bildet Gruppen und informiert euch über den Autor Franz Grillparzer und sein Werk, insbesondere über den gesamten Inhalt der Erzählung „Der arme Spielmann". Informationen findet ihr z. B. in „Kindlers Literaturlexikon" oder im Internet unter www.projekt.gutenberg.de.*
b) Präsentiert eure Ergebnisse in der Klasse.

Fragen zu allen Texten (▷ S. 21–31)

1 *Untersucht, welche Rolle das Thema „Musik" in den jeweiligen Texten spielt, und arbeitet Gemeinsamkeiten und Unterschiede heraus.*
- *Wer hört die Musik und welchen Eindruck hinterlässt sie bei dem Zuhörer oder den Zuhörern?*
- *An welchen Orten wird jeweils musiziert?*
- *Welche Bedeutung hat das Thema „Musik" im Handlungsverlauf der jeweiligen Geschichte?*

2 *Vergleicht die Erzählformen der drei Geschichten (▷ Erzählform S. 349). Wie würde sich die Wirkung der jeweiligen Geschichte ändern, wenn man die Geschichten in einer anderen Erzählform erzählen würde?*

3 *Besprecht, welche Schwierigkeiten sich beim Zusammenfassen der Texte ergeben haben. Erstellt dann eine Liste mit Tipps zum Schreiben einer Inhaltsangabe.*

1.3 Schreibwerkstatt – Das Zusammenfassen von Texten üben

Nena

von Alexander Hesse

Nena – Ihre „99 Luftballons" waren ein Welthit, sie wurde die populärste Vertreterin der „Neuen Deutschen Welle". Nach ihrem Rückzug ins Privatleben füllt sie zwanzig Jahre später wieder die Konzerthallen.

Solch ein Mädchen hatte die Nation noch nie gesehen: Wie ein Wirbelwind fegte die schöne Unbekannte mit feuerrotem Minirock und wilder Mähne über die viel zu kleine Fernsehbühne. Nicht nur die Kameraleute des „Musikladens" kamen bei dem ersten großen Auftritt der 22-Jährigen heftig ins Schwitzen. Frech, sorglos und unwiderstehlich: Gabriele Susanne Kerner konnte vom Erfolg ihres Songs „nur geträumt" haben. 40 000 verkaufte Singles einen Tag nach der Sendung machten sie zum Shootingstar der Neuen Deutschen Welle. Die Medien rissen sich um die Westfälin, die mit ihrem nächsten Stück Musikgeschichte schrieb: „99 Luftballons" eroberte nicht nur die Charts im Inland, sondern auch die in England und Übersee. Ein deutsches Lied an der Spitze der US-Hitparade, das übertraf alle gekannten Dimensionen. Ohne Promotion schaffte das Antikriegslied den Sprung über den großen Teich – einem DJ gefiel einfach die Melodie des Mitbringsels. „Germany's hottest pop phenomenon", schrieb der „Rolling Stone" über ihren kometenhaften Aufstieg. Nena hatte sich mit ihrer Band innerhalb eines Jahres in den internationalen Pophimmel katapultiert.

Als Dreijährige rief man sie im Spanienurlaub Nina. Aus Nina wurde „irgendwie irgendwo irgendwann" Nena, eine hübsche Schulabbrecherin aus Hagen, die als Sängerin der Gruppe „The Stripes" erste Bühnenerfahrung sammelte. Der Umzug nach Berlin eröffnete ihr neue Perspektiven. Sie kam bei Jim Rakete unter, der schon Nina Hagen und „Spliff" auf die Erfolgsspur gebracht hatte. Die Sekretärin wurde zum Goldesel. Nenas lupenreines Teenie-Idol-Image faszinierte vor allem die jungen Fans. Das vorzeitliche „Girlie" füllte die großen Hallen vor allem mit jungen Zuschauern – kein Rockstar vor ihr kam in Deutschland bei den Kids so gut an. Jede Winzigkeit ihres Lebens war fortan eine Nachricht wert, die Trendsetterin mit Stirnband, Streifenhose und ungekünstelter Stimme gehörte der Öffentlichkeit. 54 Mal schaffte sie es auf das Titelbild der „Bravo". Kritiker bemängelten derweil „Mädchenzimmer-Pferdeposter-Lyrik" mit reichlich „Keyboard-Kling-Klang und Gitarren-Schrumm-Schrumm" (Süddeutsche Zeitung). „Naiv und oberflächlich", resümierte das Feuilleton, eine „Seifenblase ohne Substanz" (Frankfurter Allgemeine Zeitung). Doch die „Nenamania" war Anfang der Achtziger nicht mehr zu stoppen. Nena passte zum Lebensgefühl. „Gib Gas – ich will Spaß" hieß nicht nur das Motto der Zeit, sondern auch der Kinofilm, in dem sie sich als Hauptdarstellerin versuchte. Erst mit dem Ende der Neuen Deutschen Welle sank auch der Stern der fünfköpfigen Band. Alle Versuche, die Gunst des Publikums wiederzugewinnen, blieben erfolglos. Die Combo löste sich 1987 auf und Nena zog sich zunächst ins Privatleben zurück.

Ein Jahr später bekam sie ihr erstes Kind. Ihr Sohn erlitt bei der Geburt eine schwere Gehirnverletzung. „Die Ärzte sagten damals, Christopher würde nie lachen können. Und dann kam der Moment, wo er mich plötzlich anlächelte." Noch im Krankenhaus schrieb Nena „Wunder geschehn" für ihren Sohn, der nur elf Monate alt wurde. Den Schicksalsschlag verarbeitete die Künstlerin auf ihrer nächsten Platte. „Du bist weg und immer da, Engel fliegen wunderbar durch die Zeit und Tag und Nacht, ich bin heut wieder aufgewacht", singt sie in „Du bist überall". Mittlerweile hat Nena vier Kinder: die Zwillinge Larissa und Sakia sowie Samuel und Simeon. Die moderne Mutter (der Nation) nahm etliche Kinderplatten auf, forcierte ihre Solokarriere und versuchte sich als Moderatorin. Zwanzig Jahre nach ihren größten Erfolgen eroberte sie 2003 mit ihren alten Songs erneut die Hitlisten. Zeitgemäße Arrangements von unvergessenen Ohrwürmern liegen voll im Trend. Nena singt aber nicht von damals, „sie macht hörbar, was sich verändert hat, und umschifft so alle Nostalgie-Fallen" (Süddeutsche Zeitung). Ihre Ausstrahlungskraft ist ungebrochen: Die 43-Jährige sieht blendend aus und lebt im harmonischen Einklang mit der alten Zeit – sogar die Schweißbänder, ihr Markenzeichen von früher, hat sie wieder.

1 *Fasst mündlich zusammen, was ihr aus dem Text über die Person Nena, ihr Leben und ihre Karriere erfahrt.*

2 *Bestimmt die Textsorte des vorliegenden Textes. Diskutiert folgende Vorschläge und belegt eure Einordnung anhand des Textes (▷ journalistische Textsorten S. 353–354).*

Porträt | Bericht | Kurzbiografie | Kommentar | Personenbeschreibung | Reportage | Nachricht

!

Das Porträt
Das Porträt hat zum Ziel, eine Person oder eine Gruppe von öffentlichem Interesse unverwechselbar und in möglichst vielen Facetten zu charakterisieren. Porträts enthalten in der Regel biografische Fakten zur Person (Alter, Beruf etc.) sowie eine Schilderung aktueller Begebenheiten. Dabei soll beides miteinander verflochten werden. Stilistisch ähnelt das Porträt der Reportage.

3 *a) Auf den folgenden Karten (▷ S. 35–36) findet ihr Stichpunkte zu den einzelnen Sinnabschnitten des Textes. Ordnet sie der Gliederung des Textes entsprechend und schreibt sie mit den entsprechenden Zeilenangaben in euer Heft.*

Nena Künstlername, Werdegang: Schulabbruch, erste Bühnenerfahrung als Sängerin der Gruppe „The Stripes", Umzug von Hagen nach Berlin, Jim Rakete unterstützt ihre Karriere, Aufstieg zum Popstar, Ende der 80er Jahre Niedergang der „Neuen Deutschen Welle" und von Nenas Karriere, 1987 Auflösung der Band

Nena (eigentlich: Gabriele Susanne Kerner), mit 22 Jahren Durchbruch mit ihrem Song „Nur geträumt", nach Fernsehauftritt Erfolg bei Plattenverkauf und in der Musikkritik, nächster Titel „99 Luftballons" bringt sie auf Spitzenplatz in den internationalen Charts (Deutschland, England, USA)

1988 Geburt ihres Sohnes Christopher, der mit elf Monaten stirbt. Verlust verarbeitet sie in Musik, weitere vier Kinder, Aufnahme von Kinderplatten und Moderatorentätigkeit

Nena: populärste Vertreterin der „Neuen Deutschen Welle" gewesen (Welthit: „99 Luftballons"), 20 Jahre später Comeback

2003 großes Comeback mit alten Liedern in neuen Arrangements

b) Benennt in ein bis zwei Sätzen das Thema des Textes.

c) Stellt alle notwendigen Informationen für die Einleitung einer Textzusammenfassung zusammen und verfasst eine informierende Einleitung zum Text „Nena".

4 *Der folgende Text ist ein Ausschnitt aus einer Inhaltsangabe zum Text „Nena" (▷ S. 34–35). Überarbeitet gemeinsam mit einer Partnerin oder einem Partner den Ausschnitt aus der Inhaltsangabe. Die unten stehende Checkliste zur Inhaltsangabe hilft euch dabei:*

VORSICHT FEHLER!

Inhaltsangabe zum Textabschnitt Z. 6–31

Zu Beginn des Textes wird der Beginn von Nenas Karriere geschildert. Mit einem frechen Auftritt in der Fernsehsendung „Musikladen" beeindruckt Nena die Kameraleute im Studio und das Fernsehpublikum. Nena heißt eigentlich Gabriele Susanne Kerner und ist damals 22 Jahre alt. Es ist ihr erster großer Auftritt im Fernsehen, bei dem sie einen roten Minirock trägt und ihre Haare zu einer wilden Mähne gestylt hat. Einen Tag nach der Sendung werden 40 000 Singles dieses Songs verkauft. Sie wird praktisch über Nacht zum Star der „Neuen Deutschen Welle". Die Medien umwerben sie und mit dem nächsten Song „99 Luftballons" schafft Nena den Sprung in die Charts, und zwar nicht nur in Deutschland, sondern auch in England und in den USA.

TIPP

Checkliste zur Inhaltsangabe

- ☐ Wird das Wesentliche wiedergegeben?
- ☐ Welche Einzelheiten kann man weglassen?
- ☐ Ist der Text mit eigenen Worten zusammengefasst?
- ☐ Wird als Tempus das Präsens, bei Vorzeitigkeit das Perfekt verwendet?
- ☐ Ist die wörtliche Rede als indirekte Rede oder Aussagesatz wiedergeben?
- ☐ Werden Zusammenhänge (Ursache und Wirkung, zeitliche Zusammenhänge etc.) durch Konjunktionen und Adverbien treffend benannt?

5 *a) Verfasst zum Text „Nena" (▷ S. 34–35) von Alexander Hesse mit Hilfe eurer Ergebnisse aus den Aufgaben 3 und 4 eine vollständige Inhaltsangabe (▷ Informationen zur Inhaltsangabe von Sachtexten auf S. 323).*

b) Überarbeitet eure Inhaltsangabe mit Hilfe der obigen Checkliste.

2 Jugendliche haben was zu sagen – Mitschreiben und protokollieren

2.1 Die Klasse berät – Unterrichtsabläufe protokollieren

Klassenratssitzungen – Ein Weg zur Lösung von Problemen in der Klasse?

1 *a) Besprecht, welche Folgen Konflikte für das Zusammenleben in eurer Klasse haben.*
b) Berichtet, wann, wo und wie die Probleme bei euch besprochen werden. Wie werden sie gelöst?
c) Überlegt, welche unterschiedlichen Möglichkeiten es gibt, die Probleme, die in einer Klasse auftreten, zu lösen. Welche erscheinen euch am sinnvollsten?

2 *In einer Klassenratssitzung sprechen die Schülerinnen und Schüler einer Klasse über alle Angelegenheiten, die für ihre Klasse wichtig sind.*
a) Diskutiert darüber, mit welchen konkreten Problemen, Ereignissen und Aufgabenbereichen sich ein Klassenrat beschäftigen könnte.
b) Informiert euch, ob an eurer oder an anderen Schulen solche Klassenratssitzungen durchgeführt werden. Wie laufen diese Sitzungen ab?

3 *a) Die besprochenen Themen und Lösungsvorschläge werden während der Klassenratssitzungen von einer Protokollantin oder einem Protokollanten schriftlich festgehalten. Besprecht, welche Funktion ein solches Protokoll hat.*
b) Informiert euch, bei welchen anderen Anlässen Protokolle angefertigt werden, und besprecht, was sie eurer Meinung nach jeweils leisten.

1 *Lest die beiden Mitschriften und gebt in eigenen Worten wieder, was ein Klassenrat ist und wie solche Klassenratssitzungen vorbereitet und durchgeführt werden.*

2 *a) Vergleicht und bewertet die beiden Mitschriften nach folgenden Kriterien:*
- ☐ *Wie hoch ist der Informationsgehalt?*
- ☐ *Lassen sich die Stundeninhalte und der Stundenverlauf nachvollziehen?*
- ☐ *Wurden die unterschiedlichen Unterrichtsmethoden erwähnt?*
- ☐ *Sind wichtige Gesprächsbeiträge mit dem Namen der Sprecherin oder des Sprechers festgehalten?*
- ☐ *Ist die Mitschrift klar gegliedert? Ist sie übersichtlich?*
- ☐ *Wie hoch ist der Anteil an überflüssigen Informationen?*
- ☐ *Finden sich Unklarheiten und Ungenauigkeiten?*
- ☐ *Welche Abkürzungen und Zeichen werden verwendet? Sind sie verständlich?*

b) Diskutiert darüber, welche der beiden Mitschriften ihr für besser haltet. Begründet, was ihr an der jeweiligen Mitschrift gut findet, und erklärt, was eurer Meinung nach noch verbessert werden könnte.

3 *Es gibt unterschiedliche Techniken, wie man ökonomisch, d. h. mit möglichst wenig Aufwand, mitschreiben kann, ohne dass dadurch Inhalte vernachlässigt werden.*

a) Sprecht darüber, auf welche Weise ihr Unterrichtsinhalte mitschreibt. Was hat sich bei der von euch praktizierten Form des Mitschreibens bewährt und welche Probleme sind beim Mitschreiben aufgetreten?

b) Bildet Gruppen und führt Diskussionen zu den folgenden Themen durch. Reihum machen sich jeweils zwei Schülerinnen oder Schüler Notizen zur Diskussion. Probiert dabei verschiedene Abkürzungen und Zeichen aus.

Abkürzungen

bes.	=	besonders
Bsp.	=	Beispiel
Def.	=	Definition
Erg.	=	Ergebnis
Ggs.	=	Gegensatz
o. Ä.	=	oder Ähnliche(s)
s.	=	siehe
u.	=	und
u. a.	=	unter anderem
v.	=	von
vgl.	=	vergleiche
wg.	=	wegen

Zeichen

—›	daraus folgt
‹—›	Gegensatz
!	wichtig

Soll der Führerschein ab 16 möglich sein?

Sollen Lehrer durch ihre Schüler benotet werden?

Soll Sport/Musik/Kunst ... als Schulfach abgeschafft werden?

Soll jeder zum Spielen eines Instruments verpflichtet werden?

c) Berichtet mit Hilfe eurer Mitschriften über die wichtigsten Inhalte und Ergebnisse der jeweiligen Diskussion. Könnt ihr alle wichtigen Punkte mit Hilfe eurer Mitschriften rekonstruieren?

d) Tauscht euch über eure Mitschriften aus. Welche Abkürzungen und Zeichen haben sich bewährt, welche würdet ihr ergänzen, welche waren weniger hilfreich?

TIPP

Techniken des Mitschreibens

- nur das Wesentliche mitschreiben
  (Aber Vorsicht: Lieber zu viel als zu wenig mitschreiben.)
- klar und kurz formulieren (häufig Stichpunkte möglich)
- **Abkürzungen** verwenden und Zusammenhänge durch geeignete **Zeichen** (z. B. Pfeile) deutlich machen
- Aufzeichnungen inhaltlich und **optisch ordnen,** z. B. durch Nummerierungen, Spiegelstriche
- **Wichtiges hervorheben,** z. B. durch Unterstreichungen, durch ein Ausrufezeichen
- Raum (z. B. eine Randspalte) für nachträgliche Ergänzungen lassen
- Ergebnisse von Abstimmungen in Zahlen festhalten
- wichtige Gesprächsbeiträge mit Namen der Sprecherin/des Sprechers notieren
- Methoden (Diskussion, Medien wie OH-Projektor, Tafel etc.) vermerken

Von der Mitschrift zum Protokoll

Zu einem Protokoll gehören auch bestimmte formale Angaben. Wichtige Informationen werden in einem so genannten **Protokollkopf** und am **Schluss** des Protokolls festgehalten.

Protokoll *über die Deutschstunde in der Klasse 8b*

Datum: *10. 10. 2006*
Zeit: *8.30–9.15 Uhr*
Ort: *Klassenzimmer der 8b des Kant-Gymnasiums*
Anwesend: *25 Schülerinnen und Schüler der 8b und die Klassenlehrerin Frau Richter*
Abwesend: *keiner*
Protokollführer/-in: *Manuela Fischer*
Thema der Stunde: *Der Klassenrat – Ein Weg zur Lösung von Problemen in der Klasse?*
Tagesordnung: *TOP 1: Einstieg in das Thema anhand eines konkreten Fallbeispiels*
TOP 2: ...
TOP 3: ...

Protokollkopf

zu TOP 1: ...
zu TOP 2: ...

Hauptteil

... ...

Ort, Datum Unterschrift des/der Protokollführers/-in

Schluss

1 *a) Begründet, warum die Informationen im Protokollkopf und am Schluss des Protokolls wichtig sind.*
b) Vervollständigt die weiteren Tagesordnungspunkte (TOPs) des Protokollkopfs und schreibt sie in euer Heft. Nehmt dazu die Mitschriften zu der Unterrichtsstunde auf Seite 38–39 zu Hilfe.

In den Protokollen über die Unterrichtsstunde zum Thema „Klassenrat" wurde der Tagesordnungspunkt 2 in unterschiedlicher Weise protokolliert.

Auszug aus Protokolltyp 1

zu TOP 2: Frau Richter erläutert der Klasse, was unter einem Klassenrat zu verstehen ist. Dazu präsentiert sie der Klasse in Form einer OH-Folie folgende Definition: „Ein Klassenrat ist eine regelmäßige Versammlung aller Schüler einer Klasse, die von den Schülern selbst geleitet wird." Im Anschluss daran fragt der Schüler Herbert Sacher nach, ob bei diesen Versammlungen auch Lehrer anwesend seien und welche Aufgaben die evtl. anwesenden Lehrer in der Sitzung wahrnehmen würden. Frau Richter antwortet, dass mindestens ein Lehrer in der Klassenratssitzung anwesend sei. Dieser leite jedoch nicht die Sitzung, sondern nehme nur als Aufsichtsperson teil.

Auszug aus Protokolltyp 2

zu Top 2: Mit Hilfe einer OH-Folie definiert Frau Richter die Einrichtung eines Klassenrats: Ein Klassenrat ist eine regelmäßige Versammlung aller Schüler einer Klasse, die von den Schülern selbst geleitet wird. Es ist ein Lehrer anwesend, jedoch lediglich als Aufsichtsperson, nicht als Leiter der Sitzung.

2 a) *Vergleicht die beiden verschiedenen Protokollarten.*
- *Welche Unterschiede könnt ihr in der sprachlichen Gestaltung erkennen?*
- *Wie werden die Redebeiträge wiedergegeben?*
- *Welche Unterschiede findet ihr im Informationsgehalt?*

b) *Findet heraus, welche unterschiedlichen Ziele die jeweiligen Protokollarten verfolgen, und versucht, treffende Bezeichnungen für diese beiden Protokolltypen zu finden.*

3 *Diskutiert über die Vorzüge und die Nachteile der beiden Protokollarten.*

4 a) *Verfasst mit Hilfe der Mitschriften über die Unterrichtsstunde zum Thema „Klassenrat" (S. 38–39) ein Verlaufsprotokoll. Orientiert euch dabei an den Regeln im Merkkasten auf Seite 43. Folgende Wendungen und Wörter können euch bei der Ausarbeitung eures Protokolls helfen:*

zu Beginn   zunächst   als Erstes   zuerst   anfangs

anschließend   im Anschluss daran   später   danach   als Nächstes

abschließend   als Letztes   zuletzt   zum Schluss

besprechen   fortfahren   wiederholen   erwidern   anfügen   ergänzen
entgegnen   zusammenfassen   mitteilen   äußern   darstellen   erklären
hervorheben   verdeutlichen   feststellen   behandeln   thematisieren   eingehen auf
aufgreifen   diskutieren   besprechen   auf etwas verweisen

b) *Kürzt euer Verlaufsprotokoll und erstellt ein Unterrichtsprotokoll (▷ Merkkasten auf S. 43).*

c) *Überarbeitet euer Protokoll mit Hilfe der Checkliste auf Seite 52.*

Protokolle schreiben
Das Protokoll ist eine Sonderform des Berichts. Es gibt **knapp und sachlich** das Wesentliche einer Diskussion, einer Sitzung, eines Versuchs oder einer Unterrichtsstunde wieder. Protokolle haben eine feste äußere Form.

1 Die äußere Form eines Protokolls:
- **Protokollkopf:** Der Kopf des Protokolls enthält genaue Angaben, und zwar: **Anlass** (Titel der Veranstaltung), **Datum, Zeit, Ort, Anwesende, Abwesende, Protokollführer/-in,** evtl. **Thema** (z. B. der Unterrichtsstunde), Auflistung der **Tagesordnungspunkte** (TOPs); beim Protokollieren von Unterrichtsstunden werden die Stundeninhalte als TOPs aufgeführt.
- **Hauptteil:** die eigentliche Niederschrift
- **Schluss** des Protokolls: **Ort, Datum, Unterschrift** der Protokollführerin oder des Protokollführers

2 Verschiedene Protokollarten:
- **Das Ergebnisprotokoll** ist kürzer als das Verlaufsprotokoll, da es nur die Endergebnisse einer Veranstaltung, einer Diskussion oder eines Vortrags knapp und übersichtlich zusammenfasst. Dabei wird das Ergebnisprotokoll nach thematischen Gesichtspunkten (z. B. den Tagesordnungspunkten) gegliedert, d. h., man fasst verschiedene Aussagen zu einem Themenaspekt zusammen, auch wenn sie im Verlauf des Gesprächs zeitlich getrennt voneinander geäußert wurden.
  Das **Tempus** des Ergebnisprotokolls ist das **Präsens** (bei Vorzeitigkeit Perfekt).
- Das **Verlaufsprotokoll** hält den genauen Ablauf und die Ergebnisse einer Diskussion oder Veranstaltung fest. Dabei wird der Ablauf z. B. einer Veranstaltung nicht wortwörtlich wiedergegeben, sondern es wird kurz und sachlich in der richtigen Reihenfolge der Gesprächsbeiträge zusammengefasst, was gesagt oder beschlossen wurde.
  Das **Tempus** des Verlaufsprotokolls ist grundsätzlich das Präsens. Wichtige **Gesprächsbeiträge** einzelner Teilnehmer/-innen werden in der **indirekten Rede** (Konjunktiv I mit Angabe der Sprecherin oder des Sprechers) wiedergegeben.
- Das **Unterrichtsprotokoll** ist meist eine Mischung aus Verlaufs- und Ergebnisprotokoll. Es hält nicht nur die Ergebnisse einer Stunde fest, sondern berichtet auch, wie man zu den Ergebnissen gekommen ist (Festhalten der wichtigsten Erarbeitungsschritte).
  Das **Tempus** des Unterrichtsprotokolls ist das Präsens (ggf. auch das Präteritum). Wichtige **Gesprächsbeiträge** einzelner Teilnehmer/-innen werden in der **indirekten Rede** (Konjunktiv I mit Angabe der Sprecherin oder des Sprechers) wiedergegeben.

5 *Protokolliert selbstständig einen Versuch im Fach Biologie, Chemie oder Physik. Schreibt so genau, dass eine Person, die bei dem Versuch nicht dabei war, den Versuch und das Ergebniss versteht. Verwendet für eure Mitschrift auch verschiedene Abkürzungen und Zeichen (**▷ siehe S. 40**) und versucht, euch eine bestimmte Technik des Mitschreibens anzueignen.*

2.2 Der Ablauf einer Klassenratssitzung – Protokolle mit Hilfe des Computers überarbeiten

Im Klassenraum 103 der Klasse 8a des Clavius-Gymnasiums in Bamberg findet am Dienstag, den 4. Februar, in der 4. Stunde (10.35 Uhr–11.20 Uhr) eine Klassenratssitzung statt.

MARIA: Hiermit eröffne ich die heutige Klassenkonferenz. Magdalena Hummer ist für das Schachturnier befreit und Hannes Scherberger ist heute krank. Es sind also insgesamt 13 Schülerinnen und 15 Schüler unserer Klasse anwesend. Ich begrüße unseren Mathelehrer Herrn Schneider. Das Protokoll schreibt Julia Bleihuber.
Zuerst wollen wir darüber sprechen, wie wir den Beschluss unserer letzten Klassenkonferenz umgesetzt haben. Wir haben uns damals vorgenommen, im Kunstunterricht weniger zu stören, besser mitzuarbeiten und anschließend ordentlich aufzuräumen. Wie läuft das jetzt?

ANNA: Die meisten halten sich daran und seitdem kommen wir mit unseren Arbeiten viel schneller voran und Herr Hauber ist in letzter Zeit viel besser drauf. Er hilft uns jetzt oft weiter und lobt uns auch mal.

MARIA: Möchte noch jemand was dazu sagen?

CHRISTIAN: Ja. Herr Hauber hat uns auch schon vorher gelobt und geholfen, aber es ist uns nicht aufgefallen. Kunst macht jetzt wirklich mehr Spaß. Nur ein paar meinen, sie müssten immer noch Unsinn machen und Unruhe verbreiten. Wir sollten uns aber weiter bemühen, dann verlieren die Störer bald die Lust.

MARIA: Danke. Das passt auch zu unserem Thema heute. Ben, kannst du uns das Problem schildern?

BEN: Ja, also in letzter Zeit gibt es in unserer Klasse einige Leute, die irgendwie gegen alles sind. Der Joe und seine Clique. Sie haben gegen den Klassenausflug nach Nürnberg gestimmt, machen aber keinen anderen Vorschlag. Sie stören, wenn der Lehrer in der Vertretungsstunde mit uns Englisch wiederholen will. Sie verstecken in der Pause die Federmäppchen und Hefte der anderen und schmieren die gewischte Tafel wieder voll.

CHRISTIAN: Sie machen es außerdem so, dass immer andere oder alle in Verdacht stehen. Frau Krämer sagte neulich, wenn sie nicht feststellen kann, wer immer den Abfalleimer unter dem Pult ausgekippt, müssen wir alle am Nachmittag das Klassenzimmer putzen.

MARIA: Was sagst du dazu, Joe? Willst du, dass alle für etwas bestraft werden, was ihr angestellt habt?

JOE: Nein, eigentlich nicht. Aber mich ärgert es, wenn Tina, Christoph und andere sich bei den Lehrern einschmeicheln. Immer tun sie so ordentlich und eifrig. Warum können wir in einer Vertretungsstunde nicht die Hausaufgaben machen oder einfach Karten spielen?

KATHARINA: Und beim Klassenausflug wollen eben nicht alle im Germanischen Nationalmuseum rumlatschen oder im Dürer-Haus alte Bilder anschauen. Manche möchten lieber ein Picknick machen oder grillen.

FELIX: Das könnt ihr doch sagen. Da muss man doch nicht Federmäppchen verstecken.

JOE: Weißt du nicht mehr, wie Tina die Nase gerümpft hat, als Hannes das Abenteuercamp als Ausflugsziel vorgeschlagen hat? Seitdem heißt er bei euch „Waldläufer“. Der kriegt schon Magenkrämpfe, wenn er das Wort „Ausflug“ hört. Deshalb ist er wahrscheinlich heute krank.

FELIX: Na ja, schon ...

JOE: Eben. Die sind so überheblich, da kommt man nicht dagegen an.

GEORG: Doch nicht alle! Aber wenn ihr eure Meinung nicht sagt, kann man euch nicht unterstützen.

MARIA: Ich glaube, unser Problem ist durchaus lösbar. Was meinst du, Lilly?

LILLY: Über den Ausflug können wir noch mal reden. Aber in der Vertretungsstunde Karten spielen? Der Vertretungslehrer bestimmt, was gemacht wird.

RICHARD: Klar. Aber ihr müsst nicht Englisch wiederholen vorschlagen, wenn wir auch Hausaufgaben machen dürften. Ich bin froh, wenn ich am Nachmittag nicht mehr so viel zu tun habe. Dann könnte ich mehr Posaune üben oder länger Fußball spielen.

MARIA: Also was können wir machen, damit alle zufrieden sind?

HANNA: Jeder muss seine Meinung sagen können, ohne dass er von den anderen angegriffen oder verspottet wird.

MARIA: Gut, dazu müssen sich aber alle verpflichten. Wir vereinbaren also, dass wir über den Klassenausflug noch einmal diskutieren. Jede Meinung und jeder Vorschlag wird ernst genommen und besprochen.

JOE: Und Hannes?

MARIA: Der wird mit seinem Namen angeredet. Wer ist für diese Vereinbarungen? *(28 Schülerinnen und Schüler heben die Hand.)* Wer ist dagegen? *(keine Meldung)* Es ist einstimmig beschlossen, dass über den Klassenausflug noch mal gesprochen wird und Hannes mit seinem Namen angeredet wird. Damit schließe ich unsere Klassenkonferenz.

1 *a) Lest die Klassenratssitzung mit verteilten Rollen oder spielt sie nach. Die anderen Schülerinnen und Schüler machen sich Notizen für ein Protokoll, das die Ergebnisse und die wichtigsten Schritte auf dem Weg zu diesen Ergebnissen zusammenfasst.*

b) Bildet Gruppen und überprüft gemeinsam eure Mitschriften und ergänzt oder verbessert sie gegebenenfalls.

Folgende Mitschriften sind während der Klassenratssitzung der Klasse 8a angefertigt worden:

Clavius-Gymn. BA, Klaratss. 8a, Die, 4. 2., 4. Std.
R. 103 Maria (Vors.)
Anw. 13 Sch'innen, 15 Sch., Hr. Schneider
Abw. Magd. (Schachturn.), Hannes (kr.)
TO: 1. Begr.
2. Rückblick
3. Neues Thema
4. Beschlüsse
5. Verabschiedung
TOP 1:
M. begr. Hr. Schneider. Protok. Julia, Magd. Schachturn., Hannes krank
zuerst ü. Beschl. letzte Klassrasitz.
TOP 2:
A: die meisten halten sich daran, arbeiten schneller, Hr. Hauber gut drauf, lobt und hilft
M. noch jmd.?
Chr. Hauber auch vorher gut drauf, jetzt jedoch mehr Spaß, manche machen Unsinn weiter ...

Clavius-Gymnasium Bamberg
Klassenratssitz. d. Kl. 8a,
4.2., 10.35–11.20 Uhr, R. 103
Maria (Vorsitzende), Anw.:
13 Schülerinnen, 15 Schüler, Hr. Schneider
Abw.: Magdalena und Hannes
(beide entschuldigt)
TO: 1. Umsetzung der Beschlüsse der letzten K.R.-Sitzung
2. Neues Thema: Cliquenbildung in der Kl.
TOP 1:
- Fast alle halten Beschluss der letzten Klassenrats. ein → bessere Atmosphäre im Kunstunterricht
- einige verbreiten weiterhin Unruhe → weiteres Bemühen um Ruhe
TOP 2: ...
- ...

2 *a) Vergleicht die Auszüge aus den Mitschriften (▷ S. 45). Beachtet dabei folgende Punkte:*
- *Wird das Wesentliche der Klassenratssitzung festgehalten?*
- *Wie verständlich sind sie?*
- *Welche Schwierigkeiten könnten sich ergeben, wenn ihr daraus ein Protokoll verfassen müsstet?*
- *Wie beurteilt ihr die unterschiedlichen Tagesordnungspunkte?*

b) Überlegt, welche Protokollart (Verlaufs- oder Ergebnisprotokoll) sich bei einer Klassenratssitzung besonders eignet. Begründet eure Entscheidung.

3 *a) Unterscheidet in den Mitschriften zwischen Abkürzungen, die euch geläufig sind, und solchen, die ihr nicht kennt.*

b) Besprecht, welche Vorteile die Verwendung von Abkürzungen beim Mitschreiben bietet und welche Nachteile insbesondere „selbst erfundene" Abkürzungen haben können.

c) Stellt eine Liste von sinnvollen Abkürzungen zusammen. Benutzt dazu die Mitschriften von Aufgabe 2 und ergänzt eure Liste um die von euch häufig benutzten Abkürzungen.

4 *Schreibt den Protokollkopf (▷ Protokollkopf s. S. 43) über die Klassenratssitzung mit den vollständigen Angaben in euer Heft. Nutzt dazu die Informationen aus dem Dialogtext und den beiden Mitschriften (▷ S. 44–45).*

Viele Protokolle werden in einem Ordner oder einer Protokollmappe gesammelt, sodass sich jeder über die Beschlüsse und Ergebnisse der jeweiligen Sitzung informieren kann. Deshalb werden Protokolle meist mit dem PC geschrieben.

5 *Verfasst mit Hilfe eines Computers ein Ergebnisprotokoll über die Klassenratssitzung (▷ S. 44–45).*

a) Gestaltet zuerst den Protokollkopf. Benutzt dazu eure Ergebnisse aus Aufgabe 4.
- *Erprobt die Wirkung verschieden breiter Seitenränder.*
- *Experimentiert mit der Schriftgröße, der Schriftart (-type) und dem Zeilenabstand.*
- *Hebt wichtige Angaben hervor, z. B. durch Fettdruck.*

TIPP

Layout-Gestaltung am Computer

Die Breite der **Seitenränder** könnt ihr unter „Datei" → „Seite einrichten" festlegen.
Die **Schriftgröße** findet ihr unter „Format" → „Zeichen" → „Schriftgrad".
Die **Schriftart** wird unter „Format" → „Zeichen" → „Schriftart" aktiviert.
Es gibt unterschiedliche **Hervorhebungen.** Unter „Format" → „Zeichen" findet ihr verschiedene Möglichkeiten, z. B. **fett** oder *kursiv.*
Den **Zeilenabstand** könnt ihr unter „Format" → „Absatz" → „Zeilenabstand" einstellen.

b) Schreibt nun das gesamte Ergebnisprotokoll mit Hilfe des Computers. Achtet auf einen sachlichen Schreibstil und vermeidet wörtliche Rede.

6 *Überarbeitet eure Protokolle mit Hilfe des Computers.*

a) Sucht Wörter in euren Protokollen, die häufig vorkommen oder die unpassend sind, und schaut im ***Thesaurus*** *(▷ s. Tippkasten auf S. 47) nach, welche Alternativen es für diese Wörter gibt. Übernehmt aber nur diejenigen Wörter, die in den Zusammenhang passen und die euch überzeugen.*

TIPP

„Allerweltswörter“ mit Hilfe des Thesaurus ersetzen
Die meisten Textverarbeitungsprogramme bieten einen **Thesaurus** (griech.: Wortschatz) an. Der Thesaurus ist eine Art Wörterbuch sinnverwandter Wörter, mit dessen Hilfe man häufig benutzte Wörter wie „sagen“ durch sinnverwandte Wörter ersetzen kann. Den Thesaurus findet ihr unter „Extras“ → „Sprache“.

Nach Marias Vorschlag kommen alle überein, dass über den Klassenausflug noch einmal diskutiert wird. Dabei sollen alle Vorschläge und Meinungen berücksichtigt und eine Übereinkunft über ein gemeinsames Ziel gefunden werden.

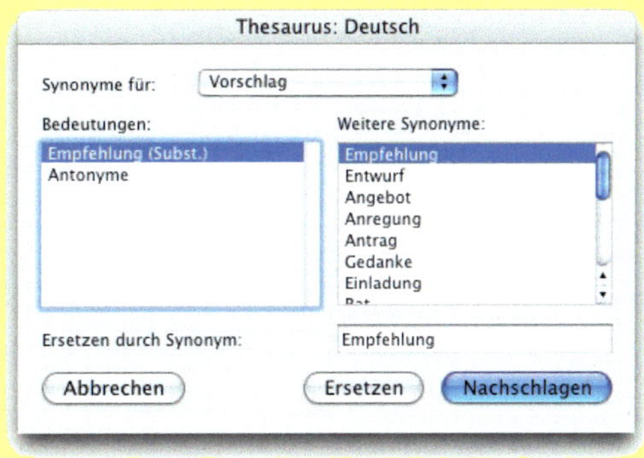

*b) Euer Textverarbeitungsprogramm hilft euch, falsch geschriebene Wörter zu finden und zu korrigieren. Aktiviert das **Rechtschreibprogramm** eures Computers, überprüft die markierten Fehlerwörter und korrigiert sie gegebenenfalls.*
Vorsicht: Das Rechtschreibprogramm kann nicht alle Fehler finden. Zeichensetzungsfehler sind z. B. nicht mit dem Programm aufzuspüren.

TIPP

Rechtschreibüberprüfung am Computer
Korrekturhinweise gibt das Programm „Word“ unter „Extras“ → „Rechtschreibung und Grammatik“.

Während der Rechtschreibüberprüfung werden die Wörter in eurem Dokument mit den Einträgen im Wörterbuch des Programms verglichen. Da dieses Wörterbuch jedoch nur die gebräuchlichsten Wörter enthält, werden oft Eigennamen und Fachbegriffe als Fehlerwörter markiert, obwohl diese korrekt geschrieben sind.

Andererseits **erkennt das Rechtschreibprogramm viele Fehler nicht**, z. B. das/dass-Fehler, falsche Wortendungen, falsche Groß- oder Kleinschreibung, falsche Zeichensetzung usw. Überprüft also jedes markierte Wort und schlagt im **Wörterbuch** nach, wenn ihr unsicher seid.

7 *Druckt abschließend eure Protokolle aus und prüft eure Texte noch einmal unabhängig von eurem Rechtschreibprogramm auf Fehler.*

8 *Spielt Klassenratssitzungen mit eigenen Themen nach und fertigt Mitschriften für ein Verlaufs- oder ein Ergebnisprotokoll an. Erstellt anschließend mit Hilfe des Computers vollständige Protokolle und vergleicht sie.*

2.3 Protokolle sprachlich treffend und genau formulieren

Aus einer Sitzung des Schulforums

3. Sitzung des Schulforums

Tagesordnung:

TOP 1: Rückblick auf die Weihnachtsfeier und den Weihnachtsbasar
TOP 2: Unerfreuliche Vorkommnisse bei dem von der Schule organisierten Mittelstufenfasching
TOP 3: Diskussion über die vom Elternbeirat vorgeschlagene neue Pausenregelung (zwei kürzere Pausen statt einer langen)
TOP 4: Organisation des Sommerfestes
TOP 5: Vorschläge zur Erweiterung des Angebots im Pausenverkauf
TOP 6: Einrichtung einer Schülerbibliothek für die Mittelstufe
TOP 7: Wünsche und Anregungen

In der Sitzung des Schulforums verlief die Diskussion zu TOP 4 (Organisation des Sommerfestes) folgendermaßen:

HERR KÖHLER *(Schulleiter):* Das Sommerfest an unserer Schule wird am 17. Juli 2007 stattfinden. Der Termin wurde verbindlich festgelegt, ein Ausweichtermin oder ein Verschieben sind nicht möglich. Hoffentlich passt das Wetter! Schließlich wollen wir das Sommerfest im Freien durchführen. Was machen wir, wenn es regnet?

FRAU SATTLER *(Vorsitzende des Elternbeirates):* Das wäre natürlich sehr schade. Aber im Notfall könnten wir das Sommerfest doch auch in der Aula unserer Schule veranstalten. Das wäre überhaupt kein Problem. Platz haben wir genügend. Wir brauchen lediglich einige Leute, die bei Bedarf Tische und Stühle von draußen in die Aula transportieren und dort aufbauen.

Ilona Roos *(Schülervertreterin):* Kein Problem! Die Mitglieder der SMV sind sowieso mindestens zwei Stunden vorher anwesend. Wir würden das machen.

Frau Kraft *(Lehrerin):* Und das Grillen?

Frau Sattler *(Vorsitzende des Elternbeirates):* Das könnte doch im überdachten Teil des Hofes stattfinden. Das Grillen übernehmen die Vertreter des Elternbeirates. Wir könnten bei schlechtem Wetter den Grillstand dort aufbauen. Wir besorgen auch das Fleisch und die Würstchen.

Frau Kraft *(Lehrerin):* Wunderbar! Aber wieso immer nur Fleisch und Würstchen? Könnte man nicht auch mal vegetarische Sachen grillen? Maiskolben z. B. oder Paprikaschoten, Zucchini, Tomaten mit Käse. Es gibt da viele Variationen. Nichts gegen Fleisch und Würstchen, aber auf einem zweiten Grill könnte man eben auch Vegetarisches zubereiten.

Herr Böhm *(Elternvertreter):* Keine schlechte Idee! Das ist mal was anderes. Mir gefällt der Vorschlag. Wie sehen das die anderen Mitglieder des Schulforums?

Herr Köhler *(Schulleiter):* Mir gefällt der Vorschlag ebenfalls. Wir sollten darüber abstimmen, ob der Vorschlag von Frau Kraft umgesetzt werden soll. Wer ist für den Vorschlag von Frau Kraft, auf einem zweiten Grill ausschließlich Vegetarisches anzubieten?

(Abstimmung. Alle anwesenden Mitglieder des Schulforums stimmen für diesen Vorschlag.)

Ich stelle fest, dass der Vorschlag ohne Gegenstimme angenommen wurde.

Frau Sattler *(Vorsitzende des Elternbeirates):* Den Getränkeverkauf übernimmt ebenfalls der Elternbeirat. Wir sollten jetzt aber noch klären, welche Getränke verkauft werden. Wasser, Säfte, Apfelschorle, Cola usw. gehen sowieso klar. Aber wie sieht es mit Bier aus? Und mit Wein? Wenn wir Alkohol anbieten, dann natürlich nur für Erwachsene und volljährige Schüler!

Gisela Altmann *(Schülervertreterin):* Ich finde, dass man grundsätzlich keinen Alkohol bei einer Schulveranstaltung anbieten sollte. Weder für volljährige Schüler noch für die Eltern und Lehrer. Man kann auch ohne Alkohol fröhlich sein.

Herr Maurer *(Elternvertreter):* Na ja, aber ein Bierchen für die Erwachsenen sollte schon drin sein.

Frau Sattler *(Vorsitzende des Elternbeirates):* Das meine ich schon auch. Ein Gläschen Wein gehört doch einfach zu einem Fest dazu.

Boris Schneider *(Schülervertreter):* Sicher eine schöne Sache! Aber sollte man nicht wirklich bei einer Schulveranstaltung ganz auf Alkohol verzichten? Schließlich geht es doch auch um die Vorbildwirkung. Wenn die Erwachsenen da fröhlich vor sich hinpicheln, dann gibt das vielleicht kein gutes Bild ab ...

Herr Köhler *(Schulleiter):* Das sehe ich ähnlich. Und als Schulleiter trage ich die Verantwortung für die Veranstaltung. Ich lege deshalb fest, dass bei unserem Sommerfest kein Alkohol ausgeschenkt wird. Die Feier findet schließlich auf dem Schulgelände statt und ist nicht ausschließlich für Erwachsene ge-

dacht. In einer Gaststätte wäre das wohl etwas anderes ...

HERR BÖHM *(Elternvertreter):* Sicher ist das vernünftig. Aber ich mache den Vorschlag, für die Erwachsenen und die volljährigen Schüler wenigstens alkoholfreies Bier auszuschenken. Ich betone, nicht für die Jugendlichen.

HERR KÖHLER *(Schulleiter):* Einverstanden. Wenn die Mitglieder des Schulforums nichts dagegen haben, darf alkoholfreies Bier an die Erwachsenen und die volljährigen Schüler ausgeschenkt werden.
(Es werden keine Einwände erhoben.)
Damit ist der Ausschank von alkoholfreiem Bier an die Erwachsenen und die volljährigen Schüler genehmigt.

FRAU KRAFT *(Lehrerin):* Wer kümmert sich um die Aufräumarbeiten?

ILONA ROOS *(Schülervertreterin):* Unsere Leute von der SMV kümmern sich um das Wegräumen der Tische und Bänke nach der Veranstaltung.

FRAU SATTLER *(Vorsitzende des Elternbeirates):* Und die restlichen Aufräumarbeiten erledigt das Team des Elternbeirates. Picobello sauber machen können wir aber nicht mehr.

HERR KÖHLER *(Schulleiter):* Nicht nötig. Das machen dann der Hausmeister und die Reinigungskräfte. Weitere Details der Vorbereitung sollten dann zu gegebener Zeit mit mir noch abgesprochen werden.
Ich schlage vor, dass wir jetzt zum nächsten Tagesordnungspunkt übergehen.

1 a) *Arbeitet heraus, welche Gesprächsinhalte in ein Protokoll dieser Schulforumssitzung (Mischung aus Verlaufs- und Ergebnisprotokoll) aufgenommen werden sollten. Notiert diese Inhalte, z. B.:*
Verbindlicher Termin für das Sommerfest ist der 17.07.2007 ...

b) *Vergleicht eure Ergebnisse mit denen eurer Nachbarin oder eures Nachbarn und überarbeitet eure Notizen. Begründet, warum ihr gegebenenfalls etwas streichen oder hinzufügen würdet.*

2 *In einem Protokoll, das sich nicht nur auf das Festhalten von Ergebnissen beschränkt, gibt man auch* ***wichtige*** *Gesprächsbeiträge und Meinungsäußerungen einzelner Personen in der indirekten Rede wieder.*

Gisela Altmann: Ich finde, dass man grundsätzlich keinen Alkohol bei einer Schulveranstaltung anbieten sollte. Weder für volljährige Schüler noch für die Eltern und Lehrer. Man kann auch ohne Alkohol fröhlich sein. (Z. 63–68)

Herr Köhler: Das sehe ich ähnlich. Und als Schulleiter trage ich die Verantwortung für die Veranstaltung. Ich lege deshalb fest, dass bei unserem Sommerfest kein Alkohol ausgeschenkt wird. Die Feier findet schließlich auf dem Schulgelände statt und ist nicht ausschließlich für Erwachsene gedacht. In einer Gaststätte wäre das wohl etwas anderes ... (Z. 83–91)

a) *Formt die oben stehenden Gesprächsbeiträge in die indirekte Rede um und schreibt sie in euer Heft. Probiert dabei verschiedene Formen der Redewiedergabe aus. Das Merkwissen auf Seite 51 hilft euch dabei.*

b) *Sucht in Partnerarbeit andere* ***wichtige*** *Gesprächsbeiträge aus der Diskussion zu TOP 4 der Schulforumssitzung (▷ S. 48–50) heraus, die ihr in einem Protokoll wiedergeben würdet. Schreibt diese Gesprächsbeiträge in der indirekten Rede in euer Heft.*

!

Formen der Redewiedergabe
Wichtige Gesprächsbeiträge einzelner Personen, z. B. Behauptungen, Meinungen und Anträge, sollte man in einem Protokoll in der indirekten Rede wiedergeben.
Dazu gibt es verschiedene Möglichkeiten, z. B.:

- in einem **dass-Satz** im Indikativ oder im Konjunktiv, z. B.:
  Herr Krämer sagt, dass seiner Meinung nach dieser Vorschlag zu spät kommt/komme.
- in einem **uneingeleiteten Nebensatz** im Konjunktiv, z. B.:
  Herr Krämer sagt, seiner Meinung nach komme dieser Vorschlag zu spät.
- durch ein **Präpositionalgefüge,** z. B.:
  Nach Meinung von Herrn Krämer kommt dieser Vorschlag zu spät.

Beachtet: Bei dem Wechsel von der direkten Rede zur indirekten Rede müsst ihr oft auch das Personalpronomen verändern.
(▷ weitere Informationen zur indirekten Rede auf S. 335)

Aus einem Protokoll zur 3. Sitzung des Schulforums

VORSICHT FEHLER!

zu TOP 4:

...

Frau Sattler sagt, dass der Elternbeirat den Getränkeverkauf übernehmen werde. Sie meint außerdem, dass noch geklärt werden solle, welche Getränke verkauft werden. Sie hält es für selbstverständlich, dass man Säfte, Apfelschorle und Cola anbietet. Frau Sattler schließt daraufhin die Frage an: „Aber wie sieht es mit Bier aus? Und mit Wein?" Dann fordert sie, dass man, wenn überhaupt, nur für Erwachsene Alkohol anbieten solle.

Daraufhin meldet sich leicht erregt Gisela Altmann und meint, dass man grundsätzlich weder für volljährige Schüler noch für Erwachsene alkoholische Getränke anbieten solle. Schließlich könne man auch ohne Alkohol fröhlich sein.

Da widerspricht ihr Herr Maurer, indem er einwendet, dass für die Erwachsenen schon ein Bierchen drin sein solle. Frau Sattler gibt ihm Recht, indem sie andeutet, dass ein Gläschen Wein doch zu einem Fest dazugehöre. Da wendet aber der Schüler Boris Schneider ein, dass es kein gutes Bild für die Jugend abgebe, wenn die Eltern auf einer Schulveranstaltung fröhlich vor sich hinpicheln.

Der Schulleiter Herr Köhler gibt Boris Schneider Recht und betont, dass er die Verantwortung für die Veranstaltung trage. Er befehle deshalb, dass bei dem Sommerfest kein Alkohol ausgeschenkt werde.

Jetzt ist Herr Böhm etwas enttäuscht und meint, dass man wenigstens für die volljährigen Schüler und die Erwachsenen alkoholfreies Bier ausschenken solle.

Herr Köhler hat nichts dagegen und fragte, ob das Schulforum etwas gegen

alkoholfreies Bier hat. Da niemand etwas dagegen einwendet, wird der Ausschank von alkoholfreiem Bier an volljährige Schüler und Erwachsene genehmigt.
...

3 a) *Formuliert eure ersten Eindrücke zu diesem Protokoll (▷ S. 51–52) und begründet, warum ein Protokoll so nicht aussehen sollte.*
b) *Überprüft mit Hilfe der folgenden Checkliste, welche Fehler und Schwachpunkte das Protokoll hat.*

TIPP

Checkliste zur Überarbeitung eines Protokolls

- Welche überflüssigen Details enthält das Protokoll?
- Werden ähnliche Äußerungen zusammengefasst?
- Welche Gesprächsbeiträge müssen tatsächlich in der indirekten Rede wiedergegeben werden?
- Welche Textstellen sind unsachlich formuliert und müssen überarbeitet werden?
- Werden persönliche Wertungen vermieden?
- Werden die Inhalte der Gesprächsbeiträge inhaltlich korrekt und sachlich wiedergegeben?
- Wird durchgängig das Präsens (oder ggf. das Präteritum) verwendet?

c) *Überarbeitet den Protokollausschnitt und erstellt eine korrekte Fassung eines Teilprotokolls, das sowohl die Ergebnisse als auch die wichtigsten Schritte auf dem Weg zu diesen Ergebnissen wiedergibt.*

4 a) *Erstellt auf Grundlage des Dialogs (▷ S. 48–50) ein Teilprotokoll zu TOP 4 (▷ S. 48), das über die Ergebnisse und die wichtigsten Erarbeitungsschritte zu diesen Ergebnissen berichtet. Benutzt dazu auch eure Ergebnisse aus den Aufgaben 1–3.*
b) *Kürzt euer Protokoll und formuliert es in ein reines Ergebnisprotokoll um. Formuliert in ganzen Sätzen und verwendet Gliederungssymbole, z. B. Spiegelstriche.*
c) *Diskutiert darüber, welche Form von Protokoll sich für Sitzungen (z. B. des Schulforums oder der SMV) besser eignet.*

5 a) *Auf der Seite 48 findet ihr die vollständige Tagesordnung der Schulforumssitzung. Spielt die gesamte Sitzung des Schulforums in Form eines Stegreifspiels nach.*
- *Ihr könnt vorher in Gruppenarbeit selbst ähnliche Dialoge zu den anderen TOPs erfinden oder auf spontane Einfälle vertrauen.*
- *Die anderen Mitschülerinnen und Mitschüler machen sich Notizen zur gespielten Sitzung.*

b) *Verfasst Teil- oder Gesamtprotokolle zur gespielten Sitzung. Erstellt unterschiedliche Varianten von Protokollen (Mischform aus Ergebnis- und Verlaufsprotokoll und reines Ergebnisprotokoll).*

c) *Vergleicht und diskutiert eure Ergebnisse. Überarbeitet dann eure Protokolle mit Hilfe der obigen Checkliste.*

3 Die Ferne lockt – Argumentieren und Erörtern

3.1. Reiseziele – Ein Thema schriftlich erörtern

Argumentieren – Einen Standpunkt begründen

Wer die Urnatur im „Nationalpark Bayerischer Wald" erlebt, mit Fels und Moor, mit Schachten und Bergbach, mit Luchs, Wolf und Bär, der begreift, dass er im „Wald der Wälder" ist.

Urlaub im Nationalpark

Aber auch der Kulturinteressierte wird hier nie Langeweile verspüren: Der „Wald", wie ihn die „Waldler" schlicht nennen, birgt beachtliche Kunstschätze. Die unterschiedlichsten Museen bringen dem Besucher den Landstrich und seine Bewohner näher. Einladend, anziehend, geheimnisvoll, vielversprechend: Dunkle, endlos scheinende Wälder, imponierende Berge. Egal, auf welche Weise man sich diesem Landstrich nähert, er ist beeindruckend!

Die schönsten Ziele an der Küste

Eigentlich muss man gar nicht in den Süden fliegen. Auch in heimischen Gefilden gibt es Orte, die einen entspannten Urlaub garantieren: Die Küste an Nord- und Ostsee bietet eine herrliche Landschaft, frische Meeresluft und den weiten Blick über den Horizont. Packen Sie Ihr Fahrrad und Ihren „Fifi" ein und begleiten Sie uns auf einen Ausflug an die Küste.

Schülersprachkurse

Schlechte Noten in Englisch? Das kannst du ändern. Unsere Sprachschule bietet Ferienkurse in Großbritannien an. Du bist bei netten Gasteltern untergebracht und erhältst pro Tag in kleinen Gruppen drei bis vier Stunden Englischunterricht. Die Kursteilnehmer kommen aus vielen unterschiedlichen Nationen, die Unterrichtsatmosphäre ist entspannt, die Freizeitprogramme sind umfassend und anspruchsvoll. Einfach die ideale Art, Freizeit- und Ferienspaß und das Erlernen oder Verbessern einer Fremdsprache miteinander zu verbinden. **Lernen mit Spaß!**

1 *Erzählt in der Klasse von eurer letzten Ferienreise. Sprecht auch darüber, was euch besonders gut und was euch weniger gut gefallen hat.*

2 *a) Überlegt in Partnerarbeit, welches der angepriesenen Urlaubsziele euch besonders zusagen würde. Sammelt dann Argumente, die für dieses Urlaubziel sprechen, z. B. in einem Cluster. Nehmt dazu auch den jeweiligen Text zu Hilfe.*
b) Tauscht euch in der Klasse darüber aus, welches Urlaubsziel ihr bevorzugen würdet. Begründet eure Meinung mit Argumenten.

Eine Erörterung schreiben

Die **schriftliche Form der Argumentation** nennt man **Erörterung.** Bei einer Erörterung stellt man eine Behauptung (These) auf, die man durch Argumente (Begründungen) stützt und durch Beispiele veranschaulicht.
Jede Erörterung besteht aus **Einleitung, Hauptteil** und **Schluss.** Der Hauptteil enthält den Argumentationsgang.

1 *a) Überlegt auf der Grundlage eurer bisherigen Erfahrungen mit Argumentationen, was eine Erörterung eurer Meinung nach leisten soll.*
b) Wiederholt euer Grundwissen zum schriftlichen Argumentieren. Welche wichtigen Punkte müsst ihr berücksichtigen, um stichhaltig argumentieren zu können?
TIPP: Denkt dabei auch an die „begründete Stellungnahme“.

Eine Stoffsammlung anlegen

In der Klasse 8a soll das folgende Thema erörtert werden:
Thema: Warum ist ein Sommerurlaub in den Bergen zu empfehlen?

2 *Um zu einem Thema stichhaltig argumentieren zu können, muss man zuerst eine Stoffsammlung anlegen.*
In einer Stoffsammlung notiert ihr alle Gedanken, Informationen und Ideen, die euch zum Thema spontan einfallen. Es gibt verschiedene Formen der Stoffsammlung, z. B. das ***Brainstorming*** *(▷ s. Tippkasten S. 55).*

Thema: Warum ist ein Sommerurlaub in den Bergen zu empfehlen?
- *mit dem Mountainbike fahren*
- *grüne Almen*
- *gute Luft*
- *klare Bergseen*
- *...*

a) Übertragt die Liste in euer Heft und notiert weitere Gedanken und Ideen, die euch zum oben genannten Thema einfallen. Folgende Tipps können euch helfen, eine ausführliche Stoffsammlung anzulegen:
- ☐ *Notiert, was euch zum Thema spontan einfällt.*
- ☐ *Stellt W-Fragen zum Thema. (Wer fährt in die Berge? Was wird dort geboten? Welche Aktivitäten kann man dort ausüben? Wie ...?)*

b) Vergleicht eure Stoffsammlungen und ergänzt gegebenenfalls geeignete Stichpunkte.

3 *Eine andere Möglichkeit der Stoffsammlung ist der* **Cluster.** *Zum Thema „Was spricht für einen Sommerurlaub an der Adria?" könnte der Anfang eines Clusters so aussehen:*

a) Übertragt den Cluster in euer Heft und ergänzt ihn um eigene Gedanken und Ideen zum oben genannten Thema.
b) Tauscht eure Stoffsammlungen untereinander aus. Ergänzt weitere Ideen oder markiert die Stichpunkte (z. B. mit einem Fragezeichen), die eurer Meinung nach nicht exakt zum Thema passen.

4 *a) Vergleicht die beiden Formen von Stoffsammlung („Brainstorming" und „Cluster") und erläutert die Unterschiede.*
b) Diskutiert in der Klasse, welche Art der Stoffsammlung eurer Meinung nach die vorteilhaftere ist.

TIPP

Eine Stoffsammlung anlegen

In einer Stoffsammlung werden zu einem Thema möglichst viele Stichpunkte (Informationen, Gedanken und Ideen) gesammelt. Folgende Tipps können euch helfen, eine ausführliche Stoffsammlung anzulegen:

- Notiert, was euch zum Thema spontan einfällt.
- Stellt W-Fragen zum Thema. (Wer ...? Was ...? Wo ...? Wie ...? Warum ...?)

Die Stoffsammlung kann auf verschiedene Art und Weise erstellt werden, z. B.:

- **Brainstorming:** Man schreibt das Thema als Überschrift auf ein Blatt Papier. Alle Gedanken und Ideen zum Thema werden dann ungeordnet als Liste niedergeschrieben.
- **Cluster:** Das Thema wird in die Mitte eines Blattes geschrieben und eingekreist. Dann werden dem Thema weitere Begriffe, Ideen und Gedanken zugeordnet. Dazu schreibt man Stichpunkte auf, die durch einen Strich mit dem Thema (dem Ausgangskreis) verbunden werden. Zu jedem Stichpunkt können wiederum Gedanken, Begriffe und Ideen notiert werden, sodass schließlich viele Stichwortkreise mit dem Thema (Ausgangskreis) in Verbindung stehen.

Den Stoff ordnen

Eine Stoffsammlung ist eine weitgehend ungeordnete Auflistung von Gedanken, Informationen und Ideen zu einem Thema. Für euren Erörterungsaufsatz müsst ihr den zusammengetragenen Stoff ordnen und gliedern.
Die Stoffsammlung (Brainstorming) zum Thema „Warum ist ein Sommerurlaub in den Bergen zu empfehlen?“ könnte so aussehen:

Thema: Warum ist ein Sommerurlaub in den Bergen zu empfehlen?

- *mit dem Mountainbike fahren*
- *grüne Almen*
- *gute Luft*
- *klare Bergseen*
- *Abstand gewinnen*
- *lesen*
- *Berggipfel*
- *wandern*
- *durchatmen*
- *kein Benzingestank*
- *keine Hektik*
- *Bergbahnen*
- *Wasserfälle*
- *schwimmen*
- *Seele baumeln lassen*
- *Edelweiß*
- *klettern*
- *Ruhe*
- *malerische Bergkulisse*
- ~~*Tennis*~~
- *Einkehr in Berghütten*

5 a) *Übertragt die Stoffsammlung in euer Heft und ordnet sie nach inhaltlich zusammengehörigen Gesichtspunkten. Streicht alle Begriffe, die nicht exakt zum Thema passen, und markiert zusammengehörende Punkte auf die gleiche Weise, z. B. mit der gleichen Farbe.*
b) *Ordnet jedem Oberbegriff passende Unterpunkte zu und schreibt eure Stoffsammlung übersichtlich auf, z. B. in einer Tabelle. Ergänzt dabei Oberbegriffe und Unterpunkte. Beachtet dabei den unten stehenden Tipp.*

Oberbegriffe	*abwechslungsreiche Landschaft*	...	...
Unterpunkte	*grüne Almen*	...	...
	klare Bergseen		
	...		

TIPP

Den Stoff ordnen
Um den gesammelten Stoff nach inhaltlich zusammengehörenden Gesichtspunkten zu ordnen, müsst ihr folgende Fragen beantworten:
- Welche Stichworte gehören zusammen und können unter einem **Oberbegriff** zusammengefasst werden?
- Was von euren Notizen könnte bereits ein Oberbegriff sein?
- Was müsst ihr streichen, weil es nicht exakt zum Thema passt?
- Was habt ihr doppelt? Welche Punkte könnt ihr zusammenfassen?

Die Gliederung erstellen

Die Gliederung ist der „Bauplan" für eure Erörterung und gibt eine Übersicht über Einleitung, Hauptteil (Argumentationsgang) und Schluss. Eine Gliederung zum Thema „Warum ist ein Sommerurlaub in den Bergen zu empfehlen?" könnte wie nebenstehend aussehen.

[A. Diskussion über unseren Urlaub in den Bergen]
B. Sommerurlaub in den Bergen ist zu empfehlen
I. abwechslungsreiche Landschaft
1. klare Bergseen
2. ...
II. Freizeitmöglichkeiten
1. wandern
2. ...
III. Erholung
...
[C. Hinweis auf Vorsichtsmaßnahmen, z. B. feste Schuhe]

6 *Übertragt die Gliederung in euer Heft und ergänzt mit Hilfe eurer Stoffsammlung aus Aufgabe 5 (▷ S. 56) die Gliederungspunkte im* ***Hauptteil*** *(B). Beachtet folgende Punkte:*
- ☐ *Wählt aus eurer Stoffsammlung die stichhaltigsten Argumente aus.*
- ☐ *Bringt die geordneten Punkte aus eurer Stoffsammlung in eine sinnvolle Reihenfolge, z. B.: vom weniger wichtigen Argument zum wichtigsten (Steigerungsprinzip).*
- ☐ *Formuliert eure Gliederungspunkte einheitlich entweder in Stichpunkten oder in vollständigen Sätzen.*

Eine andere Form der Gliederung ist die **nummerische Gliederung,** die wie nebenstehend aussieht.

[1 Einleitung (Hinführung zum Thema)]
2 Hauptteil (These zur Themafrage)
2.1 Argument
2.1.1 Unterpunkt
2.1.2 Unterpunkt
2.1.3 Unterpunkt
2.2 Argument
2.2.1 Unterpunkt
...
2.3 Argument
2.3.1 ...
[3 Schluss (Abrundung des Themas)]

7 *Erarbeitet aus eurer Stoffsammlung zum Thema „Was spricht für einen Sommerurlaub an der Adria?" (▷ Aufgabe 3, Seite 55) eine Stoffordnung (▷ S. 56) und den* ***Hauptteil*** *(2) einer Gliederung. Probiert dabei die numerische Gliederungsform aus.*

TIPP

Eine Gliederung erstellen

Die Gliederung ist der „Bauplan" für eure Erörterung und gibt eine **Übersicht über Einleitung** (Hinführung zum Thema), **Hauptteil** (Argumentationsgang) und **Schluss** (Abrundung des Themas).
Im **Hauptteil** wird zur Themafrage eine These aufgestellt und die geordneten Punkte aus der Stoffsammlung werden in eine sinnvolle Reihenfolge gebracht (das weniger wichtige Argument zuerst, das wichtigste am Schluss).
Die einzelnen Gliederungspunkte werden einheitlich formuliert, entweder in Stichpunkten oder in vollständigen Sätzen.
Beachtet: Da ihr jedes Argument zu einem eigenen Argumentationsabschnitt ausarbeiten müsst, solltet ihr zu jedem Argument mindestens zwei Unterpunkte finden.

Der Hauptteil der Erörterung: Die Argumentation schreiben

Der **Hauptteil** der Erörterung enthält die **Argumentation.** Nur wer ausführlich argumentiert, wird andere überzeugen können. Deshalb muss eine Behauptung (These) durch eine **Kette von Argumenten und Beispielen** gestützt werden (Argumentationskette).
Die Reihenfolge der Argumente muss mit der Reihenfolge in der Gliederung übereinstimmen.

Auszug aus dem Hauptteil einer Erörterung zum Thema „Warum ist ein Sommerurlaub in den Bergen zu empfehlen?“

...

Ein weiterer Gesichtspunkt, der für einen Sommerurlaub in den Bergen spricht, sind die vielen Freizeitmöglichkeiten. So kann man auf langen Wanderungen die Natur genießen, denn in den Bergen gibt es eine große Auswahl an markierten Wanderwegen. Von anspruchsvollen Strecken, auf denen man große Höhenunterschiede überwinden muss, bis zu eher gemütlichen Spazierwegen ist für jeden Geschmack etwas dabei. Beispielsweise machte unsere Familie vor zwei Jahren eine wunderschöne Wanderung durch die Tegernseer Berge. Nach eineinhalb Stunden bot sich uns ein großartiger Ausblick auf die Bergwelt. Neben diesem Angebot an Wandermöglichkeiten ist aber auch das Mountainbiken in den Bergen besonders reizvoll.

...

B. Sommerurlaub in den Bergen ist zu empfehlen
...
- II. Freizeitmöglichkeiten
  1. wandern
  2. Mountainbike fahren
  ...

8 *Damit eure Erörterung sprachlich flüssig wird und eure Argumente und Beispiele nicht zusammenhangslos nebeneinanderstehen, müsst ihr die einzelnen Bausteine eurer Argumentation sprachlich sinnvoll zu einer Argumentationskette verknüpfen.*

a) *Erschließt den Inhalt und den Aufbau der Argumentation. Entspricht die Reihenfolge der Argumente der der Gliederung?*

b) *Untersucht die Argumentationskette genau.*
- ☐ *Mit welchen sprachlichen Mitteln werden die Argumente und Beispiele miteinander verknüpft?*
- ☐ *Mit welchen sprachlichen Wendungen wird ein Bezug zum vorher Gesagten hergestellt?*
- ☐ *An welchen Stellen wird noch einmal auf das Thema zurückgeführt?*
- ☐ *Wie wird zum nächsten Argumentationsschritt übergeleitet?*

9 *a) Überarbeitet die folgenden Sätze und verbindet sie zu sinnvollen Argumentationsketten. Der unten stehende Tippkasten hilft euch dabei.*

VORSICHT FEHLER!

Thema: Was spricht für einen Sommerurlaub an der Adria?

Meine Cousine hat in den letzten Sommerferien einen Segelschein in Kroatien gemacht. Jetzt können wir uns auch mal am Wochenende am Forggensee einfach ein Segelboot ausleihen und einen Tag auf dem Wasser genießen. In jedem größeren Ort an der Adriaküste findet man eine Segelschule. Das Programm reicht von anspruchsvollen Segeltörns, die oft mehrere Tage dauern, über Tauchfahrten, auf denen man die Unterwasserwelt erkunden kann, bis hin zu zweiwöchigen Segelkursen, in denen man einen Segelschein machen kann. Wer einen Urlaub mit einem ausgewogenen Angebot an sportlichen Aktivitäten plant, der ist an der Adria genau richtig.

Diejenigen, die Sonne, Strand und Meer genießen wollen, kommen voll auf ihre Kosten. In einer aktuellen Studie zur Wasserqualität bekamen 98 % der kroatischen Strände die Bestnote „sehr gut" (in Deutschland sind es nur etwas über 70 %). In den Sommermonaten ist die Regenwahrscheinlichkeit an der Adriaküste gering. Es gibt eine Vielzahl von sauberen Stränden mit sicheren Bademöglichkeiten. Das Adriatische Meer ist wegen seiner guten Wasserqualität bekannt.

b) Lest euch eure Argumentationsketten gegenseitig vor. Habt ihr die Bausteine eurer Argumentation sinnvoll angeordnet und sprachlich miteinander verknüpft?

TIPP

Die sprachliche Gestaltung einer Argumentation

Wenn eure Erörterung überzeugen soll, dann müsst ihr die Zusammenhänge eurer Argumentation auch sprachlich gut darstellen. Dabei könnt ihr satzverknüpfende Mittel (Wendungen, Konjunktionen und Adverbien) nutzen, z. B.:

Sprachliche Wendungen

„daraus folgt"; „ein weiterer Gesichtspunkt ist"; „das gilt auch"; „des Weiteren"; „dazu kommt noch"; „noch wichtiger aber ist; dass ..."; „eng damit verknüpft ist"; „am wichtigsten"; „darüber hinaus"; „aus diesem Grund"; „außerdem lässt sich noch anführen, dass ..."; „das zeigt"; „dies belegt"; „wie das Beispiel zeigt"; „aus eigener Erfahrung kann ich sagen"; „das zeigt sich daran, dass ..."; „Tatsache ist, dass ..."; „beispielsweise"

Konjunktionen und satzverknüpfende Adverbien

- **folgernd:** „daher"; „deshalb"; „sodass"; „infolgedessen"; „demzufolge"
- **anreihend:** „zudem"; „außerdem"; „auch"; „ebenso"; „ferner"; „sowie"
- **begründend:** „deshalb"; „da"; „weil"; „daher"; „denn"; „nämlich"

10 *a) Ihr habt in Aufgabe 7 auf Seite 57 den Hauptteil einer Gliederung zum Thema „Was spricht für einen Sommerurlaub an der Adria?" erarbeitet. Wählt aus eurer Gliederung zwei Oberbegriffe aus und führt diese zu vollständigen Argumentationsketten aus.*

b) Überarbeitet eure Texte mit Hilfe der Checkliste auf Seite 327.

Einleitung und Schluss gestalten

Zu einer vollständigen Erörterung gehören Einleitung und Schluss.
Für die Gestaltung der **Einleitung** gibt es verschiedene Möglichkeiten.

A Jährlich fahren viele Menschen in die Alpen, weil sie dort die Landschaft genießen können. In den Bergen ist es möglich, wandern zu gehen, Bergbahn zu fahren oder wunderschöne Berggipfel zu bewundern. Darum möchte auch ich in den Ferien in die Alpen fahren.

B „Du immer mit deinen Bergen! Ich mag in den Ferien keine Kuhglocken hören! Richtig entspannen kann man sich doch nur am Meer!" Meine Schwester Lea, eine Wasserratte, wie sie im Buche steht, war voll in Fahrt. Sie wollte unbedingt durchsetzen, dass unsere Familie ihren Sommerurlaub am Mittelmeer verbringt. Mir gefällt aber ein Urlaub in den Bergen besser. Und ich habe dafür gute Gründe.

C Gestern haben wir in der Familie darüber gesprochen, wohin wir im Sommer in den Urlaub fahren. Ich möchte in die Berge.

D Urlaub in den Bergen – da denken die meisten wohl zuerst an rasante Skiabfahrten, kilometerlange Liftanlagen und gemütliche Skihütten. Und tatsächlich ist das Hochgebirge im Herzen Europas vor allem wegen seiner geradezu idealen Wintersportmöglichkeiten weltweit zu einer der gefragtesten Urlaubsregionen geworden. Dabei vergessen manche, dass man auch im Sommer dort wunderbar Urlaub machen kann.

11 a) *Lest die Einleitungen zum Thema „Warum ist ein Sommerurlaub in den Bergen zu empfehlen?".*
b) *Diskutiert, welche Einleitungen euch gut oder weniger gut erscheinen. Orientiert euch dabei an den unten aufgeführten Anforderungen.*

TIPP

Eine Einleitung schreiben
Die Einleitung soll Interesse für das Thema wecken und gezielt zum Thema hinführen, jedoch keine Argumente aus dem Hauptteil vorwegnehmen.
Für die Einleitung gibt es verschiedene Möglichkeiten:
- ein aktuelles Ereignis,
- ein persönliches Erlebnis,
- Annäherung über ein verwandtes Thema,
- ein historischer Rückblick.

12 *Der erste Punkt in der Gliederung ist die Einleitung. Hier wird der Einleitungsgedanke knapp aufgeführt (in Stichworten oder in einem kurzen Satz). Wählt eine geeignete Einleitung aus den obigen Vorschlägen (A, B, C, D) aus und formuliert daraus einen knappen Einleitungsgedanken für die Gliederung.*

13 a) *Entwerft zwei unterschiedliche Einleitungsgedanken zum Thema „Was spricht für einen Sommerurlaub an der Adria?".*
b) *Arbeitet* ***einen*** *Einleitungsgedanken ausführlich aus.*

Der **Schluss** rundet die Erörterung ab und kann ebenfalls unterschiedlich gestaltet sein.

A Es bleibt zu hoffen, dass alle Touristen mit der Natur sehr schonungsvoll umgehen und sich an die Bestimmungen zum Naturschutz halten, beispielsweise keine geschützten Blumen ausreißen oder achtlos Abfälle wegwerfen. Nur so ist gewährleistet, dass auch künftig Menschen gerne ihren Urlaub in den Bergen verbringen.

B Übrigens: Ich habe mich mit meinen Argumenten in der Familie tatsächlich durchgesetzt. Wir haben zwei wunderschöne Wochen in der Nähe des Tegernsees verbracht. Und was mich am meisten freut: Sogar meine Schwester Lea war begeistert.

C Bei einem Urlaub in den Bergen sollte man aber auf jeden Fall bestimmte Vorsichtsmaßnahmen einhalten. Dazu gehört, dass man festes Schuhwerk verwendet oder bei der Gefahr eines Gewitters nicht auf Berge steigt. Sonst kann aus einem traumhaften Urlaub schnell ein Alptraum werden.

D Meiner Ansicht nach bietet ein Urlaub in den Bergen für jeden etwas. Egal, ob man einen Aktivurlaub plant oder sich einfach nur erholen will: Die Berge sind so abwechslungsreich, dass bestimmt keine Langeweile auftritt.

14 *Lest die ausformulierten Schlussteile zum Thema „Warum ist ein Sommerurlaub in den Bergen zu empfehlen?“ und ordnet sie jeweils den unten aufgeführten Gestaltungsmöglichkeiten zu.*

TIPP

Den Schluss gestalten

Der Schluss soll das Thema abrunden, aber keine neuen Argumente beinhalten.
Zur Gestaltung des Schlusses gibt es z. B. folgende Möglichkeiten:

- ☐ ein persönlicher Wunsch oder eine Forderung,
- ☐ Ausblick auf künftige Entwicklungen oder ein weiterführender Gedanke,
- ☐ die Folgerung aus den Ausführungen des Hauptteils,
- ☐ ein Hinweis auf ein verwandtes Thema,
- ☐ Aufgreifen des Einleitungsgedankens, sodass Einleitung und Schluss einen Rahmen bilden,
- ☐ die eigene Stellungnahme zum Thema.

15 *Die nebenstehenden Satzanfänge könnten einen Schlussteil zum Thema „Was spricht für einen Sommerurlaub an der Adria?“ einleiten. Wählt einen Satzanfang aus und arbeitet ihn zu einem Schlussteil aus. Oder formuliert selbstständig einen Schluss zum Thema.*

- Es gibt viele Gründe dafür, seinen Sommerurlaub ...
  Die wichtigsten sind ...
- Aus eigener Erfahrung weiß ich, wie schön ein Urlaub an der Adria sein kann.
- Ich würde mir wünschen, dass viel mehr Urlauber die Chance wahrnehmen, ...
- Wer einen Urlaub an der Adria machen will, der sollte darauf achten, dass ...

16 *a) Schreibt eine Erörterung (mit Gliederung) zu einem der folgenden Themen. Der unten stehende Merkkasten hilft euch dabei.*
b) Überarbeitet eure Erörterung mit Hilfe der Checkliste auf Seite 327.

WARUM SIND DISKOS BEI JUGENDLICHEN SO BELIEBT?

Was spricht gegen das Rauchen?

Was sind die Gründe dafür, dass Fastfood-Restaurants immer beliebter werden?

Aus welchen Gründen sind viele Jugendliche in einer Clique?

Warum gehen viele Menschen gerne ins Kino?

Warum treten Jugendliche gerne Sportvereinen bei?

Ein Thema schriftlich erörtern (freie Erörterung)

Die **schriftliche Form der Argumentation** nennt man Erörterung. Bei einer Erörterung stellt man eine **Behauptung (These)** auf, die man durch **Argumente (Begründungen)** stützt und durch **Beispiele** veranschaulicht. Jede Erörterung besteht aus **Einleitung, Hauptteil** und **Schluss.** Der Hauptteil enthält den Argumentationsgang.

Die einzelnen Schritte zur Erstellung einer Erörterung:

1. Eine Stoffsammlung anlegen

- Notiert, was euch zum Thema spontan einfällt.
- Stellt W-Fragen zum Thema:
  (Wer …? Was …? Wo …? Wie …? Warum …?)

2. Den Stoff ordnen

Um den gesammelten Stoff nach inhaltlich zusammengehörenden Gesichtspunkten zu ordnen, müsst ihr folgende Fragen beantworten:
- Welche Stichworte gehören zusammen und können unter einem **Oberbegriff** zusammengefasst werden?
- Was von euren Notizen könnte bereits ein Oberbegriff sein?
- Was müsst ihr streichen, weil es nicht exakt zum Thema passt?
- Was habt ihr doppelt? Welche Punkte könnt ihr zusammenfassen?

3. Eine Gliederung anlegen

Die Gliederung ist der **„Bauplan“ für eure Erörterung.** Sie bildet den Aufbau der Erörterung ab, indem sie die Inhalte von Einleitung (Hinführung zum Thema), Hauptteil (Argumentationsgang) und Schluss (Abrundung des Themas) kurz zusammenfasst.

- Bringt die geordneten Punkte aus der Stoffsammlung in eine **sinnvolle Reihenfolge,** z. B. vom weniger wichtigen Argument zum wichtigsten.
- Schreibt eure Gliederung in Stichworten oder in ganzen Sätzen.
- Überarbeitet eure Gliederung nach dem Verfassen der Erörterung, sodass die Gliederung der Reihenfolge eurer Argumente entspricht.

A. Einleitung (Aktualität/
Bedeutsamkeit des Themas)
B. Hauptteil (These zur Themafrage)
I. Argument
1. Unterpunkt
2. Unterpunkt
...
II. Argument
1. Unterpunkt
2. ...
III. Argument
1. ...
...
C. Schluss
(Wunsch/Forderung/Ausblick etc.)

4. Die Erörterung schreiben

Die Punkte eurer Gliederung werden umgesetzt in einen fortlaufenden Text, der aus Einleitung, Hauptteil und Schluss besteht. Achtet darauf, dass die **Reihenfolge** eurer ausgeführten Argumentationsschritte **der Gliederung** entspricht.

- **Einleitung**
  Die Einleitung soll **Interesse** für das Thema wecken und **gezielt zum Thema hinführen,** jedoch keine Argumente aus dem Hauptteil vorwegnehmen. Für die Einleitung gibt es verschiedene Möglichkeiten: ein aktuelles Ereignis, ein persönliches Erlebnis, Annäherung über ein verwandtes Thema, ein historischer Rückblick.
- **Hauptteil**
  Der Hauptteil enthält den **Argumentationsgang.** Nur wer ausführlich argumentiert, wird andere überzeugen können. Deshalb muss eine Behauptung (These) durch eine **Kette von Argumenten und Beispielen** gestützt werden (Argumentationskette). Um den Gedankengang eurer Argumentation deutlich zu machen, müsst ihr die **Zusammenhänge** (z. B. von Behauptung, Begründung und Beispiel) auch **sprachlich gut darstellen,** z. B. durch sprachliche Wendungen, Überleitungen, Konjunktionen und Adverbien.
  Die gedankliche Gliederung eurer Erörterung solltet ihr durch **Absätze zwischen** den einzelnen **Argumentationsschritten** deutlich machen.
- **Schluss**
  Der Schluss soll das Thema abrunden, aber **keine neuen Argumente** beinhalten. Zur Gestaltung des Schlusses gibt es folgende Möglichkeiten: ein persönlicher Wunsch oder eine Forderung, Ausblick auf künftige Entwicklungen oder ein weiterführender Gedanke, die Folgerung aus den Ausführungen, ein Hinweis auf ein verwandtes Thema, Aufgreifen des Einleitungsgedankens, sodass Einleitung und Schluss einen Rahmen bilden.

3.2 Reisefieber – Erörtern im Anschluss an einen Text

1 *a) Beschreibt, was ihr auf der Karikatur von Gisela Mehren seht.*
b) Überlegt, was Gott seinem Erzengel sagen könnte. Schreibt die Notizen, die der Erzengel dabei in seinem Buch festhalten könnte, nieder.

2 *Findet eine treffende Bildunterschrift für die Karikatur.*

3 *Diskutiert darüber, ob ihr an einem solchen Ort Urlaub machen würdet.*
a) Bereitet eure Diskussion vor, indem ihr Argumentationskarten anlegt.
- ☐ *Entscheidet, ob ihr an einem solchen Ort Urlaub machen würdet. Stellt dann eine Behauptung (These) auf und schreibt sie auf einen Notizzettel oder eine Karteikarte.*
- ☐ *Sammelt zu eurer Behauptung (These) Argumente und Beispiele und ergänzt eure Argumentationskarte. Versucht, durch geeignete Wendungen und Satzverknüpfer den Begründungszusammenhang herzustellen.*

b) Führt eure Diskussion mit Hilfe eurer Argumentationskarten durch. Achtet auch darauf, euch auf den Vorredner zu beziehen, z. B.:
Das kann ich unterstützen, denn ...
... hat vorhin gesagt, dass ... Ich denke aber ...

c) Sprecht anschließend über eure Diskussion. Waren die Argumente und Beispiele geeignet, die jeweilige Behauptung (These) zu stützen? Wurden die Gesprächsregeln eingehalten?

Hurra, die Sonne brennt

von Bernhard Schmidt

Das Leben hier ist vielschichtig: Der Walbeobachtungs-Katamaran gleitet gerade aus dem Hafen, während dahinter das Yellow Submarine zurückdümpelt, während dahinter ein Wassermoped herumkurvt, während dahinter ein Powerboot einen Fallschirm schleppt, während dahinter eine Art Kunststoffbalken mit Passagieren darauf von einer Motoryacht herumgezogen wird, während dahinter gerade das Piratenschiff vorbeituckert, während dahinter die Schnellfähre Richtung Gomera davonjagt. Alle Hebel stehen auf „Go!" und damit willkommen in „TTT", was für „Teneriffa Tourist Town" steht. Right, we speak English, denn Englisch ist hier Urlaubssprache, schließlich strömen jährlich 1,8 Millionen Briten, aber nur 440 000 Deutsche und 500 000 Spanier in die 140 000 Betten im Süden der Insel.

Das wirkungsvollste Lockmittel von TTT ist? Richtig, gutes Wetter. So simpel ist das. Wenn Georg, mein Hotelier, den deutschen Wetterbericht im Internet anguckt, hat er viel zu lachen. „Wieder so ein vergurkter Sommer im Norden", strahlt er wie die Sonne über ihm, und schwups, stehen Schlangen von Bleichgesichtern an seiner Rezeption wie Süchtige, denen der Stoff ausgegangen ist. Den Rohstoff Sonne gibt's hier kostenlos in enormen Mengen und die tiefe Sehnsucht nach ihrem Schein setzt eine große Kompromissbereitschaft der Nordländer frei. Diese Kombination erschuf TTT, so wie es hier steht, so wie es leibt und lebt. Mit all seinen Nachteilen.

Welche Nachteile? Wir wollen nicht drum herumreden: Massenbetrieb, überhöhte Preise (nur mal ein Beispiel: Ich habe fünf Kilometer von der Küste entfernt eine Kugel Eis für 0,80 Euro gekauft, die gleiche kostet in TTT 1,50 Euro), reichlich hässliche Architektur, vielerorts Lärm und Schmutz, dazu kommen Kriminalität (und nicht zu knapp) und Turbo-Kommerz.

Die meisten Reisenden finden TTT darum nicht so richtig charmant, sind aber trotzdem zufrieden, weil sie das kriegen, was sie am dringendsten brauchen: Sonne, Wärme, braune Haut, Nichtstun, ein bisschen Exotik. Man wird aufs Angenehmste versorgt, hängt ab, schlafft rum, trinkt ein Bier, guckt Bundesliga oder Formel 1, liest „Bild", trollt sich ab und zu ins Wasser, ob Pool oder Atlantik, ist egal, dreht und wendet den Alabaster-Körper im Rhythmus der Sonnenbrände, lässt es sich gut gehen, tut jedenfalls das, was man unter Gutgehenlassen versteht.

Und: Die touristische Solidargemeinschaft macht die Urlaubsfahrt billig. Ab 599 Euro pro Person für zwei Wochen kann man zur Nebensaison und mit gebremsten Ansprüchen anrücken. Außerdem kann man TTT einfach als Ausgangspunkt nutzen für Fahrten über die wunderschöne Insel. So machen es viele, denn auch die kleinen Mietwagen sind billig, keine 22 Euro pro Tag.

Oder man schert sich nicht um Kommerz und alle anderen Übel, indem man ganz einfach in seinem Hotel bleibt, was auch viele Urlauber mit Begeisterung tun. Denn die meisten Hotels sind autarke[1] Inseln, funktionierende, durchorganisierte Mikrokosmen[2] mit allem, was man zum Glücklichsein braucht: mit Pool, tropischem Ambiente[3], Terrasse, Bar, Nachtklub, Shopping-Center, Animation, gutem Essen, meist freundlichem Personal, und gerade für Familien mit kleinen Kindern ist das ideal, denn meist wird für die Junioren richtig Programm gemacht.

Oder man kommt gerade wegen Party, Action und Highlife, trifft jede Menge Gleichgesinnte und erfreut sich am damit einhergehenden Austausch von allem, was man halt so austauschen kann.

1 **autark:** wirtschaftlich unabhängig, sich selbst versorgend
2 **Mikrokosmos:** verkleinerte Welt des Menschen als Gegenstück zum Universum (All)
3 **Ambiente:** besondere Atmosphäre

1 *Erklärt, wofür die Abkürzung „TTT“ steht, und erläutert dann, was dieser Begriff bedeutet.*

2 *Besprecht, was mit der Formulierung „Alle Hebel stehen auf ‚Go!‘“ (Z. 12) gemeint ist. Lest dazu noch einmal den entsprechenden Textabschnitt.*

3 *a) Arbeitet aus dem Text heraus, welche Gründe der Autor für (pro) und gegen (kontra) einen Urlaub in „TTT“ anführt.*
b) Untersucht die sprachliche Gestaltung des Textes. Was fällt euch besonders auf? Belegt eure Aussagen mit Beispielen aus dem Text und erklärt, welche Wirkung diese sprachlichen Gestaltungsmittel auf den Leser haben.
c) Überlegt, an wen sich der Autor wendet und was er mit seinem Artikel bei den Lesern erreichen will.

4 *In dem Text „Hurra, die Sonne brennt“ stecken viele Informationen, die ihr für eine Argumentation verwenden könnt. Bereitet im Anschluss an den Text eine Erörterung zu dem folgenden Thema vor: Warum ist „TTT“ für einen Familienurlaub geeignet?*
a) Legt zuerst eine Stoffsammlung an. Sucht dazu aus dem Text Argumente und Beispiele zum Thema heraus und schreibt sie auf, z. B. in einer Tabelle.

Thema: Warum ist TTT für einen Familienurlaub geeignet?

Argumente	Beispiele
- gutes Wetter (Sonnengarantie)	...
...	...

b) Vervollständigt eure Stoffsammlung, indem ihr Beispiele und Argumente ergänzt.

5 *a) Ordnet eure Stoffsammlung (Argumente und Beispiele) nach inhaltlich zusammengehörenden Gesichtspunkten und sucht jeweils einen passenden Oberbegriff (▷ Stoffordnung S. 56).*

b) Erstellt eine Gliederung für den **Hauptteil (B)** *eurer Erörterung. Wählt dazu aus eurer Stoffsammlung die stichhaltigsten Argumente und Beispiele aus und bringt sie in eine sinnvolle Reihenfolge, z. B. das weniger wichtige Argument zuerst, das wichtigste am Schluss.*
Formuliert eure Gliederungspunkte einheitlich, entweder in Stichworten oder in ganzen Sätzen (▷ mehr zur Gliederung S. 57).
Beispiel:

[A. Einleitung]
B. „TTT" ist geeigneter Ort für einen Familienurlaub
  I. gute Infrastruktur mit großem Serviceangebot
    1. Einkaufsmöglichkeiten
    2. ...
    3. ...
  II. Freizeitangebote
    1. ...
    2. ...
    ...
  III. ...
    1. ...
    ...
[C. Schluss]

6 *a) Schreibt auf der Grundlage eurer Gliederung im Anschluss an den Text „Hurra, die Sonne brennt" eine Erörterung zu folgendem Thema:*
Thema: Warum ist „TTT" für einen Familienurlaub geeignet?
Beachtet dabei die folgenden Punkte:
- *Bezieht euch in der Einleitung auf den vorliegenden Text, indem ihr Autor, Überschrift, ggf. die Textart und die Kernaussage des Textes benennt.*
- *Formuliert im Hauptteil entsprechend der Themafrage die These. Belegt eure These durch eine Kette von Argumenten und Beispielen (Argumentationskette). Achtet darauf, den Gedankengang eurer Argumentation durch sprachliche Wendungen und Satzverknüpfungen deutlich zu machen.*
- *Rundet im Schlussteil eure Argumentation ab, z. B. indem ihr die These bekräftigt.*

b) Überarbeitet eure Erörterung mit Hilfe der Checkliste auf Seite 327.

7 *Eure Gliederung gibt auch den Inhalt von Einleitung und Schluss knapp wieder. Formuliert auf Grundlage eurer Erörterung einen treffenden Einleitungs- und Schlussgedanken und ergänzt eure Gliederung aus Aufgabe 5.*

Erörtern im Anschluss an einen Text (textgebundene Erörterung)

Eine textgebundene Erörterung entsteht in **Anlehnung an eine Textvorlage,** z. B. einen Zeitungstext, der eine strittige Frage behandelt oder ein Problem diskutiert. Im Unterschied zur freien bzw. themengebundenen Erörterung (▷ S. 62–63) verlangt die textgebundene Erörterung eine **genaue Erschließung des Textes** (▷ Tipps zur Texterschließung siehe S. 359), denn Ziel ist es, die These oder einzelne Argumente des Textes zu bekräftigen oder dagegen Stellung zu beziehen. Auch die textgebundene Erörterung besteht aus **Einleitung, Hauptteil** und **Schluss.** Der Hauptteil enthält den Argumentationsgang.

Die einzelnen Schritte zur Erstellung einer textgebundenen Erörterung:

1. Die Textvorlage erschließen

Erschließt den vorliegenden Text genau. Beachtet dabei folgende Fragen:

- Was ist die Kernaussage des Textes?
- Worauf zielt der Text? Wen spricht der Autor mit seinem Text an?
- Wie ist die Argumentation des Textes aufgebaut?

2. Eine Stoffsammlung anlegen

- Sucht entsprechend der Aufgabenstellung (Themafrage) **Argumente und Beispiele aus dem Text heraus,** die ihr für eure Argumentation verwenden könnt, und schreibt sie auf, z. B. in einer Tabelle.
- **Ergänzt** eure **Stoffsammlung,** indem ihr Beispiele und Argumente ergänzt.

3. Die Stoffsammlung gliedern

- Ordnet eure Stoffsammlung (Argumente und Beispiele) nach inhaltlich zusammengehörenden Gesichtspunkten und sucht jeweils einen passenden Oberbegriff.

4. Gliederung erstellen

- Erstellt auf Grundlage eurer Stoffsammlung eine Gliederung. Bringt dazu die geordneten Punkte aus der Stoffsammlung in eine sinnvolle Reihenfolge, z. B. vom weniger wichtigen Argument zum wichtigsten.
- Überarbeitet eure Gliederung nach dem Verfassen der Erörterung, sodass die Gliederung der Reihenfolge eurer Argumente entspricht.

A. Einleitung (benennt Autor, Überschrift, ggf. Textart und die Kernaussage des Textes)
B. These zur Themafrage
I. Argument
1. Unterpunkt
2. ...
II. ...
Argumente für die These (Anordnung nach dem Steigerungsprinzip)
C. Schluss (Abrundung der Argumentation, z. B. Bekräftigung der These, Ausblick, Wunsch, Forderung)

5. Die Erörterung schreiben

- Bezieht euch in der **Einleitung** auf den vorliegenden Text, indem ihr Autor, Überschrift und Kernaussage des Textes benennt.
- Formuliert im **Hauptteil** entsprechend der Themafrage die These. Belegt eure These durch eine Kette von Argumenten und Beispielen (Argumentationskette). Achtet darauf, den Gedankengang eurer Argumentation durch sprachliche Wendungen und Satzverknüpfungen deutlich zu machen.
- Der **Schluss** führt keine neuen Argumente an, sondern rundet die Argumentation ab, z. B. durch: Bekräftigung der These, Formulierung eines Wunsches/einer Forderung, Ausblick auf Zukünftiges etc.

Was heißt denn hier „zelten"?

Vom Stoffzelt zum klimatisierten Bungalow: Auf dem Union Lido, einem der ältesten Campingplätze Italiens, hat sich in 50 Jahren vieles verändert.

von Fridolin Weindl

Die Idee ist Ignazio Vok senior und Angelo Macola beim Spazierengehen gekommen. Die beiden Italiener, Generalimporteure[1] für deutsche NSU-Motorräder, wollten einen Ort schaffen, an dem Mitarbeiter und Kunden des schwäbischen Unternehmens billig Urlaub machen konnten. Das war 1955. Sie kauften ein Stück Land mit Strand und am 15. Mai 1955 eröffneten sie in Cavallino[2] auf dem Lido[3] „NSU Lido", einen der ersten Campingplätze Europas. Im Laufe der vergangenen 50 Jahre hat sich „NSU Lido", der mittlerweile von den Kindern der Gründungsväter geführt wird, zu einer der größten und modernsten Campinganlagen Europas entwickelt.

Doris und Siegfried Frank aus Stuttgart haben als Gäste den Wandel vom rudimentären[4] Zelten zum luxuriösen Camping miterlebt. Als die Franks vor fünfzig Jahren, ein einfaches Stoffzelt im Gepäck, mit ihrem Auto die staubige Zufahrtsstraße entlangfuhren, erwartete sie am Eingang ein Mann in Badehose und mit Strohhut. Er saß hinter einem einfachen Holztisch. Das war damals die Rezeption. Aus „NSU Lido" wurde 1972 „Union Lido" und aus dem Holztisch ein moderner Empfangsschalter.

Seine Anlage, so Armando Ballarin, Direktor von „Union Lido", sei längst kein Zeltplatz mehr und entwickle sich immer stärker hin zu einem Ferienresort[5]. Neben zahlreichen Sportmöglichkeiten und den unvermeidlichen Animationsprogrammen hat der Platz auch eine eigene Reit- und eine Tauchschule. Gäste, die mit einem einfachen Zelt, ein paar Alutöpfen und einem Gaskocher anreisen, sind hier mittlerweile in der Minderheit. Vielmehr haben sich die komfortablen mobilen Behausungen durchgesetzt. Wer kein Wohnmobil und keinen Wohnwagen besitzt, der kann sich an Ort und Stelle eine entsprechende Unterkunft in verschiedenen Ausführungen mieten. Das Angebot reicht vom fest installierten Caravan bis hin zu Bungalows, Apartments und sogar einem luxuriös ausgestatteten Hotelzimmer.

Auf dem 60 Hektar großen Areal gibt es ein klares Prinzip: Ordnung. Von elf Uhr abends bis um sieben in der Früh herrscht strikt über-

1 **importieren:** Ware aus dem Ausland einführen
2 **Cavallino:** Ort bei Venedig
3 **Lido** (von lateinisch „litus" = Strand): bezeichnet im Italienischen eine Landzunge, die eine Lagune vom offenen Meer trennt
4 **rudimentär,** hier: einfach
5 **Resort:** Ferienanlage

98 Prozent der grönländischen Oberfläche und erreicht eine Dicke von über 3200 Metern. Zu den Kanten hin fällt das Eis ins Meer ab und produziert Tausende Eisberge. Dort wollen wir unsere Expedition starten. Vor fünf Tagen sind wir mit dem Boot in Ammassalik an der Ostküste aufgebrochen. Regen schlägt uns entgegen. Die Berge um uns herum versinken im Nebel. Alptraumwetter.
Wir erreichen die kleine Bucht nordöstlich von Isortoq, an der das Inlandeis mit seiner Endmoräne[1] fast bis ans Wasser heranreicht. Hier herrscht zwar kein so dichter Nebel, aber es regnet kräftig.
Wir müssen in den nächsten Tagen von null auf 2500 Meter Höhe aufsteigen, um dann unsere geplante Route nach Thule fortsetzen zu können. Über 2000 Kilometer Eis und Einsamkeit liegen vor uns. Es ist wichtig, den Aufstieg durch die so genannte Spaltenzone[2] möglichst schnell hinter uns zu bekommen, da die Expedition auf die Verwendung von Segelwinden ausgelegt ist. 2000 Kilometer in 40 Tagen zurückzulegen, ist nur mit Hilfe von Windkraft möglich. Unsere Kites (Lenkdrachen) steigern bei günstigem Wind unsere Tagesleistung auf 50 bis 100 Kilometer. Rücken- oder Seitenwind vorausgesetzt.
Kommt der Wind frontal von Nord, müssen wir die Segel aus Stoff in den Packsäcken lassen und uns jeden Meter auf Ski fortbewegen. Gerade im Anstieg, mit einem fast 100 Kilo schweren Schlitten im Schlepp, ist das sehr anstrengend.
Nach drei Tagen Regen sind wir völlig durchnässt und im Schlitten steht das Wasser. Im August kann in den tiefen Lagen am Rand des Eises Regen statt Schnee fallen. Wir hatten gehofft, wenigstens in den ersten Tagen gutes Startwetter zu haben. Aber es wird nicht besser.

1 **Endmoräne:** wallartige Aufschüttung von Gesteinsmaterial am Rande eines Gletschers
2 **Spaltenzone:** das Gebiet der zerklüfteten Gletscher an der Küstenzone

Nach sieben Tagen donnert uns der Sturm weiterhin entgegen. Es ist ungeheuerlich belastend, so weit vom Ziel so langsam voranzukommen. Jarle telefoniert mit einem befreundeten norwegischen Meteorologen, der uns eine schlechte Wetterprognose für unseren Standort durchgibt. Unsere Stimmung sinkt unter den Nullpunkt.
Es geht in Minischritten vorwärts. Mal 14 Kilometer, dann 23, dann wieder am nächsten Tag nur elf. Wir können uns plagen, wie wir wollen, aber unter diesen Bedingungen nach Thule zu kommen, scheint unmöglich. Das schlechte Wetter in Europa hat die sonst so massive Hochdruckzone über Grönland zerstört und es kämpfen mehrere Fronten um die Vorherrschaft. Wir beschließen, die Expedition abzukürzen und nach Ilulissat zu gehen. Bei unserem aktuellen Tempo rechnen wir damit, in ungefähr zwölf Tagen dort anzukommen.
Die nächsten drei Tage schneit es bei moderatem Sturm und knapp null Grad. Es ist Knochenarbeit, die Schlitten durch den tiefen Schnee zu ziehen. Schneestollen bilden sich unter den Kufen und der Lauffläche. Verzweiflung, Resignation. Aber wir müssen weiter, Schritt für Schritt.
Am 19. Tag empfängt uns gleißendes Licht und wir brechen euphorisch in den Tag auf. Die Sonne scheint, es gibt kaum Wolken am Himmel und es ist windstill. Wir fühlen uns wie im Paradies und schöpfen neue Hoffnung. Das Wetter hält sich exakt drei Tage. Dann stürmt es wieder. Ein Blick aus dem Zelt auf meine Europaflagge im Wind zeigt, dass der Wind nicht mehr gegen uns, sondern genau in unsere Gehrichtung bläst. Nur 30 Minuten später ist unser Zelt abgebaut und die Segel liegen vor uns im Schnee. Ein Zug an den Startleinen und wir gleiten mit zwölf Kilometern pro Stunde über das Inlandeis. Ich juble mir den Frust der letzen Wochen aus der Seele, freue mich und genieße es, mit den Elementen spielen zu können. Jarle grinst hinter seinem Kite übers ganze Gesicht.

Nach vier Stunden Segeln und Freude wird der Wind wieder schwächer. Wir vergrößern ständig unsere Segelfläche, um weiter vorwärtszukommen. Dann ist bei 46 Kilometern Ende. Die längste Strecke, die wir bis jetzt an einem Tag zurückgelegt haben. Abends ist die Stimmung ausgelassen und wir hoffen, am nächsten Tag wieder Wind zu bekommen. Hinter uns rückt die Wolkenbank wieder näher, aus der wir tagsüber herausgesegelt waren. Es hat minus 30 Grad.

Am Morgen weht kräftiger Wind. Es bläst uns regelrecht über den Schnee und es ist irrsinnig anstrengend, mit den Ski dem Segel Widerstand zu bieten und mit den Armen die in den Sturmböen fast unkontrollierbaren Kites zu steuern. Heute schaffen wir 70 Kilometer. Wenn wir am nächsten Tag wieder gutes Segelwetter bekommen, können wir in zwei Tagen den „Pick-up Point" in Ilulissat erreichen.

Am nächsten Tag knattert der Wind am Zelt und es schneit. Wolken und Nebel wechseln sich ab. Die Bedingungen scheinen fast zu extrem, um zu segeln.

Aber wir versuchen es. Bloß im Nebel nicht getrennt werden, so lautet die Devise. Wir haben weniger als 30 Meter Sicht, es wäre ein Desaster, wenn wir uns auf dem Eis verlieren würden. In rasender Fahrt zieht uns das Segel über die nun immer härter werdende Oberfläche. Ich sehe nichts, versuche aber, die Landschaft zu erfühlen. Es geht immer weiter bergab zur Küstenlinie hin, sodass sich unser Tempo weiter verschärft. Teilweise habe ich kaum noch Kontakt mit der Schneeoberfläche. Rasant geht es durch Kuhlen, über zugefrorene Gletscherseen und verschneite Spalten. Wenn die Bedingungen so bleiben, könnten wir den Samstagabend schon in einem Restaurant in Ilulissat verbringen. Vor uns liegt ein blaues, wolkenfreies Himmelsband. Es sieht so aus, als ob die Kante der Schlechtwetterzone erreicht sei. Aus diesem Grund segeln wir ohne Pause.

Dann passiert es. Ich segle an einem relativ großen Gletscherbach entlang und versuche, eine Schneebrücke zu finden. Vergeblich. Ein abenteuerlicher Zickzackkurs am Rand des Bachbetts findet sein jähes Ende, als Jarle hinter mir stürzt und ein Segel halb im Bach landet. Ohne Schlitten und nur mit Skistöcken als Sonde bewaffnet taste ich mich über das glasklare dünne Eis bis zur Mitte. Mit dem Skistock teste ich die Tiefe des Wassers. Ich kann die Stöcke auf Grund stellen und schwinge mich über das offene Wasser. Auf der anderen Seite breche ich leicht ein. Ständig muss ich Schnee dem Wassersumpf nachfüttern, damit ich nicht weiter darin versinke. Es geht gerade noch gut. Mit unseren Schlitten bauen wir eine Brücke, über die schließlich auch Jarle kriecht.

Die Nebelwand liegt vielleicht noch einen Kilometer hinter uns, als der Helikopter aufsetzt. Im Flugprotokoll wird später stehen, dass die Maschine sieben Minuten vorher am Boden war, bevor die Nebelwand eine Landung unmöglich gemacht hätte.

Nach einem Abendessen in Ilulissat und einer schlechten Nacht im Hotelbett müssen wir erst begreifen, wie schnell die Tour geendet hat. Immerhin sind wir in drei Tagen über 200 Kilometer gesegelt. Das macht Hoffnung, dass es möglich ist, mit Windkraft die Strecke bis Thule zurückzulegen. In zwei Jahren werden wir die Expedition noch einmal versuchen. Dann allerdings im April oder Mai, wenn das Meer rund um Grönland zugefroren ist und die Chancen auf stabileres Wetter besser stehen.

1 a) *Im Text werden Start- und Zielort der geplanten Route sowie der tatsächliche Endpunkt der Expedition genannt. Sucht diese Orte auf der Karte (*▷ *S. 71**).*

b) *Erklärt mit Hilfe des Textes, aus welchen Gründen Jarle Heimdal und Armin Wirth beschließen, ihre Route abzukürzen.*

2 *Erschließt in Partnerarbeit aus dem Text,*
- *welche Ausrüstungsgegenstände die beiden Expeditionsteilnehmer zur Durchquerung Grönlands dabeihaben,*
- *mit welchen Schwierigkeiten die beiden zu kämpfen haben und*
- *welche Schlussfolgerung beide aus dieser Expedition ziehen.*

Notiert eure Ergebnisse übersichtlich mit den entsprechenden Zeilenangaben.

3 *Armin Wirth (* 1972) ist im Hauptberuf Betriebswirt und organisiert Führungen durch das grönländische Eis. Der Norweger Jarle Heimdal (* 1944) ist Lehrer und hat sich mit dieser Unternehmung einen lang gehegten Wunsch erfüllt.*
Diskutiert darüber, was Menschen wie die beiden dazu veranlasst, sich in ihrer Freizeit so extremen Strapazen auszusetzen.

4 *Schreibt als Reaktion auf den Text „Wild Ice" einen Leserbrief, in dem ihr begründet,*
- *warum ihr gerne an einer solchen Expedition teilnehmen würdet*

  oder
- *warum ihr gegen die geplante Wiederholung der Expedition seid.*

TIPP: *Wissenswertes zum Leserbrief findet ihr im Grundwissen auf Seite 326.*

Fragen zu allen Texten (▷ Seite 65–73)

5 *a) Beschreibt, wie sich die in den Texten vorgestellten Formen von Urlaub unterscheiden.*
b) Untersucht, welche Merkmale die Texte haben. Stellt Gemeinsamkeiten und Unterschiede heraus.
- *Wie sind die Texte aufgebaut?*
- *Welche Intention (Absicht) haben die jeweiligen Texte und für welche Adressaten sind sie geschrieben?*
- *Wie sind die Texte sprachlich gestaltet? Welcher Wortschatz wird verwendet? Welche Fremd- und Fachwörter findet ihr?*

6 *Welche Art von Urlaub würdet ihr gerne machen? Stellt weitere Möglichkeiten der Urlaubsgestaltung vor, z. B. in einem Referat.*
TIPP: *Wissenswertes zum Referat findet ihr auf Seite 359.*

7 *Erörtert in einem Beitrag für die Schülerzeitung eines der folgenden Themen:*
- Welche Vorteile bietet der Massentourismus den Erholungsuchenden?
- Welche Probleme bringt der Massentourismus mit sich?
- Was spricht für einen Erlebnisurlaub?

3.3 Sprachwerkstatt – Schlüssig und überzeugend argumentieren

Aufwärmübungen zum Argumentieren

1 *Wählt einen Ort, z. B. ein Land, eine Stadt, ein Dorf, einen Berg etc., und versucht, in einem Kurzvortrag die anderen davon zu überzeugen, dass dieser Ort der schönste der Welt ist.*

2 *Übt Spontaneität und Schlagfertigkeit beim „Argumentieren zu Begriffspaaren".*
Probiert es mit dem folgenden Themenvorschlag aus.
Thema: Mit welchem Verkehrsmittel fahre ich in den Urlaub?

Argumentieren zu Begriffspaaren

- Ihr benötigt einen leichten Ball.
- Vereinbart ein Begriffspaar zum Thema „Mit welchem Verkehrsmittel fahre ich in den Urlaub?", z. B.: Flugzeug – Eisenbahn.
- Derjenige, der beginnen will, nimmt den Ball und führt möglichst schnell ein Argument dafür an, warum es sinnvoll ist, mit dem Flugzeug in Urlaub zu reisen. Danach wirft er den Ball einem anderen Mitschüler zu. Dieser nennt nun ein Argument für die Eisenbahn und gibt den Ball wieder weiter. Der nächste Schüler nennt dann wieder ein Argument für das Flugzeug usw.
- Sucht euch immer wieder neue Begriffspaare zum Thema, z. B. Auto – Fahrrad.
- Ihr könnt euch auch ein anderes Thema wählen und auf diese Weise eure Schlagfertigkeit trainieren.

Argumente anordnen und entfalten

Auszug aus einer Erörterung zum Thema:
„Warum verbringen viele Jugendliche ihre Ferien besonders gerne im Ausland?"

VORSICHT FEHLER!

Man kann seine Fremdsprachenkenntnisse verbessern. Man kommt mit den Einheimischen direkt in Kontakt und erlernt dabei schnell gebräuchliche Wendungen. Es wird stets die Aussprache geübt.

Es entstehen neue Bekanntschaften mit Leuten, die am Urlaubsort leben. Man trifft dort mit vielen Menschen zusammen. Es ergeben sich Kontakte, aus denen sogar Freundschaften werden können, die lange halten.

Man lernt eine neue Kultur kennen. Man erweitert seinen Horizont. Es ist möglich, bedeutende Kunstwerke und Denkmäler zu besichtigen und zu genießen.

Man baut Vorurteile gegenüber anderen Völkern ab. Wenn man Menschen direkt kennen lernt und mit ihnen in Kontakt ist, kann man oft erkennen, dass vieles nicht stimmt, was man bisher von diesen Menschen geglaubt hat. Reisen in andere Länder tragen zum Frieden und zur Völkerverständigung bei.

3 *Überarbeitet den Auszug aus dem Erörterungsaufsatz und schreibt eine neue, überarbeitete Argumentationskette zum oben genannten Thema in euer Heft.*
Geht dabei folgendermaßen vor:

- *Schreibt aus jedem Abschnitt Argumente und Beispiele heraus, die ihr für eure Argumentation verwenden könnt.*
- *Ordnet eure Argumente und Beispiele und stellt zusammengehörige Punkte zusammen.*
- *Bringt eure Argumente (und Beispiele) in eine sinnvolle Reihenfolge (vom schwächeren zum stärksten Argument).*
- *Macht den Gedankengang eurer Argumentation deutlich und verknüpft die Bausteine eurer Argumentation durch Überleitungen, Konjunktionen und Adverbien (▷ sprachliche Gestaltung einer Argumentation S. 59).*

Schlüssig argumentieren

Die Urlaubszeit steht an. In einem Chatroom wird diskutiert, ob man besser auf der Autobahn oder auf der Landstraße zum Urlaubsort fahren sollte. Hier sind einige Beiträge:

VORSICHT FEHLER!

>>> Ich bevorzuge Autobahnen, weil ich Autobahnen mag.

>>> Auf Landstraßen kann man immer wieder etwas entdecken, weil man auch durch Ortschaften kommt. So sind wir beispielsweise auf unserer Reise nach Wien nicht auf der Autobahn, sondern an der Donau entlanggefahren. Unterwegs haben wir in dem Städtchen Grein eine Rast eingelegt und dabei ein wunderschönes Kaffeehaus besucht, das noch aus dem vorletzten Jahrhundert stammt. So etwas wäre uns auf der Autobahn entgangen.

>>> Auf der Autobahn braucht man ja noch viel länger als auf der Landstraße. Als wir letztes Jahr nach München gefahren sind, war in der Gegend um Landshut ein kilometerlanger Stau. Wir standen fast zwei Stunden. Wenn wir die Landstraße gewählt hätten, wären wir lange vorher am Ziel gewesen.

>>> Auf der Autobahn muss man nicht wie bei Landstraßen wegen mangelnder Umgehungen durch Dörfer fahren und u. a. spielende Kinder gefährden. Auch garantieren die gut präparierten Straßen Sicherheit vor Unfällen, z. B. wegen Glatteis. Sogar Raser können auf der Autobahn weniger Schaden anrichten als auf der Landstraße, weil die Autobahn mehrspurig ist.

>>> Auf der Landstraße kann es immer wieder passieren, dass man lange Zeit hinter einem langsam fahrenden Traktor herfahren muss und wegen des Gegenverkehrs nicht überholen kann. Das kostet sehr viel Zeit. So sind wir z. B. vor zwei Wochen fast eine Viertelstunde hinter einem Traktor hergefahren, weil auf der Gegenfahrbahn viel Verkehr war.

>>> Gerade wenn man mit dem Auto ein weiter entferntes Ziel ansteuert, gibt es zur Autobahn kaum eine Alternative. Durch die erheblich höhere Durchschnittsgeschwindigkeit kommt man deutlich früher am Zielort an, kann sich also früher erholen und eventuell eine Zwischenübernachtung unterwegs einsparen.

>>> Auf Autobahnen geschehen weniger Unfälle als auf Landstraßen, weil es hier keine gefährlichen Kreuzungen und beim Überholen keinen Gegenverkehr gibt. Wer also in seinem Urlaubsort heil ankommen möchte, der muss auf der Autobahn fahren.

>>> Auf der Landstraße hatten wir eine mühselige und gefährliche Anreise. Wegen des dichten Nebels konnten wir auch nichts von der Landschaft sehen. Um wie viel schöner und einfacher war die Heimreise auf der Autobahn! Der Nebel war verschwunden und wir hatten wunderbare Ausblicke in die Landschaft.

4 *Untersucht die Beiträge (▷ S. 76–77) genau. Welche Argumente erscheinen euch überzeugend, welche weniger stichhaltig? Begründet eure Ansicht. Erklärt dabei auch, welche typischen Argumentationsfehler ihr finden könnt.*

TIPP

Typische Argumentationsfehler

- Die Argumente sind nicht stichhaltig, da sie keine überprüfbaren Fakten oder Tatsachen anführen.
- Die Argumente passen nicht exakt zum Thema/zur These; sie sind beliebig.
- Die Argumentation wird nicht entfaltet, z. B. werden die Argumente und Beispiele wenig anschaulich ausgeführt.
- Einzelfälle werden verallgemeinert.
- Die Argumente und Beispiele sagen das Gleiche.

5 *Schreibt eine Erörterung (mit Gliederung) zu einem der folgenden Themen:*

Thema 1: Warum sollte man auf der Autobahn in den jeweiligen Urlaubsort fahren?
Thema 2: Warum sollte man auf der Landstraße in den jeweiligen Urlaubsort fahren?

a) Legt eine Stoffsammlung zum Thema an (▷ S. 55).
b) Ordnet eure Stoffsammlung: Streicht alle Begriffe durch, die nicht exakt zum Thema passen, und sucht Oberbegriffe für zusammengehörige Gedanken (▷ S. 56).
c) Legt eine Gliederung für eure Erörterung an, (▷ S. 57).
d) Schreibt eure Erörterung. Argumentiert ausführlich und macht den Gedankengang eurer Argumentation durch sprachliche Wendungen, Überleitungen und Konjunktionen deutlich.
e) Überarbeitet eure Erörterung mit Hilfe der Checkliste auf Seite 327.

Gegenargumente vorwegnehmen und begründet widerlegen

Auszug aus einer Erörterung zu folgendem Thema:
Warum sollte man in den Ferien eine Urlaubsreise unternehmen?

Am wichtigsten ist jedoch, dass eine Urlaubreise den geistigen Horizont erweitert, denn unzweifelhaft lernt man auf einer Reise das Land, seine Kultur und seine Menschen am besten kennen. Obwohl es auch Bücher und Filme gibt, die uns Kenntnisse von fernen Ländern vermitteln, können sie doch nicht einen Aufenthalt dort ersetzen. Beispielsweise kann uns zwar ein Bildband über Venedig etwas von der Pracht dieser Stadt vermitteln, aber wer nach Venedig reist und unmittelbar vor der Kirche von San Marco gestanden hat, den Dogenpalast mit eigenen Augen gesehen hat, der bekommt hautnah die ganze Atmosphäre dieses Platzes mit, den bunten Trubel, das Geschrei der Händler, das Flattern der Tauben, den Geruch des Meeres usw. Auf einer solchen Reise sammelt man Eindrücke, die kein Buch und kein Film vermitteln können.

Außerdem hat man die Möglichkeit, die Stadt auf eigene Faust zu erkunden, und kann auch einmal in eine Seitengasse, fernab von den üblichen Wegen der Touristen, schauen. Der Reisende ist also nicht auf das angewiesen, was ein Schriftsteller oder Fotograf für ihn aus seiner persönlichen Sicht ausgewählt hat, sondern er kann sich selbst ein Bild machen.

6 *In dieser Argumentation wird die These durch Argumente und Beispiele belegt. Zusätzlich werden mögliche Gegenargumente angesprochen und begründet widerlegt.*
- *a) Lest die Argumentation genau und untersucht dann in Partnerarbeit den Aufbau dieser Argumentationskette. Haltet euer Ergebnis in Stichpunkten fest.*
- *b) Besprecht eure Ergebnisse und erklärt, auf welche besondere Weise hier argumentiert wird.*

TIPP

Gegenargumente vorwegnehmen
Die Überzeugungskraft eines Arguments kann man überprüfen, wenn man sich fragt: Welche Argumente sprechen möglicherweise dagegen? Wenn man zu einem Argument direkt ein mögliches Gegenargument hat, kann man dies ansprechen und begründet widerlegen. Damit nimmt man mögliche Einwände vorweg und entkräftet diese. Mögliche Gegenargumente könnt ihr durch Konjunktionen und Adverbien einleiten, z. B.: „obwohl", „zwar", „allerdings", „sofern", „insoweit", „trotzdem", „dennoch", „dagegen".

7 *Startet einen Argumentationswettbewerb:*
- *Jeder von euch formuliert eine These zum Thema „Urlaub" und begründet diese mit Argumenten und Beispielen. Versucht auch, mögliche Gegenargumente aufzugreifen und zu entkräften.*
  Ich behaupte, dass ... Meine These ist ... Ich fordere ...
- *Die Zuhörer überprüfen,*
  - *ob die Argumente und Beispiele geeignet sind, die These zu stützen,*
  - *ob die einzelnen Bausteine der Argumentation sprachlich miteinander verknüpft werden,*
  - *ob Gegenargumente aufgegriffen und entkräftet werden.*

4 Aufbruch ins All – Informationen zusammenstellen und präsentieren

4.1 Ein Thema für ein Referat oder eine Diskussion aufbereiten

1 *Die Erforschung des Weltraums fasziniert nicht nur Wissenschaftler. Auch in der Literatur, in der Musik, in Film und Fernsehen beschäftigen sich die Menschen seit langem mit diesem Thema. Sprecht über Romane, Musikstücke, Filme und Fernsehserien, die ihr zum Thema „Weltraum und Raumfahrt" kennt.*

- ☐ *Fasst die Handlung kurz zusammen.*
- ☐ *Beschreibt, wie realistisch die Ereignisse und die Technik dort dargestellt werden.*

Informationen aus Sachtexten entnehmen

Ein Menschheitstraum geht in Erfüllung: RAUMFAHRT

Die Erde ist von einer etwa 500 bis 1000 km hohen Atmosphäre umgeben, die in Bodennähe zu 21 Prozent aus Sauerstoff besteht und uns das Atmen ermöglicht. Im Universum übt die Erde auf ihre Umgebung eine Anziehungskraft *(Gravitation)* aus, die bewirkt, dass bei uns ein Stein auf dem anderen liegen bleibt und in die Luft geworfene Steine wieder herunterfallen.

Die eigentliche Raumfahrt beginnt dort, wo der Bereich der Atmosphäre und Gravitation verlassen wird. Ein Raumschiff oder eine Rakete müssen daher stärker als die Gravitation beschleunigen können, wenn sie die Erde verlassen wollen. Für den Transport von Menschen in den Weltraum muss das Raumschiff außerdem absolut luftdicht sein, um die Kälte des Weltraums (etwa -270 °C) und die kosmische Strahlung wirksam abschirmen zu können.

HÖHEPUNKTE DER RAUMFAHRT

Die für diese enorme Beschleunigung benötigte Raketenantriebstechnik wurde seit den 1940er Jahren von den Deutschen, der UdSSR und den USA entwickelt. Im Oktober 1957 gelang es der UdSSR, den ersten künstlichen Satelliten, *Sputnik 1,* in die Erdumlaufbahn zu befördern.

*Am 12. April 1961 startete der Russe Gagarin mit dem Raumschiff **Wostok 1** zur ersten bemannten Erdumkreisung.*

Am 12. 4. 1961 konnte Juri *Gagarin* als erster Mensch die Erdkugel von außerhalb der Atmosphäre bewundern. Diese Ereignisse hatten einen Wettlauf der Nationen um die Eroberung des Alls zur Folge, der seinen vorläufigen Höhepunkt am 20. 7. 1969 fand, als Neil *Armstrong* und Edwin Edwin *Aldrin* als erste Menschen die Mondoberfläche betraten. Viele Millionen Menschen auf der ganzen Welt konnten dieses Ereignis live im Fernsehen mitverfolgen.

Die Erfolge des US-amerikanischen Apollo-Programms (insgesamt sechs bemannte Mondlandungen) ließen die Besiedelung anderer Planeten des Sonnensystems in greifbare Nähe rücken. Doch aufgrund der langen Reisezeiten zu anderen Planeten wurden nur un-

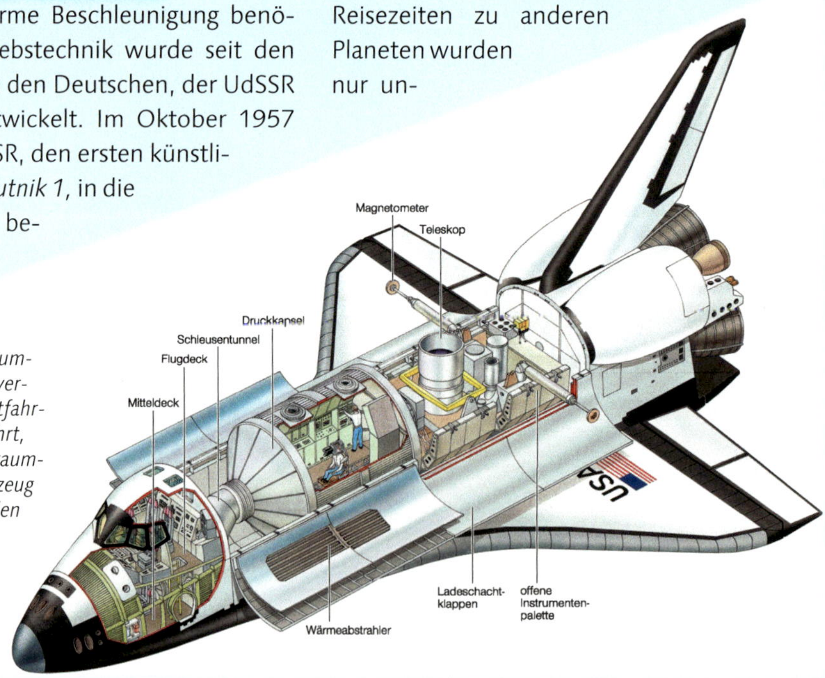

Ein Spaceshuttle (Raumfähre) ist ein wiederverwendbares Transportfahrzeug für die Raumfahrt, das nach einer Weltraummission wie ein Flugzeug landend zum Erdboden zurückkehrt. Die Grafik veranschaulicht den Aufbau des US-amerikanischen Spaceshuttles.

bemannte Raumsonden[1] auf diesen Weg geschickt.

Mit *Saljut 1* (UdSSR) wurde 1971 die erste bewohnbare Raumstation in der Erdumlaufbahn errichtet. Ihre ersten drei Bewohner kamen jedoch ums Leben, als sich auf dem Heimflug ein Druckventil vorzeitig öffnete. 1972 schickten die USA die Raumstation *Skylab* in die Umlaufbahn. Die USA verfolgten mit *Skylab* hauptsächlich zwei Ziele: Zum einen sollte die Station den Nachweis erbringen, dass Menschen auch über längere Zeiträume im Weltall leben und arbeiten können. Zum anderen sollte *Skylab* der Sonnenforschung dienen.

Die Raumstation *Spacelab* (Europa) absolvierte 1983 ihren Einsatz und wurde bis 1999 als Weltraumlabor genutzt. Dabei wurden die Langzeitwirkungen der Schwerelosigkeit und der Isolation im All auf den menschlichen Organismus erforscht.

Immer neue Herausforderungen und Entdeckungen erwarten die Menschen im Weltraum: So nahm der Amerikaner Steve Robinson im August 2005 erstmals im All Reparaturen an der Außenhülle des Spaceshuttles *Discovery* vor und US-Astronomen gaben im gleichen Jahr die Entdeckung des zehnten Planeten unseres Sonnensystems bekannt, der sich etwa 14,5 Milliarden Kilometer von der Sonne entfernt befindet.

*Die Internationale Raumstation (engl. **I**nternational **S**pace **S**tation, ISS) im Weltraum. Raumstationen sind Raumfahrzeuge, die sich meist im Orbit (Umlaufbahn) eines Himmelskörpers befinden und es Menschen ermöglichen, längere Zeit im Weltall zu leben. Raumstationen sind, da sie selbst nicht über einen Antrieb zur Fortbewegung oder Landevorrichtungen verfügen, auf andere Raumfahrzeuge für Transporte angewiesen.*

1 **Raumsonde:** Eine Raumsonde ist ein unbemannter Flugkörper, der zu Erkundungszwecken ins Weltall geschickt wird.

RAUMFAHRT

1 *Der Lexikonartikel informiert über das Thema „Raumfahrt“.*
Fasst in ein bis zwei Sätzen zusammen, welche Themenbereiche in diesem Lexikonartikel angesprochen werden.

2 *Erklärt die Bedeutung der folgenden Begriffe aus dem Kontext (Textzusammenhang).*

Raumfahrt   unbemannte Raumfahrt   bemannte Raumfahrt

3 *In dem Text werden einige Höhepunkte der Raumfahrt hervorgehoben.*
a) Notiert in Stichworten, was sich bis heute auf diesem Feld ereignet hat.
b) Sprecht darüber, mit welchen Zielen, Hoffnungen und Rückschlägen diese Weltraummissionen verbunden waren.

NUTZEN DER WELTRAUMFAHRT

Der überwiegende Teil der Raumfahrt spielt sich heute in der Erdumlaufbahn ab, wo eine Vielzahl unterschiedlicher Satelliten die Erde umkreist, teils zur Übertragung von Telefonaten und Fernsehprogrammen, teils als Wetterbeobachter oder als Navigationshilfe für die Schifffahrt. Satelliten sind außerdem ständig mit der Beobachtung der Atmosphäre und der Meere beschäftigt. Man hofft, auf diese Weise Klima- und Umweltkatastrophen sowie Erdbeben erkennen bzw. voraussagen zu können.

Die kommerzielle Nutzung der Weltraumfahrt befindet sich in der Entwicklung. Konzepte für Raumgleiter[1] als Nachfolgemodelle für den Spaceshuttle werden derzeit von mehreren internationalen Luftfahrtzentren erarbeitet. Probleme bereiten noch die hohen Transportkosten. Noch vor 2020 könnten so genannte Weltraumhotels realisiert werden, die mit einer Geschwindigkeit von 30000 km/h um die Erde kreisen und „Weltraumtouristen" aufnehmen können. Der erste Weltraumtourist war der US-Amerikaner Dennis Tito, der am 28. April 2001 an Bord einer russischen „Sojus-Kapsel" zur „Internationalen Raumstation" startete und sich dort eine Woche aufhielt.

In der Geschichte der Raumfahrt mussten auch einige Menschen ihr Leben lassen. Bei den Katastrophen der Raumfähren „Challenger" (explodierte 1986 kurz nach dem Start) und „Columbia" (zerbrach 2003 beim Wiedereintritt in die Erdatmosphäre) starben jeweils alle sieben Astronauten.

1 **Raumgleiter:** Raumflugzeug, das ca. sechs Personen in den Weltraum transportieren soll.

Ein Modell des Raumgleiters „Phoenix"

Dennoch ist der menschliche Drang in den Weltraum ungebremst. Seit 1998 wird im Weltraum an der „Internationalen Raumstation" gebaut, die später auch als Plattform für einen weiteren Entdeckertraum, den bemannten Flug zum Mars, genutzt werden soll. Bis es so weit ist, müssen allerdings noch viele technische Schwierigkeiten überwunden werden. Die Erfolge der Raumfahrtagenturen (wie die 2004 auf dem Mars gelandete Sonde „Spirit") gingen bislang immer wieder einher mit Misserfolgen (wie der 2003 verschollene Landeroboter „Beagle 2"). Doch treibt die Menschen die Frage weiter an: Gibt es Leben auf anderen Planeten?

1 *a) Im Text heißt es: „Die kommerzielle Nutzung der Weltraumfahrt befindet sich in der Entwicklung." (Z. 12–13). Was ist damit gemeint? Belegt eure Aussagen mit entsprechenden Textstellen.*

2 *Der Text „Nutzen der Weltraumfahrt" enthält Informationen zu verschiedenen Themen.*

a) Lest den Text genau und notiert euch Stichworte zu folgenden Fragen:
- ☐ *Welchen Nutzen hat die Weltraumfahrt schon heute für uns?*
- ☐ *Welche Visionen und Ziele sind mit der Weiterentwicklung der Weltraumtechnik und der Raumfahrt verbunden?*
- ☐ *Welche Rückschläge gab es in der Geschichte der Raumfahrt?*

b) Fasst mit Hilfe eurer Notizen den Inhalt des Textes mündlich zusammen.

Japanischer Konzern plant Weltraumhotel

Ein eigenständiges Weltraumhotel mit künstlicher Schwerkraft hat der japanische Konzern „Shimizu" bereits geplant. Bis zum Jahr 2017 soll der Bau einer kreiselförmigen Herberge (die sich alle 20 Sekunden um die eigene Achse dreht, wodurch 70 Prozent der irdischen Schwerkraft erzeugt werden) für ca. 35 Milliarden Euro realisiert werden. In einer Erdumlaufbahn in 450 Kilometern Höhe soll das Space-Hotel mit 64 Gästekapseln an seinem Außenrand schweben. Die Faszination der Schwerelosigkeit wird auf Wunsch im inneren Teil des Kreisels trotzdem erlebbar sein. „Shimizu" schätzt den Preis für eine Reise ins Weltraumhotel derzeit auf ca. eine halbe Million Euro.

3 *Der obige Zeitungsartikel berichtet über die Planung eines Weltraumhotels. Lest den Artikel und diskutiert anschließend darüber, was für und was gegen ein solches Zukunftsprojekt spricht.*

Hallo? Ist da jemand?

Wird es jemand merken, wenn die Menschen aus dem Universum verschwinden? Diese Frage haben sich nicht nur die Astronomen[1] seit Jahrhunderten gestellt. Es ist eine Frage, über die fast jeder irgendwann in seinem Leben einmal nachgedacht hat. Sind die Menschen allein auf ihrem kleinen blauen Planeten am Rande der Milchstraße? Oder haben sie irgendwo im Universum Gesellschaft? Gibt es eine Möglichkeit, mit fremden Lebewesen Kontakt aufzunehmen? Kann man sie womöglich besuchen? Kommen sie uns besuchen?

Um die Frage nach fremden Zivilisationen[2] zu beantworten, fangen die Astronomen heute mit riesigen Teleskopen selbst die kleinsten Signale aus dem Weltraum auf. Ein weltweiter Computerverbund analysiert die Signale und sucht, weil wir die Sprache von Außerirdischen nicht kennen, nach Mustern, die von intelligenten Lebewesen stammen könnten. Die Suche verlief bislang erfolglos. Aber die Astronomen geben nicht auf. Sie wollen immer noch die alten Fragen beantworten, die schon Ägypter und Griechen gestellt haben: Wie ist das Universum entstanden? Wie entwickelt es sich? Und welche Rolle spielt der Mensch darin?

Verglichen mit den griechischen und ägyptischen Astronomen, wissen wir heute sehr viel über den Weltraum. Die Wissenschaftler kennen das Alter des Universums (14 Milliarden Jahre) und sie haben ziemlich gute Theorien darüber, wie es entstanden sein könnte – vielleicht aus einer Art Energiebällchen, das in einem Urknall ausbrach und inzwischen Abermilliarden von Galaxien[3] beherbergt. Und sie wissen, wann und wie unser Sonnensystem entstand.

Außerdem konnten sich die Wissenschaftler im vergangenen Jahrhundert den uralten Traum aller Astronomen erfüllen. Sie schickten Raumschiffe ins All, um die fremden Welten am Himmel zu erkunden. Sonden flogen an Jupiter, Saturn und Uranus vorbei und übermittelten aufregende Bilder von diesen großen Gasplaneten. Zwei Raumsonden, „Voyager 1" und „Voyager 2", befinden sich sogar jenseits des Sonnensystems im tiefen Weltraum. Mit einer Tafel an Bord, die das Leben auf der Erde

1 **Astronom:** Wissenschaftler, der sich mit der Sternenkunde befasst
2 **Zivilisation,** hier: Gesellschaft, Volk
3 **Galaxie:** anderes Wort für das Milchstraßensystem, das Sterne, Sternsysteme, Gasnebel, Staubwolken und sonstige Objekte umfasst

erklärt, fliegen sie zu anderen Sonnensystemen. Vielleicht werden sie eines Tages von fremden intelligenten Lebewesen geortet und eingefangen. Wenn es diesen Wesen gelingen sollte, die Zeichen auf der Tafel zu entziffern und die beigefügte Schallplatte auf einem interstellaren[4] Plattenspieler abzuspielen, erfahren sie, dass es am Rande der Milchstraße einen Planeten gibt, auf dem Kinder lachen, Vögel zwitschern und Buckelwale singen.

Es ist den Wissenschaftlern sogar gelungen, Menschen auf den Mond zu bringen. Bis heute können einige Leute das nicht glauben. Hartnäckig pflegen sie das Gerücht, die Mondlandung sei in Wahrheit in einem Studio gespielt worden. Aber das ist Unsinn. Wir können sicher sein, dass am 20. Juli 1969 der Astronaut Neil Armstrong aus der Landekapsel „Eagle" auf den Mondboden sprang und seinen berühmten Satz sagte: „Dies ist ein kleiner Schritt für einen Menschen, aber ein großer für die Menschheit." Fast genauso faszinierend wie die Mondlandung sind die unbemannten Landungen auf fremden Planeten. Nur ein Jahr nach der Mondlandung gelang es russischen Wissenschaftlern, eine Sonde weich auf dem Boden der Venus abzusetzen. 23 Minuten lang sendete „Venera 7" Temperaturdaten zur Erde.

Fünf Jahre später schickte die russische Sonde „Venera 9" sogar Fotos von der Oberfläche der Venus zur Erde. Bis heute staunen wir über die Bilder von unserem Nachbarplaneten. Zu sehen ist ein wüster und steiniger Boden unter einem schweren gelben Himmel. Dichter Smog lastet auf dem gesamten Planeten. Er hält die Sonnenwärme am Boden und sorgt für unerträgliche Hitze. 480 Grad wurden auf der Venus gemessen. Verglichen damit ist es in einem Backofen kühl. Dass in dieser Hitzehölle irgendeine Form von Leben existieren kann, ist äußerst unwahrscheinlich.

Etwas angenehmere Temperaturen herrschen

4 **interstellar**: zwischen den Sternen befindlich

Der Planet Mars

auf dem Mars, unserem zweiten Nachbarn. Zwar wird es auf diesem Planeten in der Nacht bis zu 170 Grad kalt, doch erreicht das Thermometer tagsüber frühlingshafte 20 Grad. Der Mars bekam im Jahr 1971 zum ersten Mal Besuch von der Erde. Die russische Sonde „Mars 2" wurde allerdings bei der Landung beschädigt, erst ihre Nachfolgerin „Mars 3" sendete im selben Jahr Daten von der Marsoberfläche, wenn auch nur 20 Sekunden lang. Die besten Bilder stammen von den beiden amerikanischen Marssonden „Spirit" und „Opportunity", die im Jahr 2004 auf dem Planeten landeten. Die Fotos zeigen eine staubige rötliche Wüste voller Steine und Felsen, in der Ferne erheben sich Berge und Krater.

Könnten in dieser Wüste Lebewesen existieren? Diese Frage beschäftigt die Wissenschaftler seit dem Jahre 1877, als der italienische Astronom Giovanni Schiaparelli dunkle Linien auf dem Mars erkannte. Linien, die aussahen wie Kanäle eines raffinierten Bewässerungssystems. Sollte es von einer geheimnisvollen Zivilisation auf dem Mars errichtet worden sein? Einer Zivilisation, die der Menschheit womöglich überlegen war?

Heute wissen wir, dass es keine intelligenten Lebewesen auf dem Mars gibt und mit großer Sicherheit nicht einmal eine einzige kleine Bakterie. Die Kanäle des Giovanni Schiaparelli waren nur eine optische Täuschung. Trotzdem haben die Wissenschaftler die Hoffnung nicht aufgegeben, auf dem Planeten wenigstens Spuren von vergangenem Leben zu entdecken. Ziemlich sicher ist immerhin, dass vor Millio-

nen von Jahren Wasser auf dem Mars geflossen ist. Rinnen und andere Landschaftsformen deuten darauf hin.
Heute fließt auf dem Mars mit großer Sicherheit kein Tropfen Wasser mehr, nur die extrem kalten Pole sind noch von Eis bedeckt. Wir müssen deshalb damit rechnen, dass der Mars genauso tot ist wie die Venus oder der Merkur. Nicht einmal als Basis für eine Raumstation ist der Mars besonders geeignet.
Er ist viel zu kalt, es fehlt an Wasser und die Aussicht ist trostlos. Auch die Atmosphäre ist extrem menschenfeindlich. Sie enthält keinen Sauerstoff und ist so dünn, dass unser Blut in den Adern anfangen würde zu kochen. Ohne Schutzanzug sollte man eine Marsstation deshalb niemals verlassen!

Der Planet Jupiter

Ganz und gar ungeeignet als Wohnquartier für jede Art von Leben sind die fünf äußeren Planeten unseres Sonnensystems. Der mächtige Jupiter, der Saturn mit seinen schönen Ringen, der grüne Uranus, der blaue Neptun sind Gasplaneten. Anders als bei den inneren Planeten schaffte es die Sonne bei diesen vieren nicht, mit ihrem Wind das Gas wegzublasen. So bestehen sie hauptsächlich aus Gas, gefrorenem Wasser und Fels. Über ihre Oberfläche weiß man wenig, weil alle vier Planeten von dichten Wolken umhüllt sind. Sicher ist aber, dass man Weltraumtouristen einen Abstecher nicht empfehlen kann. Mit einem festen Boden wie der Mars oder die Venus kann keiner der vier Gasplaneten dienen. Außerdem sind die Temperaturen extrem niedrig und der Druck der Atmosphäre ist so stark, dass selbst eine stabile Raumfähre bald zerquetscht wäre. Noch wenig erforscht ist der letzte in der Reihe der Planeten, der ferne Pluto. Er hat immerhin, so viel wissen die Forscher, eine feste Oberfläche aus Stein und Eis.
Der einzige bewohnbare Planet unseres Sonnensystems ist die Erde. Nur auf ihr gibt es fließendes Wasser, weil sie genau den richtigen Abstand zur Sonne hat. Sie ist gerade schwer genug, um eine lebensfreundliche Atmosphäre zu halten. Und sie hat einen heißen Kern, der die kühle Hülle in Bewegung hält. Solche Bedingungen sind selten, selbst im riesigen Weltraum. Trotzdem müssen wir davon ausgehen, dass sich in anderen Sonnensystemen und fernen Galaxien ebenfalls Leben entwickelt hat, auch wenn wir das wahrscheinlich nie erfahren werden. Selbst mit der schnellsten aller Geschwindigkeiten, der Lichtgeschwindigkeit, wäre ein Raumschiff viele Jahre unterwegs, um nur die allernächsten Sternsysteme zu besuchen.
Weil auch intelligente Lebewesen von anderen Planeten nach unserem heutigen Wissensstand nicht schneller fliegen können als mit Lichtgeschwindigkeit, sind die Chancen extrem gering, dass Aliens auf der Erde landen und uns erzählen, was bei ihnen zu Hause los ist. Ganz sicher aber entführen sie keine Menschen in den Weltraum, auch wenn das eine Reihe von Leuten behauptet. Nicht eine einzige Erzählung über Aliens und Ufos konnte bislang von seriösen Wissenschaftlern bestätigt werden. Stattdessen fanden sich für seltsame Lichterscheinungen am Himmel immer gute Erklärungen. Leider. Denn natürlich wäre die Welt interessanter, wenn ab und zu mal ein paar Vulkanier vorbeischauten.

1 *Lest den Text „Hallo? Ist da jemand?“ (▷ S. 83–85) und erläutert dann den Titel.*

2 *a) Schreibt aus dem Text (▷ S. 83–85) die Fragen heraus, die die Menschen schon seit der Antike zur Beobachtung der Sterne und zur Erforschung des Weltraums bewegen.*
b) Diskutiert darüber, warum uns Menschen gerade diese Fragen so beschäftigen.

3 *Um einen Text genau zu verstehen, müsst ihr manche Begriffe in einem Lexikon nachschlagen.*
a) Lest den Lexikoneintrag zum Stichwort „Sonnensystem".

Sonnensystem: Unter dem Begriff Sonnensystem versteht man einerseits unser Planetensystem, andererseits jedes andere System, das mindestens aus zwei Körpern besteht, wovon ein Körper ein Stern (wie zum Beispiel die Sonne) ist.
Im Zentrum unseres Sonnensystems, in dem sich auch der Planet Erde befindet, steht als Zentralstern die Sonne. Um die Sonne herum bewegen sich neun Planeten. Nach ihrer Zusammensetzung unterscheidet man sie in terrestrische (felsige) Planeten und Gasplaneten. Weitere Bestandteile des Sonnensystems sind Millionen von Asteroiden (auch Kleinplaneten genannt) und Kometen (Gesteinsbrocken).

b) Stellt aus dem Text „Hallo? Ist da jemand?" (▷ S. 83–85) alle Informationen über die neun Planeten unseres Sonnensystems zusammen. Haltet auch fest, welche Gemeinsamkeiten und welche Unterschiede es zwischen den Planeten gibt.

4 *Wenn ihr andere informieren wollt, z. B. in einem Referat, solltet ihr eure Informationen so anschaulich wie möglich präsentieren.*

Übertragt die Skizze in euer Heft und vervollständigt sie. Lest dazu noch einmal genau im Text (▷ S. 83–85) nach.

5 *Beantwortet die Frage, ob außerhalb des Planeten Erde – in unserem Sonnensystem oder anderen Sonnensystemen – Leben existieren kann.*
Begründet eure Aussagen mit Hilfe des Textes und unterscheidet dabei genau, was bis heute wissenschaftlich belegt ist und was auf Annahmen beruht.

Ein Referat verfassen

Eine Stoffsammlung anlegen

1 *Die Texte „Ein Menschheitstraum geht in Erfüllung: Raumfahrt“ (▷ S. 80–81), „Nutzen der Raumfahrt“ (▷ S. 82) und „Hallo? Ist da jemand?“ (▷ S. 83–85) enthalten viele Informationen zu verschiedenen Themen. In einem Referat könnt ihr andere über ein bestimmtes Thema genauer informieren.*

a) Erstellt mit Hilfe der Texte auf den Seiten 80–81 und 83–85 eine Themenliste für eure Referate. Notiert dazu in Gruppen- oder in Partnerarbeit die verschiedenen Themen, die in den Texten behandelt werden.

b) Entscheidet euch für **ein** *Thema, über das ihr in einem Referat genauer informieren wollt. Sammelt dann Leitfragen, die euer Referat beantworten soll, z. B. in einem Cluster.*

c) Prüft, ob euch die Texte Auskunft zu euren Fragen aus Aufgabe 1b geben.

...
Welche Katastrophen gab es?
Raumfahrt
Was waren die Höhepunkte in der Geschichte der Raumfahrt?
Welche aktuellen Raumfahrtmissionen gibt es?

2 *Um die noch offenen Fragen zu beantworten oder um weiteres Informationsmaterial zu eurem Thema zu sammeln, könnt ihr verschiedene Informationsquellen nutzen, z. B.:*

- *Printmedien: Lexika, Sachbücher, Fachbücher, Zeitschriften*
- *elektronische Medien: CD-ROMs, Internet, z. B. die Internet-Enzyklopädie www.wikipedia.de*

a) Notiert euch zu euren Leitfragen aus Aufgabe 1b geeignete Stichworte und schlagt sie in den unterschiedlichen Informationsquellen nach. Erweitert gegebenenfalls eure Stichwortsuche oder grenzt sie ein. (▷ Tipps zur Informationsrecherche findet ihr im Grundwissen auf S. 356.)

b) Wertet euer Informationsmaterial aus und legt eine Stoffsammlung zu eurem Referatsthema an. Beachtet dabei den folgenden Tipp.

TIPP

Informationsmaterial auswerten: Eine Stoffsammlung anlegen

Beim Auswerten eures Informationsmaterials wendet ihr die üblichen Textbearbeitungsmethoden an:

- Markiert auf einer Kopie oder auf einem Ausdruck der Texte die wichtigsten Informationen.
- Notiert am Rand Stichwörter, sodass ihr den Inhalt der Texte überblicksartig erfassen könnt.
- Verseht unbekannte Wörter und unverständliche Textstellen mit einem Fragezeichen und klärt ihren Sinn. Schlagt z. B. in einem Wörterbuch oder in einem Lexikon nach.
- Fasst die wesentlichen Informationen mit euren eigenen Worten zusammen.
- Schreibt Sätze, die ihr zitieren wollt, wörtlich heraus und notiert euch die Quelle.
- Wichtige Texte oder Statistiken solltet ihr für eure Stoffsammlung kopieren oder ausdrucken.

Ein Referat gliedern

3 *In eurer Stoffsammlung habt ihr wichtige Informationen zu eurem Thema zusammengetragen. Für euer Referat müsst ihr diese Informationen nach sachlichen Gesichtspunkten ordnen. Diese schriftliche Gliederung bildet den „roten Faden" für euer Referat.*

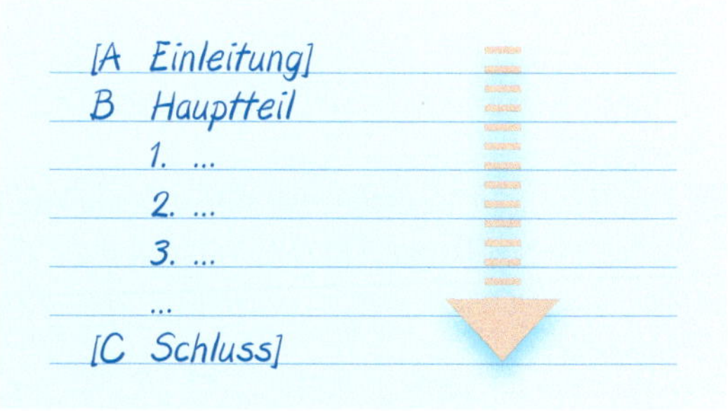

a) Gliedert – ausgehend von euren Leitfragen aus Aufgabe 1 – den ***Hauptteil*** *eures Referats nach obigem Muster. Beachtet dabei folgende Punkte:*
- ☐ *Filtert aus eurer Stoffsammlung zusammengehörige Informationen heraus.*
- ☐ *Ordnet eure Informationen nach Haupt- und Unterpunkten. Beachtet dabei, dass eure Zuhörer/-innen jederzeit den Bezug zum Thema erkennen können („roter Faden").*
- ☐ *Streicht die Informationen, die nicht in eure Gliederung passen.*

b) Überprüft noch einmal die Gliederung eures Hauptteils und überarbeitet sie gegebenenfalls. Entfaltet ihr das Thema schrittweise und folgerichtig? Ist der Bezug zum Thema (der „rote Faden") erkennbar?

4 *Ordnet euer Informationsmaterial aus Aufgabe 2 den einzelnen Gliederungspunkten eures Hauptteils zu.*

5 *Die* ***Einleitung*** *soll das Interesse der Zuhörer/-innen wecken. Es gibt verschiedene Möglichkeiten, einen Vortrag zu beginnen. Für einen Vortrag zum Thema „Raumfahrt" gibt es z. B. folgende Einstiegsmöglichkeiten:*
- ☐ *ein Bild aus dem Film „Star Wars" oder der Serie „Raumschiff Enterprise"*
- ☐ *das Zitat Neil Armstrongs beim Verlassen der Landekapsel auf dem Mond: „Dies ist ein kleiner Schritt für einen Menschen, aber ein großer für die Menschheit."*
- ☐ *Redewendungen wie „in einer anderen Welt leben", „jemanden auf den Mond schießen wollen" etc.*
- ☐ *eine Illustration aus dem 1870 erschienenen fantastischen Roman „Um den Mond herum" von Jules Verne*
- ☐ *das berühmte Bild von der Mondlandung 1969*

a) Beschreibt, welche unterschiedlichen Einstiegsarten es gibt und wie sie auf die Zuhörer/-innen wirken.

b) Überlegt euch selbst einen interessanten Einstieg zu eurem Vortrag.

6 *Der* ***Schluss*** *rundet den Vortrag ab und fasst die wichtigsten Informationen noch einmal zusammen. Entwerft selbst einen passenden Schlussteil zu eurem Referat.*

Die Präsentation des Referats

7 *Die schriftliche Fassung eures Referats ist eine wichtige Basis für den Vortrag. Bei eurer Präsentation solltet ihr aber das Geschriebene nicht wortwörtlich ablesen. Da das ganz freie Vortragen aber schwierig ist, benutzen selbst geschulte Redner Stichwortkarten. Übertragt wichtige Informationen für den Vortrag eures Referats auf Karteikarten. Legt zu jedem Gliederungspunkt eine neue Karteikarte an.*

TIPP

Vortragskarten erstellen

- Nehmt Karteikarten im Postkartenformat (DIN A6).
- Beschriftet die Karteikarten nur einseitig. Nutzt die Rückseite der Karteikarten nur, um die Bedeutung wichtiger Fachbegriffe oder Fremdwörter zu notieren.
- Notiert in einer bestimmten Farbe „Regieanweisungen“, z. B.: *Fachbegriff erklären (s. Rückseite), Folie auflegen, Pause machen* etc.
- Nummeriert die Karteikarten in der entsprechenden Reihenfolge.
- Benutzt Zeichen als Gedankenstütze, z. B.: → !
- Schreibt deutlich lesbar.
- Markiert einzelne Textpassagen oder Kernbegriffe mit unterschiedlichen Farben, z. B.: grün = Zitate.

8 *Die Zuhörer/-innen kennen die Gliederung eures Referats noch nicht. Deshalb ist es sinnvoll, schon am Anfang einen Überblick über die einzelnen Punkte eures Referats zu geben. Besprecht die folgenden Möglichkeiten und diskutiert ihre Vor- und Nachteile. Gibt es auch Kombinationsmöglichkeiten?*

- *Den Überblick über das Referat in den Vortrag integrieren, z. B.:*
  Zunächst stelle ich euch ... vor und gehe dann auf ... ein. *Zum Schluss möchte ich ...*
  Ich komme nun zum letzten Punkt meines Vortrags.
- *Die Gliederung auf einem Blatt an die Zuhörer/-innen verteilen.*
- *Die Gliederung auf einer Overheadfolie präsentieren.*

9 *Durch den Einsatz von* ***Anschauungsmaterial*** *wird der Vortrag nicht nur abwechslungsreicher, sondern die Zuhörer/-innen können sich auch die Informationen besser einprägen.*

a) Überlegt in Partnerarbeit, welche Informationen ihr mit welchen Medien besonders gut veranschaulichen könnt. Übertragt dazu das Schaubild in euer Heft und ergänzt es.

b) Diskutiert über eure Ergebnisse und besprecht,
- *wie ihr das Anschauungsmaterial vorbereiten könnt und*
- *worauf ihr beim Einsatz besonders achten müsst.*

10 *a) Haltet eure Referate vor der Klasse. Während des Vortrags hören die anderen genau zu.*
b) Besprecht anschließend, was euch besonders gut gefallen hat und was noch verbessert werden könnte, und stellt eine Liste mit „Tipps für einen gelungenen Vortrag“ zusammen.

B Eine „Mondlesung" planen

7 *Sammelt für eure Lesung unterschiedliche Texte zum Thema „Mond", z. B.:*
- *Sachtexte,*
- *literarische Texte (Gedichte, Märchen, Kurzgeschichten etc.),*
- *selbst geschriebene Texte.*

Gibt es auch Musik, Dias oder Filme, mit denen ihr eure Lesung untermalen könnt? Nutzt für eure Suche unterschiedliche Medien, z. B. Textsammlungen, das Internet, Sachbücher, CDs, CD-ROMs, das Internet etc. (▷ Tipps zur Informationsrecherche findet ihr auf S. 356.)

Beispiele:

Heike Hübsch

Ich seh den Mond in seinen Strahlen

Ich seh den Mond in seinen Strahlen
In der Tiefe dieser Nacht
Die leichte Windvioline malen:
Ein Zauberstaub entfacht.

Silberpünktchen, goldumpudert meilenweit,
Sternenfahrt der Ferngedanken,
Auf der Suche nach der Zeit:
Himmelsranken.

Engelswinde, federleicht,
Erhaschen jenen Traummoment.
Ein Blatt vom Baum die Wange streicht:
Wie schön ist dieses Firmament.

Joseph von Eichendorff

Mondnacht

Es war, als hätt der Himmel
Die Erde still geküsst,
Dass sie im Blütenschimmer
Von ihm nun träumen müsst.

Die Luft ging durch die Felder,
Die Ähren wogten sacht,
Es rauschten leis die Wälder,
So sternklar war die Nacht.

Und meine Seele spannte
Weit ihre Flügel aus,
Flog durch die stillen Lande,
Als flöge sie nach Haus.

8 *Entscheidet, welche Texte ihr lesen wollt, und setzt einen Zeitrahmen für die Lesung fest, z. B. eine Stunde reine Lesezeit.*

9 *Überlegt, mit welchen Mitteln ihr eure Lesung abwechslungsreich und interessant gestalten könnt, z. B. untermalende Musik, Dias, Filmausschnitte etc. Klärt, welche zusätzlichen Geräte ihr braucht, z. B. CD-Spieler, Diaprojektor etc.*

10 *Besprecht, wie eure Lesung verlaufen soll, und erstellt einen Ablaufplan. Haltet darin auch fest, wer für was verantwortlich ist.*

A Einführende Worte (Michael Petry),
Diaprojektion „Mond“, verantwortlich: Ulrike Friedrich

B **Der Mond – mehr als ein Himmelskörper**

1. „Wie der Mond unser Leben beeinflusst“
(Vortragende: Katrin Bauer,
Musik: „Mondscheinsonate“, verantwortlich: Heike Fuchs)
2. ...

11 *Bereitet eure Texte zum Vortrag vor. Markiert wichtige Begriffe, die ihr besonders betonen wollt, und kennzeichnet die Textstellen, nach denen ihr eine kürzere oder längere Pause machen wollt.*
Das Üben eures Vortrags kann leichter sein, wenn euch jemand zuhört. Vielleicht hat diese Person auch noch Tipps für euren Vortrag.

Präsentation

A Eine Wandzeitung präsentieren

12 *Überlegt, wo ihr die Wandzeitung aufhängen wollt, z. B. im Klassenzimmer, in der Eingangshalle oder in den Gängen eurer Schule etc.*
TIPP: *Besprecht mit eurem Lehrer oder dem Hausmeister, welche Präsentationsfläche euch zur Verfügung steht.*

B Eine „Mondlesung“ durchführen

13 *a) Überlegt, in welchem Rahmen ihr die Lesung durchführen wollt, z. B. nur vor eurer Klasse oder vor einem größeren Publikum.*
b) Legt fest, wann und wo ihr eure Lesung abhalten wollt, z. B. bei einer Lesennacht bei Vollmond in eurem Klassenzimmer.

Auswertung Ein kritischer Rückblick

14 *a) Sammelt positive und negative Erfahrungen und haltet sie in Stichworten an der Tafel fest. Folgende Fragen könnt ihr dabei berücksichtigen:*
- ☐ *Was hat euch besonders gut gefallen? Begründet.*
- ☐ *Gab es Probleme? Wie könnt ihr sie vermeiden?*
- ☐ *Ist die Präsentation gelungen? Wie reagierte das Publikum?*

b) Formuliert mit Hilfe der Stichworte Verbesserungsvorschläge für ein zukünftiges Projekt.

4.3 Nichts fällt vom Himmel – Übungen zum Vortragen und Präsentieren

Wege zum befreiten Sprechen

1 *a) Sammelt Redewendungen und haltet sie an der Tafel fest, z. B.:*
Ich könnte dich auf den Mond schießen. Ich hol dir die Sterne vom Himmel.
b) Bildet einen Stuhlkreis. Eine Schülerin oder ein Schüler wählt eine Redewendung aus und trägt sie ausdrucksstark vor. Der linke Nachbar wiederholt nun diese Redewendung, jedoch in einer anderen Intonation usw.
c) Besprecht nach jeder Runde, wie die verschiedenen Vortragsweisen jeweils gewirkt haben.

2 *a) Sammelt in Partnerarbeit Phrasen (nichts sagende Sätze), die aus jeweils drei Sätzen bestehen, und schreibt sie auf, z. B.:*

Die Sonne wirkt auf Tiere und Pflanzen, warum also nicht auch der Mond? Testen Sie den Einfluss des Mondes! Wir zeigen Ihnen wie!

Heute wollen wir darüber sprechen, welchen Einfluss der Mond auf die Menschen hat. Wie ich können auch viele andere bei Vollmond z. B. nur schwer einschlafen. Warum ist dies so?

b) Übt zwei Phrasen in angemessener Betonung ein.
c) Tretet abwechselnd vor die Klasse und tragt eure Phrasen vor. Macht zwischen der ersten und der zweiten Phrase eine Pause. Beachtet dabei den folgenden Tipp:

TIPP

Frei sprechen vor der Gruppe
- Achtet auf eine aufrechte Körperhaltung beim Sprechen und einen sicheren Stand auf beiden Beinen.
- Atmet ein paar Mal tief durch.
- Schaut eure Zuhörer an: Ihr müsst euch vor niemandem verstecken!
- Versucht, möglichst frei zu sprechen. Zur Sicherheit können wenige Stichworte auf Karteikarten hilfreich sein.
- Lasst euch bei eurem Vortrag Zeit.
- Sprecht deutlich und nicht zu schnell.
- Legt Pausen beim Sprechen ein. So können euch eure Zuhörer besser folgen.

d) Besprecht, was euch bei eurem Vortrag besonders gut gelungen ist und was ihr noch verbessern könnt.

3 *Eine amüsante Variante ist es, die Phrasen völlig übertrieben zu intonieren. Sprecht auch hier über die Wirkung des Vortrags.*

Körpersprache einsetzen

1 *a) Denkt euch kurze Sätze aus, zu denen eine typische Körperhaltung und ein typischer Gesichtsausdruck gehören, und schreibt sie auf einzelne Zettel, z. B.:*

Ich freue mich schon auf die Party.

Ach, wie langweilig.

Das ist ja interessant!

Na, ich weiß nicht so recht.

b) Sammelt eure Zettel ein. Jeder zieht nun einen Zettel und stellt die Aussagen pantomimisch dar. Die Zuschauer sollen erraten, welcher Satz dargestellt wurde. Kommt es zu Missverständnissen? Gebt euch gegenseitig Tipps zur Verbesserung.

TIPP

Körpersprache

Unter Körpersprache versteht man nonverbale (nicht sprachliche) Signale, durch die sich ein Mensch ausdrückt. Dazu gehören der **Gesichtsausdruck** (Mimik) und die **Körperhaltung,** besonders die Bewegung der Hände und Arme (Gestik). Mimik und Gestik können die Worte eines Redners positiv unterstreichen.

2 *a) Beschreibt die Referenten auf den Bildern. Achtet dabei vor allem auf ihre Körpersprache (Gestik und Mimik).*
b) Schildert, wie ihr euch als Zuhörer bei den jeweiligen Referenten fühlen würdet.
c) Besprecht, welchem Redner ihr am liebsten zuhören würdet. Begründet eure Entscheidung.

3 *Erarbeitet „Tipps für einen Referenten". Geht dabei vor allem auf die Körpersprache (Gestik und Mimik) ein.*

4 *Übt den Einsatz von Stimmführung und bewusster Körpersprache, indem ihr kurze Texte vortragt. Als Textgrundlage können euch die Texte oder Textausschnitte aus diesem Kapitel oder selbst gewählte oder selbst verfasste Texte dienen.*

Mit Overheadfolien präsentieren

Raumfahrtmarkt[1]

Bereich	*Anteil (%)*
US-Zivilprogramm	27
US-Militärprogramm	27
Kommerzielle Märkte	23
Programme anderer Länder	12
Europäisches Zivilprogramm	12
Europäisches Militärprogramm	2

1) **Gesamtmarkt 2002:** 58 Mrd. US-Dollar; Quellen: Financial Times Deutschland/Teal Group

Erste Menschen auf dem Mond

Am 20. Juli 1969 um 21:17 Uhr setzte die Landefähre „Eagle" des Raumschiffs „Apollo 11" mit den Astronauten Neil Armstrong und Edwin Aldrin auf dem Mond auf. Nach einigen Stunden Aufenthalt betrat Armstrong am 21. Juli um 3:56 Uhr als erster Mensch die Mondoberfläche. Aldrin folgte wenig später. Der Ausstieg und die folgenden Experimente wurden von ca. 500 Mio. Menschen live im Fernsehen mitverfolgt. Die Astronauten hatten ein umfangreiches Arbeitsprogramm. Sie stellten wissenschaftliche Messgeräte auf und absolvierten vor der Kamera Bewegungsübungen, um Bewegung bei verminderter Schwerkraft zu demonstrieren. Anschließend führten sie mit Präsident Richard Nixon das erste Telefonat vom Mond aus. Die beiden Astronauten hielten sich 22 Stunden auf dem Mond auf, davon zwei Stunden außerhalb der Landefähre.

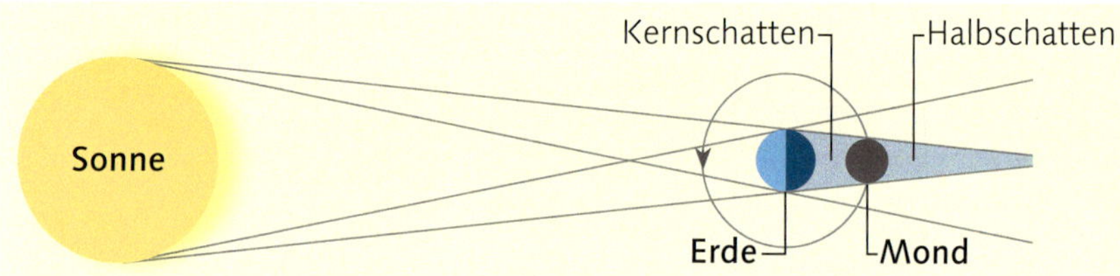

Eine totale Mondfinsternis liegt vor, wenn der Mond vollständig in den Kernschatten der Sonne eintritt.

1 *Diskutiert, ob sich die oben abgebildeten Materialien für eine Präsentation auf dem Overheadprojektor (OH-Projektor) eignen. Begründet eure Meinung.*

2 *a) Stellt zusammen, welche Materialien ihr auf einem OH-Projektor präsentieren würdet.*
b) Überlegt, wie ihr eure Overheadfolie (OH-Folie) den Zuhörern am besten präsentieren könnt. Diskutiert folgende Möglichkeiten oder probiert sie aus:
- *vorlesen,*
- *erläutern und auf bestimmte Stellen hinweisen, z. B. mit einem Stift,*
- *ohne Worte wirken lassen.*

3 *Übt das Präsentieren von OH-Folien vor der Klasse. Beobachtet euch bei der Präsentation und gebt euch Tipps, wie ihr eure Präsentation verbessern könnt.*

TIPP

Mit OH-Folie präsentieren
- Überlegt genau, welche Materialien sich für eine OH-Präsentation eignen.
- Plant exakt, wann ihr die OH-Folien einsetzt, wie ihr sie präsentieren wollt und wie lange sie aufliegen sollen.
- Macht euch rechtzeitig mit der Bedienung des Geräts vertraut: einschalten, Ausrichtung, Schärfe einstellen.

5 Detektivgeschichten – Sprache als Gestaltungsmittel

5.1 E. T. A. Hoffmann: „Das Fräulein von Scuderi" – Satzbau und Modus

Das geheimnisvolle Kästchen – Funktion und Wirkung von Adverbialsätzen

E. T. A. Hoffmann

Das Fräulein von Scuderi (1)

Ernst Theodor Amadeus Hoffmann schrieb „Das Fräulein von Scuderi" 1818. Die Erzählung wurde sofort ein Publikumserfolg, für den sich sein Verleger sogar außer mit dem üblichen Honorar mit 50 Flaschen Wein bedankte.
Die Detektivgeschichte spielt im Herbst des Jahres 1680 in Paris zur Zeit König Ludwigs XIV. Eines Nachts erscheint ein geheimnisvoller Unbekannter vor dem Haus des Fräuleins von Scuderi und übergibt ein rätselhaftes Kästchen.

In der Straße St. Honoré war das kleine Haus gelegen, welches Magdaleine von Scuderi, bekannt durch ihre anmutigen Verse, durch die Gunst Ludwig des XIV. und der Maintenon bewohnte.
Spät um Mitternacht – es mochte im Herbste des Jahres 1680 sein – wurde an dieses Haus hart und heftig angeschlagen, *dass es im ganzen Flur laut widerhallte.* – Baptiste, der in des Fräuleins kleinem Haushalt Koch, Bedienten und Türsteher zugleich vorstellte, war mit Erlaubnis seiner Herrschaft über Land gegangen zur Hochzeit seiner Schwester und so kam es, dass die Martiniere, des Fräuleins Kammerfrau, allein im Hause noch wachte.
Sie öffnete ein Fenster und rief hinab, wer denn da unten in später Nacht so an der Haustür to-

be und alles aus dem Schlaf wecke, *indem sie ihrer tiefen Stimme so viel Männliches zu geben sich bemühte als nur möglich.* In dem Schimmer der Mondesstrahlen, die eben durch die finstern Wolken brachen, gewahrte sie eine lange, in einen hellgrauen Mantel gewickelte Gestalt, die den breiten Hut tief in die Augen gedrückt hatte.

Sowie sie die Tür kaum geöffnet, drängte sich ungestüm die im Mantel gehüllte Gestalt hinein und rief der Martiniere vorbeischreitend in den Flur mit wilder Stimme: „Führt mich zu eurem Fräulein!“ Erschrocken hob die Martiniere den Leuchter in die Höhe und der Kerzenschimmer fiel in ein todbleiches, furchtbar entstelltes Jünglingsantlitz. Vor Schrecken hätte die Martiniere zu Boden sinken mögen, *als nun der Mensch den Mantel auseinanderschlug und der blanke Griff eines Stiletts aus dem Brustlatz hervorragte.*

„Hilfe, Hilfe!“, schrie die Martiniere. „Entsetzliches Weib, du willst mein Verderben – nun ist alles aus, alles aus! Nimm! – Nimm, gib das dem Fräulein heute noch – morgen, *wenn du willst.*“ – Dies leise murmelnd, hatte der Mensch der Martiniere den Leuchter weggerissen, die Kerzen verlöscht und ihr ein Kästchen in die Hände gedrückt. „Um deiner Seligkeit willen, gib das Kästchen dem Fräulein“, rief der Mensch und sprang zum Haus hinaus.

1 *Fasst zusammen, unter welchen geheimnisvollen Umständen das Kästchen übergeben wird.*

2 *Überlegt gemeinsam, wie die Handlung weitergehen könnte, und schreibt dann eine Fortsetzung der Geschichte in euer Heft.*

3 *a) Bestimmt die kursiv hervorgehobenen Adverbialsätze mit Hilfe der entsprechenden Satzgliedfragen genau, z. B.:*

Spät um Mitternacht [...] wurde an dieses Haus hart und heftig angeschlagen, dass es im ganzen Flur laut widerhallte.
Frage: Mit welcher Folge wurde an dieses Haus angeschlagen? → ...

b) Formt die Adverbialsätze in selbstständige Hauptsätze um und schreibt diese in euer Heft.
c) Überlegt, warum E. T. A. Hoffmann Satzgefüge mit Adverbialsätzen bevorzugt.

4 *Der Inhalt von Adverbialsätzen kann auch verkürzt durch Partizipialsätze dargestellt werden. Ein solcher Partizipialsatz findet sich z. B. in Zeile 42.*
a) Bestimmt die einzelnen Satzglieder in diesem Partizipialsatz. Formt dann den Partizipialsatz in einen Adverbialsatz um.
b) Sucht alle Sätze aus dem Text heraus, die einen Partizipialsatz enthalten. Formt die jeweiligen Partizipialsätze zu Nebensätzen um und schreibt dann das gesamte Satzgefüge in euer Heft, z. B.:

Z. 1–5: In der Straße St. Honoré war das kleine Haus gelegen, welches Magdaleine von Scuderi, die durch ihre anmutigen Verse bekannt war, durch die Gunst Ludwig des XIV. und der Maintenon bewohnte.

c) Vergleicht eure Lösungen mit den jeweiligen Originalsätzen. Welche Unterschiede in der Wirkung könnt ihr feststellen?

Adverbialsätze
Adverbialsätze bieten die Möglichkeit, Gedanken auszuführen und einzelne **Informationen** zu **verknüpfen.** Mit ihrer Hilfe kann man **Handlungszusammenhänge** (Begründungen, Folgen, zeitliche Zusammenhänge etc.) deutlich **darstellen.**
Adverbialsätze fügen der Grundinformation im Hauptsatz eine wichtige Zusatzinformation hinzu, z. B.:
„Die Kammerfrau ängstigte sich, ***weil** ein Unbekannter in das Haus eindrang.*"
(Kausalsatz, der einen Grund angibt)

Folgende Zusatzinformationen lassen sich durch Adverbialsätze darstellen:
- **Begründungen** (Kausalsatz; einleitende Konjunktionen z. B.: „da", „weil"),
- **Folgen** (Konsekutivsatz; einleitende Konjunktionen z. B.: „sodass", „dass", „ohne dass"),
- **Einschränkungen** (Konzessivsatz; einleitende Konjunktionen z. B.: „obwohl", „obgleich", „wenn auch"),
- **Zeiträume** oder eine **zeitliche Reihenfolge** (Temporalsatz; einleitende Konjunktionen z. B.: „als", „während", „nachdem", „seit"),
- **Bedingungen** (Konditionalsatz; einleitende Konjunktionen z. B.: „wenn", „falls", „sofern"),
- **Gegensätze im Vergleich** (Adversativsätze; einleitende Konjunktionen z. B.: „während"),
- **die Art und Weise** (Modalsatz; einleitende Konjunktionen z. B.: „indem", „wie", „als") und
- **der Zweck oder die Absicht** (Finalsatz; einleitende Konjunktionen z. B.: „damit", „um ... zu").

E. T. A. Hoffmann

Das Fräulein von Scuderi (2)

Die Furcht der Martiniere bei der Übergabe des Kästchens hat einen Hintergrund: Paris hatte zu dieser Zeit eine schreckliche Serie von Giftmorden hinter sich und die blutigen Prozesse und Hinrichtungen waren noch nicht zu Ende, da ereigneten sich erneut Überfälle besonderer Art.

Während nun auf dem Greveplatz das Blut Schuldiger und Verdächtiger in Strömen floss und endlich der heimliche Giftmord seltener und seltener wurde, zeigte sich ein Unheil andrer Art, welches neue Bestürzung verbreitete. Eine Gaunerbande schien es darauf angelegt zu haben, alle Juwelen in ihren Besitz zu bringen. Der reiche Schmuck, kaum gekauft, verschwand auf unbegreifliche Weise, mochte er verwahrt sein, wie er wollte. Noch viel ärger war es aber, dass jeder, der es wagte, zur Abendzeit Juwelen bei sich zu tragen, auf offener Straße oder in finstern Gängen der Häuser beraubt, ja wohl gar ermordet wurde. *Die mit dem Leben davongekommen, sagten aus, ein Faustschlag auf den Kopf habe sie wie ein Wetterstrahl niedergestürzt, und aus der Betäubung erwacht, hätten sie sich beraubt und am ganz anderen Orte als da, wo sie der Schlag getroffen, wiedergefunden.* Die Ermordeten, wie sie beinahe jeden Morgen auf der Straße oder in den Häusern lagen, hatten alle dieselbe tödliche Wunde. Ein Dolchstich ins Herz, nach dem Urteil der Ärzte so schnell und sicher tötend, dass der Verwundete keines Lautes mächtig zu Boden sinken musste. Wer war an dem üppigen Hofe Ludwig des XIV, der nicht, in einen geheimen Liebeshandel verstrickt, spät zur Geliebten schlich und manchmal ein reiches Geschenk bei sich trug? – Als stünden die Gauner mit Geistern im Bunde, wussten sie genau, wenn sich so etwas zutragen sollte. Oft erreichte der Unglückliche nicht das Haus, wo er Liebesglück zu genießen dachte, oft fiel er auf der Schwelle, ja vor dem Zimmer der Geliebten, die mit Entsetzen den blutigen Leichnam fand.

Vergebens ließ Argenson, der Polizeiminister, alles aufgreifen in Paris, was von dem Volk nur irgend verdächtig schien, vergebens wütete la Regnie[1] und suchte, Geständnisse zu erpressen, vergebens wurden Wachen, Patrouillen verstärkt, die Spur der Täter war nicht zu finden. Nur die Vorsicht, sich bis an die Zähne zu bewaffnen und sich eine Leuchte vortragen zu lassen, half einigermaßen und doch fanden sich Beispiele, dass der Diener mit Steinwürfen geängstigt und der Herr in demselben Augenblick ermordet und beraubt wurde.

Merkwürdig war es, dass, aller Nachforschungen auf allen Plätzen, wo Juwelenhandel nur möglich war, unerachtet, nicht das Mindeste von den geraubten Kleinodien zum Vorschein kam und also auch hier keine Spur sich zeigte, die hätte verfolgt werden können.

Desgrais[2] schäumte vor Wut, dass selbst seiner List die Spitzbuben zu entgehen wussten. Das Viertel der Stadt, in dem er sich gerade befand, blieb verschont, während in dem andern, wo keiner Böses geahnt, der Raubmord seine reichen Opfer erspähte.

Eines Morgens kommt Desgrais zu dem Präsidenten la Regnie, blass, entstellt, außer sich. [...] *„Fünfzehn Schritte", fährt Desgrais mit dumpfer Stimme und mühsam atmend fort, „fünfzehn Schritte vor mir springt der Mensch auf die Seite in den Schatten und verschwindet durch die Mauer."* „Verschwindet? – Durch die Mauer! – Seid Ihr rasend!", ruft la Regnie, indem er zwei Schritte zurücktritt und die Hände zusammenschlägt. *„Nennt mich", fährt Desgrais fort, sich die Stirne reibend wie einer, den böse Gedanken plagen, „nennt mich, gnädiger Herr, immerhin einen Rasenden, einen törichten Geisterseher, aber es ist nicht anders, als wie ich es euch erzähle."* Erstarrt stehe ich vor der Mauer, als mehrere Häscher atemlos vorbeikommen.

Wir zünden Fackeln an, wir tappen an der Mauer hin und her; keine Spur einer Türe, eines Fensters, einer Öffnung. Es ist eine starke steinerne Hofmauer, die sich an ein Haus lehnt, in dem Leute wohnen, gegen die auch nicht der leiseste Verdacht aufkommt.

1 **La Regnie:** Präsident des Gerichthofes

2 **Desgrais:** Polizeileutnant

5 *Erklärt anhand der im Text geschilderten Ereignisse, warum die Furcht und Besorgnis der Martiniere bei der Übergabe des Kästchens begründet sind.*

6 *a) Lest den ersten Satz des Textes „Das Fräulein von Scuderi (2)" (▷ Z. 1–5) genau durch. Durch welche Formulierung zeigt sich, welche Meinung der Erzähler zu diesen Prozessen hat?*
b) In diesem Text (▷ S. 103–104) finden sich noch andere Stellen, an denen der Erzähler seine Meinung einfließen lässt. Welche Wertungen werden sichtbar?
Belegt eure Antworten mit passenden Textstellen.

7 *Sucht aus dem Text (▷ S. 103–104) alle Adverbialsätze heraus und bestimmt sie mit Hilfe der Satzgliedfragen genau. Erklärt auch, welche Funktion die jeweiligen Adverbialsätze haben. Beachtet dabei folgende Fragen:*
- *Welche Beziehung wird zwischen Hauptsatz und Nebensatz hergestellt?*
- *Welche Bedeutung hat die Zusatzinformation, die durch den Adverbialsatz gegeben wird?*

8 *Im Text (▷ S. 103–104) sind einige Sätze hervorgehoben. Diese Sätze enthalten Partizipialkonstruktionen.*
a) Formt die Partizipialkonstruktionen in Nebensätze um und schreibt sie in euer Heft. Bestimmt dann die Nebensätze genau.
b) Warum hat der Autor Partizipialkonstruktionen an Stelle vollständiger Nebensätze gewählt? Untersucht die Wirkung auf den Leser.

Ein Mord und ein Verdächtiger – Aktiv und Passiv

E. T. A. Hoffmann

Das Fräulein von Scuderi (3)

Das Fräulein von Scuderi wird am nächsten Morgen von ihren Dienstleuten über den nächtlichen Besuch (▷ S. 101–102) unterrichtet und öffnet das Kästchen. Es enthält ein paar goldene, mit Juwelen besetzte Armbänder und einen dazu passenden Halsschmuck. Am Hofe König Ludwigs XIV. erfährt das Fräulein von Scuderi von dessen engster Vertrauten, der Marquise de Maintenon, dass dieser Schmuck nur von dem berühmten Goldschmied René Cardillac stammen könne. Der eiligst herbeigerufene Cardillac bestätigt, dass er den Schmuck angefertigt habe, und bittet das Fräulein von Scuderi, den Schmuck als Zeichen seiner tiefen Verehrung zu behalten, da das Schicksal ihr diesen Schmuck bestimmt habe.
Nach mehreren Monaten wird die Kutsche des Fräuleins von Scuderi während der Fahrt durch Paris gewaltsam geöffnet und derselbe Unbekannte, der damals das Kästchen in ihr Haus brachte, wirft ihr einen Brief zu und verschwindet. Der Brief enthält folgende Worte:

„Ein böses Verhängnis, das ihr abwenden konntet, stößt mich in den Abgrund! – Ich beschwöre euch wie der Sohn die Mutter, von der er nicht lassen kann, in der vollsten Glut kindlicher Liebe, den Halsschmuck und die Armbänder, die ihr durch mich erhieltet, unter irgendeinem Vorwand – um irgendetwas daran ändern zu lassen – zum Meister René Cardillac zu schaffen; Euer Wohl, Euer Leben hängt davon ab. Tut Ihr es nicht bis übermorgen, so dringe ich in eure Wohnung und ermorde mich vor euren Augen!"
Sowie es nur hoher Morgen, ließ sie sich ankleiden und fuhr, mit dem Schmuckkästchen versehen, zu dem Goldschmied hin.
Nach der Straße Nicaise, dorthin, wo Cardillac wohnte, strömte das Volk, sammelte sich vor der Haustüre – schrie, lärmte, tobte –, wollte stürmend hinein, mit Mühe abgehalten von der Marechaussee[1], die das Haus umstellte. Im wilden, verwirrten Getöse riefen zornige Stimmen: „Zerreißt, zermalmt den verfluchten Mörder!" – Endlich erscheint Desgrais mit zahl-

1 **Marechaussee:** Gendamerie

reicher Mannschaft, die bildet durch den dicksten Haufen eine Gasse. Die Haustüre springt auf, ein Mensch, mit Ketten belastet, wird hinausgebracht und unter den gräulichsten Verwünschungen des wütenden Pöbels fortgeschleppt. – In dem Augenblick, als Scuderi halb entseelt vor Schreck und furchtbarer Ahnung dies gewahrt, dringt ein gellendes Jammergeschrei ihr in die Ohren. „Vor! Weiter vor!“, ruft sie ganz außer sich dem Kutscher zu, der mit einer geschickten, raschen Wendung den dicken Haufen auseinanderstäubt und dicht vor Cardillacs Haustüre hält. Da sieht die Scuderi Desgrais und zu seinen Füßen ein junges Mädchen, schön wie der Tag, mit aufgelösten Haaren, halb entkleidet, wilde Angst, trostlose Verzweiflung im Antlitz, die hält seine Knie umschlungen und ruft mit dem Ton des entsetzlichsten, schneidendsten Todesschmerzes: „ Er ist ja unschuldig! – Er ist unschuldig!“ Vergebens sind Desgrais’, vergebens seiner Leute Bemühungen, sie loszureißen, sie vom Boden aufzurichten. Ein starker, ungeschlachter Kerl ergreift endlich mit plumpen Fäusten die Arme, zerrt sie mit Gewalt weg von Desgrais, strauchelt ungeschickt, lässt das Mädchen fahren, die hinabschlägt die steinernen Stufen und lautlos – tot auf der Straße liegen bleibt. Länger kann die Scuderi sich nicht halten. „In Christus Namen, was ist geschehen, was geht hier vor?“, ruft sie, öffnet den Schlag, steigt aus. – Ehrerbietig weicht das Volk der würdigen Dame, die, als sie sieht, wie ein paar mitleidige Weiber das Mädchen aufgehoben, auf die Stufen gesetzt haben, ihr die Stirne mit starkem Wasser reiben, sich dem Desgrais nähert und mit Heftigkeit ihre Frage wiederholt. „Es ist das Entsetzliche geschehen“, spricht Desgrais, „René Cardillac wurde heute Morgen, durch einen Dolchstich ermordet, gefunden. Sein Geselle Olivier Brusson ist der Mörder. Eben wurde er fortgeführt ins Gefängnis.“

„Und das Mädchen?“, ruft Scuderi. „Ist“, fällt Desgrais ein, „ist Madelon, Cardillacs Tochter. Der verruchte Mensch war ihr Geliebter. Nun weint und heult sie und schreit ein Mal übers andere, dass Olivier unschuldig sei, ganz unschuldig. Am Ende weiß sie von der Tat und ich muss sie auch nach der Conciergerie[2] bringen lassen.“ Desgrais warf, als er dies sprach, einen tückischen, schadenfrohen Blick auf das Mädchen, vor dem die Scuderi erbebte. Eben begann das Mädchen, leise zu atmen, doch keines Lauts, keiner Bewegung mächtig, mit geschlossenen Augen lag sie da und man wusste nicht, was zu tun, sie ins Haus bringen oder ihr noch länger beistehen bis zum Erwachen. Tief bewegt, Tränen in den Augen, blickte die Scuderi den unschuldsvollen Engel an, ihr graute vor Desgrais und seinen Gesellen. Da polterte es dumpf die Treppe herab, man brachte Cardillacs Leichnam. Schnell entschlossen rief die Scuderi laut: „Ich nehme das Mädchen mit mir, Ihr möget für das Übrige sorgen, Desgrais!“ Ein dumpfes Murmeln des Beifalls lief durch das Volk. Die Weiber hoben das Mädchen in die Höhe, alles drängte sich hinzu, hundert Hände mühten sich, ihnen beizustehen, und wie in den Lüften schwebend, wurde das Mädchen in die Kutsche getragen, indem Segnungen der würdigen Dame, die die Unschuld dem Blutgericht entrissen, von allen Lippen strömten.

2 **Conciergerie:** Gefängnis in Paris

1 *Erläutert mit eigenen Worten die anonyme Bitte in dem Brief. Überlegt, warum der Schreiber sich an das Fräulein von Scuderi gewendet haben könnte.*

2 *a) Schreibt in Partnerarbeit aus dem Text alle Passivsätze heraus und unterstreicht die Passivformen. Notiert auch, wer eurer Meinung nach jeweils der Handelnde in diesen Sätzen ist.*
__TIPP:__ Die Informationen im Merkkasten auf der Seite 107 helfen euch, die Passivsätze zu finden.
b) Erklärt bei jedem Satz, mit welcher Absicht oder aus welchem Grund der Handelnde nicht genannt wird.

3 *a) Formt in den beiden folgenden Sätzen das Passiv ins Aktiv um und schreibt sie in euer Heft.*
- Der Unbekannte schrieb dem Fräulein von Scuderi, dass ihr Leben bedroht werde.
- Wieder wurde ein edler Mann auf dem Weg zu seiner Geliebten des Nachts seines Schmuckes beraubt und am nächsten Morgen tot aufgefunden.

b) Erläutert, aus welchen Gründen jeweils der Handelnde (das Agens) nicht genannt wird.

4 *a) Im Text „Das Fräulein von Scuderi (3)“ (▷ S. 105–106) finden sich auch Aktivsätze, die den Leser über den Handelnden im Unklaren lassen. Sucht in Partnerarbeit diese Sätze aus dem Text heraus und schreibt sie in euer Heft.*
TIPP: *Die Informationen im unten stehenden Merkkasten helfen euch dabei, diese Sätze zu finden.*
b) Formt die Aktivsätze ins Passiv um und vergleicht die Unterschiede.

5 *Man kann durch viele andere Formulierungen die Passivform umschreiben. Formt die Passivsätze aus dem Text „Das Fräulein von Scuderi (3)“ (▷ S. 105–106) in Aktivsätze um, ohne den Handelnden zu nennen. Verwendet dabei verschiedene Formen der Passivumschreibung. Der folgende Merkkasten hilft euch dabei.*

!

Aktiv und Passiv
Aktiv und Passiv sind zwei Verbformen, die man bei der Darstellung von Handlungen und Vorgängen unterscheidet. Das Aktiv stellt den Handelnden (Wer handelt?) in den Vordergrund, das Passiv den Vorgang bzw. die Handlung (Was geschieht?), z. B.:
„Polizisten *finden* den Erstochenen.“ (Aktiv)
„Ein Erstochener *wird* (von Polizisten) *gefunden.*“ (Passiv)

Passiv aus Informationsmangel oder als Informationsriegel
- Das Passiv kann verwendet werden, wenn der Handelnde nicht bekannt ist (Passiv aus Informationsmangel).
- Durch das Passiv kann der Handelnde aber auch bewusst verschwiegen werden. Dies kann verschiedene Gründe haben, z. B.:
  - Der oder die handelnden Personen sollen geschützt werden.
  - Die für die Tat verantwortliche Person soll bewusst verschleiert werden.

Passivumschreibungen
Man kann durch vielerlei Formulierungen die Passivform umschreiben, ohne den Handelnden zu nennen, z. B.:
- man-Form, z. B.: „*Man glaubte* ihr nicht.“
- reflexive Form, z. B.: „Die Kutsche *öffnete sich.*“
- lassen-Form, z. B.: „Ihre Aussage *ließ sich* schwer *überprüfen.*“
- Verbform von „sein“ + Adjektiv mit Endung „-bar“, z. B.: „Die Zeugenaussage *war* kaum *verwendbar.*“
- Infinitiv-Form: „Zuerst *ist* der Wahrheitsgehalt *zu überprüfen.*“

6 *Schreibt im Passiv eine ausführliche Zeugenaussage der Martiniere über die nächtliche Übergabe des Kästchens (▷ S. 101–102). Verwendet dabei auch Passivumschreibungen.*

Die Zeugenaussage Madelons – Der Konjunktiv in der indirekten Rede

E. T. A. Hoffmann

Das Fräulein von Scuderi (4)

Das Fräulein von Scuderi nimmt Madelon, die Tochter des ermordeten Goldschmieds Cardillac, mit zu sich nach Hause. Madelon, die zugleich die Verlobte des Gesellen und angeblichen Mörders Olivier Brusson ist, beteuert, dass dieser unschuldig ist.

Madelon vermochte, indem nur dann und wann die Übermacht des durchbohrendsten Schmerzes die Worte in tiefem Schluchzen erstickte, zu erzählen, wie sich alles begeben. Um Mitternacht war sie durch leises Klopfen an ihrer Stubentüre geweckt worden und hatte Oliviers Stimme vernommen, der sie beschworen, doch nur gleich aufzustehen, weil der Vater im Sterben liege. Entsetzt sei sie aufgesprungen und habe die Tür geöffnet. Olivier, bleich und entstellt, von Schweiß triefend, sei, das Licht in der Hand, mit wankenden Schritten nach der Werkstatt gegangen, sie ihm gefolgt. Da habe der Vater gelegen mit starren Augen und geröchelt im Todeskampf. Jammernd habe sie sich auf ihn gestürzt und nun erst sein blutiges Hemd bemerkt. Olivier habe sie sanft weggezogen und sich dann bemüht, eine Wunde auf der linken Brust des Vaters mit Wundbalsam zu waschen und zu verbinden. Währenddessen sei des Vaters Besinnung zurückgekehrt, er habe zu röcheln aufgehört und sie, dann aber Olivier mit seelenvollem Blick angeschaut, ihre Hand ergriffen, sie in Oliviers Hand gelegt und beide heftig gedrückt. Beide, Olivier und sie, wären bei dem Lager des Vaters auf die Knie gefallen, er habe sich mit einem schneidenden Laut in die Höhe gerichtet, sei aber gleich wieder zurückgesunken und mit einem tiefen Seufzer verschieden. Nun hätten sie beide laut gejammert und geklagt. Olivier habe erzählt, wie der Meister auf einem Gange, den er mit ihm auf sein Geheiß in der Nacht habe machen müssen, in seiner Gegenwart ermordet worden und wie er mit der größten Anstrengung den schweren Mann, den er nicht auf den Tod verwundet gehalten, nach Hause getragen. Sowie der Morgen angebrochen, wären die Hausleute, denen das Gepolter, das laute Weinen und Jammern in der Nacht aufgefallen, heraufgekommen und hätten sie noch ganz trostlos bei der Leiche des Vaters kniend gefunden. Nun sei Lärm entstanden, die Marechaussee eingedrungen und Olivier als Mörder seines Meisters ins Gefängnis geschleppt worden.

Madelon fügte nun die rührendste Schilderung von der Tugend, der Frömmigkeit, der Treue ihres geliebten Oliviers hinzu. Wie er den Meister, als sei er sein eigener Vater, hoch in Ehren gehalten, wie dieser seine Liebe in vollem Maß erwidert, wie er ihn trotz seiner Armut zum Eidam[1] erkoren, weil seine Geschicklichkeit seiner Treue, seinem edlen Gemüt gleichgekommen. Das alles erzählte Madelon aus dem innersten Herzen heraus und schloss damit, dass, wenn Olivier in ihrem Beisein dem Vater den Dolch in die Brust gestoßen hätte, sie dies eher für ein Blendwerk des Satans halten als daran glauben würde, dass Olivier einen solchen entsetzlichen, grauenvollen Verbrechens fähig sein könne.

Die Scuderi, von Madelons Leiden auf das Tiefste gerührt und ganz geneigt, den armen Olivier für unschuldig zu halten, zog Erkundigungen ein und fand alles bestätigt, was Madelon über das häusliche Verhältnis des Meisters mit seinem Gesellen erzählt hatte.

1 **Eidam:** Schwiegersohn

1 *Gebt den Inhalt des Textes (▷ S. 108) mit eigenen Worten wieder.*

2 *Erläutert, womit der Leser dieser Kriminalgeschichte eigentlich gerechnet hätte, und erklärt die Wirkung des unerwarteten Handlungsverlaufs.*

3 *a) Erläutert, auf welche Weise deutlich wird, dass die Aussagen Madelons aus der Perspektive des Fräuleins von Scuderi erzählt werden. Begründet eure Antwort mit geeigneten Textpassagen.*
b) Erklärt, welche Wirkung E. T. A. Hoffmann damit erzielt, dass er die Zeugenaussage Madelons aus der Perspektive des Fräuleins von Scuderi erzählt.

4 *a) Benennt die Personen, deren Aussagen hier zur Sprache kommen. Formt diese Aussagen in die wörtliche (direkte) Rede um und schreibt das Ergebnis in euer Heft.*
b) Vergleicht eure Ergebnisse mit dem Originaltext. Überlegt, warum im Originaltext für diese Textpassage der Konjunktiv verwendet wird.

!

Der Konjunktiv in der indirekten Rede

Wenn man wiedergeben möchte, was jemand gesagt hat, verwendet man die indirekte Rede. Das Verb steht im Konjunktiv I.
*Madelon sagt: „Ich **bin** entsetzt aufgesprungen."* (Wörtliche Rede im Indikativ)
*Madelon hat gesagt, sie **sei** entsetzt aufgesprungen.* (Indirekte Rede im Konjunktiv I)
Bei dem Wechsel von der direkten zur indirekten Rede verändert sich oft das Personalpronomen.

Ersatzformen

Wenn der Konjunktiv I (im Textzusammenhang) nicht vom Indikativ Präsens zu unterscheiden ist, wählt man den Konjunktiv II als Ersatzform oder die Umschreibung mit „würde".
Die Umschreibung mit „würde" wählt man auch, wenn die Konjunktiv-II-Form ungebräuchlich ist oder als „geziert" empfunden wird.

*Die Hausleute sagen: „Wir **kommen** gleich."* (Wörtliche Rede im Indikativ)

↓

Die Hausleute sagten, sie ~~kommen~~ gleich. (Konjunktiv I = Indikativ)

↓

*Die Hausleute sagten, sie **kämen** gleich.* (Konjunktiv II als Ersatzform)
*Die Hausleute sagten, sie **würden** gleich **kommen.*** (Umschreibung mit „würde" als Ersatzform)

Indikativ und Konjunktiv als Gestaltungsmittel

- Mit der **wörtlichen (direkten) Rede** wird das, was jemand gesagt hat, wortwörtlich wiedergegeben. Der Leser nimmt den Wortlaut des Gesagten direkt wahr und gewinnt dadurch den Eindruck einer **objektiven Darstellung der Fakten,** die er selbst bewerten muss.
- Mit der **indirekten Rede** wird eine Äußerungen nicht unmittelbar, sondern von einem **subjektiven Standpunkt** aus wiedergegeben.

3 *Das Verhör mit Olivier gibt la Regnie in der wörtlichen Rede wieder. Sucht diese Passage im Text* *(▷ S. 110–111)* *und formt sie in eine indirekte Form der Redewiedergabe um. Geht dabei folgendermaßen vor:*

a) Erstellt zuerst Wortfelder zu den Verben des Sprechens, Denkens und der geistig/sinnlichen Wahrnehmung (hören, vermuten, hoffen), mit denen ihr die indirekte Rede einleiten könnt. Unterscheidet dabei nach neutralen und negativ oder positiv wertenden Verben und Wendungen.
TIPP: *Häufig könnt ihr auch durch eine wertende adverbiale Bestimmung oder ein wertendes Attribut eine neutrale Formulierung in eine wertende umformen, z. B.:*
der Ansicht sein → der irrigen Ansicht sein

b) Teilt euch in zwei Gruppen auf.
- *Die eine Gruppe gibt das Verhör aus der Sicht des Fräuleins von Scuderi wieder, die der Aussage von Olivier glaubt.*
- *Die andere Gruppe gibt das Verhör Oliviers aus der Perspektive la Regnies wieder, der fest davon überzeugt ist, dass Olivier lügt.*

Versucht, die Positionen von Scuderi und la Regnie in der Redewiedergabe deutlich zu machen.
TIPP: *Achtet darauf, dass ihr in den Redeeinleitungen angebt, wessen Äußerung ihr jeweils wiedergebt.*

4 *Stellt eure Ergebnisse vor und vergleicht sie jeweils mit dem Originaltext. Erklärt, warum der Autor für die Darstellung des Verhörs die Wiedergabe in wörtlicher Rede wählt. Erläutert auch die Wirkung dieser Redewiedergabe für den Fortgang der Handlung und für die Meinung des Lesers.*

!

Formen der Redewiedergabe

Wenn man die Darstellung von Ereignissen aus der Sicht anderer wiedergibt oder gar deren Meinungen und Wertungen zitiert, dann will man das auch deutlich machen. Es gibt unterschiedliche Möglichkeiten, die Aussagen eines anderen wiederzugeben:

Beispielsatz:
„Ich kann Oliviers Unschuld beweisen", beteuert das Fräulein von Scuderi.

- in einem **dass-Satz** (das Verb kann dabei im Indikativ oder im Konjunktiv stehen) z. B.:
  Das Fräulein von Scuderi beteuert, dass sie Oliviers Unschuld beweisen könne/kann.
- in einem **uneingeleiteten Nebensatz** im Konjunktiv, z. B.:
  Das Fräulein von Scuderi beteuert, sie könne Oliviers Unschuld beweisen.
- durch eine **Infinitivkonstruktion,** z. B.:
  Das Fräulein von Scuderi beteuert, Oliviers Unschuld beweisen zu können.
- in einem **wie-Satz,** z. B.:
  Wie das Fräulein von Scuderi beteuert, kann sie Oliviers Unschuld beweisen.
- durch ein **Präpositionalgefüge,** z. B.:
  Nach Fräulein von Scuderis Beteuerungen kann sie die Unschuld Oliviers beweisen.
- durch eine **Paraphrase** fremder Rede, d. h. die freie Zusammenfassung einer Aussage oder Äußerung (Redebericht), z. B.:
  Nach Aussage des Fräuleins von Scuderi ist Olivier unschuldig.

5.2 Friedrich Dürrenmatt: „Der Richter und sein Henker" – Funktionaler Sprachgebrauch als Leserlenkung

Friedrich Dürrenmatt

Der Richter und sein Henker (1)

Am 3. November 1948 wird in der Nähe des Schweizer Ortes Lamboing der Polizeileutnant Schmied aus Bern ermordet in seinem Wagen gefunden. Kommissar Bärlach, sein ehemaliger Vorgesetzter, übernimmt den Fall.

Das erste, was Bärlach im Fall Schmied tat, war, daß er anordnete, die Angelegenheit die ersten Tage geheim zu behandeln – eine Anordnung, die er nur mit dem Einsatz seiner ganzen Persönlichkeit durchzubringen vermochte. „Man weiß zu wenig, und die Zeitungen sind sowieso das Überflüssigste, was in den letzten zweitausend Jahren erfunden worden ist", meinte er.
Bärlach schien sich von diesem geheimen Vorgehen offenbar viel zu versprechen, im Gegensatz zu seinem „Chef", Dr. Lucius Lutz, der auch auf der Universität über Kriminalistik las. Dieser Beamte, in dessen stadtbernisches Geschlecht ein Basler Erbonkel wohltuend eingegriffen hatte, war eben von einem Besuch der New Yorker und Chicagoer Polizei nach Bern zurückgekehrt und erschüttert „über den vorweltlichen Stand der Verbrecherabwehr der schweizerischen Bundeshauptstadt", wie er zu Polizeidirektor Freiberger anläßlich einer gemeinsamen Heimfahrt im Tram[1] offen sagte. [...]
„Haben Sie irgendwen im Verdacht, Kommissär Bärlach?"
Bärlach sah Lutz lange an und sagte endlich: „Ja, ich habe irgendwen im Verdacht, Doktor Lutz."
„Wen denn?"
„Das kann ich Ihnen noch nicht sagen."
„Nun, das ist ja interessant", sagte Lutz, „ich weiß, daß Sie immer bereit sind, Kommissär Bärlach, einen Fehlgriff gegen die großen Erkenntnisse der modernen wissenschaftlichen Kriminalistik zu beschönigen. Vergessen Sie jedoch nicht, daß die Zeit fortschreitet und auch vor dem berühmtesten Kriminalisten nicht haltmacht. Ich habe in New York und Chicago Verbrechen gesehen, von denen Sie in unserem lieben Bern doch wohl nicht die richtige Vorstellung haben. Nun ist aber ein Polizeileutnant ermordet worden, das sichere Anzeichen, daß es auch hier im Gebäude der öffentlichen Sicherheit zu krachen beginnt, und da heißt es rücksichtslos eingreifen."
Gewiß, das tue er ja auch, antwortete Bärlach.
Dann sei es ja gut, entgegnete Lutz und hustete.
An der Wand tickte eine Uhr.
Bärlach legte seine linke Hand sorgfältig auf den Magen und drückte mit der rechten die Zigarre im Aschenbecher aus, den ihm Lutz hingestellt hatte. Er sei, sagte er, seit längerer Zeit nicht mehr so ganz gesund, der Arzt wenigstens mache ein langes Gesicht. Er leide oft an Magenbeschwerden, und er bitte deshalb Doktor Lutz, ihm einen Stellvertreter in der Mordsache Schmied beizugeben, der das Hauptsächliche ausführen könnte. Bärlach wolle dann den Fall mehr vom Schreibtisch aus behandeln.

1 **Tram:** In der Schweiz wird die Straßenbahn „Tram" genannt.

Lutz war einverstanden. „Wen denken Sie sich als Stellvertreter?“ fragte er.
„Tschanz“, sagte Bärlach. „Er ist zwar noch in den Ferien im Berner Oberland, aber man kann ihn ja heimholen.“
Lutz entgegnete: „Ich bin mit ihm einverstanden. Tschanz ist ein Mann, der immer bemüht ist, kriminalistisch auf der Höhe zu bleiben.“
Dann wandte er Bärlach den Rücken zu und schaute zum Fenster auf den Waisenhausplatz hinaus, der voller Kinder war.
Plötzlich überkam ihn eine unbändige Lust, mit Bärlach über den Wert der modernen wissenschaftlichen Kriminalistik zu disputieren. Er wandte sich um, aber Bärlach war schon gegangen. R

1 *a) Fasst mit eigenen Worten den Inhalt des Gesprächs zwischen dem Kommissar Bärlach und seinem Chef Dr. Lucius Lutz zusammen.*
b) Erklärt mit Hilfe geeigneter Textstellen, welche Meinung die beiden voneinander haben.

2 *Das Gespräch zwischen Bärlach und Dr. Lutz (▷ Z. 23–67) wird sowohl in der direkten (wörtlichen) Rede als auch in der indirekten Rede wiedergegeben.*
a) Lest euch das Gespräch genau durch und beantwortet dann folgende Fragen:
- *Welche Funktion hat die indirekte Rede in dieser Textpassage?*
- *Welche Wirkung wird durch den Wechsel in die indirekte Rede erreicht?*

b) Formt die Gesprächsteile, die in direkter Rede wiedergegeben sind, in die indirekte Rede um. Nehmt dazu die Informationen aus den Merkkästen von Seite 109 und 112 zu Hilfe.

3 *Lest noch einmal den gesamten Text „Der Richter und sein Henker (1)“ (▷ S. 113–114) und beantwortet dann folgende Fragen:*
- *An welchen Stellen wird eine kommentierende Wertung des Erzählers deutlich, z. B. bei Redeeinleitungen zur indirekten Rede oder durch die Art der Redewiedergabe (▷ vgl. Merkkasten S. 111 u. 112).*
- *Welchen Eindruck soll der Leser von Bärlach und Lutz gewinnen?*

Friedrich Dürrenmatt

Der Richter und sein Henker (2)

Bärlach stattet der Vermieterin des Toten einen Besuch ab und nimmt dort eine Mappe an sich. Dann trifft er sich mit Tschanz im Büro, um den Fall Schmied zu besprechen.

„Wir wissen nur, wie Schmied ermordet wurde.“
„Wie wollen Sie das nun wieder wissen?“ fragte der Kommissär nicht ohne Überraschung nach einer Pause.
„Schmieds Wagen hat das Steuer links, und Sie haben die Kugel am linken Straßenrand gefunden, vom Wagen aus gesehen; dann hat man in

Twann den Motor die Nacht durch laufen gehört. Schmied wurde vom Mörder angehalten, wie er von Lamboing nach Twann hinunterfuhr. *Wahrscheinlich kannte er den Mörder, weil er sonst nicht gestoppt hätte.* Schmied öffnete die rechte Wagentüre, um den Mörder aufzunehmen, und setzte sich wieder ans Steuer. In diesem Augenblick wurde er erschossen. Schmied muß keine Ahnung von der Absicht des Mannes gehabt haben, der ihn getötet hat."

Bärlach überlegte sich das noch einmal und sagte dann: „Jetzt will ich mir doch eine Zigarre anzünden", und darauf, wie er sie in Brand gesteckt hatte: „Sie haben recht, Tschanz, so ähnlich muß es zugegangen sein zwischen Schmied und seinem Mörder, ich will Ihnen das glauben. Aber das erklärt immer noch nicht, was Schmied auf der Straße von Twann nach Lamlingen zu suchen hatte."

Tschanz gab zu bedenken, daß Schmied unter seinem Mantel einen Gesellschaftsanzug getragen habe.

„Das wußte ich ja gar nicht", sagte Bärlach.

„Ja, haben Sie denn den Toten nicht gesehen?"

„Nein, ich liebe Tote nicht."

„Aber es stand doch auch im Protokoll."

„Ich liebe Protokolle noch weniger."

Tschanz schwieg.

Bärlach jedoch konstatierte: „Das macht den Fall nur noch komplizierter. Was wollte Schmied mit einem Gesellschaftsanzug in der Twannbachschlucht?"

Das mache den Fall vielleicht einfacher, antwortete Tschanz; es wohnten in der Gegend von Lamboing sicher nicht viele Leute, die in der Lage seien, Gesellschaften zu geben, an denen man einen Frack trage. Er zog einen kleinen Taschenkalender hervor und erklärte, daß dies Schmieds Kalender sei.

„Ich kenne ihn", nickte Bärlach, „es steht nichts drin, was wichtig ist."

Tschanz widersprach: „Schmied hat sich für Mittwoch, den zweiten November, ein G notiert. An diesem Tage ist er kurz vor Mitternacht ermordet worden, wie der Gerichtsmediziner meint. Ein weiteres G steht am Mittwoch, dem sechsundzwanzigsten, und wieder am Dienstag, dem achtzehnten Oktober."

„G kann alles Mögliche heißen", sagte Bärlach, „ein Frauenname oder sonstwas."

„Ein Frauenname kann es kaum sein", erwiderte Tschanz.

„Schmieds Freundin heißt Anna, und Schmied war solid."

„Von der weiß ich auch nichts", gab der Kommissär zu, und wie er sah, daß Tschanz über seine Unkenntnis erstaunt war, sagte er: „Mich interessiert eben nur, wer Schmieds Mörder ist, Tschanz."

Der sagte höflich: „Natürlich", schüttelte den Kopf und lachte: „Was Sie doch für ein Mensch sind, Kommissär Bärlach."

Bärlach sprach ganz ernsthaft: „Ich bin ein großer alter schwarzer Kater, der gern Mäuse frißt."

Tschanz wußte nicht recht, was er darauf erwidern sollte, und erklärte endlich: „An den Tagen, die mit G bezeichnet sind, hat Schmied jedesmal den Frack angezogen und ist mit seinem Mercedes davongefahren."

„Woher wissen Sie das wieder?"

„Von Frau Schönler."

„Soso", antwortete Bärlach und schwieg. Aber dann meinte er: „Ja, das sind Tatsachen."

Tschanz schaute dem Kommissär aufmerksam ins Gesicht, zündete sich eine Zigarette an und sagte zögernd: „Herr Doktor Lutz sagte mir, Sie hätten einen bestimmten Verdacht."

„Ja, den habe ich, Tschanz."

„Da ich nun Ihr Stellvertreter in der Mordsache Schmied geworden bin, wäre es nicht vielleicht bes-

ser, wenn Sie mir sagen würden, gegen wen sich Ihr Verdacht richtet, Kommissär Bärlach?"
„Sehen Sie", antwortete Bärlach langsam, ebenso sorgfältig jedes Wort überlegend wie Tschanz, „mein Verdacht ist nicht ein kriminalistisch wissenschaftlicher Verdacht. Ich habe keine Gründe, die ihn rechtfertigen. Sie haben gesehen, wie wenig ich weiß. Ich habe eigentlich nur eine Idee, wer als Mörder in Betracht kommen könnte; aber der, den es angeht, muß die Beweise, daß er es gewesen ist, noch liefern."
„Wie meinen Sie das, Kommissär?" fragte Tschanz.
Bärlach lächelte: „Nun, ich muß warten, bis die Indizien zum Vorschein gekommen sind, die seine Verhaftung rechtfertigen."
„Wenn ich mit Ihnen zusammenarbeiten soll, muß ich wissen, gegen wen sich meine Untersuchung richten muß", erklärte Tschanz höflich.
„Vor allem müssen wir objektiv bleiben. Das gilt für mich, der ich einen Verdacht habe, und für Sie, der den Fall zur Hauptsache untersuchen wird. Ob sich mein Verdacht bestätigt, weiß ich nicht. Ich warte Ihre Untersuchung ab. Sie haben Schmieds Mörder festzustellen, ohne Rücksicht darauf, daß ich einen bestimmten Verdacht habe. Wenn der, den ich verdächtige, der Mörder ist, werden Sie selbst auf ihn stoßen, freilich im Gegensatz zu mir auf eine einwandfreie, wissenschaftliche Weise; wenn er es nicht ist, werden Sie den Richtigen gefunden haben, und es wird nicht nötig gewesen sein, den Namen des Menschen zu wissen, den ich falsch verdächtigt habe."
Sie schwiegen eine Weile, dann fragte der Alte: „Sind Sie mit unserer Arbeitsweise einverstanden?"
Tschanz zögerte einen Augenblick, bevor er antwortete: „Gut, ich bin einverstanden."
„Was wollen Sie nun tun, Tschanz?"
Der Gefragte trat zum Fenster: „Für heute hat sich Schmied ein G angezeichnet. Ich will nach Lamboing fahren und sehen, was ich herausfinde. Ich fahre um sieben, zur selben Zeit, wie das Schmied auch immer getan hat, wenn er nach dem Tessenberg gefahren ist."
Er kehrte sich wieder um und fragte höflich, aber wie zum Scherz: „Fahren Sie mit, Kommissär?"
„Ja, Tschanz, ich fahre mit", antwortete der unerwartet.
„Gut", sagte Tschanz etwas verwirrt, denn er hatte nicht damit gerechnet, „um sieben."
In der Türe kehrte er sich noch einmal um: „Sie waren doch auch bei Frau Schönler, Kommissär Bärlach. Haben Sie denn dort nichts gefunden?" Der Alte antwortete nicht sogleich, sondern verschloß erst die Mappe im Schreibtisch und nahm den Schlüssel an sich.
„Nein, Tschanz", sagte er endlich, „ich habe nichts gefunden. Sie können nun gehen." R

1 *a) Beschreibt mit eigenen Worten, wie Bärlach und Tschanz in diesem Textauszug (**▷ S. 114–116**) dargestellt werden. Welche Meinung gewinnt der Leser von Bärlach, welche von Tschanz? Welche Erwartung hat der Leser nach diesem Gespräch?*
b) Untersucht, mit welchen sprachlichen Mitteln diese Lesererwartung hervorgerufen wird.

2 *Kommissar Bärlach und Tschanz argumentieren unterschiedlich.*
a) Mit welchen Argumenten begründet Tschanz, dass er Bärlachs Verdacht kennen muss? Welche Gegenargumente führt Bärlach an?
b) Nehmt Stellung zur Stichhaltigkeit der jeweiligen Argumente.

3 *Erklärt die unterschiedliche Funktion des Konjunktivs in den kursiv hervorgehobenen Textstellen.*

4 *Charakterisiert das Verhältnis zwischen Bärlach und Tschanz. Belegt eure Aussagen anhand des Textes.*

Friedrich Dürrenmatt

Der Richter und sein Henker (3)

Tschanz findet heraus, dass Schmied an jenem Abend zu einer Abendgesellschaft fahren wollte, die im Haus eines Herrn Gastmann stattfand. Bärlach und Tschanz statten Herrn Gastmann einen Besuch ab.

Er begreife nicht, wunderte sich Bärlach, warum die Polizei von Lamboing, Diesse und Lignières nicht auf diesen Gastmann gekommen sei, sein Haus läge doch im offenen Feld, von Lamboing aus leicht zu überblicken, und eine Gesellschaft sei hier in keiner Weise zu verheimlichen, ja geradezu auffallend, besonders in einem so kleinen Jura-Nest. Tschanz antwortete, daß er dafür auch noch keine Erklärung wisse.

Darauf beschlossen sie, um das Haus herumzugehen. Sie trennten sich; jeder nahm eine andere Seite. [...]

Und wie nun der Hund plötzlich ansprang, ein riesenhafter Schatten, der sich auf ihn stürzte, ein entfesseltes Ungeheuer an Kraft und Mordlust, so daß er von der Wucht der sinnlos rasenden Bestie niedergerissen wurde, kaum daß er den linken Arm schützend vor seine Kehle halten konnte, gab der Alte keinen Laut von sich und keinen Schrei des Schreckens, so sehr schien ihm alles natürlich und in die Gesetze dieser Welt eingeordnet.

Doch schon hörte er, noch bevor das Tier den Arm, der ihm im Rachen lag, zermalmte, das Peitschen eines Schusses; der Leib über ihm zuckte zusammen, und warmes Blut ergoß sich über seine Hand. Der Hund war tot.

Schwer lag nun die Bestie auf ihm, und Bärlach fuhr mit der Hand über sie, über ein glattes, schweißiges Fell. Er erhob sich mühsam und zitternd, wischte die Hand am spärlichen Gras ab. Tschanz kam und verbarg im Näherschreiten den Revolver wieder in der Manteltasche.

„Sind Sie unverletzt, Kommissär?" fragte er und sah mißtrauisch nach dessen zerfetztem linken Ärmel.

„Völlig. Das Biest konnte nicht durchbeißen."

Tschanz beugte sich nieder und drehte den Kopf des Tieres dem Lichte zu, das sich in den toten Augen brach.

„Zähne wie ein Raubtier", sagte er und schüttelte sich, „das Biest hätte Sie zerrissen, Kommissär."

„Sie haben mir das Leben gerettet, Tschanz."

Der wollte noch wissen: „Tragen Sie denn nie eine Waffe bei sich?"

Bärlach berührte mit dem Fuß die unbewegliche Masse vor ihm. „Selten, Tschanz", antwortete er, und sie schwiegen.

Der tote Hund lag auf der kahlen, schmutzigen Erde, und sie schauten auf ihn nieder. Es hatte sich zu ihren Füßen eine große schwarze Fläche ausgebreitet: Blut, das dem Tier wie ein dunkler Lavastrom aus dem Rachen quoll.

Wie sie nun wieder aufschauten, bot sich ihnen ein verändertes Bild. Die Musik war verstummt, die erleuchteten Fenster hatte man aufgerissen, und Menschen in Abendkleidern lehnten sich hinaus. Bärlach und Tschanz schauten einander an, denn es war ihnen peinlich, gleichsam vor einem Tribunal zu stehen, und dies mitten im gottverlassenen Jura, in einer Gegend, wo Hase und Fuchs einander gute Nacht wünschten, wie der Kommissär in seinem Ärger dachte.

Im mittleren der fünf Fenster stand ein einzelner Mann, abgesondert von den übrigen, der mit einer seltsamen und klaren Stimme rief, was sie da trieben.

„Polizei“, antwortete Bärlach ruhig und fügte hinzu, daß sie unbedingt Herrn Gastmann sprechen müßten.

Der Mann entgegnete, er sei erstaunt, daß man einen Hund töten müsse, um mit Herrn Gastmann zu sprechen; und im übrigen habe er jetzt Lust und Gelegenheit, Bach zu hören, worauf er das Fenster wieder schloß, doch mit sicheren Bewegungen und ohne Hast, wie er auch ohne Empörung, sondern vielmehr mit großer Gleichgültigkeit gesprochen hatte.

Bärlach und Tschanz besuchen die Gesellschaft in Gastmanns Villa und kommen dort mit Gastmanns Advokat von Schwendi ins Gespräch, der erklärt, dass Gastmann nicht zu sprechen sei. Tschanz fährt daraufhin nach Lamboing, um dort die beiden Dorfpolizisten Clenin und Charnel nach Gastmann zu befragen, und Bärlach macht sich auf den Weg zu einem Restaurant, wo ihn Tschanz später abholen soll.

Es war zehn Uhr, als Tschanz Clenin und Charnel verließ, um zum Restaurant bei der Schlucht zu fahren, wo Bärlach wartete. Er hielt jedoch, wo der Feldweg zu Gastmanns Haus abzweigte, den Wagen noch einmal an. Er stieg aus und ging langsam zu der Gartentüre und dann an der Mauer entlang. Das Haus war noch wie zuvor, dunkel und einsam, von den riesigen Pappeln umstellt, die sich im Winde bogen. Die Limousinen standen immer noch im Park. Tschanz ging jedoch nicht rund um das Haus herum, sondern nur bis zu einer Ecke, von wo er die erleuchtete Hinterfront überblicken konnte. Hin und wieder zeichneten sich Menschen an den gelben Scheiben ab, und Tschanz preßte sich eng an die Mauer, um nicht gesehen zu werden. Er blickte auf das Feld. Doch lag der Hund nicht mehr auf der kahlen Erde, jemand mußte ihn fortgeschafft haben, nur die Blutlache gleißte noch schwarz im Licht der Fenster. Tschanz kehrte zum Wagen zurück.

Im Restaurant zur Schlucht war Bärlach jedoch nicht mehr zu finden. Er habe die Gaststube schon vor einer halben Stunde verlassen, um nach Twann zu gehen, nachdem er einen Schnaps getrunken, meldete die Wirtin; kaum fünf Minuten habe er sich im Wirtshaus aufgehalten.

Tschanz überlegte sich, was der Alte denn getrieben habe, aber er konnte seine Überlegungen nicht länger fortsetzen; die nicht allzu breite Straße verlangte seine ganze Aufmerksamkeit. Er fuhr an der Brücke vorbei, bei der sie gewartet hatten, und dann den Wald hinunter.

Da hatte er ein sonderbares und unheimliches Erlebnis, das ihn nachdenklich stimmte. Er war schnell gefahren und sah plötzlich in der Tiefe den See aufleuchten, einen nächtlichen Spiegel zwischen weißen Felsen. Er mußte den Tatort erreicht haben. Da löste sich eine dunkle Gestalt von der Felswand und gab deutlich ein Zeichen, der Wagen solle anhalten.

Tschanz stoppte unwillkürlich und öffnete die rechte Wagentüre, obgleich er dies im nächsten Augenblick bereute, denn es durchfuhr ihn die Erkenntnis, daß, was ihm jetzt begegnete, auch Schmied begegnet war, bevor er wenige Atemzüge darauf erschossen wurde. Er fuhr in die Manteltasche und umklammerte den Revolver, dessen Kälte ihn beruhigte. Die Gestalt kam näher. Da erkannte er, daß es Bärlach war, doch wich seine Spannung nicht, sondern er wurde weiß vor heimlichem Entsetzen, ohne sich über den Grund der Furcht Rechenschaft geben zu können. Bärlach beugte sich nieder, und sie sahen sich ins Antlitz, stundenlang scheinbar, doch handelte es sich nur um einige Sekunden. Keiner sprach ein Wort, und ihre Augen waren wie Steine. Dann setzte sich Bärlach zu ihm, der nun die Hand von der verborgenen Waffe ließ.

„Fahr weiter, Tschanz", sagte Bärlach, und seine Stimme klang gleichgültig.

Der andere zuckte zusammen, wie er hörte, daß ihn der Alte duzte, doch von nun an blieb der Kommissär dabei. [...]

Kurz nach elf hielt man vor Bärlachs Haus im Altenberg, und der Kommissär stieg aus.

„Ich danke dir noch einmal, Tschanz", sagte er und schüttelte ihm die Hand. „Wenn's auch genierlich ist, davon zu reden; aber du hast mir das Leben gerettet."

Er blieb noch stehen und sah dem verschwindenden Schlußlicht des schnell davonfahrenden Wagens nach. „Jetzt kann er fahren, wie er will."

Er betrat sein unverschlossenes Haus, und in der Halle mit den Büchern fuhr er mit der Hand in die Manteltasche und entnahm ihr eine Waffe, die er behutsam auf den Schreibtisch neben die Schlange legte. Es war ein großer, schwerer Revolver.

Dann zog er langsam den Wintermantel aus. Als er ihn jedoch abgelegt hatte, war sein linker Arm mit dicken Tüchern umwickelt, wie es bei jenen Brauch ist, die ihre Hunde zum Anpacken einüben. [R]

1 *Fasst die Handlung in eigenen Worten zusammen und gebt einen kurzen Zwischenbericht über den aktuellen Stand der Ermittlungen.*

2 *Sucht aus dem Text Passivsätze und Sätze mit Passivumschreibungen heraus und erklärt jeweils, warum der Handelnde (das Agens) nicht genannt wird. Beschreibt den Eindruck, der auf diese Weise vermittelt wird.*

3 *a) Lest die beiden letzten Absätze des Textes (▷ Z. 159–169) aufmerksam durch. Was sagen diese Textabschnitte über Bärlach aus?*

b) Bestimmt die Adverbialsätze im letzten Textabschnitt (▷ Z. 165–169) und erklärt, welche Zusammenhänge hergestellt bzw. welche Zusatzinformationen auf diese Weise gegeben werden.

Sprachliche Gestaltungsmittel bewusst einsetzen

Wenn ein Autor oder ein Sprecher Sprache einsetzt, nutzt er bewusst oder unbewusst die Wirkung sprachlicher Gestaltungsmittel. Die indirekte Redewiedergabe, die wörtliche Rede, der Konjunktiv, Indikativ, Passiv, Aktiv, Adverbialsätze erfüllen jeweils bestimmte Funktionen im Satz.
Zugleich lösen diese sprachlichen Gestaltungsmittel bestimmte Assoziationen beim Leser aus, stellen Verknüpfungen her und erlauben Andeutungen. Diese Möglichkeit der sprachlichen Gestaltung nutzt jeder Autor für seine Aussageabsicht (Intention) und für die Wirkung, die er erzielen möchte. Auch beim Argumentieren unterstützen die sprachlichen Mittel den Inhalt der Argumentation.

Um einen Text vollständig zu verstehen und zu deuten, muss man die sprachliche Gestaltung des Textes untersuchen. Es reicht allerdings nicht aus, die sprachlichen Auffälligkeiten nur zu benennen. Vor allem die Wirkung, die diese sprachlichen Gestaltungsmittel haben, müsst ihr berücksichtigen.

Friedrich Dürrenmatt

Der Richter und sein Henker (4)

Bärlach wird in seinem Haus von einem alten Bekannten erwartet. Die Vergangenheit holt Bärlach ein.

Bärlach zog sich andere Schuhe an und betrat dann erst die Halle, blieb jedoch auf der Schwelle stehen. Hinter dem Schreibtisch saß ein Mann und blätterte in Schmieds Mappe. Seine rechte Hand spielte mit Bärlachs türkischem Messer.

„Also du“, sagte der Alte.

„Ja, ich“, antwortete der andere.

Bärlach schloß die Türe und setzte sich in seinen Lehnstuhl dem Schreibtisch gegenüber. Schweigend sah er nach dem andern hin, der ruhig in Schmieds Mappe weiterblätterte, eine fast bäurische Gestalt, ruhig und verschlossen, tiefliegende Augen im knochigen, aber runden Gesicht mit kurzem Haar.

„Du nennst dich jetzt Gastmann“, sagte der Alte endlich.

Der andere zog eine Pfeife hervor, stopfte sie, ohne Bärlach aus den Augen zu lassen, setzte

sie in Brand und antwortete, mit dem Zeigefinger auf Schmieds Mappe klopfend:

„Das weißt du schon seit einiger Zeit ganz genau. Du hast mir den Jungen[1] auf den Hals geschickt, diese Angaben stammen von dir."

Dann schloß er die Mappe wieder. Bärlach schaute auf den Schreibtisch, wo noch sein Revolver lag, mit dem Schaft gegen ihn gekehrt, er brauchte nur die Hand auszustrecken; dann sagte er:

„Ich höre nie auf, dich zu verfolgen. Einmal wird es mir gelingen, deine Verbrechen zu beweisen."

„Du mußt dich beeilen, Bärlach", antwortete der andere.

„Du hast nicht mehr viel Zeit. Die Ärzte geben dir noch ein Jahr, wenn du dich jetzt operieren läßt."

„Du hast recht", sagte der Alte. „Noch ein Jahr. Und ich kann mich jetzt nicht operieren lassen, ich muß dich stellen. Meine letzte Gelegenheit."

„Die letzte", bestätigte der andere, und dann schwiegen sie wieder, endlos, saßen da und schwiegen.

„Über vierzig Jahre ist es her", begann der andere von neuem zu reden, „daß wir uns in irgendeiner verfallenden Schenke am Bosporus zum erstenmal getroffen haben. Ein unförmiges gelbes Stück Schweizerkäse von einem Mond hing bei dieser Begegnung damals zwischen den Wolken und schien durch die verfaulten Balken auf unsere Köpfe, das ist mir in noch guter Erinnerung. Du, Bärlach, warst damals ein junger Polizeifachmann aus der Schweiz in türkischen Diensten, herbestellt, um etwas zu reformieren, und ich – nun, ich war ein herumgetriebener Abenteurer wie jetzt noch, gierig, dieses mein einmaliges Leben und diesen ebenso einmaligen, rätselhaften Planeten kennenzulernen. Wir liebten uns auf den ersten Blick, wie wir einander zwischen Juden im Kaftan und schmutzigen Griechen gegenübersaßen. Doch wie nun die verteufelten Schnäpse, die wir damals tranken, diese vergorenen Säfte aus weiß was für Datteln und diese feurigen Meere auf fremden Kornfeldern um Odessa herum, die wir in unsere Kehlen stürzten, in uns mächtig wurden, daß unsere Augen wie glühende Kohlen durch die türkische Nacht funkelten, wurde unser Gespräch hitzig. Oh, ich liebe es, an diese Stunde zu denken, die dein Leben und das meine bestimmte!"

Er lachte.

Der Alte saß da und schaute schweigend zu ihm hinüber.

„Ein Jahr hast du noch zu leben", fuhr der andere fort, „und vierzig Jahre hast du mir wacker nachgespürt. Das ist die Rechnung. Was diskutierten wir denn damals, Bärlach, im Moder jener Schenke in der Vorstadt Tophane, eingehüllt in den Qualm türkischer Zigaretten? Deine These war, daß die menschliche Unvollkommenheit, die Tatsache, daß wir die Handlungsweise anderer nie mit Sicherheit voraussagen und daß wir ferner den Zufall, der in alles hineinspielt, nicht in unsere Überlegungen einzubauen vermögen, der Grund sei, der die meisten Verbrechen zwangsläufig zutage fördern müsse. Ein Verbrechen zu begehen, nanntest du eine Dummheit, weil es unmöglich sei, mit Menschen wie mit Schachfiguren zu operieren. Ich dagegen stellte die These auf, mehr, um zu widersprechen, als überzeugt, daß gerade die Verworrenheit der menschlichen Beziehungen es möglich mache, Verbrechen zu begehen, die *nicht* erkannt werden könnten, daß aus diesem Grunde die überaus größte Anzahl der Verbrechen nicht nur ungeahndet, sondern auch ungeahnt seien, als nur im Verborgenen geschehen. [...]

Da haben wir im Übermut eine Wette geschlossen, eben da der Mond hinter dem nahen Kleinasien versank, eine Wette, die wir trotzig in den Himmel hineinhängten, wie wir etwa einen fürchterlichen Witz nicht zu unterdrücken vermögen, auch wenn er eine Gotteslästerung ist, nur weil uns die Pointe reizt als eine teuflische Versuchung des Geistes durch den Geist."

„Du hast recht", sagte der Alte ruhig, „wir haben diese Wette damals miteinander geschlossen."

1 Gemeint ist der ermordete Polizist Schmied.

„Du dachtest nicht, daß ich sie einhalten würde", lachte der andere, „wie wir am andern Morgen mit schwerem Kopf in der öden Schenke erwachten, du auf einer morschen Bank und ich unter einem noch von Schnaps feuchten Tisch."

„Ich dachte nicht", antwortete Bärlach, „daß diese Wette einzuhalten einem Menschen möglich wäre."

Sie schwiegen.

„Führe uns nicht in Versuchung", begann der andere von neuem. „Deine Biederkeit kam nie in Gefahr, versucht zu werden, doch deine Biederkeit versuchte mich. Ich hielt die kühne Wette, in deiner Gegenwart ein Verbrechen zu begehen, ohne daß du imstande sein würdest, mir dieses Verbrechen beweisen zu können."

„Nach drei Tagen", sagte der Alte leise und versunken in seiner Erinnerung, „wie wir mit einem deutschen Kaufmann über die Mahmud-Brücke gingen, hast du ihn vor meinen Augen ins Wasser gestoßen."

„Der arme Kerl konnte nicht schwimmen, und auch du warst in dieser Kunst so ungenügend bewandert, daß man dich nach deinem verunglückten Rettungsversuch halb ertrunken aus den schmutzigen Wellen des Goldenen Hornes ans Land zog", antwortete der andere unerschütterlich. „Der Mord trug sich an einem strahlenden türkischen Sommertag bei einer angenehmen Brise vom Meer her auf einer belebten Brücke in aller Öffentlichkeit zwischen Liebespaaren der europäischen Kolonie, Muselmännern und ortsansässigen Bettlern zu, und trotzdem konntest du mir nichts beweisen. Du ließest mich verhaften, umsonst. Stundenlange Verhöre, nutzlos. Das Gericht glaubte meiner Version, die auf Selbstmord des Kaufmanns lautete."

„Du konntest nachweisen, daß der Kaufmann vor dem Konkurs stand und sich durch einen Betrug vergeblich hatte retten wollen", gab der Alte bitter zu, bleicher als sonst. [...]

„Ich wurde ein immer besserer Verbrecher und du ein immer besserer Kriminalist: Den Schritt jedoch, den ich dir voraushatte, konntest du nie einholen. Immer wieder tauchte ich in deiner Laufbahn auf wie ein graues Gespenst, immer wieder trieb mich die Lust, unter deiner Nase sozusagen immer kühnere, wildere, blasphemischere Verbrechen zu begehen, und immer wieder bist du nicht imstande gewesen, meine Taten zu beweisen. Die Dummköpfe konntest du besiegen, aber ich besiegte dich."

Dann fuhr er fort, den Alten aufmerksam und wie belustigt beobachtend: „So lebten wir denn. Du ein Leben unter deinen Vorgesetzten, in deinen Polizeirevieren und muffigen Amtsstuben, immer brav eine Sprosse um die andere auf der Leiter deiner bescheidenen Erfolge erklimmend, dich mit Dieben und Fälschern herumschlagend, mit armen Schluckern, die nie recht ins Leben kamen, und mit armseligen Mörderchen, wenn es hochkam, ich dagegen bald im Dunkeln, im Dickicht verlorener Großstädte, bald im Lichte glänzender Positionen, ordenübersät, aus Übermut das Gute übend, wenn ich Lust dazu hatte, und wieder aus einer anderen Laune heraus das Schlechte liebend. Welch ein abenteuerlicher Spaß! Deine Sehnsucht war, mein Leben zu zerstören, und meine war es, mein Leben dir zum Trotz zu behaupten. Wahrlich, eine Nacht kettete uns für ewig zusammen!" [...]

„Da sind wir nun also wieder. Gib es auf, Freund, es hat keinen Sinn. Der Tod wartet nicht."

Und jetzt warf er, mit einer fast unmerklichen Bewegung der Hand, das Messer, genau und scharf Bärlachs Wange streifend, tief in den Lehnstuhl. Der Alte rührte sich nicht. Der andere lachte:

„Du glaubst nun also, ich hätte diesen Schmied getötet?"

„Ich habe diesen Fall zu untersuchen", antwortete der Kommissär.

Der andere stand auf und nahm die Mappe zu sich.

„Die nehme ich mit."

„Einmal wird es mir gelingen, deine Verbrechen zu beweisen", sagte nun Bärlach zum zweiten Male: „Und jetzt ist die letzte Gelegenheit."

„In der Mappe sind die einzigen, wenn auch dürftigen Beweise, die Schmied in Lamboing für dich gesammelt hat. Ohne diese Mappe bist du verloren. Abschriften oder Fotokopien besitzest du nicht, ich kenne dich."

„Nein", gab der Alte zu, „ich habe nichts dergleichen."

„Willst du nicht den Revolver brauchen, mich zu hindern?" fragte der andere spöttisch.

„Du hast die Munition herausgenommen", antwortete Bärlach unbeweglich.

„Eben", sagte der andere und klopfte ihm auf die Schultern. Dann ging er am Alten vorbei, die Türe öffnete sich, schloß sich wieder, draußen ging eine zweite Türe. Bärlach saß immer noch in seinem Lehnstuhl, die Wange an das kalte Eisen des Messers gelehnt. Doch plötzlich ergriff er die Waffe und schaute nach. Sie war geladen. Er sprang auf, lief in den Vorraum und dann zur Haustür, die er aufriß, die Waffe in der Faust:

Die Straße war leer. [R]

1 *Erklärt, inwiefern Bärlach von seiner Vergangenheit eingeholt wird.*

2 *Formuliert in eigenen Worten, welche gegensätzlichen Thesen Bärlach und Gastmann aufstellen und wie sie diese jeweils begründen. Lest dazu noch einmal die Zeilen 82–128.*

3 *a) Im Text wird berichtet, wie es zu dieser Wette kam. Formt diesen Textabschnitt (▷ Z. 82–100) in direkte Rede um und schreibt einen Dialog zwischen Bärlach und Gastmann, wie er sich damals, vor vierzig Jahren, zugetragen haben könnte.*
b) Vergleicht euer Ergebnis mit dem Originaltext. Erklärt, welche Wirkung die ***indirekte Redewiedergabe*** *im Originaltext auf den Leser hat.*

4 *a) Erläutert die Funktion und die Wirkung des Konjunktivs im folgenden Satz:*
„Ich dachte nicht", antwortete Bärlach, „daß diese Wette einzuhalten einem Menschen möglich wäre." (Z. 118–120)
b) Diskutiert, wer sich am Tod des Kaufmanns schuldig gemacht hat.

5 *a) Erklärt die Bedeutung der Textabschnitte von Zeile 200–224 für die noch immer laufende Wette.*
b) Untersucht die sprachlichen Gestaltungsmittel dieser Textabschnitte (▷ Z. 200–224). Bestimmt dabei auch, welche Wirkung diese auf den Leser haben.

6 *Schreibt ein mögliches Ende dieser Geschichte. Überlegt, welche sprachlichen Gestaltungsmittel ihr einsetzen könnt, um die gewünschte Wirkung zu erzielen.*

5.3 Regeln für das Schreiben eines Kriminalromans – Das Spiel mit dem Leser

S. S. van Dine

Regeln für das Schreiben von Detektivgeschichten

S. S. van Dine ist ein Pseudonym, hinter dem sich der amerikanische Schriftsteller und Kunstkritiker Williard Huntington Wright (1888–1939) verbirgt. Wright benutzte dieses Pseudonym als Autor von Kriminalromanen.
Als zu Beginn des 20. Jahrhunderts immer mehr Detektivgeschichten auf den Markt drängten und durch die Fülle von Veröffentlichungen die Qualität der Detektivliteratur zu leiden begann, stellten in den 20er Jahren einige Autoren, darunter auch S. S. van Dine alias Williard Huntington Wright, feste Regeln für diese Gattung auf. Ziel war es, den Unterschied zwischen dem Detektivroman als Literaturgattung und dem Groschenroman als Konsumgut deutlich zu machen.

Die Detektivgeschichte ist eine Art geistiges Spiel. Sie ist mehr: ein sportlicher Wettkampf. Und für das Schreiben von Detektivgeschichten gibt es ganz klare Gesetze – ungeschrieben vielleicht, aber nichtsdestoweniger bindend – und jeder Erfinder literarischer Rätsel, der etwas auf sich hält, hält sich auch an sie. Hier also ist eine Art Credo, das teilweise auf der Praxis aller bedeutenden Detektivschriftsteller und teilweise auf den Gewissensregungen des aufrichtigen Autors beruht.

1. Leser und Detektiv müssen gleichwertige Möglichkeiten haben, das Geheimnis zu lösen. Alle Hinweise müssen deutlich konstatiert und beschrieben werden.
2. Dem Leser dürfen keine vorsätzlichen Tricks und Täuschungen aufgebürdet werden, außer jenen, die der Täter zu Recht auch dem Detektiv selbst vorspielt.
3. Niemals sollten der Detektiv selbst oder einer der Ermittlungsbeamten sich als der Missetäter herausstellen. So etwas ist die bloße Betrügerei und steht auf einer Stufe mit dem Versuch, jemandem einen blanken Penny für ein goldenes Fünfdollarstück anzudrehen. Es ist Vorspiegelung falscher Tatsachen.
4. Der Täter muss durch logische Schlussfolgerungen ermittelt werden, nicht durch Zufall oder ein unmotiviertes Geständnis.
5. Der Detektivroman muss über einen Detektiv verfügen und Detektiv ist nur derjenige, der etwas aufdeckt (detects). Seine Aufgabe ist es, Indizien zu sammeln, welche zu der Person führen, die im ersten Kapitel die Untat beging; und wenn der Detektiv nicht durch eine Analyse jener Indizien zu seinem Ergebnis kommt, dann hat er das Problem nicht besser gelöst als der Schuljunge, der die Lösung seiner Mathematikaufgabe aus dem Lösungsheft bezieht.
6. Im Detektivroman muss es ganz einfach eine Leiche geben.
7. Das Verbrechen muss mit rein naturalistischen Mitteln aufgeklärt werden. Zur Ermittlung der Wahrheit sind Methoden wie etwa unsichtbare Schrift, Gedankenlesen, spiritistische Sitzungen, Befragungen der Kristallkugel u. Ä. tabu. Der Leser hat eine Chance, wenn er seinen Verstand mit dem eines rational operierenden Detektivs messen kann, aber wenn er gegen die Geisterwelt oder gegen die vierte Dimension der Metaphysik[1] antreten muss, hat er von vornherein verspielt.

8. Es darf nur einen Detektiv geben – d. h. nur einen Helden, der Schlussfolgerungen zieht. Drei, vier oder noch mehr Detektive auf ein Problem anzusetzen, heißt nicht nur, das Interesse weit zu verstreuen und die direkte Logik zu unterbrechen, sondern auch die Chancengleichheit des Lesers zu opfern. Wenn es mehr als einen Detektiv gibt, weiß der Leser nicht, an wem er seine Schlussfolgerungen orientieren soll. Es ist, als ob der Leser ein Wettrennen gegen eine Staffel austragen sollte.
9. Der Täter muss eine Person sein, die in der Geschichte eine mehr oder weniger bedeutende Rolle gespielt hat – eine Person also, die dem Leser vertraut ist und für die er sich interessiert.
10. Der Autor darf keinen Diener zum Täter machen. Das hieße den Kern der Sache umgehen: Die Lösung wäre zu einfach. Der Täter muss unzweifelhaft eine ehrenwerte Person sein – eine, die normalerweise über jeden Verdacht erhaben ist.
11. Es darf nur einen Täter geben – ganz gleich, wie viele Morde begangen werden. Natürlich kann der Täter einen untergeordneten Helfer oder Mitverschwörer haben, aber die ganze Last muss auf einem Paar Schultern ruhen, der ganze Unwille des Lesers muss sich auf ein einziges schwarzes Schaf konzentrieren können.
12. Geheimbünde, Camorras[2], Mafias usw. haben keinen Platz in einer Detektivgeschichte.
13. Die Mordmethode und die Mittel ihrer Aufklärung müssen rational und wissenschaftlich sein. Pseudowissenschaft und rein imaginative oder spekulative Methoden können also im „roman policier"[3] nicht geduldet werden.
14. Die Wahrheit des Falles muss stets offenbar sein – vorausgesetzt, der Leser ist scharfsinnig genug, sie zu sehen. Damit meine ich, dass der Leser – sollte er nach der Aufklärung das Buch noch einmal lesen – sehen würde, wie die Lösung sich ihm gewissermaßen immer schon aufgedrängt hat, wie alle Hinweise tatsächlich auf den Täter deuteten und wie er, wäre er so klug gewesen wie der Detektiv, den Fall selbst hätte lösen können, ohne bis zum letzten Kapitel zu lesen. Dass der scharfsinnige Leser oft wirklich das Rätsel löst, versteht sich von selbst.

1 **Metaphysik:** Lehre, die sich mit den Dingen hinter dem sinnlich Erfahrbaren, außerhalb der natürlichen Welt Liegenden beschäftigt

2 **Camorra:** Die Camorra ist – wie die sizilianischen Mafia – ein verbrecherischer Geheimbund; sie stammt aus dem ehemaligen Königreich Neapel.

3 **roman policier:** französischer Ausdruck für Kriminalroman

1 *a) Die „Regeln für das Schreiben von Detektivgeschichten" sind 1928 aufgestellt worden. Diskutiert, ob die Erfüllung dieser Kriterien heute noch einen guten Kriminalroman ausmachen. Begründet eure Meinung.*

b) Untersucht, inwiefern die Erzählung „Das Fräulein von Scuderi" (Textauszüge S. 101–111) und der Roman „Der Richter und sein Henker" (Textauszüge S. 113–123) den Kriterien von van Dine entsprechen.

2 *a) Bildet Gruppen und überarbeitet die „Regeln für das Schreiben von Detektivgeschichten". Ergänzt weitere Regeln, die euch wichtig erscheinen, und streicht diejenigen, die ihr für verzichtbar haltet.*

b) Stellt eure Gruppenergebnisse in der Klasse vor und sprecht über Gemeinsamkeiten und Unterschiede. Einigt euch dann auf einen verbindlichen Regelkatalog zum Schreiben einer Detektivgeschichte.

3 ***Projektarbeit: Eine Detektivgeschichte schreiben***

a) Legt mit der ganzen Klasse eine Stoffsammlung an, in der ihr Ideen für eine Detektivgeschichte sammelt. Beachtet dabei folgende Punkte:

- *An welchen Orten und in welcher Zeit soll eure Geschichte spielen?*
- *Wer sind die beteiligten Personen (Täter/-in, Opfer, Detektiv/-in, Zeugen ...)?*
- *Was passiert (Handlungsschritte) und warum geschieht es (Handlungsmotive)? Formuliert für jeden Handlungsschritt eine treffende Überschrift.*

b) Entwerft mit Hilfe der Stoffsammlung einen genauen Erzählplan für eure Detektivgeschichte.

- *Bedenkt, dass jede Detektivgeschichte Ereignisse und Zusammenhänge aufweist, die nicht erzählt werden, sondern die der Detektiv gemeinsam mit dem Leser ermittelt. Überlegt, wo der Erzähleinsatz eurer Geschichte liegen soll.*
- *Achtet darauf, die einzelnen Elemente einer Detektivgeschichte – (Vorgeschichte, Fall und Detektion, also Aufdeckung des Falls) – logisch miteinander zu verknüpfen.*
  Beispiel:

Thema: ...
Personen: ...
Ort: ...
Zeit: ...
Vorgeschichte: ...

Fall: ...

Detektion (Hauptteil):
1. Handlungsschritt:
2. Handlungsschritt:
...

Schluss:

c) Bildet Gruppen und verteilt die einzelnen Bausteine eurer Detektivgeschichte auf die einzelnen Gruppen. Jede Gruppe formuliert nun einen Baustein der Detektivgeschichte aus.
TIPP: *Achtet auch darauf, geeignete sprachliche Mittel einzusetzen, z. B. wörtliche Rede, indirekte Rede, Konjunktiv, Adverbialsätze etc.*
Bestimmt in jeder Gruppe einen Gruppenleiter. Die Gruppenleiter treffen sich und koordinieren die einzelnen Bausteine der Detektivgeschichte. Sie achten darauf, dass die einzelnen Elemente der Detektivgeschichte zusammenpassen und der „rote Faden" eurer Geschichte für den Leser erkennbar ist.

d) Fügt die einzelnen Bausteine zu einer Detektivgeschichte zusammen und überarbeitet sie in einer Schreibkonferenz. *(Hinweise zur Schreibkonferenz findet ihr im Grundwissen auf S. 358.)*

4 *Lest die ganze Detektivgeschichte vor. Die Zuhörer achten darauf, ob die einzelnen Handlungsschritte zusammenpassen und der Fall logisch gelöst wird.*

6 Stylish, trendy, hip – Die Entwicklung des Wortschatzes

6.1 Fun, Fitness, Food, Fashion – Der Wortschatz des Deutschen

WO LEBT GOTT EIGENTLICH HEUTE?

von Bastian Sick

Mireille Mathieu wusste 1972 noch zu singen: „Gott lebt in Frankreich, denn Frankreich ist schön." Und niemand hätte ihr damals widersprochen. Frankreich ist immer noch schön, aber Gott ist umgezogen. Er wohnt jetzt in den USA.

Wie ich darauf komme? Unsere Sprache liefert genügend Indizien dafür! Einst war die deutsche Sprache von französischen Ausdrücken gespickt. Denn bevor die Deutschen ihre Antennen ganz und gar auf die USA ausrichteten, kamen die wichtigsten kulturellen – und somit auch sprachlichen – Impulse aus Frankreich.

Als Gott noch in Frankreich lebte, da wusste jeder, was Savoir-vivre und Laisser-faire bedeuten. Heute dreht sich alles um Lifestyle und aus dem Laisser-faire-Prinzip wurde „Take it easy!". Was früher „en vogue" war, ist heute „trendy" und eine Mode, die irgendwann „passé" war, ist heute „out". Wer auf dem Laufenden war, der war mal „à jour", und wenn er einverstanden war, dann war er „d'accord". Heute ist er „up to date" und gibt sein „Okay". Und wer im Fahrstuhl jemandem auf die Füße tritt, der sagt nicht mehr „Pardon!", sondern murmelt nur noch „Sorry"!

Wer seinen Geburtstag feiern will, der gibt keine Fete mehr, sondern eine Party. Das Kellergeschoss von Warenhäusern heißt nicht mehr Souterrain, sondern Basement. Dort befindet sich häufig die Weinabteilung, in der man hervorragenden kalifornischen Chardonnay bekommt – und Champagner, selbstverständlich. Der ist, wenn sehr trocken, nicht mehr „brut", sondern „extra dry".

Wer heute ein Café eröffnet, nennt es vorausschauend „Coffeeshop", denn die Amerikaner sind schließlich für ihren Kaffee berühmt. Wie auch für ihr Essen („Food"), weshalb man heute nicht mehr von „Nouvelle Cuisine" spricht, sondern von „french cooking". Vorab gibt's anstelle des „Horsd'œuvre" einen „Appetizer". Machte man früher den Salat mit einer Soße oder Vinaigrette an, so bekommt er heute ein Dressing verpasst. Da selbst Hunde und Katzen ihr Fleisch bereits „in zarter Jelly" serviert bekommen, wird sich das französische Gelee wohl auch bei den Zweibeinern nicht mehr lange halten.

Wann waren Sie das letzte Mal in einer Boutique? Die wirklich angesagten Klamotten bekommt man heute im „Fashion Store" und den wiederum gibt's im Shopping-Center. Frankreich hat seinen Status als Mutterland der Haute Couture und der Prêt-à-porter-Modeschauen eingebüßt – heute heißt das „Fashion Week". Da führen die Models, die früher Mannequins genannt wurden, nicht mehr knackige Dessous vor, sondern „hot underwear". Frauen, die sich einst in „schicken Kostümen" zeigten, haben heute ein „stylishes Outfit". Wer ehedem leger gekleidet war, der trägt heute „casual wear".

Auch die Hautevolee und die Crème de la Crème mussten sich einer Modernisierung unterziehen und nennen sich jetzt „Celebrities". Und der liebe Gott? „Mon dieu!", wer sagt das noch, heute ruft man: „Oh my God!" Es besteht kein Zweifel: Gott lebt heute in Amerika. Von dort schrieb er mir kürzlich eine Karte: „Wow, es ist einfach cool hier! Fühle mich great! Jeden Tag Party und Fun! Alles viel relaxter als bei den Frenchies!" So ein Bullshit, habe ich gedacht und die Karte zerrissen.

1 *a) Lest den Text und formuliert die These, die der Autor in seinem Artikel aufstellt.*
b) Findet Gründe für die vom Autor aufgezeigte Entwicklung.

2 *Erarbeitet, aus welchen Bereichen die französischen und englischen Fremdwörter kommen.*
a) Sucht alle Beispielwörter aus dem Text heraus, ordnet sie nach Themenbereichen und findet für jeden Bereich einen passenden Oberbegriff.
b) Übertragt die Tabelle in euer Heft und ordnet den jeweiligen Oberbegriffen die französischen und englischen Fremdwörter zu. Tragt in einer dritten Spalte jeweils eine passende deutsche „Übersetzung" ein.

Themenbereich	Fremdwörter aus dem Französischen	Fremdwörter aus dem Angloamerikanischen	Deutsche „Übersetzungen" der Fremdwörter
Lebensart/	Savoir-vivre	Lifestyle	...
-einstellung	Laisser-faire	...	...
	...	...	...
...	...	...	...

3 *Vergleicht die französischen, englischen und deutschen Ausdrücke miteinander und diskutiert, ob sie austauschbar sind oder worin sich Wendungen, die eigentlich dasselbe bedeuten, dennoch unterscheiden.*

4 *Diskutiert darüber, ob der Artikel von Bastian Sick die Befürchtung, die deutsche Sprache sei durch das heute gesprochene Denglisch in Gefahr, stützt oder widerlegt.*

Denglisch: Sprachmix aus Deutsch und Englisch

Anti-Anglizismen-WG

Man spricht deutsch

von Birgit Tanner

Shampoo, Chips und Pullover? Diese Dinge kommen in einer Berliner Wohngemeinschaft nicht vor. Sie heißen dort Haarwaschmittel, Kartoffelscheiben und Überzieher. Die drei Mitbewohner haben sich der Sprachpflege verschrieben: Wer Anglizismen gebraucht, zahlt in die Haushaltskasse.

„Kompaktschallplattenspieler", „Lichtabtaster" oder „Herrenunterhose mit kurzem Beinteil": Diese deutschen Übersetzungen der englischen Begriffe „CD-Player", „Scanner" oder „Boxershorts" gebraucht eigentlich niemand. Und doch gehören sie zum täglichen Vokabular der drei WG-Genossen Tim, Fabian und Kiki. Die BWL- und Geografiestudenten leben zusammen in einer Wohngemeinschaft in Berlin-Mitte und haben sich der Pflege der deutschen Sprache verschrieben.

Den Anstoß dazu gab ihnen Bundestagspräsident Wolfgang Thierse, der die Deutschen Anfang November in einer Fernsehsendung dazu aufrief, sich wieder stärker auf ihre Muttersprache zu besinnen. Gesagt, getan – die Idee für das ungewöhnliche Sprachprojekt war geboren. Seither verbannen die drei Studenten jedweden Anglizismus konsequent aus ihrem Sprachgebrauch.

Wer sich dennoch verbale Ausrutscher leistet, muss bezahlen. So sieht es der selbst auferlegte Strafenkatalog vor. Für einen sprachlichen Lapsus wie „Ketchup", „Toast" oder „Laptop" müssen 20 Cent abgedrückt werden. Schwere Vergehen wie „gedownloaded" und „absaven" werden mit 50 Cent geahndet. Begründung: Denglisch, der krude Mischmasch aus beiden Sprachen, ist besonders übel und muss entsprechend geahndet werden. Unter der Woche wird akribisch eine Strichliste geführt, am Wochenende ist Zahltag.

Trotz aller Vorsicht lassen sich fremdsprachige Begriffe aber nicht immer vermeiden. Vieles rutsche einfach so heraus, ohne dass man sich darüber Gedanken mache, erzählt die 19-jährige Geografiestudentin Kiki, während sie mal wieder im Duden blättert. An anderer Stelle ist Kreativität gefragt, wie etwa zur Vermeidung der Abkürzung „SMS". Bei den Berliner Sprachpflegern heißt die elektronische Botschaft „KND" – das steht für „Kurznachrichtendienst".

Für die deutsche, aber englisch klingende Wortschöpfung „Handy" haben die WG-Bewohner die Begriffe „Mote" und „Funke" eingeführt, das steht für „Mobiltelefon" und „Funktelefon". Das klinge zwar etwas nach dem Sprachgebrauch der untergegangenen

Das Ding heißt „Mote" oder „Funke" und steht für „Mobil-" oder „Funktelefon"

DDR, meint Tim, doch die hätten sich immerhin „kreativ mit der deutschen Sprache auseinandergesetzt". Als Beispiel nennt er den berühmten Multifunktionstisch namens „Mufuti".

Die einzige Funktion vieler Anglizismen sei häufig, eine simple Sache künstlich aufzuplustern, zum Beispiel eine Berufsbezeichnung, meint Tim. „Natürlich klingt abends an der Bar ein ‚Human Resources Manager' einen Zacken schärfer als ‚Personalchef'", stichelt Tim.

„Es ist einfach ein Trend, Englisch in die Sprache einfließen zu lassen", meint Fabian und entfacht damit eine Diskussion über das Wörtchen „Trend". Nach kurzer Zeit ist die Herkunft geklärt, „Trend" ist Englisch und Fabian um 20 Cent ärmer.

„Das fängt ja schon beim Kinderspielzeug an", meint Kiki. „‚Plastikauto' hört sich nicht so toll an wie ‚Bobby Car', aber es kann doch nicht sein, dass Kinder die deutschen Begriffe nicht einmal mehr kennen." Hier besteht nach Meinung der Berliner dringender Handlungsbedarf, schließlich seien Kinder „die Deutschsprecher von morgen".

Die intensive Beschäftigung mit der eigenen Sprache hat den Blick der drei WG-Bewohner auf ihre Mitmenschen ziemlich verändert. Leute, die fast nur noch mit Anglizismen um sich werfen und deutsche Begriffe nur noch als Füllwörter verwenden, schinden keinen Eindruck mehr – im Gegenteil. Man könne schließlich Sachverhalte ohne Anglizismen auf Deutsch für jedermann unmissverständlich erklären.

Mit Deutschtümelei habe das Sprachprojekt nichts zu tun, betonen die Studenten. Sie seien nur neugierig darauf, ob sie es schaffen, ganz ohne Denglisch auszukommen. Auch wenn der „Beitrag im Kleinen" für die Muttersprache bisweilen ziemlich ins Geld geht. Von der Idee, das gesammelte Kleingeld gemeinsam in einer „Tanzwirtschaft" zu verbraten, rückt Fabian wieder ab und verweist auf attraktivere Ausgabemöglichkeiten: „Mittlerweile könnten wir davon wahrscheinlich schon in Urlaub fahren."

1 *a) Lest den Artikel und überlegt, was aus der am Ende zitierten Aussage des Studenten zu schließen ist.*
b) Könntet ihr euch vorstellen, euch an einem solchen Sprachprojekt zu beteiligen? Begründet eure Meinung.

2 *a) Erklärt mit Hilfe des Textes, was „Anglizismen" sind.*
b) Listet die im Text genannten Anglizismen und die von den Studenten eingeführten deutschen „Übersetzungen" auf. Ergänzt fehlende Übersetzungen selbst.
c) Besprecht, in welchen Fällen euch die Anglizismen überflüssig erscheinen, da sie durch einen genauso gut geeigneten deutschen Begriff ersetzbar sind, und auf welche Anglizismen ihr nicht oder kaum verzichten möchtet.

3 *Einer der Studenten meint, „die einzige Funktion vieler Anglizismen sei häufig, eine simple Sache künstlich aufzuplustern" (vgl. Z. 62 ff.). Nehmt zu dieser Aussage Stellung.*

4 *a) In der deutschen „Übersetzungsliste" der Studenten sind auch Begriffe zu finden, die aus fremden Sprachen stammen. Von welchen wisst oder vermutet ihr, dass sie nicht deutschen Ursprungs sind? Lest dazu auch die Informationen im unten stehenden Merkkasten.*
b) Die drei Studenten „verbannen (...) jedweden ***Anglizismus*** *konsequent aus ihrem Sprachgebrauch" (Z. 25 ff.), aber haben sie sich damit auch der „Pflege der deutschen Sprache verschrieben" (Z. 17 f.), wie es im Artikel heißt? Nehmt dazu Stellung.*

!

Die Zusammensetzung unseres Wortschatzes:
Erbwort – Lehnwort – Fremdwort

Der Wortschatz des Deutschen besteht aus

- Wörtern, die **in der deutschen Sprache selbst geprägt** worden sind. Diese Wörter hat das Deutsche aus dem Germanischen oder Indogermanischen geerbt, man nennt sie **Erbwörter.**
- Wörtern, die **aus fremden Sprachen übernommen** worden sind. Man unterscheidet bei diesen Wörtern zwischen **Lehnwörtern** und **Fremdwörtern.**
  - Als **Lehnwörter** bezeichnet man Wörter, die zwar aus fremden Sprachen stammen, sich aber in der Aussprache und Schreibweise so **stark an die deutsche Sprache angepasst** haben, dass sie als deutsche Wörter betrachtet werden können, z. B.: „Fenster" (aus lat. *fenestra*), „Maske" (aus frz. *masque*) oder „Streik" (aus engl. *strike*).
  - **Fremdwörter** hingegen haben ihre **fremde Gestalt beibehalten.** Sie haben sich in der **Aussprache,** der **Betonung** oder der **Schreibweise** nicht der deutschen Sprache angeglichen.
    Bei dem Fremdwort „Computer" weicht z. B. die Aussprache vom Deutschen ab und bei Wörtern wie „Di**ä**t" oder „reform**ie**ren" liegt die Betonung nicht auf der ersten Silbe oder der Stammsilbe. Viele Fremdwörter kann man an ihren fremden Vorsilben (z. B. „anti-", „bi-", „hyper-") oder Nachsilben („-ismus", „-iv", „-ieren") oder an bestimmten „fremden" Buchstabenverbindungen (z. B. „T**ea**m", „Biblio**th**ek") erkennen.

5 *a) Bestimme mit Hilfe eines etymologischen Wörterbuches die Herkunft der folgenden Begriffe.*

Journal	Haar	Kartoffel	kompakt	mobil	Telefon
Funk	Chef	Plastik	Auto	Idee	attraktiv

b) Ordne sie den Erb-, Lehn- oder Fremdwörtern zu.

6 *a) Sucht in dem Zeitungsartikel „Man spricht deutsch" weitere Fremdwörter und klärt ihre Bedeutung und ihre Herkunft.*
b) Vergleicht den Begriff „Ausrutscher" (Z. 28) mit dem sinngleichen „Lapsus" (Z. 31). Sind die beiden Wörter ohne jeden Unterschied austauschbar?

Unser Wortschatz – Geerbt, geschaffen, angeeignet, ausgeliehen

Der Ursprung der deutschen Sprache

Der durch Texte belegte „sichtbare" Teil der Geschichte unserer Sprache geht nur bis ins 8. Jh. zurück.

Die vorausgehende, bis tief in die vorgeschichtliche Zeit reichende Entwicklung der Sprache ist nur durch wissenschaftliche Forschungen zu erschließen.

Im 19. Jahrhundert konnte durch sprachwissenschaftliche Forschungen nachgewiesen werden, dass zwischen den meisten europäischen Sprachen und dem Altindischen eine enge Beziehung bestehen musste und dass diese Sprachen auf eine gemeinsame „Ursprache" zurückgehen. Diese Ursprache nennt man das das Indoeuropäische. Sie wurde nach dem Namen der jeweils am weitesten im Osten (Inder) und Westen (Europa) siedelnden Völker benannt. Die Verbreitung der indoeuropäischen Sprache ist ein Ergebnis von Wanderungen. Für das Indoeuropäische gibt es allerdings keine schriftlichen Belege.

Die Indogermanen, wie die Wissenschaftler sie nennen, lebten im dritten Jahrtausend v. Chr. wahrscheinlich im mittleren Europa. Danach breiteten sie sich über fast ganz Europa und bis in das Gebiet der heutigen Staaten Indien und Iran aus.

Ein Teil unseres heutigen Wortschatzes lässt sich bis auf das Indoeuropäische zurückführen und hat verwandte Wörter in anderen indoeuropäischen Sprachen. Zu den indoeuropäischen Sprachen gehören Indisch, Iranisch, Armenisch (asiatische Sprachen) sowie Germanisch, Romanisch, Slawisch, Baltisch, Griechisch, Keltisch, Albanisch (europäische Sprachen).

Die Herausbildung der verschiedenen Einzelsprachen aus der indoeuropäischen „Ursprache" war ein langer Prozess. Für das Germanische begann er wahrscheinlich im 2. Jahrtausend v. Chr. Von der ursprünglichen germanischen Sprache, dem Urgermanischen, gibt es keine schriftlichen Zeugnisse. Erste Überlieferungen der Germanen setzen erst im 2./3. Jahrhundert n. Chr. mit den Runeninschriften[1] ein. Wie das Indoeuropäische kann auch das Urgermanische nur über einen wissenschaftlichen Sprachvergleich rekonstruiert werden.

Das Germanische teilt man heute in das Nordgermanische (Norwegisch, Isländisch, Schwedisch, Dänisch), das Westgermanische (Englisch, Deutsch, Niederländisch, Friesisch) und das untergegangene Ostgermanische (Gotisch, Burgundisch, Vandalisch).

Der Übergang vom Germanischen zum Deutschen vollzog sich im 8. Jahrhundert im christlichen Reich Karls des Großen. Erst ab dieser Zeit gibt es schriftlich belegte Formen der deutschen Sprache.

1 **Runen:** buchstabenähnliche Zeichen

1 *a) Lest den Text und fasst die wichtigsten Informationen knapp zusammen.*
b) Entwerft auf einem Blatt Papier oder einer Folie ein Tafelbild, in dem ihr die zentralen Textinformationen skizziert.
c) Bereitet einen Kurzvortrag über den „Ursprung der deutschen Sprache" vor.

Peter von Polenz

Der lateinische Einfluss auf das Germanische

In den ersten nachchristlichen Jahrhunderten war der Einfluss des Lateinischen auf die germanische Sprache besonders groß, denn die Römer hielten große Teile Germaniens besetzt.

Zusammen mit den neuen Dingen, die die Germanen von den Römern kennen lernten, übernahmen sie dann meist auch deren lateinische Bezeichnungen und passten sie an die deutsche Sprache an (Lehnwörter). In dieser Zeit wurden über 500 Wörter aus dem Lateinischen übernommen.

Bemerkenswerterweise gehören nur wenige dieser Lehnwörter dem Gebiet des Kriegswesens an, z. B.: Pfeil (aus lat. *pilum*), Kampf (aus lat. *campus* = Schlachtfeld), Straße (aus lat. *via strata*) und Meile (aus lat. *milia passum*).

Weit größer ist die Anzahl der erhaltenen Lehnwörter, die sich auf verschiedene Gebiete des friedlichen Verkehrs beziehen, z. B.: aus dem Handel: kaufen (aus lat. *caupo* = Gastwirtschaft), Münze (aus lat. *moneta*), Markt (aus lat. *mercatus*), Kiste (aus lat. *cista*); aus dem vorbildlichen römischen Garten- und Weinbau: pflanzen, pflücken, Birne, Kirsche, Pflaume, Pfirsich, Kohl, Kürbis, Zwiebel, Rettich, Kümmel, Wein, Becher usw. Da die Römer den steinernen Hausbau in Germanien einführten, verdanken wir ihnen auch Wörter wie Mauer, Ziegel, Kalk, Pfeiler, Pforte, Fenster, Kamin, Kammer, Keller, Küche und viele andere.

1 *Erklärt, woran die Beispielwörter aus dem Bereich des Kriegswesens und des Handels als Lehnwörter erkennbar sind. Erläutert auch, warum diese Begriffe aus dem Lateinischen übernommen wurden.*

Der Wortschatz des Deutschen in Zahlen

Es ist nicht bekannt, wie viele Wörter der deutsche Wortschatz überhaupt umfasst. Es existieren weitaus mehr Wörter, als selbst das umfänglichste Nachschlagewerk verzeichnen könnte. Bereits Ende des 17. Jahrhunderts errechnete der Philosoph und Mathematiker Gottfried Wilhelm Leibniz, dass eine systematische Ausschöpfung deutscher Wortbildungsmöglichkeiten rund 98 Millionen Wörter hervorbringen könnte. Die deutsche Sprache

verfügt nämlich durch ihre spezifischen Möglichkeiten der Wortbildung durch Ableitung (Derivation) und vor allem durch Zusammensetzung (Komposition) über nahezu unbegrenzte Möglichkeiten, ihren Wortbestand zu erweitern und für jede beliebige Situation neue Wörter hervorzubringen.
Kein einziges Wörterbuch verzeichnet also den gesamten Wortbestand des Deutschen und es gibt auch keine Möglichkeit, über die Anzahl der Fremdwörter im Deutschen exakte Angaben zu machen: Man ist daher auf Schätzungen angewiesen. Veranschlagt man das gesamte deutsche Vokabular auf etwas 300 000 bis 500 000 Wörter, so dürfte der absolute Fremdwortanteil bei schätzungsweise 100 000 Wörtern liegen. Der mit rund 2 800 Wörtern aufgestellte deutsche Grundwortschatz enthält sechs Prozent fremde Wörter.
Bei einer Auszählung der Fremdwörter in einer Tageszeitung aus dem Jahre 1860 kam man zu einem Ergebnis, das nur wenig unter den heute ermittelten Durchschnittswerten lag. Der Grund dafür liegt u. a. in der relativ schnellen Vergänglichkeit vieler Fremdwörter. Es kommen nämlich fast ebenso viele Fremdwörter aus dem Gebrauch wie neue in Gebrauch.

1 *Im Text werden zwei Wortbildungsmöglichkeiten des Deutschen genannt, die Ableitung (Derivation) und die Zusammensetzung (Komposition).*
a) Erläutert, auf welche Weise die Begriffe „Rechner" (für Computer) und Netzauftritt (für Website) gebildet wurden.
b) Erklärt die Begriffe Ableitung (Derivation) und Zusammensetzung (Komposition) mit eigenen Worten und nennt weitere Beispiele für diese Wortbildungsmöglichkeiten.

2 *Sucht nach Erklärungen für die „Vergänglichkeit vieler Fremdwörter" (Z. 35).*

Farin Urlaub

Alle dasselbe

es passierte am abend des 4. april
die sonne ging unter, es war grad so still
nur ein paar krähen waren zu sehn
sie waren unterwegs, ich weiß nicht, wohin
ich sah sie langsam gen osten ziehen

ich dachte nach über einige sachen
die menschen so tun – plötzlich musste ich lachen
der gedanke traf mich wie ein blitz
das ganze leben ist nur ein witz
und alles, was wir so anstelln, um anders zu sein
als die anderen, ist nichts als schein
und ich sah ein:

wir wollen alle mehr oder weniger dasselbe
seit es menschen gibt
nen platz an der sonne, genug zu essen, ein bett –
und jemanden, der uns liebt

wie weit geht originalität
subkulturelle identität
und wo wir grade beim thema sind, wüsst ich gern mal
sind fremdworte in rockmusik legal
oder wirkt das zu rational?

es gibt so viel, was wir begehren
weil wir so gerne was besonderes wären
ich glaub, ich gründe nen verein
da darf aber kein anderer hinein
ganz egal, was du tust, ganz egal, wer du bist –
die einfache wahrheit ist:

wir wollen alle mehr oder weniger dasselbe
seit es menschen gibt
genug vitamine, frisches gemüse, kein fett –
und jemanden, der uns wirklich liebt und nicht nur so tut
wenn es das wirklich gibt

wir wollen alle mehr oder weniger dasselbe
seit es menschen gibt
nen platz an der sonne, genug zu essen, ein bett –
und jemanden, der uns
das frühstück ans bett bringt und abends ein lied singt
nen mp3-player mit alles von slayer
natürlich gebührlich und gar keine frage
ne riesengigantische mega-anlage
und breitband und breitwand und hifi und highclass
von allem das beste und immer nur vollgas
nen mattschwarzen wagen, schön tief und schön breit
und die nachbarn solln bitte schön platzen vor neid

n penthouse in der city, ne villa am meer
ne yacht in pearl harbor, ne jolle in leer
ein platz an der theke, ein schluck aus der pulle
und täglich das neueste von didi und stulle
und von h. d. thoreau alles, was es so gibt
und dazu noch ein pony und jemanden, der uns gern hat

1 *a) Klärt die Bedeutung der Fremdwörter „Originalität" (Z. 17) und „subkulturelle Identität" (Z. 18).*
b) Besprecht, was diese Fremdwörter mit dem Inhalt des Liedes zu tun haben.

2 *Sprecht über die Frage, die der Autor des Liedes in Zeile 20/21 stellt.*

3 *Schreibt die übrigen Fremdwörter heraus, die in diesem Lied vorkommen, und überlegt, warum Farin Urlaub diese hier verwendet.*

Gut, besser, am besten ... oder definitiv suboptimal – Fremdwörter und ihre Funktionen

GEMISCHTE ANTIPASTI: marinierte Zucchini, Mozarellakugeln mit Sauce, gefüllte Champignons

Marinierte Zucchini: Die Zucchini mit Schale längs in zwei Millimeter dünne Scheiben schneiden und von beiden Seiten in einer beschichteten Pfanne in Olivenöl braun braten. Dann mit Küchenpapier entfetten und mit einer Mischung aus zwei Esslöffel Olivenöl und zwei Esslöffel Balsamico und der gehackten Pfefferminze marinieren und lauwarm servieren.
Mozarellakugeln mit Sauce: Für die Sauce die glatte Petersilie mit Stiel fein pürieren. Die Pinienkerne, den Knoblauch und die Schalotten dazugeben und mit Salz, Pfeffer und einem Hauch Zucker würzen.
Gefüllte Champignons: Die braunen Lamellen entfernen und mit dem Stiel entsorgen. Dann die Champignons mit einem scharfen Messer aushöhlen. Möhren, Sellerie und Lauch putzen, schälen und in Würfel schneiden und zusammen mit Zwiebeln und Knoblauch grob zerkleinern. Dieses grobe Püree in Olivenöl andünsten, mit Salz, Pfeffer, Zitrone und Chili würzen und fein gewürfelten Mozarella darunterrühren. Damit Pilze füllen. Im Anschluss geriebenen Edamer und Paniermehl darübergeben sowie einen Tropfen Olivenöl, damit nichts verbrennt, und für 20 Minuten bei 180 Grad Celsius in den Backofen schieben. Mit Baguette schmecken die Antipasti am besten!

+++ CD-Review +++

Farin Urlaub: „Endlich Urlaub"

Im Nachhinein betrachtet lieferte Farin Urlaubs Debütalbum „Endlich Urlaub!" von 2001 eine bemerkenswert akkurate Sound-Prognose für das zwei Jahre darauf folgende Ärzte-Album „Geräusch" ab: zwischen gewissenhaft und humorig-sinnfrei changierende Texte, eingebettet in ein solides Rockfundament, grundiert mit chorlastigem Pop und teilweise hymnischen Refrains, überzogen mit allerlei unpeinlichen Skurrilitäten von Punk bis Latin und Wave. Nicht, dass ich Bela und Rod ihren Input absprechen würde; denn natürlich sind auf Farins Soloalbum keine Zombie-Songs zu finden.

FIT & WELL

Hantel-Work-out – Power Body Styling – Step-Salsa

Schwitzt du gerne bei motivierender Instruktion? Dann bist du bei uns genau richtig. Unser Hantel-Work-out trainiert optimal Muskelkraft und Kondition. Power Body Styling ist für alle, die ein intensives Trainingsprogramm mit Ausdauer und Kraftteil absolvieren möchten. Das Warm-up bereitet auf die Anstrengung im Kardio-Teil vor. In diesem konditionell sehr anspruchsvollen Teil wird der Kalorienverbrauch maximiert. Step-Salsa, die fröhliche Alternative zum Power-Step, bietet schweißtreibendes Step-Training zu heißen Salsa-Rhythmen mit Gute-Laune-Garantie.

Body-Balance – Wellness

Im Wellness-Teil kannst du wählen zwischen Body-Balance, einem speziellen Training für die Harmonie von Körper, Geist und Seele, fernöstlichen Entspannungsübungen, die dir helfen, dein inneres Gleichgewicht zu finden, oder einer Fußreflexzonenmassage.
Genaue Informationen zu unseren Programmen erhältst du im Servicebereich. Für den Fitnesscheck stehen Kardiogeräte zur Verfügung und an der Bar kannst du bei leckeren Fitnessdrinks relaxen.

1 *Bildet Gruppen und bearbeitet jeweils einen der drei Texte.*
a) Sucht die Fremdwörter aus dem jeweiligen Text heraus und klärt ihre Bedeutung. Benutzt dazu ein Wörterbuch oder ein Fremdwörterbuch.
b) Schreibt eine Textfassung, in der möglichst kein Fremdwort mehr vorkommt.
c) Vergleicht das Original mit eurer Textfassung. Sprecht über die Unterschiede und überlegt, welche Aufgabe die Fremdwörter im Originaltext erfüllen. Beurteilt, welche der Fremdwörter euch leicht vermeidbar und welche euch sinnvoll eingesetzt erscheinen.
d) Stellt die Ergebnisse eurer Gruppenarbeit in der Klasse vor.

2 *Tragt in einer Übersicht zusammen, welche Funktionen Fremdwörter erfüllen können.*

Jil Sander, Modeschöpferin aus Hamburg, zum Thema „Mode"

„Ich habe vielleicht etwas Weltverbesserndes. Mein Leben ist eine giving-story. Ich habe verstanden, dass man contemporary sein muss, das Future-Denken haben muss. Meine Idee war, die Hand-Tailored-Geschichte mit neuen Technologien zu verbinden. Und für den Erfolg war mein Coordinated Concept entscheidend, die Idee, dass man viele Teile einer Collection miteinander combinen kann. Aber die Audience hat das alles von Anfang an auch supported. Der problembewusste Mensch von heute kann diese Sachen, diese refined Qualitäten mit Spirit, eben auch appreciaten. Allerdings geht unser Voice auch auf bestimmte Zielgruppen. Wer Ladyisches will, searcht nicht bei Jil Sander. Man muss Sinn haben für das Effortless, das Magic meines Stils."

3 *a) Lest die Aussage von Jil Sander und besprecht, wie dieses Zitat auf euch wirkt.*
b) Für „besonders bemerkenswerte Fehlleistungen im Umgang mit der deutschen Sprache" verleiht der „Verein zur Wahrung der deutschen Sprache" einmal im Jahr den „Sprachpanscher des Jahres". 1997 wurde dieser Preis an Jil Sander verliehen. Diskutiert über Absicht und Wirkung einer solchen Preisverleihung.
TIPP: *Informationen über den „Sprachpanscher des Jahres" und viele Texte zum Thema „Denglisch" findet ihr auf der Homepage des „Vereins Deutsche Sprache" unter www.vds-ev.de.*

4 *Seit Jahrhunderten wird der Gebrauch von Fremdwörtern kritisiert und es werden immer wieder neue deutsche Wörter als Entsprechungen gesucht, von denen manche zu festen Bestandteilen des deutschen Wortschatzes geworden sind, während andere sich nicht durchsetzen konnten.*
a) Im Folgenden findet ihr Fremdwörter und ihre deutschen Entsprechungen. Ordnet jedem Fremdwort die entsprechende deutsche Bezeichnung zu und schreibt eure Ergebnisse in euer Heft.

Distanz Supplikant Adresse Pyramide
Orthografie Mumie Pistole Fieber
Zirkulation progressiv Bibliothek
Grammatik Airbag Hardware
einloggen Snowboard Universum
Homeservice Software einscannen

Meuchelpuffer fortschrittlich Abstand
Dörrleiche Spitzgebäude Bücherei
Bittsteller Anschrift Kreislauf Prallkissen
einwählen Denkware Skibrett einlesen
Weltall Bringdienst Gerätepark
Rechtschreibung Sprachlehre Zitterweh

b) Besprecht, welche deutschen Begriffe heute zu unserem Wortschatz gehören und welche „Verdeutschungsvorschläge" nicht durchsetzungsfähig waren.

selbst ist der Haupttag des Ortes und der ganzen Umgebung. Aigen ist wie zu einer Primiz[3] geschmückt. Von allen Seiten und mit allen möglichen Fahrzeugen kommen die Wallfahrer herbei. Massen pilgern herüber über den Inn, die Innviertler, die besonders treu an Aigen hängen. Haufenweise kommen sie aus dem Rottal; sogar der Bayerische Wald schickt seine Vertreter. Tausende sind es, die den Ort überfüllen und allüberall buntestes Leben erzeugen. Natürlich fehlt auch der Jahrmarkt nicht mit seinen vielerlei Verkaufsbuden und seinen vergnüglichen Unternehmungen. Schaukel und Prater gehen. Die sieben Gasthäuser sind überfüllt. Man kann sich kaum mehr ein Plätzchen erobern und ist froh, wenn man noch ein Eckchen erwischt, in dem man seinen Kalbsbraten verzehren kann. Bayern sitzen unter den Österreichern und Österreicher unter den Bayern und man feiert im Zeichen des heiligen Leonhards große Verbrüderung.

Weltpriester und Ordenspriester, Kapuziner aus Passau und Chorherren von Reichersberg helfen heute aus. Messe reiht sich an Messe, an den Beichtstühlen herrscht großer Betrieb und viele gehen zum Tisch des Herrn. Um neun Uhr gibt es ein hochfeierliches, vierspänniges Hochamt mit Festpredigt und uraltem, volkstümlichem Leonhardilied, das während des Offertoriums[4] gesungen wird und ja nicht fehlen darf. Schön singen sie auf dem Chor[5], die Geigen tun auch mit und der Kontrabass. Diese Musik passt gut in das prächtige Gotteshaus mit seinen ernsten gotischen Gewölben und seiner Barockeinrichtung, seinen Gemälden und seinen St. Leonhard geopferten Gaben.

Und nun bitten sie droben auf der Empore:

An Deinem hohen Feste,
o heiliger Leonhard,
schmückt alles sich aufs Beste
zur hohen Kirchenfahrt.

Gib Segen unsern Pferden,
beschirme Hof und Haus!
Auf Fluren und auf Herden
gieß Deinen Segen aus!

Da schreiten Männer vor zum Hochaltar, junge und alte, und Frauen tragen in ihren Hüten oder in weißen Tüchern kleine eiserne Tiere, Rosse, Kühe und Schweine, und opfern sie dem Leonhard, indem sie die Gaben – genauso viel, als sie auf ihrem Hof solche Tiere besitzen – in einen Korb legen. Wenn der Korb gegupft ist, kommt der Mesner oder der Zechpropst, nimmt ihn weg und stellt einen leeren an seine Stelle. Der gefüllte wird in die Schatzkammer getragen. Sie befindet sich in dem uralten frühgotischen Satteltürm, der noch von der ersten Kirche stammt. Hier kaufen die Bauern ihre Opfertiere, Stück für Stück um ein Zehnerl.

Nach dem Hochamt eilen Männer und Burschen in die Würdinger Hütte. Das ist ein sehr notdürftiger Bretterbau, der sich an den stolzen Westturm anlehnt. Dort liegen in einer seichten Mulde des Sandbodens fünf unheimliche und unförmige eiserne Klötze, rohe und ganz ungeschlachte Bildwerke, die so ganz ungefähr die Halbfiguren von Männern darstellen. Die Geschichte dieser merkwürdigen Eisenmänner, die das Volk als einstige Götzenbilder bezeichnet, ist noch ganz ungeklärt. Es ist nicht ausgeschlossen, dass sie auf heidnische Gepflogenheiten zurückgehen. Auch anderswo waren früher solche Klötze zu finden; aber nirgends haben sich die reiche Zahl und der Kult dieser unförmigen Mannsbilder so gut erhalten wie hier in Aigen.

Schöne Namen haben sie auch, diese unverwüstlichen Männer: Würdinger heißt der größte unter ihnen. Der Kopf ist ihm schon längst abgefallen und kugelt im Sand herum. Dann kommen der Ranagl und das Kolmandl, der Weiberliendl und der Gwandzerreißer. Der Sechste im Bund, das Fatschenkindl, ist vor einiger Zeit zu Verlust gegangen. Nun versuchen Burschen und Männer den Würdinger, der drei Zentner hat, zu heben oder zu schutzen. Manche können ihn kaum vom Boden wegheben

3 **Primiz:** erste Messe eines neu geweihten Priesters
4 **Offertorium:** Gabenbringung während einer Messe
5 **Chor,** hier: Empore

oder -rücken, andere schwingen ihn mit Leichtigkeit auf die Schulter und finden viel Lob und Bewunderung. Denn jeder, der den Würdinger schutzen kann, zeichnet sich nach altem Volksglauben durch Sittenreinheit und damit durch Heldenkraft aus.

Mittags gegen ein Uhr stellt man sich auf zum altherkömmlichen und hochfeierlichen Leonhardiritt.

An die 130 stramme Rosse, alle festlich und bunt geschmückt, und viele Festwagen, geziert, nehmen teil. Es gibt Wagen mit Vereinen, Fahndlbuben, weißen Mädeln, Feuerwehrmännern, Honoratioren, geschichtlichen und sinnbildlichen Darstellungen, einen Bruckwagen mit den lebendigen Schutzpatronen des Landvolks, Wagen mit sonstigen Darstellungen, die alle von den Abertausenden von Zuschauern bestaunt werden. Zwei Musikkapellen spielen, auf zwei Türmen läuten die Glocken, Flaggen wehen im Herbstwind, die Aigner Buben schwingen fröhlich ihre weißblauen Fahnen. Alles vereint sich zu einem eindrucksvollen bunten und mannigfaltigen Bild.

Aber eins fällt auf: kaum ein Bauer, der seine Rosse selbst zum heiligen Leonhard führt! Das hat man fast durchwegs den Stallbuben, dem kleinen Knecht, dem Futterer, dem jungen Sohn überlassen; ja, ein Gaul wird sogar von einem sechsjährigen Knirps geritten. Aber der Bub reitet daher so sicher und stolz wie ein alter Ulan[6].

Die Pferde schreiten um die Kirche herum. Manche Reiter führen ihre Rosse durch die offene Halle des Turmes und lassen sie einen kurzen Blick in die Kirche zum Altar des heiligen Leonhard tun, auf dass sein Segen und seine Fürbitte besonders kräftig sein möchten. An der Vorhalle des Gotteshauses stellen sich die Rosse in schön geordneten Reihen auf. Es erscheinen die Priester, hoch zu Ross, die den Umzug beschlossen haben und heute einen schweren, goldstrotzenden Ornat[7] tragen; der Pfarrherr segnet des Bauern Lieblingstiere mit frommen Worten und geweihtem Wasser. Dann ziehen die Pferde ab und eine hochfestliche Vesper beschließt die Feier.

Aber drin auf der Dult und in den Gasthäusern geht das Fest weiter. Bayerische und österreichische Musikanten spielen auf, Singstimmen erwachen, raue und gute, gestimmte und ungestimmte, die Drehorgeln schreien, der billige Jakob rühmt laut seine Wunderware, ganz Aigen ist ein großer Ameisenhaufen voll bunten bäuerlichen Lebens. Und lange in die Nacht hinein währt die weltliche Lust und Freude, die man allen wohl vergönnen darf, die dem hilfreichen und altbewährten St. Leonhard von Aigen ihre pflichtschuldige Verehrung gezollt haben.

6 **Ulan:** Lanzenreiter
7 **Ornat:** feierliche Amtstracht

1 *Der vorliegende Text von Max Peinkofer berichtet über das Leonhardifest von Aigen. Fasst den Inhalt des Textes mit eigenen Worten zusammen.*

2 *Erklärt mit Hilfe des Textes, wodurch die herausragende Bedeutung des Aigener Leonhardiritts deutlich wird.*

3 *Im Text werden verschiedene Formen der Leonhardverehrung beschrieben.*
- *Welche christlich-religiösen Rituale werden dargestellt?*
- *In welchen Bereichen geht das geschilderte Brauchtum über die christlich-religiöse Verehrung hinaus?*

Johann Andreas Schmeller
Bayerisches Wörterbuch

Bruck	eigentlich B r u g g und die B r u g g e n : 1) wie im hdch. die Brücke; 2) eine breite Liegestatt von Brettern am Ofen und an einer Seitenwand der ländlichen Wohnstube; b r u c k e n , vrb., Belegen des Bodens eines Stalles, eines Weges durch Sumpfgründe oder einer Brücke mit Querhölzern.
Duld	1) die Feier, das Fest (goth. dulths, ahd. tuld, mhd. dult); 2) heutzutage: Jahrmarkt, der ursprünglich durch irgendein örtliches Fest veranlasst ist oder jetzt mit einem solchen in Verbindung steht.
Fatschenkindl	Die F ä t s c h e n (Fádschn): 1) das breite Band, womit kleine Kinder umwickelt werden, Wickelband; „einem Kind etwas in die Fatschen verehren" für einbinden. Das Fatschenkindl = das Wickelkind
Futterer	Knecht, der das Vieh füttert und versorgt.
gupfen	aufhäufen, aufeinandersetzen (von „Gupf" = der emporstehende, gewölbte Teil, z. B. eines Hutes).
Prater	Das Volk nennt auch die Maschine, mit der Kinder und wohl auch Erwachsene auf Sitzen, die gewöhnlich die Gestalt von Pferden oder Wagen haben, zur Ergötzung im Kreise herumgedreht werden, einen P r ä t e r . Indessen rührt diese Benennung wohl daher, dass in München eine solche Maschine, auf dem so genannten P r a t e r , einem seit etlichen Jahren zum Vergnügungsorte umgeschaffenen Inselchen der Isar, errichtet wurde. Dieser Münchner P r a t e r ist übrigens nur eine Sedezausgabe (Sechzehntelausgabe) des Wienerischen, so wie dieser selbst seinen Namen vom Prado in Madrid erhalten haben mag.
Ross	plur. die R o s s e (Rós) und die Rösser (Résse), das R ö s s l e i n , R ö s s e l e i n , das Pferd (welches hdch. Wort in Altb. gemeine Leute unter sich nicht leicht brauchen werden, sowie es anderwärts durch G a u l ersetzt wird); ahd. hros, ags. versetzt hors, mhd. ros und versetzt ors, örscht.
schutzen	durch Schwung oder Stoß in schnelle, kurze Bewegung, besonders nach oben, setzen, werfen, schleudern, ein Intensiv von s c h i e ß e n .

Abkürzungen: ags. = angelsächsisch; ahd. = althochdeutsch; Altb. = Altbayern; goth. = gotisch; hdch. = hochdeutsch; mhd. = mittelhochdeutsch; plur. = Plural; vrb. = Verb

4 *Erläutert mit Hilfe des Auszuges aus dem „Bayerischen Wörterbuch" die im Text markierten Mundartbegriffe. Warum stellen gerade diese Mundartbegriffe eine besondere Nähe zum Brauchtum her?*

5 *Informiert euch im Internet darüber, wie heute das Leonhardifest begangen wird, z. B. unter www.bad-toelz.de, unter www.pfarrei-wichenhofen.de oder mit Hilfe der Suchmaschine www.google.de (▷ Tipps zur Internetrecherche S. 356).*

Wieland Zirbs

Der heilige Leonhard – „Bayerischer Herrgott“

Der heilige Leonhard mit König Chlodwig und dessen Frau, links sind Gefangene zu sehen. (Handkolorierter Holzschnitt aus Nürnberg, 1488)

Dass das Vieh in der bäuerlichen Gesellschaft eine hohe Wertschätzung erfuhr und daher auch im christlich geprägten Bayern unter den besonderen Schutz gleich mehrerer Heiliger gestellt wurde, verwundert nicht. So galten hier seit dem Mittelalter als Viehpatrone neben dem heiligen Eligius, dem heiligen Georg, dem heiligen Wendelin und dem heiligen Stephan auch der heilige Leonhard – und dieser nicht zuletzt für die edelsten und wertvollsten Tiere im Stall des Bauern: die Pferde.

Der Benediktinerabt Leonhard von Noblac lebte im 6. Jahrhundert als Einsiedler in Zentralfrankreich. Der Legende nach soll er im Jahre 500 am Hofe des Merowingerkönigs Chlodwig dessen Frau bei einer schweren Geburt geholfen haben. Als Dank für die glückliche Geburtshilfe soll er sich das Recht ausbedungen haben, Gefangene zu begnadigen. Daher wird er des Öfteren mit Gefangenenketten (s. S. 159) dargestellt. Auch verwundert es nicht, dass viele der ihm geweihten Kirchen zu Wallfahrtsorten für Gefangene wurden. Dass diese Kirchen zudem mit Eisenketten oder Votivgaben „umgürtet“ wurden, ist ein seit der Antike bekannter Brauch. Zur „Umgürtung“ des Heiligtums kam dann die ebenfalls sehr alte magisch-religiöse Kultform des Umreitens hinzu, aus der sich im späten Mittelalter die Tradition des Leonhardiritts entwickelt haben mag.

Eine andere Erklärung führt die Leonhardifahrten auf die altgermanische Weihefahrt zu Ehren des Gottes Wotan zurück. Die Verehrung für das bei den Germanen als heilig geltende Pferd haben dieser Theorie zufolge die Christen in Bayern und Österreich mit den Umritten ihrer prächtig geschmückten Rösser und den prunkvollen Truhenwagen übernommen. So mag bald aus den Weihepferden die Pferdeweihe entstanden sein. Zum Viehpatron wurde der heilige Leonhard gewählt, weil die Landbevölkerung seine Ketten als „Kuhketten“ interpretierte und in ihm so einen würdigen Schutzherrn des Viehs sah.

Leonhardiritte wurden bis ins 20. Jahrhundert hinein in zahlreichen bayerischen Städten

(Bad Tölz, Inchenhofen, Aigen, Grafing, Furth i. W. und vielen anderen mehr) in christlich-religiöser Volksfrömmigkeit durchgeführt. Heute haben sie eher folkloristischen Charakter, ohne dabei ihre Anziehungskraft für die Menschen verloren zu haben.

1 *Beschreibt die Szene, die auf dem Holzschnitt (▷ S. 163) dargestellt wird. Welche wesentlichen Ereignisse aus dem Leben des heiligen Leonhard werden hier dargestellt?*

2 *Im Text werden zwei Erklärungen für die Leonhardifahrten bzw. -ritte gegeben. Erläutert diese Deutungen.*

3 *Führt in eurer Klasse ein Unterrichtsprojekt zum Thema „Brauchtumspflege in unserer Region" durch. Tipps zur Vorbereitung und Durchführung eines Unterrichtsprojekts findet ihr auf S. 93–97.*

a) Bildet Arbeitsgruppen und formuliert ein Thema, mit dem ihr euch näher beschäftigen wollt, z. B.:

Geschichte unseres Heimatbrauchs …

Trachten und Brauchtumspflege in …

Mundartlieder und -gedichte rund um das Brauchtumsfest …

b) Legt fest, wie ihr die Ergebnisse eurer Projektarbeit dokumentieren wollt, z. B. als Wandzeitung, Fotogalerie, Internetauftritt auf eurer Schulhomepage, Vortragsabend etc.

c) Sammelt zu eurem Thema unterschiedliches Informationsmaterial, z. B. in der Bücherei, über das Internet, durch die Kontaktaufnahme zu Heimatvereinen etc.

d) Präsentiert eure Ergebnisse in der Klasse oder bei einer schulischen Veranstaltung, z. B. beim Elternabend, beim „Tag der offenen Tür" oder beim Schulfest.

8 Im Dauerlauf zum Rechtschreibprofi

8.1 Groß- und Kleinschreibung

Zur Erinnerung: Groß- und Kleinschreibung von Zahlwörtern

Antike Darstellung eines Kurzstreckenlaufs (6. Jahrhundert v. Chr.)

Marathon

Marathon ist ein antiker Ort in Griechenland, nordöstlich von Athen, an der Ostküste des alten Attika. Nach einer Legende des griechischen Schriftstellers Lukian (ca. 120–180 n. Chr.) lief der Bote Phidippides im Jahr 490 v. Chr. von Marathon nach Athen, um den Sieg der Griechen über die Perser zu verkünden. Gemäß dieser Legende schrie Phidippides, der **ERSTE** Läufer des Marathons, bei seiner Ankunft in Athen: „Nike! Nike!“ (Sieg! Sieg!), und brach tot zusammen.

Jahrhunderte später, nämlich 1894, wurde über die Austragung der ersten Olympischen Spiele der Neuzeit diskutiert. Der Pariser Philosoph Michel Bréal, ein Freund von Pierre de Coubertin, dem Begründer der Olympischen Spiele der Neuzeit, erinnerte sich an die Legende und schlug vor, einen Lauf von Marathon nach Athen ins Programm aufzunehmen. Zwei Jahre später war es dann so weit: Am 10. April 1896 startete in Marathon der erste offizielle Marathonlauf der Geschichte. Bei diesem Marathon-

Schreibung von Straßennamen

Der München-Marathon

Inzwischen werden in vielen großen Städten City-Marathons veranstaltet. Der weltweit berühmteste City-Marathon ist wohl der in New York. In Deutschland sind die Läufe in Berlin, Hamburg und München bekannt. Der München-Marathon, der seit 1999 jeweils im Oktober stattfindet, hat seinen besonderen Reiz: Die Strecke führt vorbei an vielen Sehenswürdigkeiten, sie geht durch das wohltuende Grün im Englischen Garten, über die Partymeile in Schwabing und endet mit dem Zieleinlauf durch die Marathon-Disco in das Olympiastadion. Hier könnt ihr euch die Strecke genauer anschauen:

1 *Die Skizze enthält eine ganze Reihe von Straßennamen.*
a) Ordnet die Namen der Straßen und Plätze nach ihren Schreibweisen in eine Tabelle ein.
b) Ergänzt jede Spalte mit weiteren Straßennamen aus eurem Heimatort.
c) Formuliert Regeln für die Schreibung von Straßennamen. Überlegt dabei auch, wann Straßennamen mit Bindestrich geschrieben werden.

2 *Schreibt die folgenden Straßennamen in der richtigen Schreibweise in euer Heft.*

UNTERERSTRASSÄCKER	ERNSTCURTIUSWEG	AMMÜHLBACH
BEIMPFARRACKER	ANDERERDINGERSTRAẞE	MARLENEDIETRICHWEG
MICHAELENDESTRAẞE	AMPOSCHINGERWEIHER	IMHAIN

Schreibung von Straßennamen

- In mehrteiligen Straßennamen schreibt man das erste Wort und alle weiteren Wörter außer Artikeln, Präpositionen und Konjunktionen groß, z. B.: „Unterföhringer Straße“, „Am Hirschhanger“, „Zur Grünen Eiche“, „An den Drei Tannen“.
- Straßennamen, die aus mehrteiligen Namen bestehen, schreibt man mit Bindestrich, z. B.: „Adalbert-Stifter-Straße“, „Sankt-Petersburg-Allee“, „Johann-Strauß-Straße“.

Wiederholungskurs: Nominalisierungen erkennen

Was passiert beim Laufen im Körper?

Der Vogel fliegt, der Fisch schwimmt und der Mensch läuft. Das Laufen ist für Jung oder Alt, Groß oder Klein, Dick oder Dünn bestens geeignet, denn der Mensch ist zum Laufen geboren.

Der Vorteil des Laufens ist, dass man dazu nur eine minimale Ausrüstung braucht, nämlich gute Laufschuhe. Auf das andere Drum und Dran wie spezielle T-Shirts oder Jogginganzüge kann man verzichten.

Allerdings haben viele Menschen der westlichen Welt nur noch wenig Gelegenheit zum Laufen, denn im Allgemeinen bringen wir unseren Alltag im Sitzen zu. Deshalb liegt die Gesundheit bei vielen im Argen: Nach neuesten Studien gelten ca. 50 Prozent der deutschen Bevölkerung als übergewichtig. Bei solchen Zahlen liegt es nahe, dass man nicht alles beim Alten lässt, sondern sich eines Besseren besinnt und für ausreichend Bewegung sorgt – am besten täglich. Im Übrigen bringt das Laufen neben der Verbesserung der körperlichen Fitness auch noch andere Vorteile. Weil durch das regelmäßige Joggen die Durchblutung des ganzen Organismus gefördert wird, hat dies im Großen und Ganzen positive Auswirkungen auf den ganzen Körper, z. B.: die Verbesserung der Denkfähigkeit, der Pulsfrequenz, des Cholesterinspiegels, des Lungenvolumens und die Steigerung der Anzahl von roten Blutkörperchen. Des Weiteren schüttet die Hirnanhangdrüse beim Laufen Glückshormone aus, so genannte Endorphine. Diesen Glücksrausch nennt man übrigens „runners high“. Wer also laufend „das Weite“ sucht, zieht sicher nicht den Kürzeren.

1 *In diesem Text findet ihr viele Nominalisierungen.*

a) Lasst euch den Text von der Lehrkraft diktieren. Achtet beim Diktat besonders auf die richtige Groß- und Kleinschreibung.

b) Unterstreicht alle Nominalisierungen mit ihren Signalwörtern, z. B.: beim Laufen.

c) Ordnet die Nominalisierungen nach ihren Begleitwörtern in eine Tabelle ein.

d) Tauscht anschließend die Hefte aus und korrigiert eure Ergebnisse genau. Sprecht über eure Fehler und schlagt bei Zweifelsfällen die entsprechende Regel im Grundwissen nach (▷ S. 345).

Artikel	Präposition (mit Artikel)	...
...	beim Laufen	...

2 *Formuliert eine Regel zur Schreibung von nominalisierten Wörtern. Notiert auch, an welchen Signalwörtern ihr solche Nominalisierungen erkennen könnt.*

3 *a) Erklärt, warum in den beiden folgenden Sätzen die unterstrichenen Adjektive kleingeschrieben werden.*

Ich habe viele Jogginghosen. Die kurzen sind für den Sommer.

Der Verkäufer zeigte mir eine Auswahl an Laufschuhen, die dunklen gefielen mir am besten.

b) Schreibt die folgenden Sätze in der richtigen Groß- und Kleinschreibung in euer Heft.

An der Startlinie standen viele Teilnehmer, viele JUNGE, aber auch einige ÄLTERE.
Meine neuen Laufschuhe sind besser als die ALTEN.
Dieser Marathon war der HÄRTESTE.
Das WICHTIGE beim Marathon ist das DURCHHALTEN.
Kurze Strecken laufe ich während der Woche, LANGE am Wochenende.
Sie besitzt viele Medaillen. Am schönsten sind die GOLDENEN.

c) Vergleicht eure Ergebnisse untereinander und begründet bei jedem Satz die Groß- oder Kleinschreibung der hervorgehobenen Wörter.

4 *Wörter, die wie Nomen gebraucht werden, schreibt man groß. Dies gilt auch für viele feste sprachliche Wendungen und Redensarten.*
a) Bildet mit den folgenden Wörtern Beispielsätze.

im Nachhinein | ins Schwarze treffen | das Hin und Her | im Geheimen
das Für und Wider | im Folgenden | es fehlt am Nötigsten
im Dunkeln tappen | im Ungewissen/im Unklaren sein | aus dem Vollen schöpfen
den Kürzeren ziehen | im Trüben fischen | im Voraus | ins Reine bringen/schreiben

b) Diktiert euch gegenseitig eure Beispielsätze.
c) Tauscht anschließend eure Hefte aus und überprüft die Rechtschreibung. Nennt bei jedem Fehler die entsprechende Rechtschreibregel (vgl. Grundwissen S. 345).

Sonderfall: Superlativ mit „am“

Superlative des Laufsports

Die elfjährige Jule Assmann läuft in ihrer Altersklasse den Halbmarathon am schnellsten. Sobald der Startschuss gefallen ist, spurtet sie los. Am liebsten startet sie aus der ersten Reihe; denn da kann sie am besten Tempo machen und die anderen gleich abhängen. Schon mit neun Jahren schaffte Jule ihren ersten Halbmarathon: 20 Kilometer in einer Stunde und 39 Minuten. Eine unglaubliche Zeit! Kürzlich wurde das Wunderkind deshalb von Sportwissenschaftlern untersucht. Jule musste auf ein Laufband, man filmte sie und nahm ihr Blut ab. Schließlich kamen die Forscher zu einem überraschenden Ergebnis: Jule ist vor allem deshalb am schnellsten und ausdauerndsten, weil sie mit ihren Füßen nicht schwerfällig „trampelt“. Ihre Beine machen eine flüssige Laufbewegung, fast so, als würde sie Fahrrad fahren. Auf diese Weise verbraucht sie sehr wenig Energie. Fünf Stunden pro Woche trainiert Jule, mehr nicht. Schließlich gibt es da noch die Schule und die Hausaufgaben. Ihre eigene Erklärung für ihre großen Erfolge: „Ich laufe einfach am liebsten.“

1 *a) Übertragt die folgende Tabelle in euer Heft und ordnet alle steigerbaren Adjektive aus dem Text in die entsprechenden Spalten ein. Lasst die jeweiligen Flexionsendungen weg.*
b) Ergänzt die Tabelle um die fehlenden Formen.
c) Formuliert eine Regel zur Schreibung von Adjektiven im Superlativ mit „am“.

Positiv (Grundform)	Komparativ (1. Steigerungsform)	Superlativ (2. Steigerungsform)
...	...	am schnellsten

2 *Haltet auf einem Plakat eure positiven „Klassenrekorde“ fest, indem ihr Sätze mit Superlativ mit „am“ bildet. Ihr könnt die folgenden Adjektive verwenden oder euch selbst treffende Adjektive aussuchen, z. B.:* Maximilian ist in unserer Klasse am sportlichsten.

gelassen – gut – pünktlich – freundlich – sportlich – musikalisch – fröhlich – neugierig – begabt – komisch – fleißig – ausgeglichen – redegewandt – eindrucksvoll – nervenstark – diplomatisch – engagiert – zuverlässig

Testet euer Wissen und verbessert euch

Joschka Fischer

Mein langer Lauf zu mir selbst

Anfangs lief der hundertzwölf Kilo schwere Politiker schwer schnaufend im Bonner Regierungsviertel. Bereits ein Jahr später nahm er an seinem ersten Marathon teil. In seinem Buch „Mein langer Lauf zu mir selbst" beschreibt Joschka Fischer seinen Weg zum „Marathon-Mann". Der folgende Textauszug aus diesem Buch zeigt, dass auch Fischer ganz bescheiden begann.

Vor allem aber hatte ich mir ein Sweatshirt mit Kapuze besorgt, denn ich wollte auf keinen Fall erkannt werden, wenn ich mich Richtung Rhein schleppen würde. Es wimmelt ja von Journalisten im Bonner Regierungsviertel, wenn auch nicht unbedingt bereits um **s/Sieben** Uhr **m/Morgens**. Aber ich musste dennoch mit Bericht erstattenden **f/Frühaufstehern** rechnen und so zog ich mir die Kapuze tief in die Stirn, als ich mich dann schließlich **f/Frühmorgens** auf den Weg machte. Mein Gewicht war trotz aller Anfangserfolge noch ganz erheblich, sodass durchaus die Gefahr bestand, dass die Bonner Erdbebenwarte mit ihren feinen Messgeräten reagieren würde, wenn ich losstapfte. Die ersten Schritte waren qualvoll. Ich ging die Sache langsam an, aber bereits nach **h/Hundert Metern** begann, der Atem zu pfeifen, und ächzend schleppte ich mich um den Bundestag herum. Ich wohnte damals direkt am Hohen Haus und so lief ich an der Dahlmannstraße zum Rhein hinunter und am Bundestag entlang und schließlich am Abgeordnetenhochhaus vorbei, dem so genannten „Langen Eugen", wieder den kleinen Anstieg hinauf, insgesamt etwa 500 stolze Meter. Oh, Fischer, sagte ich mir, es ist einfach nur furchtbar! Aber ich biss die Zähne zusammen und **am n/Nächsten Tag** ging es erneut zur Piste.

Doch schon kurze Zeit später bereitet sich Fischer bereits auf seinen ersten Marathon vor.

Der e/Erste Eintrag in mein neues Trainingstagebuch findet sich unter dem 27. Oktober 1997, einem **M/montag**: „Regenerationslauf, 10 km, 1:02 Std., kalt". Am nächsten Tag nochmals ein Regenerationslauf über 12 km in 1:13 Std., **am M/mittwoch** ein Tempolauf über 10 km in 0:55 Std., **am D/donnerstag** ein Dauerlauf über 10 km in 0:57 Std., am **F/freitag** wieder ein Regenerationslauf über 10 km in 1:02 Std., **am S/samstag** Fußball und am Sonntag ein langer Dauerlauf über 24 km in 2:05 Std. Die Witterung war all die Tage kalt, wie das Trainingsbuch vermerkt, gleichwohl aber trocken. **Das e/Erste eingetragene Wochenpensum** vom 27. Oktober bis zum 2. November 1997 betrug 76 Trainingskilometer, in den dann noch **v/Vier** folgenden Wochen waren es 56 km, 94 km, 78 km und 72 km. **Am e/Ersten und z/Zweiten Dezember,** so mein Tagebuch, lag ich dann mit einer Grippe krank danieder, um am **d/Dritten** Dezember bei Dunkelheit, Schnee und 2° Celsius 13 km in 1:21 Std. zu laufen. Am 15. Dezember lief ich **n/Nachts** im Schneetreiben durch den Wiener Prater, am 16.

Dezember in Bern, am 17. Dezember in Zürich im Schnee bergauf und am 18. und 19. Dezember in Paris. Und **ab der e/Ersten Februarwoche** 1998 sind dann **die e/Ersten Intervallläufe** verzeichnet, die bereits auf einen detailliert ausgearbeiteten Trainingsplan von Herbert Steffny zurückgehen. Seit dem Oktober 1997 lief ich also **t/Täglich** nach Plan. Zuerst war es nur **ein v/Vierzehntägiger provisorischer Plan** gewesen, demzufolge ich **w/Werktags** täglich ca. 10 Kilometer lief, **an s/Samstagen** Fußball spielte und **s/Sonntags** die langen, langsamen Dauerläufe absolvierte. Am 1. März 1998 nahm ich an **meinem e/Ersten Wettkampf** teil. Es war **ein kalter, klarer s/Sonntagmorgen**, der Himmel war stahlblau über dem Frankfurter Stadtwald, als **m/Morgens um z/Zehn Uhr** der Lauf begann.

1 *a) Der Text enthält viele Zahlwörter und Zeitangaben. Schreibt die hervorgehobenen Wörter und Wortgruppen in der richtigen Groß- und Kleinschreibung in euer Heft.*

b) Tauscht anschließend eure Hefte aus und überprüft gegenseitig eure Ergebnisse. Nennt bei jedem Fehler die anzuwendende Rechtschreibregel (vgl. Grundwissen S. 345–346).

FRAUEN AUF DER MARATHONSTRECKE: ON THE LONG RUN

FRAUEN WAR IM ÜBRIGEN DER ZUGANG ZUM MARATHON BIS IN DIE SIEBZIGER JAHRE HINEIN VERBOTEN. DOCH SIE LIEßEN SICH NICHT UNTERKRIEGEN. ROBERTA GIBB GING AUFS GANZE UND VERSTECKTE SICH 1966 BEIM BOSTON-MARATHON BIS ZUM START IN DEN BÜSCHEN. NUR EIN JAHR SPÄTER WOLLTE DIE AMERIKANISCHE LÄUFERIN KATHRIN SWITZER EBENFALLS DAS STARTVERBOT FÜR FRAUEN AUSHEBELN, INDEM SIE SICH NUR MIT DEN INITIALEN K.V. SWITZER ANMELDETE. DAMIT LIEß SIE DIE VERANSTALTER DARÜBER IM UNKLAREN, DASS SIE EINE FRAU WAR. WÄHREND DES RENNENS BEMERKTEN ABER DIE ORDNER DEN „SCHWINDEL" UND VERSUCHTEN, SWITZER VON DER STRECKE ZU ZIEHEN. DABEI HÄTTE SIE FAST DEN KÜRZEREN GEZOGEN, WENN DIE MITLAUFENDEN KOLLEGEN DIES NICHT DURCH IHR BEHERZTES EINGREIFEN VERHINDERT HÄTTEN. DURCH DIE ANSCHLIEßENDE PROTESTWELLE VON TAUSENDEN VON MENSCHEN BESANNEN SICH DIE LEICHTATHLETIKVERBÄNDE EINES BESSEREN UND GABEN DIE MARATHONSTRECKE AUCH FÜR FRAUEN FREI. DOCH DER SIEGESZUG DER „LAUFENDEN FRAUEN" GERIET NOCH EINMAL INS STOCKEN, DENN NOCH IMMER WURDEN FRAUEN BEI DEN OLYMPISCHEN SPIELEN NICHT ZUR DISZIPLIN DES MARATHONLAUFS ZUGELASSEN.

ERST NACH LANGEM DISKUTIEREN NAHMEN 1984 AUCH FRAUEN BEIM OLYMPISCHEN RENNEN TEIL. BEI DIESEM ERSTEN FRAUEN-OLYMPIAMARATHON WAR DIE US-AMERIKANERIN JONA BENOIT AM SCHNELLSTEN UND DURFTE SICH IN LOS ANGELES ALS ERSTE MARATHON-OLYMPIASIEGERIN IN DIE GESCHICHTSBÜCHER EINTRAGEN LASSEN. HEUTE PROPHEZEIEN SPORTWISSENSCHAFTLER, DASS SICH DAS LEISTUNGSNIVEAU VON FRAUEN UND MÄNNERN IN DER WELTSPITZE IM WESENTLICHEN ANGLEICHEN WIRD.

2 *a) Dieser Text enthält einige Nominalisierungen. Schreibt den Text in der richtigen Groß- und Kleinschreibung in euer Heft.*

b) Tauscht eure Hefte untereinander aus und korrigiert gegenseitig eure Texte. Nennt bei jedem Fehler die anzuwendende Rechtschreibregel (vgl. Grundwissen S. 345).

8.2 Hauptsache Urlaub? – Kommaregeln wiederholen und erweitern

Die Regeln zur Kommasetzung wiederholen

An der Rezeption

Den letzten Urlaub mit meiner Mutter verbrachte ich mit 14 zwar auf derselben Insel wie sie, aber außerhalb der Essenszeiten doch getrennt. In den Jahren danach weigerte ich mich(,) mit Erwachsenen Urlaub zu machen. Ich fuhr lieber mit Freunden weg oder gar nicht. Doch seitdem ich nicht mehr zu Hause lebe und mit meiner Mutter einen Pakt geschlossen habe, dass wir uns nicht mehr gegenseitig erziehen, läuft es gut. So gut, dass wir dachten(,) gemeinsam Ferien machen zu können.

Eigentlich bin ich ein sehr selbstständiger Mensch. Man kann mich in einer fremden Stadt aussetzen(,) und ich werde nicht nur den Weg zu Nahrung und Unterkunft finden, sondern sogar Spaß haben. Doch dann betreten wir dieses Hotel(,) und plötzlich bin ich wieder zwölf. Ich stehe neben meiner Mutter an der Rezeption, lasse sie die Sachen regeln, pule an einem Lackschaden im Tresenholz und probiere, ob das Segel des Schiffes, das da steht, beweglich ist. Es ist nicht beweglich, es bricht sofort ab. Und dann zupfe ich meine Mutter am Ärmel und flüstere ihr zu, ob sie fragt, wo man Tischtennis spielen kann. Die ganze Woche geht das so – ich bin das Kind, sie die Mutter. Das ist komisch, denn im Alltag haben wir ein derart freundschaftliches Verhältnis, dass andere oft neidisch darauf sind. Aber das hier ist feindliches Gebiet, auf dem nicht nach meinen Regeln gespielt wird: Wir stehen früh auf und gehen früh ins Bett. Körperlich bin ich also gar nicht im Stande(,) mich zur Wehr zu setzen. Am Tisch werden vergessen geglaubte Vegetarierdiskussionen geführt(,) und nirgends gibt es gute, laute Musik. Noch ein Feind: die Gleichgültigkeit. Es ist Urlaub, wozu anstrengen und das Leben selbst organisieren?

Mit zwölf Jahren ahnte ich schon: Mit den Eltern wegfahren bedeutet Unheil. Mit 25 weiß ich es ganz sicher.

In Vaters Heimat

Bis ich 14 war, wusste ich nicht, was Rumänien ist. Dann bin ich in ein Flugzeug gestiegen und zwei Stunden später in einem Land angekommen, das zuvor nur aus Flüchen bestand, die mein Vater beim Autofahren ausstößt. Mein Vater ist Rumäne. Er hat eine Nase mit Buckel. Vielleicht hat er den erst im Gefängnis bekommen, ich weiß es nicht.

Rumänien atmet schwer unter den Lasten der Vergangenheit. Mit dem Zug, der immer zu langsam ist, fährt man durch Gebirge, zu denen Vampire gehören und von deren Hängen bei

Regen das Wasser herunterschießt, als wolle es das ganze Land rein waschen. Ich kaufte Nirvana-Kassetten, ich habe zu wenig Musik und zu wenige Batterien. Die Autos in Rumänien sind bunt(,) und es gibt nur eine Marke: den Dacia. Ich verliebe mich in ein pfefferminzblaues Exemplar mit Sonnenblumen auf dem Rücksitz. Ich sehe Soldaten und lange Alleen mit Brunnen zu beiden Seiten.

Manchmal holt uns die Vergangenheit ein: an Hotelrezeptionen, wenn mein Vater alte Schulfreunde wiedersieht, die ihn am Namen erkennen. Wenn an der Brücke in Temeswar ein ehemaliger Securitate-Spitzel[1] im Gesicht meines Vaters sucht und schnell wegschaut, als er ihn erkennt. Mein Vater erzählt viel, er erzählt von Fluchten, von Verrat, Bestechung, von der Literatur und dem Traum vom Westen, den er in dem kleinen Haus in dem kleinen Zimmer geträumt hat. „An den Wänden hingen Marlboro-Schachteln", sagt er und bestellt Pansensuppe.

Ich sehe ihn dort auch das erste Mal weinen. Es ist in einem staubigen Ort, in dem unser Motor kaputtgeht. Er steht dort im Garten seines alten Hauses, das jetzt einem Freund gehört, und sucht den Nussbaum, unter dem er im Sommer saß. Am Ende der Reise weiß ich, wie man auf Rumänisch Tomatensalat bestellt und Männer zurückweist, und ich kenne die Tränen meines Vaters.

1 **Securitate:** rumänischer Geheimdienst, der 1944 gegründet und 1990 aufgelöst wurde

1 *Vergleicht die Erfahrungen, die die beiden Jugendlichen im Urlaub mit ihren Eltern machen, und diskutiert darüber, was für und was gegen einen Urlaub mit den Eltern spricht.*

2 *In den Texten „An der Rezeption" und „In Vaters Heimat" (▷ S. 174–175) sind alle notwendigen Kommas gesetzt und diejenigen Kommas, die auch weggelassen werden können, eingeklammert. Geht beide Texte Satz für Satz durch und begründet mit Hilfe der entsprechenden Kommaregel jeweils, warum ein Komma gesetzt werden muss bzw. gesetzt werden kann.*
TIPP: *Schlagt gegebenenfalls die Kommaregeln im Grundwissen nach (▷ S. 341–342).*

3 *In beiden Texten werden Gründe, die für einen gemeinsamen Urlaub mit den Eltern sprechen, sowie Probleme genannt.*

a) *Übertragt die nebenstehende Tabelle in euer Heft und notiert Gründe, die für (pro), und Gründe, die gegen (kontra) einen gemeinsamen Urlaub mit den Eltern sprechen.*

pro Urlaub mit den Eltern	kontra Urlaub mit den Eltern
– ein gemeinsamer Urlaub verbindet	...

b) *Verfasst eine kurze Stellungnahme, in der ihr erläutert, warum ihr für (pro)* ***oder*** *warum ihr gegen (kontra) einen gemeinsamen Urlaub mit euren Eltern seid. Macht die logischen Zusammenhänge in eurem Text auch sprachlich deutlich, indem ihr die Sätze durch Konjunktionen sinnvoll verknüpft. Achtet dabei auf die Kommasetzung.*

weil da obwohl sodass während dass sondern aber damit

c) *Unterstreicht alle Konjunktionen in eurem Text. Kreist die Kommas ein, die gesetzt werden müssen, und klammert diejenigen Kommas ein, die auch weggelassen werden können, z. B.:*
Ich finde es schön, mit den Eltern in den Urlaub zu fahren, weil man auf diese Weise nicht nur den Alltag, sondern auch schöne Stunden miteinander teilt.

VORSICHT FEHLER!

Mit 14 allein in den Urlaub

Obwohl viele Jugendliche die materiellen Vorzüge eines Urlaubs mit den Eltern genießen z.B. komfortable Hotels und gute Restaurants ist es trotzdem gerade die Freizeitgestaltung die die jungen Leute nach Alternativen zum Urlaub mit den Eltern suchen lässt. Denn mit den Eltern ist es oft langweilig weil die Interessen zu unterschiedlich sind. Die Erwachsenen suchen in der Regel Erholung oder Bildungsangebote die Jugendlichen wollen dagegen etwas unternehmen: Lagerfeuer am Strand Diskobesuche Skaten Biken Surfen Tauchen und vieles mehr. Das lässt sich am besten mit Gleichaltrigen verwirklichen. Viele Vereine bieten deswegen eine Vielzahl von Freizeiten ohne Eltern an. Aber auch kommerzielle Reisegesellschaften haben diese Marktnische entdeckt und sie locken mit maßgeschneiderten Angeboten die von der Sprachreise bis zum Tauchen in Kroatien reichen.

Es ist aber nicht nur die Freizeitgestaltung die für einen Urlaub ohne Eltern spricht sondern vor allem die Möglichkeit zur Eigeninitiative die im bequemen Urlaub mit den Eltern leicht zu kurz kommt. Denn man ist es gewöhnt viele Entscheidungen den Eltern zu überlassen. Je nachdem für welchen Urlaub man sich entschieden hat müssen nun Zeltaufbauen Einkaufen Essenkochen Freizeitgestaltung Wäsche Geld Pünktlichkeit usw. selbst verantwortet werden. Damit bietet der Urlaub ohne Eltern einen Schritt in die Selbstständigkeit. Allerdings sollte man darauf achten dass die Veranstalter seriös und zuverlässig sind.

1 *Der Text führt unterschiedliche Gründe an, warum Jugendliche ohne ihre Eltern Urlaub machen wollen. Untersucht, welche Argumente angeführt werden und mit welchen Beispielen diese Argumente veranschaulicht werden.*

2 *a) Übertragt den Text in euer Heft und setzt die fehlenden Kommas. Lasst dabei eine breite Randspalte für Anmerkungen frei.*

b) Überprüft gemeinsam mit eurer Banknachbarin oder eurem Banknachbarn die Kommasetzung in euren Texten. Besprecht, wo ein Komma gesetzt werden muss, und klammert diejenigen Kommas ein, die auch weggelassen werden können.

c) Begründet jede Kommasetzung mit der entsprechenden Regel und notiert diese in der Randspalte, z.B.:

Mit 14 allein in den Urlaub	
Obwohl viele Jugendliche die materiellen Vorzüge eines	
Urlaubs mit den Eltern genießen, z. B. komfortable Hotels	nachgestellte Erläu-
und gute Restaurants, ist ...	terung als Einschub

Man muss nicht Urlaub machen, um ins Ausland gehen zu können!

Wer die zunehmende Globalisierung als Chance begreift, tut gut daran, möglichst früh interkulturelle Erfahrungen zu sammeln. Dazu bietet der Schüleraustausch viele Möglichkeiten. Neben der Sprache des Gastlandes lernen Jugendliche, sich in einem fremden Land und in einer fremden Kultur zurechtzufinden, entwickeln Sensibilität und Verständnis für Menschen anderer Nationen und tragen so auch zur Völkerverständigung bei. Doch wer sich auf einen Austausch einlässt, muss sich vorher genau überlegen, was alles auf ihn zukommen kann. Auch wenn das Wort „Austausch“ nicht mehr automatisch bedeutet, dass im Gegenzug ein Schüler aus dem anderen Land in die eigene Familie kommt, sollte man sich klarmachen, dass man keine Pauschalreise bucht. Wichtig zu wissen ist, dass alle seriösen Organisationen bei längeren Programmen ein Auswahlverfahren haben. Daher muss man sich früh um die Bewerbung für einen Austausch kümmern, am besten bemüht man sich schon ein Jahr vorher darum. Individuelle Schüleraustauschprogramme gibt es nicht nur für Gymnasiasten, sondern ebenso für Haupt- und Realschüler. Es muss jedoch nicht immer der klassische Jahresaustausch, sondern es kann vielleicht auch erst einmal ein Kurzaustausch in den Schulferien sein, um zu sehen, wie man sich dabei fühlt.

1 *a) Diktiert euch gegenseitig den Text ohne Satzzeichen.*
*b) Tauscht anschließend eure Hefte und korrigiert die Zeichensetzung. Wenn ihr unsicher seid, schlagt im Grundwissen nach (**▷ S. 341–342**).*

2 *Die Zeichensetzung ist eng mit der Syntax (Satzlehre) verbunden, denn die Grundregel zur Kommaregel bei Satzgefügen lautet: Kommas grenzen Nebensätze vom Hauptsatz ab. Dabei sind verschiedene Satzstellungen möglich, z. B.:*

Als Austauschschüler kann man viel erleben, weil man das Gastland kennen lernt.	Hauptsatz + Nebensatz
Weil man das Gastland kennen lernt, kann man als Austauschschüler viel erleben.	Nebensatz + Hauptsatz
Ein Mensch, der ein anderes Land besucht, hat selten Langeweile.	Anfang des Hauptsatzes + Nebensatz + Fortsetzung des Hauptsatzes
Ich gehe in die Bibliothek, um ein Buch auszuleihen, das über England informiert.	Hauptsatz + Nebensatz 1 + Nebensatz 2

a) Übertragt die folgenden Sätze in euer Heft. Markiert die Hauptsätze rot und die Nebensätze grün wie im Beispiel oben.
- ☐ Wer einen Austausch plant, sollte möglichst früh bei der Schule, die er besuchen will, anfragen.
- ☐ Weil die Teilnehmer durch Schule und Gastfamilie in den Alltag des Gastlandes eingebunden sind, erlernen sie nicht nur die Sprache des Landes, sondern eignen sich auch die Umgangs- und Verhaltensweisen der fremden Kultur an.
- ☐ In einer fremden Kultur ist es nötig, dass eigene kulturelle Annahmen, persönliche Haltungen und Vorurteile kritisch reflektiert werden.
- ☐ Außerdem müssen die Austauschschüler Konflikte konstruktiv bewältigen, die in Situationen entstehen, in denen verschiedene Kulturen miteinander agieren.
- ☐ Dadurch fördert ein Austauschjahr flexible Denkmuster, auf die ein Leben lang zurückgegriffen werden kann.

b) Untersucht, welche Aufgaben die jeweiligen Nebensätze erfüllen, und bestimmt diese genau.

Das Komma bei Zusätzen und Nachträgen

Es muss ja nicht immer der Austausch in die USA sein, sondern vielleicht auch einmal China?!

Es ist nicht selbstverständlich, dass deutsche Schüler und Schülerinnen nach China gehen können, denn bis weit in die 90er Jahre war es offiziell nicht erlaubt, als Ausländer in einer chinesischen Familie zu wohnen. Die Möglichkeit, bereits als Jugendlicher einen tiefen Einblick in eine so völlig andere Kultur zu bekommen, besitzt vor dem Hintergrund eines Landes, das viele Jahre „geschlossen" war, einen ganz besonderen Stellenwert.

Landesinformation: Die Volksrepublik China

Die Volksrepublik China grenzt an 14 Staaten, und zwar an Afghanistan, Bhutan, Indien, Kasachstan, Nordkorea, Kirgisien, Laos, Mongolei, Myanmar, Nepal, Pakistan, Russland, Tadschikistan und Vietnam. Mit fast zehn Millionen Quadratkilometern kann die Volksrepublik China, flächengrößter Staat Ostasiens, größenmäßig mit den USA verglichen werden. Aus der Größe des Landes ergibt sich eine sehr abwechslungsreiche Geografie, nämlich dicht besiedelte Schwemmebenen im Osten, der hügelige Süden oder die Hochgebirge und Hochebenen im Westen. Das Klima, so vielfältig wie die Geografie, ist im Westen, Norden und Nordosten kontinental mit sehr kalten Wintern und heißen Sommern, im Süden hingegen subtropisch bis tropisch. In Tibet wiederum, mit einer durchschnittlichen Höhe von 4000 m eine der höchsten Ebenen der Welt, herrscht Hochgebirgsklima. Die Volksrepublik China, das bevölkerungsreichste Land der Erde, hat mit seinen 1,3 Milliarden Bürgern mehr Einwohner als die Europäische Union und Afrika zusammen. China, im Folgenden als Synonym zur Volksrepublik China verwendet, wird seit seiner Gründung (1949) von der Kommunistischen Partei Chinas regiert und gilt vielen westlichen Beobachtern und den Oppositionellen im eigenen Land als autoritäre Diktatur. Dennoch kann man die tief greifenden Umwälzungen, am augenfälligsten sind die wirtschaftlichen Entwicklungen und der Bauboom in den chinesischen Großstädten der Ostküste, seit der Regierungszeit von Deng Xiaoping nicht übersehen. Dem Aufschwung in den Küstenprovinzen stehen aber auch Stagnation und Armut im Landesinneren und in den westlichen Landesteilen gegenüber. Auch die Gesellschaft ändert sich, d. h., Eigeninitiative ist nun in vielen Bereichen zugelassen und erwünscht. Heute haben die Chinesen in ihrer privaten Lebensgestaltung mehr Möglichkeiten als je zuvor, beispielsweise Auslandsreisen, eine gute Ausbildung für das Kind, eine eigene Wohnung, nach dem persönlichen Geschmack eingerichtet, ein eigenes Auto etc.

1 *Lest den Text Satz für Satz ohne die hervorgehobenen Passagen. Besprecht, welche inhaltliche und grammatische Funktion die jeweils farbig gedruckte Passage für den betreffenden Satz hat.*

2 *Bestimmt die hervorgehobenen Zusätze und Nachträge mit Hilfe des folgenden Merkkastens genau. Begründet jeweils eure Zuordnung.*

!

Das Komma bei Zusätzen und Nachträgen
Zusätze oder Nachträge grenzt man mit Komma ab; sind sie eingeschoben, so schließt man sie in Kommas ein.
Durch Kommas abgetrennt werden:

- **Appositionen** sind im Kern nachgestellte Nomen und stehen im gleichen Kasus wie ihr Bezugswort, z. B.: „Wen Jiabao, *der Regierungschef*, lebt in Peking."
- **Nachgestellte Erläuterungen** werden oft mit Wörtern wie „nämlich", „das heißt", „und zwar", „vor allem", „besonders", „insbesondere", „genauer", „zum Beispiel", „beispielsweise", „also" eingeleitet, z. B.: „In China leben weltweit die meisten Menschen, *nämlich 1,3 Milliarden*."
- **Nachgestellte Partizipien, Partizip- oder Adjektivgruppen** und entsprechende Wortgruppen, z. B.: „Der Glaubensausübung, *buddhistisch, taoistisch, islamisch, christlich oder konfuzianisch*, sind in China noch immer strenge Grenzen gesetzt."
- **Parenthesen** sind Einfügungen in einen Satz, die auch alleine stehen könnten und damit vom Gesamtsatz unabhängig sind, z. B.: „Eines Tages, *es war mitten im Sommer*, hagelte es."

Interkulturelles Lernen

China ⊛ hat eine große Bedeutung für die deutsche Wirtschaft. Das wirtschaftliche Engagement in China stellt auch in Deutschland ergänzende Anforderungen an die Bildung ⊛. Interkulturelles Lernen ist ein Prozess, in dem während des Austauschs soziale Kompetenz ⊛ entwickelt wird. Dies gehört ⊛ zu den Schlüsselqualifikationen einer globalisierten Wirtschaft. Dabei bieten größere kulturelle Unterschiede großartige Chancen für interkulturelles Lernen. Allerdings sollte dieser Lernprozess kompetent vorbereitet, begleitet und ausgewertet werden. Deshalb bieten seriöse Veranstalter meist ein intensives pädagogisches Programm ⊛. Hier werden die Teilnehmer auf das Gastland eingestimmt und angeleitet, ihre Erfahrungen ⊛ auszutauschen und über Sitten und Gebräuche ihres Heimatlandes nachzudenken.

1 *Klärt unbekannte Fremdwörter mit Hilfe eines Wörterbuches.*

2 *Schreibt den Text in euer Heft und fügt dabei passende Zusätze und Nachträge ein. Wählt dabei aus den nebenstehenden Wortgruppen aus. Achtet auf die Kommasetzung.*

die guten wie die schlechten

wie führende Manager betonen

nämlich gute Fremdsprachenkenntnisse und interkulturelle Kompetenz

wie Kommunikations- und Anpassungsfähigkeit

ein Schlüsselmarkt der Zukunft

und zwar vor, während und nach dem Austausch

Das Komma bei Anreden, Ausrufen und Ausdrücken einer Stellungnahme

Ein Brief aus China

Nihao, Christoph,
das heißt: „Hallo, Christoph!“ ◎ trotzdem bin ich noch weit davon entfernt, fließend Chinesisch zu sprechen. Man muss mindestens fünf- bis sechstausend Schriftzeichen beherrschen. Hinzu kommen ◎ die Schwierigkeiten bei der Aussprache. ◎ auch wenn du es dir nur schwer vorstellen kannst ◎ es ist alles noch viel schlimmer als in Französisch. Dennoch war der sechswöchige Sprachkurs in Peking am Anfang des Austausches Gold wert. Ich habe dort viele Sehenswürdigkeiten angeguckt, z. B. die Große Mauer, den Himmelstempel usw. ◎ wir haben schon eine Menge gesehen.
Erst danach zogen wir in die Gastfamilien, bei denen wir bis dahin nur am Wochenende gewohnt hatten. Meine Gasteltern sind die besten Gasteltern, die man sich wünschen kann. ◎ ich kann mit ihnen über alles reden.
Gerade durch Unterschiede lernen wir die Kultur des anderen besser kennen. ◎ meine Zukunft ist auch schon verplant: Ich werde hier studieren, arbeiten, heiraten und jedes Wochenende meine Eltern besuchen kommen, wie es sich für einen richtigen Chinesen gehört. ◎ meine Gastmutter sucht auch schon eine Chinesin für mich. ◎ das soll halt zeigen, wie sehr sie mich in ihre Familie aufgenommen haben.
◎ wart ihr schon im Schullandheim? Grüß mir die anderen aus der Clique und schick mir mal 'ne SMS ◎!

Für heute sende ich dir ◎ viele Grüße aus Beijing.

Markus

1 a) *Markus schreibt seinem Freund Christoph von seinen Eindrücken und Erfahrungen in China. Übertragt den Brief in euer Heft und setzt dabei passende Ausrufe und Anreden ein. Ihr könnt dabei aus dem folgenden Wortspeicher auswählen. Setzt dem folgenden Merkkasten entsprechend die notwendigen Kommas und achtet auf die Großschreibung am Satzanfang.*

na ja — ach ja — Gott sei dank — ja — leider — bitte — stell dir vor — Christoph — lieber Christoph — hör mal — tja

b) *Untersucht, welche Funktion Anreden und Ausrufe in einem Brief haben, indem ihr euren Text mit dem vorliegenden vergleicht.*

!

Das Komma bei Anreden und Ausrufen
Anreden, Ausrufe oder Ausdrücke einer Stellungnahme, die besonders hervorgehoben werden sollen, grenzt man mit Komma ab; sind sie eingeschoben, so schließt man sie in Kommas ein. Durch Kommas abgetrennt werden:

- **Anreden,** z. B.: „Leute, hört doch mal zu.“ „Für heute sende ich dir, lieber Christoph, die herzlichsten Grüße.“
- **Ausrufe oder Ausdrücke einer Stellungnahme,** z. B.: „Oh, ganz schön viel los hier!“ „Tatsächlich, das ist es!“ „Leider, das hat er gesagt.“

Das Komma bei Orts-, Zeit- und Literaturangaben

Informationen über Austauschprogramme

Wenn ihr euch über Austauschprogramme informieren möchtet, könnt ihr euch z. B. an den „Internationalen Jugendaustausch- und Besucherdienst der Bundesrepublik Deutschland (IJAB) e.V.", Heussallee 30, 53113 Bonn(,) oder an AFS Interkulturelle Begegnungen e.V., Friedensallee 48, Pf 500142, 22701 Hamburg(,) wenden. Außerdem besteht die Möglichkeit, sich in Büchern, Broschüren oder im Internet kundig zu machen. Das Buch von Christian Gundlach und Sylvia Schill(,) „Ein Schuljahr in den USA. Austausch-Organisationen auf dem Prüfstand", 7. Auflage, 2004, 287 Seiten, ISBN 3-930902-06-0, 14,90 Euro(,) wartet mit Kurzbeschreibungen von über 80 Organisationen auf, die nicht nur Plätze in den USA vermitteln. Das „Handbuch Fernweh", Dortmund, 2004, 496 Seiten, ISBN 3-935897-10-3(,) von Thomas Terbeck kostet 18,50 Euro und beinhaltet unter anderem einen Preis-Leistungs-Vergleich von Austauschprogrammen in der ganzen Welt. Außerdem berichten Eltern und Schüler von ihren Erfahrungen. Auch unter www.rausvonzuhaus.de findet ihr viele spannende Informationen zu den Themen Austausch, Ferienfreizeiten oder Freiwilligendienste. Schüler an allgemein bildenden Schulen im Alter von 16 und 17 Jahren, die ein Schuljahr in den USA verbringen wollen, können sich beim Deutschen Bundestag, Referat PB 4, Platz der Republik 1, 11011 Berlin(,) um ein Stipendium des Parlamentarischen Patenschaftsprogramms (PPP) bewerben.

1 *a) Begründet mit Hilfe des unten stehenden Merkkastens die Kommasetzung bei den Orts-, Zeit- und Literaturangaben.*
b) Bildet mit den folgenden Angaben vollständige Sätze. Achtet dabei auf die Kommasetzung.

Kurzaustausch (meist in den Schulferien)
Deutsch-Französisches Jugendwerk (DFJW)
Molkenmarkt 1-3/10179 Berlin/info@dfjw.org

Aktion Bildungsinformation Verbraucherschutzorganisation/Buch/Schuljahres-Aufenthalte [Highschool-Besuch] in den USA/Schuljahr 2005/06 – 13 Euro + 3 Euro Versandkosten
Inhalt: nimmt Anbieter kritisch unter die Lupe

Bundesformum Kinder- und Jugendreisen e.V.
Senefelderstraße 14/10437 Berlin
Tel. 030-44650410 (Datenbank, in der freie Plätze bei Ferienfreizeiten angeboten werden)

!

Das Komma bei mehrteiligen Orts-, Zeit- und Literaturangaben
Mehrteilige Orts-, Zeit- und Literaturangaben gliedert man durch Kommas.
Das abschließende Komma kann entfallen, z. B.:
„Das Vorbereitungstreffen findet am Mittwoch, dem 25. Juli, um 14 Uhr(,) in der Bibliothek statt." „Der Artikel ist im „Spiegel", Heft 48, 2006, S. 25(,) erschienen."

3 *Bei einigen Wörtern muss man einen Bindstrich setzen, bei vielen kann man einen Bindestrich setzen.*

Polizei/Einsatz	Saure/Gurken/Zeit	S/Kurve	E/Mail
schwarz/gelb/rot gestreift	KfZ/Kennzeichen	Golf/Platz	Tee/Ei
Sportplatztribünen/Hinterausgang	3/Zimmer/Wohnung	T/Shirt	Kohl/Ära
das In/Kraft/Treten	das Zu/spät/Kommen	Seh/Test	8/fach
Schwimm/Meisterschaft	Rettungs/Maßnahmen	CD/ROM	A/Dur
Lotto/Annahmestelle	100/prozentig	UV/Strahlung	SMV/Sitzung

a) Übertragt die Tabelle in euer Heft und ordnet die Bindestrich-Schreibungen in die entsprechende Spalte ein.

Bindestrich muss gesetzt werden	Bindestrich kann gesetzt werden
S-Kurve	...

b) Stellt fest, welche Funktion dem Bindestrich dort zukommt, wo er gesetzt werden kann, aber nicht gesetzt werden muss. Schreibt dazu die Beispiele aus eurer Tabelle einmal mit und einmal ohne Bindestrich auf.

Bastian Sick

Das Elend mit dem Binde-Strich

„Herr Doktor, mir geht es gar nicht gut", jammerte das Strich-Männchen. „Ich habe Verdauungs-Probleme, Magen-Schmerzen und Kopf-Weh. Hinzu kommen Vitamin-Mangel, Schlaf-Defizit und Arbeits-Stress." Der Arzt nickte mitleidig und notierte dann: „Schwerer Fall von Koppelitis!"

4 *a) Begründet die Diagnose des Arztes und diskutiert, ob er mit seiner Bewertung Recht hat.*
b) Entwickelt Kriterien für einen sinnvollen Umgang mit Bindestrich-Schreibungen, die zulässig, aber nicht verpflichtend sind.

!

Bindestrich-Schreibung

Der Bindestrich **muss gesetzt werden**

- in Verbindungen mit **Einzelbuchstaben, Abkürzungen oder Ziffern,** z. B.: „A-Dur", „Fugen-s", „UNO-Sicherheitsrat", „3-Tonner".
- bei **mehrteiligen Zusammensetzungen mit Wortgruppen,** z. B.: „das Sowohl-als-auch", „das Abend-Make-up", „Mund-zu-Mund-Beatmung".

Der Bindstrich **kann gesetzt werden**

- zur Hervorhebung einzelner Bestandteile in Zusammensetzungen, z. B.: „Ich-Sucht (neben: Ichsucht)"; „Ja-Sager (neben: Jasager)".
- in Zusammensetzungen aus gleichrangigen Adjektiven, z. B.: „süß-sauer (neben: süßsauer)"; „schwarz-weiß (neben: schwarzweiß)".
- beim Zusammentreffen dreier gleicher Buchstaben in Zusammensetzungen, z. B.: „Schwimm-Meisterschaft (neben: Schwimmmeisterschaft)", „Tee-Ei (neben: Teeei)".

9 Leben und Kunst im Barock

9.1 Der Himmel ist so schön – Wenn nicht das Leben wär

Angelus Silesius

Der Himmel ist in dir

Halt an, wo läufst du hin, der Himmel ist in dir;
Suchst du Gott anderswo, du fehlst ihn für und für.

Angelus Silesius

Zufall und Wesen

Mensch, werde wesentlich; denn wenn die Welt vergeht,
So fällt der Zufall weg, das Wesen, das besteht.

1 *a) Der Arzt und Theologe Angelus Silesius (1624–1677), eigentlich Johannes Scheffler, äußert sich in den beiden Sinnsprüchen über den Menschen und sein Verhältnis zu Gott. Diskutiert über seine Aussagen.*
b) Überlegt, in welcher Beziehung der Mensch nach Silesius' Meinung zu Gott (zum Jenseits) und zum Diesseits steht.

2 *In Sachen Mode richtete man sich im Barock (17. Jh.) nach dem Vorbild von Paris und dem Hof in Versailles.*
a) Beschreibt anhand der Abbildung die für das Barock typische Kleidung des Herrn und der Dame.
b) Setzt diese Art, sich zu kleiden, in Beziehung zu dem Sinnspruch über „Zufall und Wesen". Was fällt euch auf?

Französische Hoftracht (Mitte des 17. Jhs.)

Carpe diem – Genieße, nütze den Tag!

Martin Opitz

Martin Opitz wurde 1597 in Bunzlau (Schlesien) geboren. In Frankfurt an der Oder studierte er Rechtswissenschaften und Philosophie. Er wurde vor allem durch sein „Buch von der Deutschen Poeterey“ (1624) bekannt, in dem er, sich an die französische Literatur anlehnend, Regeln für das Verfassen von Literatur aufstellte. 1639 starb Opitz in Danzig an der Pest.

Martin Opitz, Kupferstich von Jacob van der Heyden (1631)

Martin Opitz

Carpe diem[1]

Ich empfinde fast ein Grauen, dass ich,
Plato[2], für und für
bin gesessen über dir.
Es ist Zeit hinauszuschauen
und sich bei den frischen Quellen
in dem Grünen zu ergehn,
wo die schönen Blumen stehn
und die Fischer Netze stellen!

Wozu dienet das Studieren
als zu lauter Ungemach!
Unterdessen lauft die Bach
unsers Lebens, das wir führen,
ehe wir es inne werden,
auf ihr letztes Ende hin;
dann kömmt ohne Geist und Sinn
dieses alles in die Erden.

Holla, Junger, geh und frage,
wo der beste Trunk mag sein,
nimm den Krug und fülle Wein!
Alles Trauren, Leid und Klagen,
wie wir Menschen täglich haben,
eh uns Clotho[3] fortgerafft,
will ich in den süßen Saft,
den die Traube gibt, vergraben.

Kaufe gleichfalls auch Melonen
und vergiss des Zuckers nicht,
schaue nur, nichts gebricht!
Jener mag der Heller schonen,
der bei seinem Gold und Schätzen
tolle sich zu kränken pflegt
und nicht satt zu Bette legt;
ich will, weil ich kann, mich letzen[4]!

Bitte meine guten Brüder
auf die Musik und ein Glas!
Kein Ding schickt sich, dünkt mich, bass[5]
als gut Trank und gute Lieder.
Lass ich gleich nicht viel zu erben,
ei, so hab ich edlen Wein!
Will mit andern lustig sein,
muss ich gleich alleine sterben.

1 **Carpe diem** (lat.): Genieße, nütze den Tag! Der Ausspruch geht auf den römischen Dichter Horaz (65 v. Chr. – 8 v. Chr.) zurück.
2 Anrede an den griechischen Philosophen Plato (427–347 v. Chr.), über dessen Buch das lyrische Ich sitzt.
3 **Clotho:** griech. Schicksalsgöttin, die den Lebensfaden spinnt
4 **letzen:** laben
5 **bass:** besser

1 *Besprecht, worum es in dem Gedicht geht. Bezieht bei euren Überlegungen auch den Titel des Gedichts mit ein.*

2 *a) Bildet Gruppen und erstellt eine Übersicht, aus der der Redeinhalt der einzelnen Strophen deutlich wird.*
b) Tragt den Inhalt des Gedichts mit mehreren Darstellern in freier Rede vor. Achtet darauf, dass es sich um ein Rollengedicht handelt.

3 *a) Umschreibt das angesprochene Lebensgefühl. Durch welche Gegensätze ist es geprägt?*
b) Untersucht anhand des Gedichts, welche Begründungen für die Forderung nach dem „Carpe diem" (lat.: Genieße, nütze den Tag!) angeführt werden.

Und heute? – Lebenseinstellungen aus unserer Zeit

Jorge Luis Borges

Wenn ich mein Leben noch einmal leben könnte

Der Argentinier Jorge Luis Borges (1899–1986) ist einer der bedeutendsten Schriftsteller des 20. Jahrhunderts. Als Sohn einer wohlhabenden Familie wurde Borges in Buenos Aires geboren. Er wuchs zweisprachig (Spanisch/Englisch) auf und lebte zeitweilig in Europa.
Mit 28 Jahren musste er sich der ersten von acht Augenoperationen unterziehen, mit 50 Jahren erblindete er ganz. Trotzdem wurde er Direktor der argentinischen Nationalbibliothek und erhielt 1956 eine Professur für englische Literatur an der Universität von Buenos Aires.
Borges verblüffte durch eine kaum vorstellbare Belesenheit; in seinem Roman „Der Name der Rose" hat ihm Umberto Eco in der Figur des blinden Bibliothekars Jorge ein Denkmal gesetzt.

„Wenn ich mein Leben noch einmal leben könnte,
im nächsten Leben, würde ich versuchen, mehr Fehler zu machen.

Ich würde nicht so perfekt sein wollen,
ich würde mich mehr entspannen.
Ich wäre ein bisschen verrückter, als ich es gewesen bin,
Ich würde viel weniger Dinge so ernst nehmen.
Ich würde nicht so gesund leben.

Ich würde mehr riskieren,
würde mehr reisen,
Sonnenuntergänge betrachten,
mehr bergsteigen,
mehr in Flüssen schwimmen.

Ich war einer dieser klugen Menschen,
die jede Minute ihres Lebens fruchtbar verbrachten.
Freilich hatte ich auch Momente der Freude.
Aber wenn ich noch einmal anfangen könnte,
würde ich versuchen, nur noch gute Augenblicke zu haben.
Falls du es noch nicht weißt, aus diesen besteht nämlich das Leben;
Nur aus Augenblicken; vergiss nicht den jetzigen.

Wenn ich noch einmal leben könnte,
würde ich von Frühlingsbeginn an
bis in den Spätherbst hinein barfuß gehen.
Und ich würde mehr mit Kindern spielen,
wenn ich das Leben noch vor mir hätte.

Aber sehen Sie,
ich bin 85 Jahre alt und weiß,
dass ich bald sterben werde."

Aus der Abiturzeitung eines bayerischen Gymnasiums

Until you find something worth dying for, you are not really living

Das Schöne am Leben sind die Illusionen darüber.

Lass laufen.

Wir kommen aus dem Nichts, wir gehen ins Nichts. Was haben wir zu verlieren?

SEIN WIR REALISTISCH, VERSUCHEN WIR DAS UNMÖGLICHE.

Es geht auch anders – aber so geht es auch.

1 *Vergleicht das Lebensresümee des argentinischen Schriftstellers Jorge Luis Borges (▷ S. 191/192) mit der in dem Barockgedicht „Carpe diem" (▷ S. 190) formulierten Lebenseinstellung und den Lebensmottos unserer Zeit. Welche Gemeinsamkeiten und Unterschiede gibt es in der Auffassung von der Welt und dem Leben?*

2 *a) Notiert euer Lebensmotto auf ein Blatt und heftet dieses dann an eine Pinnwand.*
b) Diskutiert über eure Lebensvorstellungen und -einstellungen.

Memento mori – Vom Bewusstsein der Vergänglichkeit

Barock: das emblematische Zeitalter

Man hat das 17. Jahrhundert, das Zeitalters des Barock, auch das „emblematische Zeitalter“ genannt, denn die sinnbildliche Darstellungsform des Emblems wurde nicht nur in der Malerei und in der Dichtung verwendet, sondern war auch Teil der Alltagskultur, etwa als Schmuck von Gebrauchsgegenständen oder von Gebäuden.

Zerbrüchlichkeit des menschlichen Lebens

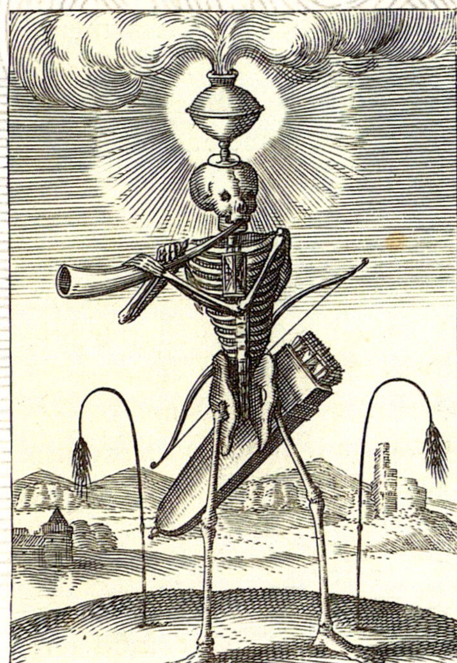

Alls in der Welt drauff der Mensch bawt/
Ist gleich eim Dampff / eim Halm und Kraut:
Zerfährt flugs wie der Pfeiffen Schall:
Wann nur der Todt läßt hörn sein Knall.

1 *Bei der obigen Darstellung handelt es sich um ein für die Barockzeit typisches Emblem.*
a) Lest die nebenstehende Erklärung zum Emblem genau durch.
b) Beschreibt das obige „Denkbild“ oder „Sinnbild“ und stellt dabei Bezüge zwischen Text und Abbildung her.

2 *Besprecht, welches Lebensgefühl hier zum Ausdruck kommt.*

Das Emblem

Ein Emblem (wörtlich: Sinnbild) setzt sich aus Bild (Kupferstich oder Holzschnitt) und Text zusammen und ist in drei Teile untergliedert:

1. **Motto** oder Überschrift (Inscriptio): Darin wird das Thema (oft in lateinischer Sprache) formuliert.
2. **Bild** (Pictura): Hier wird das Gemeinte illustriert.
3. **Unterschrift** (Subscriptio): In der Unterschrift (meist in lateinischer Sprache) wird der Bildinhalt gedeutet, oft in Form eines Epigramms (dichterisch geformter Gedanke).

In der formalen Strenge des Emblems drückt sich die Weltanschauung des Barock aus, nämlich: der Glaube an eine sinnvolle, von Gott geschaffene und geordnete Welt, in der das Individuelle, Persönliche eingebettet ist. Die Wahrheit dieser von Gott geordneten Welt wird im Emblem sichtbar.

Andreas Gryphius

Andreas Gryphius wurde 1616 in Glogau (Schlesien) geboren. Der Dreißigjährige Krieg (1618–1648), in dem er permanent die Unberechenbarkeit des Schicksals erfuhr, prägte Gryphius' Werk entscheidend. Stationen seiner Flucht vor dem Krieg waren Holland, Frankreich und Italien. Als gelehrter und weit gereister Mann kehrte er in seine Heimatstadt zurück. 1664 starb er im Alter von erst 48 Jahren an einem Schlaganfall. Gryphius' Lyrik prägte unsere Vorstellung von Barockgedichten.

Andreas Gryphius

Menschliches Elende

Was sind wir Menschen doch? Ein Wohnhaus grimmer Schmerzen,
Ein Ball des falschen Glücks, ein Irrlicht dieser Zeit,
Ein Schauplatz herber Angst, besetzt mit scharfem Leid,
Ein bald verschmelzter Schnee und abgebrannte Kerzen.

Dies Leben fleucht[1] davon wie ein Geschwätz und Scherzen.
Die vor uns abgelegt des schwachen Leibes Kleid
Und in das Totenbuch der großen Sterblichkeit
Längst eingeschrieben sind, sind uns aus Sinn und Herzen.

Gleich wie ein eitel Traum leicht aus der Acht[2] hinfällt
Und wie ein Strom verscheußt[3], den keine Macht aufhält,
So muss auch unser Nam, Lob, Ehr und Ruhm verschwinden.

Was itzund[4] Atem holt, muss mit der Luft entfliehn,
Was nach uns kommen wird, wird uns ins Grab nachziehn.
Was sag ich? Wir vergehn wie Rauch von starken Winden!

1 **fleucht:** flieht
2 **Acht:** Erinnerung
3 **verscheußt:** davonfließt
4 **itzund:** jetzt

1 *a) Lest das Gedicht mehrfach still durch.*
b) Tragt das Gedicht laut vor. Probiert dabei unterschiedliche Vortragsweisen aus, z. B.: langsam und getragen, dramatisch und laut sowie betont klagend.

2 *Gryphius eröffnet sein Gedicht mit der Frage nach dem Wesen des Menschen.*
a) Untersucht, mit welchen Metaphern und Vergleichen diese Frage beantwortet wird, und erklärt deren Bedeutung.
b) Besprecht, welche Wirkung diese Metaphern und Bilder haben.

3 *Der letzte Vers beginnt wie der erste Vers mit einer Frage. Besprecht, welche Bedeutung der letzte Vers für das gesamte Gedicht hat.*

4 *Fasst eure Untersuchungsergebnisse zum Gedicht „Menschliches Elende“ zusammen. Beachtet dabei folgende Fragen:*
- *Was ist das Thema des Gedichts?*
- *Mit welchen sprachlichen Mitteln arbeitet der Autor und wie wirken sie?*
- *Was ist das Fazit des Gedichts?*

5 *In den Gedichten „Carpe diem“ von Opitz (**▷ S. 190**) und „Menschliches Elende“ von Gryphius (**▷ S. 194**) finden sich verschiedene Aussagen über das Leben und den Menschen. Vergleicht die Aussagen der beiden Gedichte und haltet euer Ergebnis in einem Schaubild fest.*

!

Barock

Barock (von portugiesisch *barocco* = unregelmäßig, schief) bezeichnet eine **europäische Epoche zwischen 1580 und 1720,** die
- **in der Literatur** (Martin Opitz, Andreas Gryphius, Hans Jakob Christoffel von Grimmelshausen),
- **Architektur** (Gian Lorenzo Bernini, Balthasar Neumann, Egid Quirin und Cosmas Damian Asam),
- **Kunst** (Rembrandt, Peter Paul Rubens) und **Musik** (Georg Friedrich Händel, Johann Sebastian Bach)

ihren Niederschlag fand.

Die Zeit des Barock war von starken Gegensätzen geprägt: auf der einen Seite der fürstliche Absolutismus mit seinem Machtwillen und seinem Repräsentationsbestreben, das sich in der prunkvollen Baukunst und Plastik dokumentiert, auf der anderen Seite das Lebensgefühl einer tiefen Weltangst und Skepsis, die aus der Erfahrung der Unsicherheit des Lebens in den nicht enden wollenden Kriegen und Verfolgungen (z. B. im Dreißigjährigen Krieg) erwuchs.

So sind **ausgeprägte Gegensätze** das vorherrschende **Grundprinzip barocker Dichtung:** Diesseits und Jenseits, Spiel und Ernst, Sein und Schein, leidenschaftliche Sinneslust und Lebensgier im Appell des **„Carpe diem“** (lat.: Genieße, nütze den Tag!) und quälendes Todesbewusstsein in der Aufforderung des **„Memento mori“** (lat.: Gedenke des Todes! Denke daran, dass du sterben musst!). Diese Gegenüberstellung gegensätzlicher Vorstellungen wird **Antithetik** genannt und kennzeichnet das gespaltene Lebensgefühl und die Weltsicht des Barock.

So gut wie alle Autoren des Barock waren Gelehrte, d. h., sie haben die Lateinschule bzw. das Gymnasium und oftmals auch die Universität besucht, wo sie die **Regeln der Rhetorik** erlernten. Die **Dichtkunst im Barock** war geprägt durch **strenge Regeln**. Eine wichtige Leitfigur für die Dichtung des Barock war Martin Opitz. Sein **„Buch von der deutschen Poeterey“ (1624)** war die erste deutschsprachige Poetik und enthielt für alle wichtigen Gattungen Regeln und Vorbilddichtungen.

Politisch ist die Epoche des Barock geprägt durch den **Absolutismus** der souverän regierenden Fürsten, die ihre Macht direkt von Gott herleiteten (= Gottesgnadentum). Vorbild für diese Entwicklung war der französische König Ludwig XIV.

Andreas Gryphius

Es ist alles eitel

Du siehst, wohin du siehst, nur Eitelkeit auf Erden.
Was dieser heute baut, reißt jener morgen ein;
Wo itzund[1] Städte stehn, wird eine Wiese sein,
Auf der ein Schäferskind wird spielen mit den Herden.

Was itzund prächtig blüht, soll bald zertreten werden;
Was itzt[2] so pocht und trotzt, ist morgen Asch und Bein;
Nichts ist, das ewig sei, kein Erz, kein Marmorstein.
Itzt lacht das Glück uns an, bald donnern die Beschwerden.

Der hohen Taten Ruhm muss wie ein Traum vergehn.
Soll denn das Spiel der Zeit, der leichte Mensch, bestehn?
Ach, was ist alles dies, was wir für köstlich achten,

Als schlechte Nichtigkeit, als Schatten, Staub und Wind,
Als eine Wiesenblum, die man nicht wiederfind't.
Noch will, was ewig ist, kein einig[3] Mensch betrachten.

1 **itzund:** jetzt
2 **itzt:** jetzt
3 **einig:** einzig(er)

1 *a) Lest das Gedicht und besprecht, was die Wörter „eitel" (Überschrift) und „Eitelkeit" (Vers 1) bedeuten.*
b) Fasst die Gesamtaussage des Gedichts mit euren Worten zusammen.

2 *a) Arbeitet die Gegensätze in den beiden ersten Strophen heraus.*
b) Tragt das Gedicht so vor, dass die formulierten Gegensätze besonders deutlich werden.

3 *Besprecht, was mit dem letzten Vers (Vers 14) gemeint ist. Welche Bedeutung hat dieser Vers für das gesamte Gedicht?*

4 *a) Untersucht in Partnerarbeit das Metrum (Versmaß), das Reimschema und den Strophenbau des Gedichts „Es ist alles eitel". Erstellt dann ein metrisches Schema für das gesamte Gedicht, z. B.:*

xx́ xx́ xx́ xx́ xx́ xx́ x   a
xx́ xx́ xx́ xx́ xx́ xx́   b
...

b) Vergleicht die ersten beiden Strophen mit der dritten und vierten Strophe. Welche Unterschiede fallen euch auf?
c) Erklärt euch gegenseitig die folgenden Begriffe:
TIPP: *Ihr könnt dazu auch die Informationen aus dem Merkkasten auf Seite 197 zu Hilfe nehmen.*

Alexandriner   Strophenbau   Reimschema

5 *Diskutiert, inwieweit die Form des Gedichts seinem Inhalt entspricht. Nehmt dazu auch eure Ergebnisse aus Aufgabe 2 zu Hilfe.*

Das Sonett

Das Sonett (von ital. *sonetto* = Tönchen, kleiner Tonsatz) ist eine Gedichtform, die vor allem im Barock häufig verwendet wurde. Es besteht aus 14 Zeilen, die in **zwei Quartette** (zwei vierzeilige Strophen) und **zwei Terzette** (zwei dreizeilige Strophen) gegliedert sind.

Während für die Quartette der umarmende **Reim** (abba) vorherrschend ist, variiert in den Terzetten das Reimschema (z. B.: ccd/eed; cdc/ded; cde/cde).

Die gängigste Versform des Sonetts ist der **Alexandriner,** ein sechshebiger Jambenvers, der eine Zäsur nach der dritten Hebung aufweist.

Beispiel:

x x́ x x́ x x́ x x́ x x́ x x́

Was dieser heute baut, reißt jener morgen ein; (Gryphius: Es ist alles eitel)

Die innere Struktur des Sonetts ist die **Antithese:** These (Behauptung) und Antithese (Gegenbehauptung) in den Quartetten und eine Synthese (Vereinigung von These und Antithese) in den Terzetten.

Der **letzte Vers** enthält oft eine **Schlussfolgerung** aus dem bisher Gesagten, sozusagen als Summe des Gedichts.

Hans Jakob Christoffel von Grimmelshausen

Klägliche Geschicht von Andreolus und Cäcilia

Grimmelshausen (1621–1676) gilt als der bedeutendste Barockautor Deutschlands. Sein Werk ist einerseits durch die Erfahrung des Dreißigjährigen Kriegs (1618–1648) geprägt, andererseits von der deutschen, französischen und spanischen Literatur beeinflusst. Sein Hauptwerk ist der Roman „Der Abenteuerliche Simplicissimus Teutsch", der sechs Bücher umfasst.

Also war ich nun wieder ein Kalenderschreiber[1] und hatte sehr gute Sache, welche mir denn auch trefflich zuschlug; sonderlich[2] vermehrte mein Glück (welches aber in kurzer Zeit einen traurigen Ausgang nahm), dass ich einen reichen Jüngling, der Lust zur Kalendermacherei hatte, in meine Kost bekam und endlich gar sein Hofmeister[3] wurde, der mir sehr viel eintrug, auch mir in allem willige Folge leistete. Er liebete mich herzlich, wie ich ihm alles gestattete, wozu er nur Lust hatte. Eine ausbündig schöne Jungfer namens Cäcilia wohnte in unserer Nachbarschaft, die aus Geldmangel mit ihren eignen Händen ihre Nahrung und Brot gewann und also mit Spinnen ihr dürftiges Leben aufhielt; auf die richtete mein untergebner Andreolus sein Herz, Sinn und Gedanken und wurde in kurzer Zeit durch ihre holdseligen Wort und züchtigen Gebärden also verzaubert, dass er schwur, entweder nicht zu leben oder diese liebreizende Nachbarin vermittels eines keuschen Ehebandes in seinen Armen zu haben.

1 **Kalenderschreiber:** Autor, der Kalender mit erbaulichen Texten und Informationen verfasst.
2 **sonderlich:** besonders
3 **Hofmeister:** Privatlehrer, Erzieher

Das Zeitalter des Barock – Eine Ausstellung

1 *Bereitet eine Ausstellung zur Epoche des Barock vor. Eure Lehrerinnen und Lehrer in den Fächern Geschichte, Kunst und Musik werden euch sicherlich dabei helfen. Überlegt zuerst, welche Themenbereiche aus dem Barock euch besonders interessieren, und erstellt eine Themenliste. Das folgende Schaubild gibt euch einige Anregungen:*

Barock 17./18. Jh.

Gegenreformation
- Konzil von Trient (1545–1563)
- Erneuerung der katholischen Kirche
- Gründung des Jesuitenordens

Herrschaftsform des Absolutismus
- Vorbild Ludwig XIV. in Frankreich
- Aufbau souveräner Einzelstaaten

Schlösser, Residenzen, Kirchen, Klöster
- z. B. Schloss Nymphenburg, Schloss Schleißheim, Asamkirche, Kloster Ettal

Architektur
z. B. G. L. Bernini, B. Neumann, Gebrüder Asam, Fischer von Erlach

kulturelle Zentren
z. B. Wien, Dresden, München, Berlin

Malerei
z. B. Caravaggio, Velázquez, Rubens, van Dyck, Rembrandt

Musik
z. B. J. S. Bach, G. F. Händel

Die Kriege
- der Dreißigjährige Krieg (1618–1648)
- der Spanische Erbfolgekrieg (1701–1713/14)

Literatur
- Lyrik, z. B. Emblem, Figurengedicht, Sonett; Vertreter, z. B. Opitz, Gryphius
- Epik, z. B. der „Simplicissimus“ von Grimmelshausen
- Rhetorik, z. B. das „Buch von der deutschen Poeterey“ von Martin Opitz, die „Rhetorices contractrae“ von Johannes Vossius

Theater
- Vorstellung vom Welttheater (lat. Theatrum mundi)

2 *a) Bildet Gruppen und entscheidet euch für ein Thema, über das ihr euch genauer informieren wollt.*
b) Sammelt Informationsmaterial zu eurem Thema. Nutzt verschiedene Informationsquellen, z. B.:
- ☐ *Printmedien: Lexika, Sachbücher, Fachbücher, Bildbände, euer Geschichtsbuch etc.*
- ☐ *elektronische Medien: CD-ROMs, Internet*

(▷ Tipp zur Informationsrecherche S. 356)
c) Wertet euer Informationsmaterial aus. (▷ Tipps zur Auswertung findet ihr auf S. 357.)

3 *Besprecht, wie ihr die Ergebnisse dokumentieren wollt, z. B. als Schaubild, Power-Point-Präsentation etc., und baut eure Ausstellung auf, z. B. in eurem Klassenraum oder an einem geeigneten Ort im Schulgebäude. Erläutert bei der Ausstellungseröffnung, der Vernissage, eure Präsentationen.*

9.3 Theatrum mundi – Theater im Barock

Theater im Barock

Theater, das ist im Barock nicht nur Sprechtheater, Oper und Ballett. Vielmehr war das ganze Leben Theater und wurde mit einem Spiel auf der Bühne verglichen, denn jeder spielte in der absolutistischen Gesellschaft eine Rolle; welche, das konnte er sich nicht aussuchen, sie wurde ihm nach seiner Standeszugehörigkeit zugewiesen. An der Spitze dieses **„Theatrum mundi"**, dieses „Welttheaters", stand der Fürst, zu dessen Selbstverständnis es gehörte, diese „göttliche Ordnung" in großen Festen und Theateraufführungen zu präsentieren. Wesentlicher Zweck des barocken Theaters – wie aller anderen Veranstaltungen – war die symbolische Darstellung und Feier der absolutistischen Macht.

Szenenfoto einer Aufführung des Krumauer Barockschlosstheaters. Mit aufwändigen Kulissen, Kostümen, Requisiten, Effektmaschinen (Donner-, Regen-, Wind- und Wellenmaschinen) und einer komplexen Mechanik wurde im Barocktheater versucht, eine möglichst perfekte Illusion zu erzeugen.

Der Zuschauerraum mit Fürsten- bzw. Königsloge im Markgrafentheater Bayreuth

1 a) *Beschreibt den oben abgebildeten Zuschauerraum eines barocken Theaters und die auf dem Szenenfoto dargestellten Kulissen und Kostüme.*
b) *Überlegt, was die Aussagen zum Barocktheater und die Bilder miteinander zu tun haben.*

Theater ist zum Spielen da – Tipps für die Inszenierung

1 *Wenn ihr die Szene spielen wollt, solltet ihr euch zuerst Gedanken machen, wie auch für ein heutiges Publikum dieser alte Stoff attraktiv gestaltet werden könnte. Probiert dazu die folgenden Inszenierungstipps aus.*

Die Zeit der Handlung

Die Zeit der Handlung ist die Zeit der Christenverfolgung unter Diocletian.
Aber spielt doch die Szene wie einen Krimi aus unserer Zeit.
Diocletian könnte wie ein Mafiaboss im Nadelstreifenanzug auftreten. Begleitet wird er von zwei unauffälligen Herrn mit Knopf im Ohr und Sonnenbrille, die den Raum sichern …

Die Rolle des Publikums

Das Barocktheater hat keine Scheu, etwas auch sehr drastisch zu zeigen. Dazu kann auch das Volk bzw. Publikum, gespielt von der ganzen Klasse, einbezogen werden. Im ersten Akt verlangt das Publikum immer mehr: Es will den Imitator Genesius in mehreren Rollen sehen, zuerst als Kaiserin, sexy und lasziv, und dann – welch ein Kontrast – als heilige Agnes, ganz keusch. Zuletzt will man sogar eine Taufe sehen.
Dann der Bruch im zweiten Akt: Januarius, der echte Christenpriester, wird hereingebracht, das johlende Publikum verstummt, es folgt die Taufe.

Komödiantische Effekte

Im ersten Akt darf ganz auf komödiantische Effekte gesetzt werden. Da bietet sich auch Raum für Improvisationstheater. Mit der Textvorlage kann frei umgegangen werden: Sie kann gekürzt oder verändert werden, sodass jeder Spieler eine ihm gemäße Formulierung findet.

Die Taufe

Eine wichtige Szene im 2. Akt ist die Taufe: Balde gibt dazu keine Regieanweisung. Es ist zu vermuten, dass er ganz im Sinne des Jesuitentheaters auf die Kraft der Worte setzte. Hier muss Latein gesprochen werden: „Ego te baptizo in nomine Patris …"
Diskutiert, wie der Wechsel vom Theater spielenden Genesius zum Getauften, der zum Sterben bereit ist, glaubhaft wird. Zum Beispiel sollte man Januarius, dem echten Christenpriester, ansehen, was es heißt, Gefangener oder Verfolgter Diocletians zu sein. Die Begegnung mit der Realität, dem geschundenen Januarius, kann so den Sinneswandel Genesius' glaubhaft erscheinen lassen.

Tragische Elemente

Der zweite Akt – aus dem Spaß wird Ernst – verlangt ein ganz anderes spielerisches Timing: Pausen zwischen den Sätzen und Worten bauen Spannung auf.

Der Schluss

Überlegt, wie ihr den Schluss gestalten könnt, sodass mehr zu erahnen als zu sehen ist.

10 Ernste Spiele – Mit Sprache experimentieren

10.1 Sprachspiele aus alter und neuer Zeit

Ror Wolf

Hallo, Köln

Brozulat, der Einbein-Dribbler
mit Schlepperqualitäten,
wird niemals die Zange sein,
die gebraucht wird.

Schluss, meine Damen und Herren, nichts mehr zu ändern, Schwamm drüber, da lässt sich nichts machen, alles geht einmal zu Ende, man muss damit rechnen, obwohl es am Anfang gar nicht so aussah, auf meiner Uhr sind es noch fünf Minuten, Ecke von rechts:

Libuda tritt
oh, das war Stiller
Helmschrot ist da
bitte, na also

aus und zu Ende, nichts mehr zu machen, Schluss, meine Damen und Herren, damit genug für heute, zu mehr reicht die Zeit nicht, wir fassen zusammen:

einmal platschte ein Heber ans Holz
einmal rauschte ein Elfer darüber
einmal zischte ein Schlenzer vorbei
einmal tropfte ein Nicker daneben

das war es an diesem Tag, ein bitterer Schnitzer unter den milchigen Wolken, ein Dämpfer in dieser schwülen düsteren Luft, in dieser grellen prallen stechenden Sonne, durch diesen einfallenden drehenden wälzenden treibenden Nebel, gegen den steifen schneidenden peitschenden böigen stürmischen orkanartigen Wind, bei diesem einsetzenden anhaltenden starken heftigen klatschenden strömenden rauschenden wolkenbruchartigen Regen, über den schweren glatten feuchten stumpfen klebrigen seifigen pappigen tückischen schmierigen sumpfigen rutschigen glitschigen glasharten Kräfte verzehrenden knochentrockenen über Nacht gefrorenen von Kratern durchlöcherten Boden, na also, das sagt eine Menge, die Zeit ging vorbei in dieser Schlammküche, in diesem Glutkessel, in diesem Schneebecken, der lahmende Bomber brauste heran, aber:

er drosch, anstatt zu schieben
er schob, anstatt zu knallen
er knallte, anstatt zu flanken
er flankte, anstatt zu dreschen

Pfoste Latte drüber vorbei

1 *a) Ror Wolf (geb. 1932) hat aus sprachlichen Versatzstücken verschiedener Fußballberichte einen Text gestaltet. Beschreibt die Wirkung dieses Textes auf den Leser.*
b) Experimentiert selbst mit gefundenem sprachlichen Material und verfasst in diesem Stil einen Text zu einem Sportereignis eurer Wahl.

10. 2 Mit Sprache spielen – Experimentelle Gedichte verfassen

Zufallsgedichte herstellen

Tristan Tzara

Um ein dadaistisches Gedicht zu machen

In den 1920er Jahren sind vor allem die Dadaisten Vorreiter des experimentellen Umgangs mit Sprache. Tristan Tzara (1896–1963) entwirft beispielsweise Gedichte aus Zeitungsschnipseln. 1920 schreibt er in seinen Ausführungen „Um ein dadaistisches Gedicht zu machen“:

Nehmt eine Zeitung.
Nehmt Scheren.
Wählt in dieser Zeitung einen Artikel von der Länge aus, die Ihr Eurem Gedicht zu geben beabsichtigt.
Schneidet den Artikel aus.
Schneidet dann sorgfältig jedes Wort dieses Artikels aus und gebt sie in eine Tüte.
Schüttelt leicht.
Nehmt dann einen Schnipsel nach dem anderen heraus.
Schreibt gewissenhaft ab in der Reihenfolge, in der sie aus der Tüte gekommen sind.
Das Gedicht wird Euch ähneln.
Und damit seid Ihr ein unendlich origineller Schriftsteller mit einer charmanten, wenn auch von den Leuten unverstandenen Sensibilität.

Raoul Hausmann: Der Kunstreporter (1919/1920)

1 *a) Besprecht, wie der letzte Absatz dieser Gebrauchsanleitung (▷ Z. 15–18) zu verstehen ist.*
b) Diskutiert darüber, warum die Dada-Bewegung für die Zeitgenossen eine Provokation darstellte.

2 *a) Nehmt Tristan Tzaras „Gebrauchsanweisung“ für ein dadaistisches Gedicht beim Wort und erstellt selbst dadaistische Gedichte.*
TIPP: *Wenn ihr keine Zeitung zur Hand habt, schreibt aus diesem Buch Textzeilen ab, schneidet danach die einzelnen Worte aus und verfahrt dann so, wie oben beschrieben.*
b) Stellt eure Gedichte vor und diskutiert über die Wirkung eurer Texte.

3 *a) Lest den folgenden Lexikonartikel zum Stichwort „Dadaismus". Erklärt dann mit eigenen Worten, was der Dadaismus wollte und wie sich die Bewegung selbst sah.*

Der Dadaismus (1916–1924) war eine europäische Kunst- und Literaturbewegung, die ihre Zeitgenossen damit provozierte, dass sie gegen vorgegebene Vorstellungen von Kunst und ihre Regeln verstieß.
Typisch für den literarischen Dadaismus waren Collage, Zufallsgedicht (z. B. aus Worten eines Zeitungsartikels), Lautgedicht (Aneinanderreihung von rhythmischen Lautfolgen ohne Rücksicht auf die Wortbedeutung) und Simultangedicht (gleichzeitig von mehreren Autoren aus unterschiedlichen Texten rezitiertes Gedicht).
Die Herkunft des Wortes „Dada" ist umstritten. Eine Deutung ist, dass Dada die kindersprachlichen Stammellaute „dada" imitiert.
Der Dadaist Raoul Hausmann erklärt die Dada-Bewegung folgendermaßen:

DADA ist immer DA
DADA ist stets sein morgiger Tag
DADA wurde morgen
DADA übertraf sich selbst.

b) Sucht mit Hilfe von Lexika oder des Internets nach weiteren Informationen zum „Dadaismus" (▷ Tipps zur Informationsrecherche S. 356). Ihr könnt dabei folgende Leitfragen berücksichtigen:
- *Wie ist die Dada-Bewegung entstanden?*
- *Welche Ausdrucksformen brachte die Dada-Bewegung hervor?*
- *Welche dadaistischen Zentren gab es und welche Dada-Vertreter waren in den jeweiligen Zentren aktiv?*

Visuelle Gedichte gestalten

Gerri Zotter

Die Brücke

WORTE WORTE
WORTE WORTE WORTE
WORTE   WORTE
WORTE   WORTE
WORTE   WORTE
ICH WORTE   WORTE   DU

Timm Ulrichs

ordnung – unordnung

ordnung   ordnung
ordnung   ordnung
ordnung   ordnung
ordnung   ordnung
ordnung   ordnung
ordnung unord   ng
ordnung   ordnung
ordnung   ordnung
ordnung   ordnung
ordnung   ordnung
ordnung   ordnung

1 *Beide Texte experimentieren mit der Sprache als Material. Besprecht, worauf die Wirkung dieser Texte beruht. Inwiefern trägt die Textgestaltung zur Bedeutung des Gedichts bei?*

2 *Gestaltet selbst ein visuelles Gedicht, indem ihr ein Thema in ein „Wortbild" umsetzt. Ihr könnt eure Gedichte auch mit dem Computer gestalten. Beachtet dabei den Tipp auf Seite 222.*
TIPP: Mögliche „Themen" können Begriffe bzw. Begriffspaare (z. B. Ordnung – Unordnung, Freundschaft – Feindschaft), Adjektive (laut – leise, langsam – schnell), ganze Sätze, Silben etc. sein.

Lautgedichte verfassen

3 *Lautgedichte sind Texte, die auf die akustische Wirkung der Sprache setzen und deshalb den mündlichen Vortrag verlangen.*

Strusst

Der Lehrologe trottelte ins Frustkummerl,
plazellte seine Faktentasche auf den Kult,
schwaenzelte hierauf durch die stoeden Pennke
und glinste kliestig rot und schwar.
Die gepressen espelten – legal –
Quas ihn erbleckte.

a) Lest das Gedicht mehrmals durch. Überlegt euch dabei, welche Wörter ihr betonen, wo ihr Pausen machen und wo ihr das Tempo wechseln wollt.
TIPP: Nicht der Sinn, sondern der Klang der Wörter ist entscheidend.
b) Tragt das Gedicht vor und sprecht über die unterschiedlichen Vorträge. Welcher „Wortsinn" teilt sich euch durch den jeweiligen Vortrag mit?
c) Besprecht, worauf die Wirkung dieses Gedichts beruht.

4 *Verfasst selbst ein Lautgedicht. Beachtet dabei den unten stehenden Tipp.*

TIPP

Ideen zum Verfassen von experimentellen Gedichten

Visuelle Gedichte gestalten

In „visuellen Gedichten" werden sprachliche Elemente (Sätze, Wörter, Silben, Buchstaben) grafisch zu einem Textbild angeordnet. Dabei trägt die Textgestaltung wesentlich zur Bedeutung des Textes bei, denn erst durch die räumliche Anordnung wird die Sprache zum „Textbild" und damit visualisiert.

- Spielt mit eurem Sprachmaterial und probiert unterschiedliche visuelle Anordnungen aus.
  - Gliedert die Worte, Zeilen oder Strophen eures Gedichts. Ihr könnt sie beispielsweise neben- oder untereinander, in Gruppen, um eine Achse herum oder zu einem Bild anordnen.
  - Wenn ihr eure Gedichte mit dem Computer gestaltet, könnt ihr verschiedene Schrifttypen und -farben sowie unterschiedliche Textausrichtungen ausprobieren.

Lautgedichte verfassen

Lautgedichte arbeiten mit der akustischen Wirkung der Sprache, die erst beim Vortrag hörbar wird und ihre Wirkung entfaltet. Dabei ist nicht der Sinn der Wörter, sondern der Klang des sprachlichen Materials (Lautmalerei) entscheidend.

- Auch hier könnt ihr mit dem sprachlichen Material spielen und es nach lautlichen Gesichtspunkten neu zusammensetzen, z. B. nach dem Klang der Vokale, der Konsonanten oder nach dem Sprechrhythmus.

10.3 Ein Lautgedicht sinngestaltend vortragen

Lewis Carroll

Der Zipferlake

Verdaustig war's und glasse Wieben
rotterten gorkicht im Gemank.
Gar elump war der Pluckerwank
und die gabben Schweisel frieben.

„Hab acht vorm Zipferlak, mein Kind!
Sein Maul ist beiß, sein Griff ist bohr.
Vorm Fliegelflagel sieh dich vor,
dem mampfen Schnatterrind."

Er zückt' sein scharfgebifftes Schwert,
den Feind zu futzen ohne Saum,
und lehnt' sich an den Dudelbaum
und stand da lang in sich gekehrt.

In sich gekeimt, so stand er hier,
da kam verschnoff der Zipferlak
mit Flammenlefze angewackt
und gurgt' in seiner Gier.

Mit Eins! und Zwei! und bis auf's Bein!
Die biffe Klinge ritscheropf!
Trennt' er vom Hals den toten Kopf
und wichernd sprengt' er heim.

„Vom Zipferlak hast uns befreit?
Komm an mein Herz, aromer Sohn!
Oh, blumer Tag! Oh, schlusse Fron!"
So kröpfte er vor Freud'.

Verdaustig war's und glasse Wieben
rotterten gorkicht im Gemank.
Gar elump war der Pluckerwank
und die gabben Schweisel frieben.

1 *Das Gedicht stammt aus Lewis Carrolls bekanntem Roman „Alice im Wunderland". Auch dieses Gedicht arbeitet mit der akustischen Wirkung von Sprache, die erst beim Vortrag hörbar wird.*
a) Lest das Gedicht mehrmals durch. Probiert dabei unterschiedliche Vortragsweisen aus. Wechselt das Tempo, sprecht einmal laut, einmal leise, macht Pausen und versucht, einzelne Wörter, die euch wichtig erscheinen, besonders zu betonen.
b) Tragt das Gedicht laut vor und sprecht über eure Vorträge. Welcher „Sinn" teilt sich euch durch den jeweiligen Vortrag mit?

2 *a) Beantwortet im Gespräch folgende Fragen:*
- *Welches Wesen könnte der „Zipferlake" wohl verkörpern? Charakterisiert diese Figur und geht dabei auch auf sein Verhalten gegenüber der Umwelt ein.*
- *Charakterisiert den Gegenspieler des „Zipferlakes", den „aromen Sohn" (Vers 22).*
- *Untersucht, welche Personen in dem Text sprechen.*

b) Versucht nun, ein Handlungsgerüst für die Strophen 2–6 zu entwerfen. Geht dabei Strophe für Strophe vor.
c) Klärt im Gespräch den „Sinn" der ersten und der letzten Strophe. Achtet dabei auf die klangliche Wirkung der einzelnen Wörter. Welche Assoziationen habt ihr? Wie könnte man zum Beispiel „Verdaustig war's und glasse Wieben" (Vers 1) übersetzen?

3 *a) Bildet Gruppen und entwerft ein Drehbuch zu dem Gedicht „Der Zipferlake". Überlegt, wie der oder die Regisseur/-in die Stimmung und die „Handlung" in einer Folge von Bildern umsetzen könnte. Informationen zur Kameraperspektive und -einstellung findet ihr im Grundwissen auf S. 355.*

	Figuren	Szenenbeschreibung	Kamera
1. Szene	...	...	Totale
2. Szene	...	...	...

b) Stellt eure Drehbücher vor. Versucht dabei, die einzelnen Szenen möglichst genau zu beschreiben.

4 *In diesem Kapitel findet ihr viele Gedichte, die sich zum Vortrag oder zum szenischen Spiel eignen.*
a) Bildet Gruppen und wählt ein Gedicht aus, das ihr vortragen oder szenisch umsetzen wollt. Die szenische Umsetzung kann als Pantomime (wortlos) erfolgen oder aber auch durch den Text begleitet werden.
TIPP: Bei der szenischen Umsetzung kann man sehr viele Mitschüler in die Darstellung einbinden.
b) Stellt eure Ergebnisse vor und diskutiert über die jeweilige Wirkung der Präsentation.

11 Ritter Unkenstein – Ein Theaterstück von Karl Valentin

11.1 Die Figuren in den Anfangsszenen kennen lernen

Karl Valentin

Karl Valentin spricht in ein Mikrofon.

Karl Valentin und Liesl Karlstadt

Der bayerische Volkskomiker Karl Valentin hieß eigentlich Valentin Ludwig Fey und kam am 4. Juni 1882 in der Münchener Vorstadt Au zur Welt. Er war der Sohn eines aus Hessen stammenden Spediteurs und einer im sächsischen Zittau geborenen Köchin. So ist Karl Valentin zwar ein echtes Münchener Kind, aber die Mutter brachte den sächsischen Dialekt in die Familie, was wahrscheinlich dazu führte, dass Karl Valentin – im Gegensatz zu anderen süddeutschen Komikern – die bayerische Mundart kaum nutzte. Er hatte zwar eine deutlich bayerische Artikulation, aber ein echter Mundartdichter war Valentin nicht.

Nach einer Schreinerlehre trat er im Frühjahr 1902 in die Münchener Varietéschule ein. Wenig später baute er sich für viel Geld einen Musikapparat, ein so genanntes „Orchestrion", mit nahezu 20 Instrumenten und ging damit 1907 auf Tournee. Doch die Reise, die ihn als „Musikal-Fantast" nach Nürnberg, Leipzig und Halle führte, endete im finanziellen Ruin. Im Jahr 1908 hatte er als Komiker mit dem Monolog „Das Aquarium" Erfolg und wurde an der Volkssängerbühne im „Frankfurter Hof" engagiert. Dort lernte er die Varietésängerin Elisabeth Wellano kennen und überredete sie, seine Partnerin zu werden. Mehr als 20 Jahre traten sie

b) *Lest euch eure Rollenprofile vor und vergleicht sie miteinander. Sprecht über auffallende Übereinstimmungen, vor allem aber über die Unterschiede in den Figurendarstellungen, damit die unterschiedlichen Auffassungen von den Figuren deutlich werden.*

Rollenprofile

Rollenprofile sind Selbstdarstellungen der Figuren in der Ich-Form. Sie dienen dazu, sich in die Personen hineinzuversetzen und ein möglichst genaues und lebendiges Bild von ihnen zu gewinnen. Schauspieler erarbeiten solche Rollenprofile, wenn sie eine Figur darstellen wollen.

7 a) *Jeder von euch sucht sich eine Figur aus und stellt sich mit geschlossenen Augen möglichst genau vor, wie diese Figur geht, steht, sitzt und welche typischen Handlungen sie ausführt. Denkt dabei auch an eure Rollenprofile aus Aufgabe 6.*

b) *Stellt eure Figur pantomimisch dar. Die Zuschauer versuchen herauszufinden, welche Figur dargestellt wird.*

TIPP: Ihr könnt in eurem Klassenraum die Tische an die Wände räumen und einen Sitzhalbkreis bilden.

Drama/Theater

Das Drama gehört neben der erzählenden Literatur (Epik) und der Lyrik zu den drei literarischen Großgattungen.
Dramentexte sind in Dialogform verfasst und bilden damit die Gespräche der auftretenden Figuren ab.

Für das Verstehen eines Dramas sind folgende Aspekte wichtig:

- **Exposition:** Eingangsszene eines Stückes. In ihr werden die Hauptpersonen, der Ort, die Zeit und häufig auch die Vorgeschichte der Handlung vorgestellt.
- **Konflikt:** Auseinandersetzung oder Streit, der den Kern einer Handlung auf der Bühne bildet.
- **Akt:** Aufzug; Hauptabschnitt eines Dramas, geschlossene Handlungseinheit, die meist aus mehreren Szenen besteht.
- **Szene:** Kurzer abgeschlossener Teil eines Theaterstücks. Eine Szene endet, wenn Schauspieler auf- oder abtreten oder wenn das Licht ausgeht.
- **Rolle:** Gestalt oder Figur, die ein Schauspieler auf der Bühne verkörpert.
- **Dialog:** Gespräch zwischen den Personen auf der Bühne. Ein Selbstgespräch auf der Bühne nennt man **Monolog.**
- **Regieanweisung:** Anweisung an Regisseure und Schauspieler, wie eine bestimmte Szene gespielt werden soll. Regieanweisungen helfen außerdem dem Leser, sich die Personen und das Geschehen vorzustellen.

11.2 Der dramatische Konflikt und seine Lösung

6. Szene

(Heinrich kommt aufgeregt zurück.)

HEINRICH: Sie! De kommen schon, a ganzer Haufen sind beinand, von alle Seiten kommen's.

UNKENSTEIN: Sind sie bewaffnet?

HEINRICH: Freilich! Unzählige Lanzen habn's dabei ... ja, fast noch mehr und Kanonen, mindestens zwanzig Stück ... ja, was sag' i ... fast neunzehn ... und zwei Fasanerietrompeten und a paar Mundharmonikabläser.

UNKENSTEIN: Was! Zwanzig Kanonen haben die?

HEINRICH: Ja! Und mir hab'n nur eine ... und die ist kaputt ... und dann ist von unserer Kanone der Schlund nach vorn hingerichtet und de kommen aber von arschlings!

UNKENSTEIN: Von arschlings? Das Dorf kenn ich ja gar nicht, das liegt doch nicht im Isartal?

HEINRICH: Arschlings! Das ist doch kein Dorf. Das ist doch ein Fachausdruck. Arschlings heißt von hintenwärts her! Von hintenherwärts.

UNKENSTEIN: Ach so, die kommen von rückwärts! Dann muss die Kanone sofort umgedreht werden nach Dings ... nach ... arschlings!

HEINRICH: Nacher bricht's uns ganz zusammen. Das eine Radl ist schon ganz faul.

UNKENSTEIN: Also das muss auch sofort gemacht werden.

HEINRICH: Ja, und im Rohr is a Schwalbennest drinn.

UNKENSTEIN: So ein Saustall!

HEINRICH: Na, kein Saustall, a Schwalbennest!

UNKENSTEIN: Blödsinn! Also sofort die Kanone richten, dann die Zugbrücke hochziehen, den Burggraben voll laufen lassen, einen Kessel voll Pech sieden, meinen Helm und mein Schwert holen. Wiederholen!

HEINRICH: Was hab'n S' g'sagt? Das ist so schnell gangen, i bin net mitkommen!

UNKENSTEIN: Du sollst wiederholen!

HEINRICH: Wiederholen? Was soll ich wiederholen? I hab ja noch nix g'holt!

UNKENSTEIN: Meinen Befehl sollst du wiederholen, den ich dir eben gegeben habe.

HEINRICH *(suchend):* Mir hab'n S' an Befehl geb'n? Wo hab i denn den hingelegt?

UNKENSTEIN: Du Schafskopf, du sollst meinen Auftrag wiederholen, was du zu tun hast!

HEINRICH: Ja, das kann i mir net alles auf einmal merken.

UNKENSTEIN: Pass doch auf, Kerl. Sind deine Ohren verstopft?

HEINRICH: I weiß net. I seh net nein.

UNKENSTEIN: Mein Gott ist der Kerl blöd. *(Wiederholt nochmals den ganzen Befehl.)*

HEINRICH *(sagt alles ganz verkehrt nach):* I werd's schon richtig mach'n ... und an Helm soll i bringen ... welchen Helm ... den Feuerwehrhelm?

UNKENSTEIN: Meinen Streithelm!

HEINRICH: Ach so, diesen woll'ns. Weil da Dings, da Wilhelm wäre a grad da.

UNKENSTEIN: Raus!!! *(Heinrich geht eilig ab, holt in der Rüstkammer den Helm und das Schwert.)*

7. Szene

(Unkenstein und Kunigunde allein)

UNKENSTEIN: Diese Halunken wagen es tatsächlich, meine Burg anzugreifen. Na, denen werde ich es zeigen. Ich werde einen genialen Schlachtplan entwerfen. Reiche mir die Landkarte, liebe Tochter.

8. Szene

(Während Kunigunde die Landkarte holt, tritt Heinrich herein mit Helm und Schwert und gibt diese dem Ritter.)

HEINRICH: So, da is s' Sach. Passen S' auf, dass Ihnen keinen Schiefer einziehn. *(Gibt Unkenstein das Schwert und setzt ihm den Helm auf das Barett[1].)*

UNKENSTEIN: Na, was treibst du denn da?

HEINRICH: Haltaus ... das geht ja net. Sie hab'n d' Pelzhaub'n noch auf. *(Nimmt den Helm wieder runter und das Barett.)* Sie, da sicht ma eahna Gummischnürl von eahnan Bart. *(Setzt den Helm Unkenstein verkehrt auf.)*

1 **Barett:** flache Kopfbedeckung aus Stoff; war ursprünglich ein Zeichen der gebildeten Stände

UNKENSTEIN *(zu seiner Tochter gewandt):* Nun, liebe Tochter, jetzt werde ich dir zeigen, wie man einen genialen Schlachtplan entwirft.

(Heinrich hat sich aber inzwischen schon über den Plan gebeugt und beginnt, einen Plan zu entwerfen.)

HEINRICH *(mit beiden Händen auf den Plan gestützt):* Also mir werden das am besten so machen ... mir gehen her ...

UNKENSTEIN *(wütend):* Schweig!!!

HEINRICH *(Lässt sich nicht stören und redet weiter.):* Mir gehen her und machen das so ... weil de anderen ... drum müßen wir ...

UNKENSTEIN *(noch wütender):* Schweig!!!

HEINRICH *(blickt Unkenstein erstaunt an):* Menterschwaig? ... das liegt da ...

UNKENSTEIN: Du sollst schweigen, Kerl!!!

HEINRICH: Sind Sie doch net so ... a anderer hat a eine gute Idee.

UNKENSTEIN: Du sollst dein ungewaschenes Maul halten, verstanden? Ich entwerfe meinen Kriegsplan allein.

(Heinrich geht murrend beiseite.)

UNKENSTEIN *(zu seiner Tochter):* Hier liegt meine Burg Grünwald, hier ist Harlaching, die können durch den Wald nicht durch, weil ...

(wird von Heinrich unterbrochen)

HEINRICH *(zeigt mit dem Finger auf die Karte):* Wenn's a durch den Wald net durch können, aber über die Isar ...

(Unkenstein dazwischen)

UNKENSTEIN *(haut mit der Hand auf den Tisch):* Du sollst dein Maul halten, Kerl. *(Diese Szene wiederholt sich einige Male, bis Unkenstein schreit)* Hebe dich von dannen. Sieh lieber nach, was der Feind macht!

HEINRICH *(geht zum Fenster):* Gut ... mir is recht ... aber i bin fei net schuld, wenn's schiefgeht. *(Nimmt ein Glas, trinkt und schaut zum Fenster raus, während Unkenstein seiner Tochter den Plan weitererklärt. Plötzlich erschreckt zu Unkenstein)* Herr Ritter, de kommen schon und an der Spitze ... wissen S', wer an der Spitze der Heerscharen ...

UNKENSTEIN *(fällt ihm in die Rede):* Halt dein Maul! Störe mich nicht!

HEINRICH *(aufgeregt):* Ja, aber an der Spitze, wissen S', wer an der Spitze ...

UNKENSTEIN *(unterbricht wieder):* Das ist mir wurscht, verstanden?

HEINRICH *(noch aufgeregter):* Das ist keine Wurscht ... wann's a Wurscht wär, wär's eh gut ... aber es is doch da ...

UNKENSTEIN *(unterbricht wieder und tobt):* Donnerwetter, Kerl. Lass mich zufrieden mit deinem Gepappel. Lass sie doch kommen, diese Hunde. Ich fresse sie, einen wie den anderen!!!

HEINRICH *(erstaunt):* Ach so! Die soll'n kommen. Ja, das is was anderes. *(Zum Fenster raus)* Kommt's nur! Kommt's nur! Nur einer! Kommt's nur!

(Während Heinrich redet, erklärt Unkenstein seiner Tochter weiter den Schlachtplan.)

UNKENSTEIN: Und hier, an dieser schmalen Stelle, werden wir sie überraschen und vernichten. Hier beginnen wir den Kampf. *(Beginnt zu singen, Kunigunde und Heinrich singen mit.)*

GESANG: Auf in den Kampf, ihr Ritter, Stolz in der Brust, siegesbewusst ...

(Ein Schuss ertönt, Fenster klirren, eine Kanonenkugel fliegt auf die Bühne. Alle erschrecken mächtig und fragen durcheinander, was los ist.)

UNKENSTEIN: Was war das? Was ist geschehen!?

HEINRICH *(hebt die Kugel auf):* G'schossen hab'ns mit einer Kanonkugel. Da schaun S' her. *(Wirft die Kugel von einer Hand in die andere und legt sie auf den Tisch)* Die is noch ganz heiß. Bei der Tür haben's reing'schießt ... reingeschossen ... die Sauhund!!! *(Zu Unkenstein wütend)* Wei's a alleweil s'Haustürl offen lasst's! Da tun sich de leicht, wenn's gleich bei der Haustür reinschieß'n können. *(Nimmt die Kugel und riecht daran)* Das ist a Rodensteinerkugel, das riech ich!

UNKENSTEIN/KUNIGUNDE *(gleichzeitig):* Wieso vom Rodensteiner?

HEINRICH: Das kenn i an der Rundung. Das ist eine Rodensteinerkugel.

UNKENSTEIN: Kerl, wieso ist das eine Rodensteinerkugel?

HEINRICH: Da Rodensteiner is ja an der Spitze der Heerscharen, aber sie haben mich ja net ausreden lassen.

UNKENSTEIN *(stürzt zum Fenster, sieht den Feind):* Tatsächlich, da reitet er, mein Todfeind. Hahaha!!! *(Dreht sich zu seiner Tochter, die zu schluchzen begonnen hat)* Was schluchzest du, liebe Tochter?

HEINRICH: Jetzt wird's g'scheckert!

UNKENSTEIN: Du brauchst nicht weinen, liebe Tochter. Auch Rodenstein, diesen Schurken, werde ich vernichten und du als meine tapfere Tochter ziehst mit mir gegen den Feind. Ich werde dir den Falben aus dem Stall holen und du reitest ... *(Zeigt mit ausgestreckter Hand, Heinrich drückt ihm aber die Hand herunter. Dies einige Male wiederholend.)*

KUNIGUNDE *(aufgeregt):* Vater, ich bitte, hört mich an. Ich muss Euch ein Geheimnis anvertrauen.

UNKENSTEIN: Ein Geheimnis? ... Papperlapapp! Ein Geheimnis, wenn du es mir anvertraust, ist's kein Geheimnis mehr. Ich habe keine Zeit, ich muss in den Schlachthof ... in den Burghof, wollt ich sagen – zur Schlacht.

KUNIGUNDE *(flehend):* Vater, ich muss es Euch anvertrauen. Hört mich an!

UNKENSTEIN: Gut! Aber beeile dich, liebe Tochter, ich habe wenig Zeit!

KUNIGUNDE *(niedergeschlagen):* Vater! Ich habe ein Kind!!!

1. Akt, 2. Szene (Ritter Unkenstein und Recke Heinrich)

Wortkomik	Charakterkomik	Situationskomik
Z. 48–50: „Was ist los?" „Nix! I hab bloß fragn woll'n, ob was los ist." (reden aneinander vorbei) …	z. B. Z. 49–50, 55, 59: wiederholende Beteuerung Heinrichs, dass er nichts weiß …	Z. 46–47: Recke Heinrich stellt sich bei seinem Auftritt hinter Unkenstein. …

b) *Versetzt euch in die Lage einer Regisseurin oder eines Regisseurs.*
Wie könnt ihr den Schauspielern klarmachen, wie ihr euch die Situationskomik und die Charakterkomik in eurer Szene vorstellt? Notiert in Stichworten, wie die Szene ablaufen soll und wie sich die Schauspieler verhalten sollen.

c) *Stellt die Ergebnisse eurer Gruppenarbeit vor.*

Ein Stück spielen – Ein Inszenierungsvorschlag

6 *Wenn ihr euch über die Möglichkeiten verständigt habt, wie man bei der Inszenierung Komik erzeugen kann, könnt ihr damit anfangen, eine Spielvorlage zu erarbeiten und eine kleine Aufführung vorzubereiten. Folgende Schritte helfen euch dabei:*

TIPP

1 Eine Spielvorlage erarbeiten

- Kopiert den Theatertext „Ritter Unkenstein" (▷ S. 226–230, 233–240).
- Streicht in der Textvorlage alles, was euch für die beabsichtigte Wirkung überflüssig erscheint.
- Überlegt, ob ihr bei manchen Aussagen etwas ergänzen oder sogar noch eine zusätzliche Figur einführen wollt.

2 Anfertigen eines Regiebuchs

- Verseht die Streichfassung (Spielvorlage) mit genauen Regieanweisungen:
  - Gebt die Positionen der Figuren auf der Bühne an.
  - Schreibt auf, welche Aktionen die Figuren ausführen und welche Gestik und Mimik sie einnehmen sollen.
  - Notiert auch, welche Sprechweisen die Figuren haben sollen.

3 Aufgabenverteilung und Aufstellen eines Zeitplans

- Verteilt die Rollen.
- Legt fest, wer sich um das Bühnenbild, die Kostüme, das Schminken und die Beleuchtung kümmern und wer soufflieren soll.
- Erstellt einen Terminplan, in dem ihr festlegt, bis wann die einzelnen Aufgaben erledigt sein sollten, z. B.: das Lernen der Rollentexte, das Erstellen des Bühnenbildes, das Besorgen bzw. Anfertigen der Kostüme usw.

12 Konflikte, Fluchten und Zielpunkte – Literarische Texte erschließen

12.1 Konflikte – Literarische Texte untersuchen

Oskar Maria Graf

Oskar Maria Graf wurde 1894 in Berg am Starnberger See geboren, wo seine Eltern eine Bäckerei und einen Bauernhof besaßen. Er wuchs – zusammen mit vielen Geschwistern – in einer streng katholischen, bäuerlich-kleinbürgerlichen Lebenswelt auf, die er in seiner Autobiografie „Wir sind Gefangene“ realistisch beschreibt. 1938 floh Oskar Maria Graf vor den Nationalsozialisten nach New York, wo er 1967 starb.
Der folgende Textauszug stammt aus seiner Autobiografie „Wir sind Gefangene“.

Oskar Maria Graf

Wir sind Gefangene

Nach dem Tod des Vaters muss Oskar als Lehrjunge in der Bäckerei arbeiten. Der älteste Bruder Max übernimmt die Leitung, tyrannisiert die Geschwister und will erzwingen, dass sich ihm alle unterordnen. Zusammen mit seiner jüngeren Schwester Anna, Nanndl genannt, flüchtet sich Oskar ins Lesen, wovon aber sein Bruder Max nichts wissen darf. Deshalb lassen sich die beiden heimlich Bücherpakete zum Dorfschuster schicken.

Während wir bis dahin meistens brummige Gesichter schnitten, wenn wir unverhofft noch einen Brotgang machen mussten, waren wir jetzt auf einmal sehr zugänglich, ja sogar erfreut. Schnell schlich einer von uns hinauf, holte heimlich ein Buch heraus, versteckte es unter den Kleidern und rasch entfernten wir uns. Erst am Dorfausgang, wenn kein Mensch mehr zu sehen war, fing das Lesen an. Meistens lasen wir uns laut vor, wenn es Verse waren. Bei Prosa trennten wir uns und verabredeten einen Platz, wo wir uns wieder trafen. Ob das, was wir lasen, verstanden wurde, war gleichgültig. Maßgebend war, dass wir es gelesen hatten und alles kannten. Die Fülle machte es.
Wir begeisterten uns. Der Klang der Worte berauschte uns. Viele, viele Verse konnte ich zuletzt auswendig, Schillers Glocke rann mir bloß so von den Lippen. Und eines Tages las ich Nanndl mein erstes Gedicht vor. Selbstverständlich sagte ich es mit einem solchen Pathos, dass alle anderen Dichtwerke dagegen nur noch wie klägliche Versuche waren, und natürlich wirkte das. Nanndl lobte es sehr. Ich verglich es mit Uhland, mit Schiller und fand es mindestens so schön. Der Herbst kam. Wir

5 *a) Untersucht die Zeitgestaltung dieser Kurzgeschichte. Nutzt dazu die Hinweise zur Texterschließung in dem unten stehenden Merkkasten.*

b) Literarische Texte spielen an bestimmten Orten und Schauplätzen. Untersucht, an welchen Schauplätzen diese Kurzgeschichte spielt und inwiefern diese in Verbindung mit den Figuren stehen.

6 *Untersucht in Partnerarbeit die sprachlichen Gestaltungsmittel der Textabschnitte Zeile 61–96. Beschreibt auch, wie diese sprachlichen Gestaltungsmittel wirken. Zieht dazu den Merkkasten von Seite 260–262 heran.*

!

Erzählende Texte erschließen

Um einen Text besser verstehen zu können, muss man ihn erschließen. Dazu untersucht man, wovon er handelt und wie er erzählt wird. Folgende Erschließungsaspekte können dabei in den Blick genommen werden:

7 *Klärt die Erschließungsaspekte des oben stehenden Merkkastens und wendet – auch als Wiederholung – die aufgeführten Untersuchungspunkte auf Gabriele Wohmanns Kurzgeschichte (▷ S. 249–250) an.*
TIPP: *Bezieht dabei euer Grundwissen zu den Merkmalen einer Kurzgeschichte (▷ S. 348) mit ein.*

8 *a) Bereitet ein Rollenspiel im Anschluss an den Text vor. Ziel dieses Rollenspiels soll es sein, die Konflikte zwischen den Figuren anzusprechen und zu lösen. Vier Schülerinnen oder Schüler sollen die Rolle der Klavierlehrerin, des Klavierschülers, des Vaters und der Mutter übernehmen. Legt auch die Standpunkte der einzelnen Figuren fest und findet Argumente für die jeweiligen Positionen.*

b) Greift abschließend noch einmal die Eingangsfrage im Klassengespräch auf und versucht, diese vertiefend zu beantworten: Weshalb findet diese Klavierstunde überhaupt statt? Wie könnte diese Klavierstunde zu einem Ereignis werden, das für alle Figuren annehmbar, ja, erwünscht ist?

Inge Scholl

Die Weiße Rose

Inge Scholl, die jüngere Schwester von Hans und Sophie Scholl, beschreibt in ihrem Buch „Die Weiße Rose“ die gleichnamige Widerstandsgruppe gegen den Nationalsozialismus, zu der auch Hans und Sophie Scholl gehörten. Anfangs Mitglied der Hitlerjugend, löste sich Hans Scholl bald vom Nationalsozialismus. 1943 wurde die „Weiße Rose“ beim Verteilen von Flugblättern an der Münchener Universität entdeckt. Die verhafteten Mitglieder wurden noch im selben Jahr zum Tode verurteilt und hingerichtet.

Hans hatte sich einen Liederschatz gesammelt und seine Jungen hörten es gerne, wenn er zur Gitarre sang. Es waren nicht nur die Lieder der Hitlerjugend, sondern auch Volkslieder aus allerlei Ländern und Völkern. Wie zauberhaft klang doch solch ein russisches oder norwegisches Lied in seiner dunklen, ziehenden Schwermut. Was erzählte es einem nicht von der Eigenart jener Menschen und ihrer Heimat.

Aber nach einiger Zeit ging eine merkwürdige Veränderung in Hans vor, er war nicht mehr der Alte. Etwas Störendes war in sein Leben getreten. Nicht die Vorhaltungen des Vaters waren es, nein, denen gegenüber konnte er sich taub stellen. Es war etwas anderes. Die Lieder sind verboten, hatten ihm die Führer gesagt. Und als er darüber lachte, hatten sie ihm mit Strafen gedroht. Warum sollte er diese Lieder, die so schön waren, nicht singen dürfen? Nur weil sie von anderen Völkern ersonnen waren? Er konnte es nicht einsehen; es bedrückte ihn und seine Unbekümmertheit begann zu schwinden.

Zu dieser Zeit wurde er mit einem ganz besonderen Auftrag ausgezeichnet. Er sollte die Fahne seines Stammes zum Reichsparteitag nach Nürnberg tragen. Seine Freude war groß. Aber als er zurückkam, trauten wir unseren Augen kaum. Er sah müde aus und in seinem Gesicht lag eine große Enttäuschung. Irgendeine Erklärung durften wir nicht erwarten. Allmählich erfuhren wir aber doch, dass die Jugend, die ihm dort als Ideal vorgesetzt wurde, völlig verschieden war von dem Bild, das er sich von ihr gemacht hatte. Dort Drill und Uniformierung bis ins persönliche Leben hinein – er aber hätte gewünscht, dass jeder Junge das Besondere aus sich machte, das in ihm steckte. Jeder einzelne Kerl hätte durch seine Fantasie, seine Einfälle und seine Eigenart die Gruppe bereichern helfen sollen. Dort aber, in Nürnberg, hatte man

alles nach einer Schablone ausgerichtet. Von Treue hatte man gesprochen, bei Tag und Nacht. Was aber war denn der Grundstein aller Treue: zuerst doch die zu sich selbst ... Mein Gott! In Hans begann es, gewaltig zu rumoren. Bald darauf beunruhigte ihn ein neues Verbot. Einer der Führer hatte ihm das Buch seines Lieblingsdichters aus der Hand genommen, Stefan Zweigs „Sternstunden der Menschheit". Das sei verboten, hatte man ihm gesagt. Warum? Darauf gab es keine Antwort. Über einen anderen deutschen Schriftsteller, der ihm sehr gefiel, hörte er etwas Ähnliches. Er hatte aus Deutschland fliehen müssen, weil er sich für den Gedanken des Friedens eingesetzt hatte.
Schließlich aber war es zum offenen Bruch gekommen.
Hans war schon vor längerer Zeit zum Fähnleinführer befördert worden. Er hatte sich mit seinen Jungen eine prachtvolle Fahne mit einem großen Sagentier genäht. Die Fahne war etwas Besonderes; sie war auf den Führer geweiht und die Jungen hatten ihr Treue gelobt, weil sie das Symbol ihrer Gemeinschaft war. Aber eines Abends, als sie mit der Fahne angetreten waren, zum Appell vor einem höheren Führer, war eine unerhörte Geschichte passiert. Der Führer hatte plötzlich unvermittelt den kleinen Fahnenträger, einen fröhlichen zwölfjährigen Jungen, aufgefordert, die Fahne abzugeben.
„Ihr braucht keine besondere Fahne. Haltet euch an die, die für alle vorgeschrieben ist."
Hans war tief betroffen. Seit wann das? Wusste der Stammführer nicht, was gerade diese Fahne für seine Gruppe bedeutete? War das nicht mehr als ein Tuch, das man nach Belieben wechseln konnte?
Noch einmal forderte der andere den Jungen auf, die Fahne herauszugeben. Der blieb starr stehen und Hans wusste, was in ihm vorging und dass er es nicht tun würde. Als der höhere Führer den Kleinen zum dritten Mal mit drohender Stimme aufforderte, sah Hans, dass die Fahne ein wenig bebte. Da konnte er nicht länger an sich halten. Er trat still aus der Reihe heraus und gab diesem Führer eine Ohrfeige. Von da an war er nicht mehr Fähnleinführer.

Hans Scholl, Sophie Scholl und Christoph Probst (von links nach rechts, Sommer 1942)

1 *Inge Scholl beschreibt hier eine entscheidende Wende im Leben ihres Bruders Hans Scholl. Diskutiert, worin diese Lebenswende Hans Scholls besteht und welche Gedanken seinem Handeln zu Grunde liegen.*

2 *Die „Fahne" spielt in dem Buchauszug von Inge Scholl eine entscheidende Rolle.*

Fahne (ahd. *fano* = Tuch): ein- oder mehrfarbiges, leeres oder mit Bildern geschmücktes Stoffstück, das an einer Stange befestigt ist. Die F. diente ursprünglich als Richtungszeichen und Sammelpunkt für die Kämpfer (→Fähnlein). Aus dieser engen Bindung an die Fahne erwuchs deren Bedeutung als Symbol der milit. Ehre und Treue. Auf seine Fahne leistete der Soldat den →Fahneneid. Fahnen werden aber auch von nicht militärischen Gruppen geführt (z. B. Fahnen von Jugendgruppen oder Berufsverbänden). Die Fahne ist sowohl Ausdruck eines Gemeinschafts- und Zusammengehörigkeitsgefühls als auch bestimmter Absichten und Zielsetzungen; in dieser Eigenschaft können Fahnen auch einen hohen Symbolgehalt erlangen.

a) Lest den Lexikonartikel zum Stichwort „Fahne" durch und sammelt dann die wichtigsten Informationen an der Tafel.
b) Welchen Aussagen aus der Begriffsdefinition würde Hans Scholl zustimmen? Überprüft den Text daraufhin.
c) Klärt, weshalb sich der Konflikt zwischen beiden Figuren gerade an der Fahne entzündet.

3 *Besprecht, wo euch heute Fahnen begegnen und welche Bedeutung sie jeweils haben.*

4 *a) Sammelt in Gruppenarbeit weitere Informationen zum historischen Hintergrund des Textes (▷ Tipps zur Informationsrecherche S. 356).*
Jede Gruppe beschäftigt sich mit einem der folgenden Arbeitsaufträge:

- *Klärt anhand eines Lexikons zum Nationalsozialismus folgende Begriffe aus dem Text:*

  Hitlerjugend (Z. 4) Reichsparteitag (Z. 27)

  Führer (Z. 64) bzw. Führerprinzip

- *Informiert euch in einem Literaturlexikon über die Biografie des Schriftstellers Stefan Zweig und über dessen Buch „Sternstunden der Menschheit". Versucht auch zu klären, weshalb dieses Buch Hans Scholl so faszinierte.*
- *Sucht Bildmaterial zur „Hitlerjugend" und zur „Bücherverbrennung".*
- *Informiert euch über die Widerstandsgruppe „Weiße Rose".*

b) Stellt eure Gruppenergebnisse der Klasse vor.
Ihr könnt dazu auch Stellwände mit Informationstexten und Bildern für das Klassenzimmer oder für einen anderen Ort an eurer Schule vorbereiten.

Frage zu den Texten von S. 245–254

5 *Wählt eine Hauptfigur aus den Texten des ersten Teilkapitels aus und übernehmt für sie eine „Patenschaft". Stellt also in einem literarischen Gespräch (▷ S. 251) dar, was euch an dieser Figur fasziniert, und verteidigt diese Figur und ihr Verhalten gegenüber Einwänden.*

12. 2 Fluchten– Ein Lesetagebuch führen

1 *Während ihr die folgenden Texte lest, sollt ihr eure Eindrücke, Gedanken und Untersuchungsergebnisse zu den jeweiligen Texten in einem Lesetagebuch festhalten. Nach der Lektüre verfügt ihr dann über ein Buch, das eure persönlichen Leseeindrücke oder anderes weiterführendes Material zu den Texten beinhaltet.*
Zu jedem der folgenden Texte findet ihr spezielle Anregungen für euer Lesetagebuch.
Wie ein Lesetagebuch gestaltet sein könnte, erfahrt ihr im folgenden Tippkasten.

TIPP

Ein Lesetagebuch führen

- Für dein Lesetagebuch benötigst du ein einfaches DIN-A4-Heft. Die ersten beiden Seiten solltest du für die **Titelseite** und das **Inhaltsverzeichnis** frei lassen.
- Gestalte dein Lesetagebuch, z. B. mit einer attraktiven Titelseite, mit Illustrationen und recherchiertem Material.
- Folgende **Arbeitsanregungen** kannst du bei deiner Auseinandersetzung mit den einzelnen Texten berücksichtigen:
  - Verfasse zu jedem Text ein Figurenverzeichnis. Zusätzlich kannst du auch die Verwandtschaftsverhältnisse der Figuren deutlich machen.
  - Schreibe eine Beurteilung zu zwei Figuren, die dich interessieren.
  - Zeichne deine Lieblingsfigur.
  - Verfasse einen Steckbrief zu einer Figur.
  - Schreibe eine Inhaltsangabe zu einem Text, der dich besonders beschäftigt hat.
  - Notiere zu den Texten deine Eindrücke. Dabei kannst du z. B. Fragen, Gedanken und Kommentare aufschreiben.
  - Figuren haben oft ganz bestimmte Erfahrungen und Wünsche. Schreibe den Traum einer interessanten Figur auf.
  - Du kannst auch Figuren miteinander kommunizieren lassen, z. B. per E-Mail, Brief oder in einem Dialog.

Alfred Andersch

Alfred Andersch (1914–1989) wuchs in München auf und trat aus Protest gegen seinen Vater, einen Offizier, der Kommunistischen Partei Deutschlands bei. 1933 wurde er für mehrere Monate in das Konzentrationslager Dachau eingeliefert, 1943 zum Kriegsdienst eingezogen. Andersch gab nach dem Krieg gemeinsam mit Hans Werner Richter die Zeitschrift „Der Ruf" heraus. 1972 zog Andersch in die Schweiz, wo er bis zu seinem Tod lebte.

Alfred Andersch

Sansibar oder der letzte Grund

Der Roman „Sansibar oder der letzte Grund" (1957) spielt im Jahr 1937. Im Ostseehafen Rerik treffen fünf Menschen aufeinander, von denen drei Deutschland verlassen wollen. Einer davon ist ein namenloser Junge, der am Romananfang alleine über eine Flucht aus Rerik nachdenkt.

Der Junge

Der Mississippi wäre das Richtige, dachte der Junge, auf dem Mississippi konnte man einfach ein Kanu klauen und wegfahren, wenn es stimmte, was im Huckleberry Finn stand. Auf der Ostsee würde man mit einem Kanu nicht sehr weit kommen, ganz abgesehen davon, daß es an der Ostsee nicht mal schnelle, wendige Kanus gab, sondern nur so olle schwere Ruderboote. Er sah vom Buch auf, unter der Treenebrücke floß das Wasser still und langsam durch; die Weide, unter der er saß, hing ins Wasser rein, und gegenüber, in der alten Gerberei, regte sich, wie immer, nichts. Der Mississippi wäre besser als die Speicher in der alten, verlassenen Gerberei und die Weide am langsamen Fluß. Auf dem Mississippi wäre man weg, während man sich auf dem Speicher in der Gerberei und unter der Weide nur verstecken konnte. Unter der Weide auch nur, solange sie Blätter hatte, und die hatten schon mächtig begonnen abzufallen und trieben gelb auf dem braunen Wasser davon. Verstecken war übrigens nicht das Richtige, dachte der Junge – man mußte weg sein. Man mußte weg sein, aber man mußte irgendwohin kommen. Man durfte es nicht so machen wie Vater, der weggewollt hatte, aber immer nur ziellos auf die offene See hinausgefahren war. Wenn man kein anderes Ziel hatte als die offene See, so mußte man immer wieder zurückkehren. Erst dann ist man weg, dachte der Junge, wenn man hinter der offenen See Land erreicht. [...]

Es gab drei Gründe, weshalb man aus Rerik raus mußte. Der erste Grund lautete: weil in Rerik nichts los war. Es war tatsächlich überhaupt nichts los. Niemals wird hier irgend etwas mit mir geschehen, dachte der Junge, während er den herbstgelben, lanzettförmigen Weidenblättern nachsah, wie sie auf der Treene langsam abschwammen. [...]

Zwar saß er versteckt unter einem Vorhang aus Weidenzweigen, aber er konnte auf den Turm von St. Georgen blicken und die Uhrzeit ablesen. Halb drei. In 'ner halben Stunde muß ich auf dem Kutter sein, weil Knudsen um fünf Uhr abfahren will, dachte er, und dann fängt wieder die langweilige Fischerei an, das Herumkriechen mit dem Boot am Buksand und unter dem Land, die eintönige Arbeit mit dem Senknetz, zwei bis drei Tage lang, das Zusammensein mit dem mürrischen Fischer. Knudsen fuhr nie auf die offene See hinaus wie Vater, obwohl Vaters Kutter nicht größer gewesen war als Knudsen seiner. Aber dafür war Vater auch auf See umgekommen. Und auch deswegen muß ich raus, dachte der Junge, weil ich gehört habe, wie sie sagten, mein Vater sei wieder einmal stinkbesoffen gewesen, als er umkam. Huck Finn sein Vater war ein Säufer, deshalb mußte Huck Finn ja ausreißen, aber ich muß weg, weil mein Vater keiner war, sondern weil sie es ihm nur nachsagen, weil sie auf ihn neidisch sind, denn er ist manchmal auf die offene See hinausgefahren. Nicht einmal eine Tafel haben sie für ihn in die Kirche gehängt, eine Tafel mit seinem Namen und den Worten „In den Stiefeln gestorben" und das Geburts- und Sterbedatum, wie sie es für alle machen, die auf See geblieben sind. Ich hasse sie alle, und das ist der zweite Grund, warum ich von Rerik weg muß. R

1 *Rekonstruiert die Gedanken des Jungen. Benennt die beiden angeführten Fluchtgründe.*

ziemlich taub. Irgendwelche blöden einstudierten Posen und so. Außerdem kriegte ich nach ein paar Titeln mit, dass der Sänger aufs Wort dieselben bescheuerten Ansagen machte wie bei dem Konzert vor einem Jahr. Besonders originell fand ich das nicht. [...]

Die Band verschwand, aber sie versprach, dass sie in 'ner Stunde wiederkommen würde. Der Diskjockey kündigte wieder verschiedene Damen und Herren an. Sogar bei den Gruppen sagte er: „Diese vier Herren – bekannt unter dem Namen Depeche Mode – werden oft gewünscht" und so weiter. Ich saß neben André und sagte nichts und er sagte auch nichts. Wir saßen auf diesem vermurksten Tisch und sprachen kein Wort. Die Musik war laut und uns war zu Mute, als ob jetzt etwas sehr Großes und sehr Schönes eintreten müsste, zum Beispiel, dass man ein Mädchen kennen lernt, das einem sehr viel bedeutet. Wir hofften das, aber es geschah natürlich nicht. Wir hätten mit dieser Hoffnung noch dasitzen können, bis die Tischplatte durchgefault wäre. Man bildet sich ein, es hätte Sinn, so zu hoffen, aber im Grunde ist es natürlich Blödsinn. Die Musik und all so was lassen einen nur denken, dass es Sinn hätte, so zu hoffen. Und wenn es dann nichts wird, also wenn man niemanden kennen lernt, der einem sehr lieb und teuer werden könnte, ist man sehr enttäuscht und niedergeschlagen. Und dann durchschaut man zum hundertsten Male diesen ganzen faulen Zauber und schwört sich zum hundertsten Male, nie wieder in eine Disko zu gehen, zumindest nicht mit dieser Hoffnung. Aber bei der nächsten Gelegenheit wird man wieder rückfällig. In eine Disko sollte man bestenfalls gehen, wenn man ein Mädchen hat, das man mitnehmen kann. Alles andere ist nur ein großer Schwindel.

1 *Diskutiert darüber, welches Jungen- und Mädchenverhalten deutlich wird.*
Haltet das Ergebnis eurer Diskussion in einem Tafelbild auf Folie fest und stellt es der Klasse vor.

2 *Fasst den Text schriftlich zusammen. Ihr könnt dabei folgendermaßen vorgehen:*
- *a) Gliedert den Text in Sinnabschnitte und fasst jeden Sinnabschnitt in einem Satz oder einer treffenden Überschrift zusammen.*
- *b) Schreibt Stichpunkte auf, die über die Gründe und die Folgen der Handlung und der Ereignisse informieren.*
- *c) Bringt eure Notizen in eine sinnvolle Reihenfolge und fasst den Text schriftlich zusammen.*

3 *Untersucht in Partnerarbeit die sprachlichen Gestaltungsmittel des Textauszugs „In der Diskothek".*
Bestimmt dabei auch, welche Wirkung diese auf den Leser haben.
Orientiert euch an dem folgenden Merkkasten (▷ S. 260–262) und achtet dabei besonders auf den Wort- und Satzbereich.

!

Sprachliche Gestaltungsmittel untersuchen
Um einen Text vollständig verstehen und deuten zu können, muss man die sprachliche Gestaltung des Textes untersuchen. Es reicht allerdings nicht aus, diese sprachlichen Auffälligkeiten nur zu benennen. Ihr müsst vor allem die **Wirkung,** die diese sprachlichen Gestaltungsmittel haben, erläutern. Im Folgenden findet ihr Beispiele für einige sprachliche Gestaltungsmittel.
BEACHTET: Die Wirkung bestimmter sprachlicher Gestaltungsmittel ist häufig vom Textzusammenhang (Kontext) abhängig.

Gestaltungs-mittel	Beispiel/Zitat	Wirkung, z. B.:
Textebene		
– Wiederholung von Sätzen, Wortgruppen oder Wörtern	„Kopfschmerzen, unerträgliche.“ (Die Klavierstunde, S. 249/250, Z. 57, 105, 122)	– Nachdruck, Eindringlichkeit, Betonung der körperlichen Beschwerden der Klavierlehrerin
Satzbau		
– auffällige Häufung bestimmter Satzarten, z. B. von Fragesätzen	„Warum sollte er diese Lieder, die so schön waren, nicht singen dürfen? Nur weil sie von anderen Völkern ersonnen waren?“ (Die weiße Rose, S. 253, Z. 19–21)	– die Gedanken von Hans werden anschaulich wiedergegeben
– Reihung	„Dieser Wicht von einem [...] Unteroffizier, den wir schon [...] gefangen genommen, gehängt, erschossen, gerädert und gevierteilt hatten!“ (Wir sind Gefangene, S. 247, Z. 101–105)	– Steigerung, Eindringlichkeit der Aussage wird unterstrichen
– Parataxe (aneinandergereihte Hauptsätze)	Bis die Band kam. Die Band kannte ich schon. (In der Diskothek, S. 259, Z. 80/81)	– wirkt feststellend, unumstößlich, endgültig
– Hypotaxe (Satzgefüge aus Haupt- und Nebensätzen)	„So süchtig war ich danach, dass ich schon auf dem Heimweg, an der langen Krankenhausmauer vorbei, zu lesen begann, mich im Akazienwäldchen auf eine Parkbank setzte und erst in der Dämmerung wieder zu Hause war, wo meine Mutter, der Lesen als Luxus galt, mich mit Aufträgen wie Kohlen-aus-dem-Keller-Holen oder Mülleimer-Runtertragen störte und mir immer wieder die quälende Frage stellte, ob ich mit den Schularbeiten schon fertig sei.“ (Zwischenbilanz, S. 266, Z. 20–30)	– verschachtelter, langer Satzbau zur Verdeutlichung der andauernden „Lesesucht“ in unterschiedlichen Tagessituationen und an verschiedenen Orten
– Inversion (Umstellung der geläufigen Wortstellung im Satz)	[...] auf dem Bettrand saß sie [...] (Die Klavierstunde, S. 250, Z. 78/79)	– Betonung einzelner Wörter, hier „Bettrand“

– Ellipse (unvollständiger Satz, Auslassung eines Satzgliedes/Wortes, das leicht ergänzt werden kann)	„Brauchte nicht hinzugehn." (Die Klavierstunde, S. 249, Z. 61)	– „Telegrammstil", erzeugt Eindringlichkeit
Aussageweisen des Verbs		
z. B. Konjunktiv, Imperativ	„[...] er aber hätte gewünscht [...]" (Die weiße Rose, S. 253, Z. 37–38)	– Wunsch/Erwartungshaltung wird ausgedrückt
Wortwahl		
– auffällige Häufung bestimmter Wortarten, z. B. Adjektive	„[...] den nassen Blick starr, freudlos auf das Klavier gerichtet." (Die Klavierstunde, S. 249, Z. 38–40)	– die Situation wird anschaulich
– Jugendsprache/Dialekt	„Sie spielten ein paar Funk-Nummern, sogar mit Pfiff, aber alles andere war ziemlich taub." (In der Diskothek, S. 259/260, Z. 82–84)	– Umgangssprache von Jugendlichen wird realistisch wiedergegeben, klingt authentisch
Bildlichkeit der Sprache		
– Metapher (Bedeutungsübertragung)	„Sie [...] ordnete die grauen Haarfetzen." (Die Klavierstunde, S. 250, Z. 99–100)	– erzeugt Anschaulichkeit, Vorstellbarkeit
– Personifikation (Vermenschlichung)	„Das Eisentor öffnete sich mit jammerndem Kreischlaut in den Angeln." (Die Klavierstunde, S. 250, Z. 119–121)	– erzeugt Anschaulichkeit, Vorstellbarkeit der Situation
– Hyperbel (Übertreibung)	„Dieser Wicht von einem entlassenen Unteroffizier [...]" (Wir sind Gefangene, S. 247, Z. 101/102)	– Intensivierung, Veranschaulichung des Gesagten

Aufgabe zum Lesetagebuch

4 *Benenne die Kernaussage des Textes „In der Diskothek" (*▷ *S. 259–260**).*

Schreiben über eigene Erlebnisse

1 *Sicherlich habt ihr auch schon manches erlebt, was erzählenswert ist: den Besuch von Verwandten, ein Erlebnis beim Sport, ein Ereignis, das spannend oder aus irgendeinem Grund erzählenswert war.*
a) Diskutiert, welche Gründe es geben könnte, eigene Erlebnisse schriftlich festzuhalten. Denkt dabei auch an mögliche Adressaten.
b) Erzählt über etwas, was ihr selbst erlebt habt, oder schreibt die Geschichte für euch selbst auf.

2 *a) Versucht, die Ereignisse des gestrigen Tages niederzuschreiben: einmal ausführlicher und einmal in Stichworten.*
b) Diskutiert darüber, welche Form des Schreibens für welchen Zweck sinnvoller ist.

3 *Führt versuchsweise über eine Woche Tagebuch. Ob jemand die Einträge lesen darf oder ob ihr das Tagbuch nur für euch schreibt, müsst ihr selbst entscheiden. Tauscht euch aber über eure Schreiberfahrungen aus.*

TIPP

Das Führen eines Tagebuchs
Wenn man die wichtigsten Ereignisse mehrerer Tage regelmäßig zusammenfasst, führt man ein Tagebuch. Man kann so den Tag und die wichtigsten Geschehnisse noch einmal überdenken. Außerdem ist es möglich, sich später, auch nach Wochen oder nach Jahren, noch einmal über das Erlebte zu informieren, zum Beispiel wie ein Tag verlaufen ist, wen man damals getroffen und worüber man gesprochen hat.
Wie ausführlich man Ereignisse schildert und wie genau man dabei vorgeht, bleibt der Schreiberin oder dem Schreiber überlassen.
Es gibt mehrere Möglichkeiten der Formulierung von Beiträgen: Man kann in Stichworten oder in ganzen Sätzen schreiben, manches genauer erzählend, manches auflistend darstellen. Ihr könnt die Einträge auch mit Zeichnungen versehen oder z. B. Fotos und Eintrittskarten einkleben.
Als Tagebuch eignet sich am besten ein Buch oder ein Heft, das freie Seiten und einen festen Einband hat. Jeder Eintrag sollte mit einem Datum versehen werden, dann steht dem Schreiben nichts mehr im Weg. Allerdings – und das werdet ihr bald merken – erfordert das Führen eines Tagebuchs eine gewisse Disziplin – man muss schon regelmäßig schreiben.

Alexander S. Neill

Selbstregierung

Der schottische Lehrer Alexander S. Neill (1889–1973) gründete 1921 in Leiston (England) die Internatsschule „Summerhill". Diese Schule wird heute von seiner Tochter weitergeführt, jedoch befindet sich die Schule seit ihrem Bestehen in wirtschaftlichen Nöten und ist fortlaufend von der Schließung durch die staatliche Aufsichtsbehörde bedroht.
Neills Pädagogik zielte auf die Selbstverantwortung der Schüler und die demokratische Selbstverwaltung der Schule. Dass die Schüler nicht zum Schulbesuch gezwungen werden, brachte Summerhill immer wieder in die Kritik. Viele aber sehen in Summerhill den Weg in die Zukunft.

Summerhill ist eine Schule mit demokratischer Selbstregierung. Alles, was irgendwie mit dem Leben der Gemeinschaft zusammenhängt – und dazu gehört auch die Bestrafung von Vergehen gegen die Gemeinschaft –, wird von der Schulversammlung am Samstag durch Abstimmung geregelt.
Jedes Mitglied des Lehrerkollegiums und jedes Kind, gleichgültig, wie alt es ist, hat eine Stimme. Meine Stimme hat nicht mehr Gewicht als die eines Siebenjährigen.
Sie werden vielleicht lächeln und sagen: „Ihre Stimme hat aber trotzdem sicher mehr Bedeutung." Sehen wir uns einmal die Praxis an. Einmal habe ich mich in der Schulversammlung zu Wort gemeldet und vorgeschlagen, Schülern unter sechzehn sollte das Rauchen verboten werden. Meine Argumentation war: Nikotin ist Gift und ein Kind hat eigentlich kein Bedürfnis danach; es raucht nur, um als erwachsen zu gelten. Von allen Seiten kamen Gegenargumente. Dann wurde abgestimmt und mein Vorschlag wurde mit großer Mehrheit niedergestimmt.
Es ist erwähnenswert, wie es dann weiterging. Nach meiner Abstimmungsniederlage schlug ein sechzehnjähriger Junge vor, Schülern unter zwölf sollte das Rauchen verboten werden. Sein Antrag wurde angenommen. In der folgenden Woche forderte ein Zwölfjähriger die Schulversammlung auf, das Rauchverbot wieder aufzuheben. Er sagte: „Wir sitzen alle auf dem Klo und rauchen heimlich, genau wie in einer strengen Schule. Das Verbot verstößt gegen die Grundsätze von Summerhill." Der Junge erhielt lauten Beifall und die Schulversammlung hob das Rauchverbot wieder auf. Damit habe ich hoffentlich bewiesen, dass meine Stimme nicht mehr Gewicht hat als die der Kinder.
Bei einer anderen Gelegenheit übte ich scharfe Kritik daran, dass die Schüler sich nicht an die vorgeschriebene Zeit zum Schlafengehen hielten, Lärm machten und am folgenden Morgen verschlafen herumsaßen. Ich schlug vor, ein Verstoß gegen die Bestimmungen sollte in jedem einzelnen Fall mit dem Entzug des gesamten Taschengeldes geahndet werden. Ein vierzehnjähriger Junge brachte einen Gegenantrag ein: Jeder, der über die Zeit hinaus aufblieb, sollte je Stunde eine Belohnung von fünf Pfennig erhalten. Ich kriegte ein paar der Stimmen, der Junge die große Mehrheit.
Summerhills Selbstregierung hat keine Bürokratie. Der Vorsitz auf der Schulversammlung wird jede Woche von einem anderen Schüler geführt, wobei der jeweils amtierende Vorsitzende den nächsten ernennt. Der Posten des

Schriftführers ist ebenfalls ehrenamtlich. Die Abendaufsicht wird nur selten länger als ein paar Wochen von denselben Schülern ausgeübt.

Unsere kleine Demokratie gibt sich selbst ihre Gesetze – auch gute. So ist es zum Beispiel verboten, im Meer zu baden, ohne dass ein Rettungsschwimmer dabei ist. Die Rettungsschwimmer sind Mitglieder des Lehrerkollegiums. Es ist auch nicht gestattet, auf die Dächer zu klettern. Wenn die festgesetzte Zeit zum Schlafengehen nicht eingehalten wird, bringt das automatisch eine Geldstrafe mit sich. Ob der letzte Schultag vor den Ferien ein Donnerstag oder Freitag sein soll, wird durch Abstimmung in der Schulversammlung entschieden.

Der Erfolg einer Schulversammlung hängt weitgehend davon ab, ob der jeweilige Vorsitzende schwach oder stark ist; denn es ist nicht leicht, bei fünfundvierzig lebhaften Kindern Ordnung zu halten. Der Vorsitzende hat das Recht, allzu laute Versammlungsteilnehmer mit einer Geldstrafe zu belegen. Schwache Vorsitzende machen viel zu häufig davon Gebrauch.

Die Lehrer beteiligen sich natürlich an den Debatten. Dasselbe gilt für mich, wenn ich auch in einigen Fällen neutral bleiben muss. So habe ich tatsächlich schon erlebt, dass ein beschuldigter Junge ungestraft davonkam, weil er ein völlig einwandfreies Alibi vorbringen konnte, obwohl er mir unter vier Augen das Vergehen gestanden hatte. In einem solchen Fall muss ich mich jedoch immer auf die Seite des Einzelnen stellen.

Wenn es darum geht, über irgendeine Frage abzustimmen, mache ich natürlich wie alle anderen von meinem Stimmrecht Gebrauch und ich bringe selbstverständlich auch meine eigenen Anträge ein. Ich will Ihnen ein typisches Beispiel dafür geben. An einem bestimmten Samstag stellte ich die Frage zur Diskussion, ob das Fußballspielen im Aufenthaltsraum erlaubt sein solle. Der Raum liegt unter meinem Büro und ich erklärte, der Lärm des Fußballspielens störe mich bei der Arbeit. Ich schlug vor, das Fußballspielen im Gebäude zu verbieten. Einige Mädchen, ein paar der größeren Jungen und die Mehrzahl der Lehrer unterstützten mich, aber mein Antrag wurde trotzdem abgelehnt. Das hieß also, ich musste mich weiter mit dem Lärm unter meinem Büro abfinden. Über diese Frage wurde dann noch bei mehreren Schulversammlungen erhitzt gestritten und schließlich wurde das Fußballspielen im Aufenthaltsraum dann doch durch Mehrheitsbeschluss verboten. In unserer Schuldemokratie kommt die Minderheit im Allgemeinen doch noch zu ihrem Recht, indem sie ihre Forderungen immer wieder vorbringt. Diese Regel gilt für Erwachsene und Kinder gleichermaßen.

Andererseits fallen gewisse Seiten des Gemeinschaftslebens nicht unter die Selbstregierung. Meiner Frau untersteht alles, was mit der Ein-

Das Layout eines Sachtexts untersuchen

WAS IST RELATIV AN DER RELATIVITÄTSTHEORIE?

Einstein ist natürlich vor allem für seine Relativitätstheorie bekannt geworden. Aber was heißt hier relativ? Einstein hat keineswegs bewiesen, dass alles relativ sei, wie es manchmal flapsig heißt.

Nichts ist schneller als das Licht

Mit rund 300 000 Kilometer pro Sekunde (der genaue Wert im Vakuum ist c = 299 792 Kilometer pro Sekunde, das entspricht 1 079 251 200 Kilometer pro Stunde) ist die Lichtgeschwindigkeit das absolute Limit, sowohl für Materie als auch für Strahlung und Information. Das Erstaunliche ist jedoch nicht die Größe, sondern dass der Wert immer gleich bleibt, egal, wie schnell sich die Lichtquelle oder der Beobachter bewegt.

Physik vor Einstein

In der Physik vor Einstein wurden Geschwindigkeiten immer additiv berechnet. Was das heißt, wird an folgendem Beispiel klar:

Man wirft aus dem Stand einen Apfel mit 30 Kilometern pro Stunde nach vorne. Der Apfel fliegt dann mit 30 Stundenkilometern. Jetzt setzt man sich ins Auto und fährt mit einer Geschwindigkeit von 50 Stundenkilometern. Wieder wirft man einen Apfel nach vorne. Der Apfel flitzt dann mit 50 + 30 = 80 Stundenkilometern über die Straße.

Lichtgeschwindigkeit kann man nicht addieren

Leuchtet man nun aus dem Stand mit einer Taschenlampe nach vorne, bewegt sich das Licht mit 300 000 Kilometern pro Sekunde. Nun führt man dieses Experiment wie oben im Auto aus, fährt also mit einer Geschwindigkeit von 50 Stundenkilometern und leuchtet mit der Taschenlampe nach vorne. Das Licht rast jedoch nicht mit Lichtgeschwindigkeit + 50 Stundenkilometern dahin, sondern nach wie vor mit 300 000 Kilometern pro Sekunde. Die Lichtgeschwindigkeit lässt sich also nicht addieren, sondern bleibt konstant.

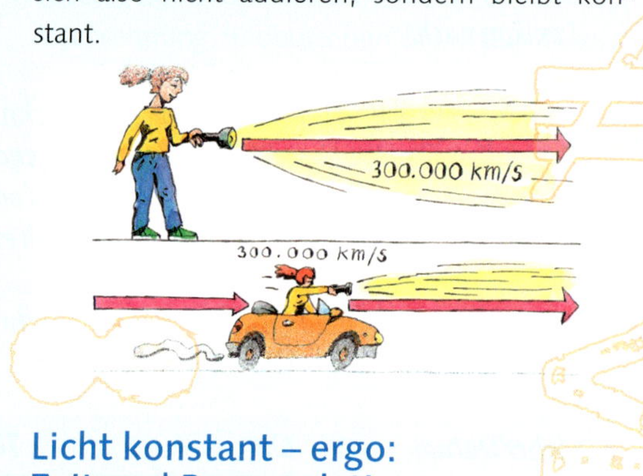

Licht konstant – ergo: Zeit und Raum relativ

Albert Einstein machte die konstante Lichtgeschwindigkeit zum Dreh- und Angelpunkt seiner Relativitätstheorie. Er zeigt darin, welche Auswirkungen die konstante Lichtgeschwindigkeit hat: Sowohl die Zeit als auch der Raum werden relativ.

Das Beispiel mit der Pingpong-Uhr

Dass die Zeit relativ wird, veranschaulicht ein kleines Gedankenexperiment, bei dem man sich eine Uhr konstruiert. Diese Uhr besteht aus zwei Tischtennisschlägern, zwischen denen ein Tischtennisball hin- und herfliegt. Die Zeiteinheit ist also nicht mehr eine Sekunde, sondern die Zeit, in der der Ball einmal hin- und hergeflogen ist. Das Tischtennisspiel kann man also als eine Art Uhr auffassen. In dem Gedankenexperiment wird nun das Tischtennisspiel in einen fahrenden Zug verlagert, wobei die Spieler quer zur Fahrtrichtung spielen. Aus Sicht der Spieler geht der Ball immer nur hin und her.

Verfolgt man den Ball aus der Vogelperspektive, so beschreibt er aber eine Zickzacklinie; der Zug bewegt sich ja vorwärts, während der Ball zwischen den Schlägern hin- und herläuft. Der Ball legt also – von außen betrachtet – einen längeren Weg zurück. Von außen betrachtet läuft diese Art von Uhr langsamer.

Zeit ist also relativ und dasselbe lässt sich für den Raum zeigen.

Zum Glück spielt das nur bei Geschwindigkeiten eine Rolle, die in unserem normalen Leben nicht vorkommen. Aber Zeit und Raum sind nur deswegen relativ, weil eins konstant ist: die Lichtgeschwindigkeit.

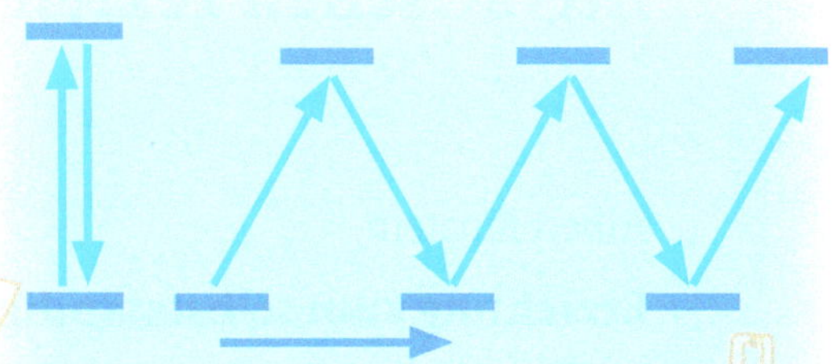

Das Beispiel mit der Pingpong-Uhr: links: „ruhende Uhr", rechts: „bewegte Uhr"

1 *a) Lest nur den „Kopf" des Zeitungsartikels und schreibt dann auf, worum es eurer Meinung nach in dem Text geht.*
b) Lest nun den ganzen Text aufmerksam durch und erklärt dann die Bedeutung der folgende Begriffe aus dem Kontext heraus: das absolute Limit (Z. 8); additiv (Z. 15); ergo (Z. 38); Gedankenexperiment (Z. 48); konstruiert (Z. 49)

2 *a) Die Informationen des Textes lassen sich ordnen. Erstellt zu dem Text Gliederungspunkte und schreibt zu jedem Gliederungspunkt einige wichtige Stichworte auf, z. B.:* Physik vor Einstein: …
b) Vergleicht eure Notizen. Wo seid ihr zu unterschiedlichen Ergebnissen gekommen?

3 *Erläutert mit Hilfe des Textes die folgende Aussage:* „Einsteins Relativitätstheorie rüttelte an den Fundamenten der Physik, wenn nicht der ganzen Welt."

4 *Ob ein Sachtext leicht zu lesen ist, hängt nicht nur von seinem Inhalt, sondern auch von seiner äußeren Gestaltung (Layout) ab. Der vorliegende Text nutzt verschiedene Mittel der Textgestaltung.*
a) Schreibt in Stichworten auf, welche unterschiedlichen Gestaltungsmittel im Text zu finden sind. Nehmt dazu den unten stehenden Merkkasten zu Hilfe.
b) Erklärt genau, welche Funktionen die einzelnen Gestaltungsmittel in dem vorliegenden Text haben. Welche Textinformationen werden durch die Grafiken auf Seite 280/281 jeweils veranschaulicht?

!

Das Layout eines Sachtextes

Ob ein Sachtext leicht zu lesen ist, hängt nicht nur von seinem Inhalt, sondern auch von seinem Layout (Text- und Bildgestaltung) ab. Viele verschiedene Elemente können das Textbild prägen, z. B.:

- Überschriften und Zwischenüberschriften
- Unterteilung in Absätze
- Hervorhebungen durch **Fettdruck,** *Kursivdruck*, GROSSBUCHSTABEN
- Schaubilder, Tabellen und Grafiken
- Fotos und andere Abbildungen

Durch diese Gestaltungselemente wird Wichtiges hervorgehoben.

Der Girls' Day – Technik & Co für Mädchen

Der „Girls' Day 2005" brachte einen neuen Teilnahmerekord: Bundesweit öffneten am 28. April 6974 Unternehmen, Behörden, Hochschulen und Forschungszentren mit technischen Bereichen ihre Türen für Schülerinnen der Klassen 5 bis 10. In Werkstätten, Büros und Laboren haben die Besucherinnen an diesem Tag die Gelegenheit, praxisnah Eindrücke von so genannten „Männerberufen" zu bekommen.

Ziel des „Girls' Day" ist, das Berufswahlspektrum junger Frauen zu erweitern und insbesondere Mädchen eine Vielzahl von Berufen nahezubringen, die in technischen und naturwissenschaftlichen Bereichen liegen.

Mädchen entscheiden sich bei ihrer Berufswahl noch immer für „typisch weibliche" Berufsfelder und Studienfächer.

41,8 Prozent beträgt der Anteil von Frauen in allen Ausbildungsberufen. In den technischen Berufen ist ihre Anzahl jedoch sehr gering. So absolvierten im Jahr 2004 lediglich 2,9 Prozent der weiblichen Azubis eine Berufsausbildung im Elektrikbereich und 2 Prozent in den Metallberufen. Dagegen stehen die typisch weiblichen Berufe wie Arzthelferin und Bürokauffrau hoch im Kurs.

Auch unter den Hochschulabsolventen ist der Frauenanteil fast genauso hoch wie der Anteil der Männer, jedoch ist die Anzahl ihrer Studienabschlüsse in Natur- und Ingenieurwissenschaften weiterhin sehr gering. In Studiengängen wie Ingenieurwissenschaften oder Informatik sind Frauen deutlich unterrepräsentiert. Männer schreiben sich vorwiegend in Physik, Mathematik und Ingenieurwissenschaften ein, Frauen bevorzugen Sozial- und Gesundheitswissenschaften sowie Pädagogik.

In Zukunft muss mit einem Mangel an qualifizierten Fachkräften gerechnet werden. Besonders betroffen werden davon die Arbeitsbereiche Mathematik, Informatik, Naturwissenschaften und Ingenieurwesen sein. Es wird prognostiziert, dass bis zum Jahr 2030 in diesen Bereichen immer mehr Fachpersonal fehlen wird. Das Interesse an einem Studium im technischen Bereich nimmt bei den Studierenden jedoch wieder ab. Daher ist es für die Firmen jetzt umso wichtiger, auch die Mädchen „ins Boot zu holen". Der „Girls' Day" will durch praktische Einblicke in die technischen und naturwissenschaftlichen Berufsbereiche die Präsenz der Frauen in diesen Berufen stärken und fördern.

Die Idee des „Girls' Day" stammt aus den Vereinigten Staaten. Seit 1993 nehmen dort Erwachsene unter dem Motto „Take our daughters to work" ihre Töchter, Nichten, Nachbarinnen, Patenkinder jeweils am letzten Donnerstag im April einen ganzen Tag lang mit an ihren Arbeitsplatz. Im Vorjahr beteiligten sich daran 56 Mio. Arbeitnehmer und Arbeitgeber und rund 19 Mio. Mädchen.

1 *Verfasst auf Grundlage des Textes und mit Hilfe eigener Recherchen einen Sachtext über den „Girls' Day". Ihr könnt einen informierenden oder einen appellierenden Sachtext schreiben (▷ S. 284). Geht dabei folgendermaßen vor:*

- *Sammelt zum Thema „Girls' Day" Fragen oder Themen, z. B. in einem Cluster.*
- *Recherchiert zu euren Themen und Fragestellungen Informationsmaterial, z. B. im Internet unter www.girlsday.de. Prüft auch, ob es Schaubilder oder Diagramme gibt, mit denen ihr statistische Untersuchungsergebnisse veranschaulichen könnt, oder entwerft selbst Diagramme.*
- *Ordnet euer Informationsmaterial nach thematischen Gliederungspunkten.*
- *Schreibt auf Grundlage eurer Gliederungspunkte einen Sachtext über den „Girls' Day".*
- *Gestaltet das Layout eures Textes (▷ S. 285).*

14 Die Zeitung als Informationsmedium

14.1 Von der Nachricht zur Zeitungsmeldung

1 *Führt in eurer Klasse eine Umfrage zum Thema „Zeitunglesen" durch. Folgende Fragen könnt ihr bei eurer Umfrage berücksichtigen:*
- ☐ *Wie häufig liest du Zeitung?*
- ☐ *Wie lange liest du in einer Zeitungsausgabe?*
- ☐ *Welche Themen (Politik, Sport, Kultur, Klatsch, Veranstaltungstipps etc.) interessieren dich besonders?*
- ☐ *Sprichst du mit jemandem über das Gelesene?*

2 *Heute gibt es neben der Zeitung viele andere Informationsmedien, die man nutzen kann, um „auf dem Laufenden" zu bleiben. Sammelt Gründe, warum viele gerade eine Zeitung bevorzugen. Welche Vorteile bietet dieses Medium?*

Verschiedene Zeitungstypen

Vertriebene in der dritten Generation: „Leben auf fremden Schienen" / Seite 11

Süddeutsche Zeitung

MÜNCHNER NEUESTE NACHRICHTEN AUS POLITIK, KULTUR, WIRTSCHAFT UND SPORT

Erster deutscher Pontifex seit 1523

Joseph Ratzinger neuer Papst

Früherer Münchner Erzbischof nennt sich Benedikt XVI. / Freude und Kritik unter Katholiken

Terrorprozess platzt wegen E…

HEUTE IN DER SZ

Fränkischer Tag

STEINMEIER UND DIE BND-AFFÄRE

HEUTE MIT HEIMATBEILAGE

MODE SETZT AUF REITERLOOK

BAMBERG

Lokales

Ratzinger neuer Papst

Sensation am zweiten Konklavetag – Deutscher wählt Namen Benedikt XVI.

Mein Bamberg

Unser Joseph Ratzinger ist Benedikt XVI.

WIR SIND PAPST!

Bild

Mittwoch, 20. April 2005

UNABHÄNGIG · ÜBERPARTEILICH

ES IST EINE JAHR-TAUSEND-SENSATION!

Joseph Kardinal Ratzinger (78) aus dem bayerischen Städtchen Marktl am Inn ist der neue Papst!

DER ERSTE DEUTSCHE SEIT 482 JAHREN AUF DEM HEILIGEN STUHL! OBERHAUPT VON ÜBER EINER MILLIARDE KATHOLIKEN AUF DER GANZEN WELT!

Der Nachfolger des großen Johannes Paul II. trägt den Namen Benedikt XVI. – der Gesegnete.

ALLES ÜBER DEN NEUEN PAPST, DIE WAHL-SENSATION, WIE GANZ DEUTSCHLAND FEIERTE „WIR SIND PAPST" – Seiten 2 bis 5 und Letzte

1 a) *Diese Zeitungen sind alle vom selben Tag. Vergleicht die Titelseiten der Zeitungen und arbeitet Unterschiede und Gemeinsamkeiten heraus. Berücksichtigt dabei folgende Fragen:*
- ☐ *Über welche Themen wird berichtet?*
- ☐ *Wie sind Fotos, Schlagzeile und Text optisch angeordnet? Was wird farbig hervorgehoben?*
- ☐ *Inwieweit unterscheiden sich die Schlagzeilen sprachlich und optisch?*

b) *Diskutiert, welche Titelseite euch am stärksten anspricht. Begründet eure Meinung.*

2 *Überlegt, welche Informationen ihr von der jeweiligen Zeitung erwartet. Begründet eure Einschätzung.*

3 a) *Stellt fest, um welche Art von Zeitung es sich jeweils handelt. Nehmt dazu den Merkkasten auf* *S. 289 zu Hilfe.*

b) *Jede Zeitung hat eine bestimmte Leserklientel. Besprecht, welcher „Lesertyp" mit der jeweiligen Zeitung angesprochen werden soll. Begründet eure Einschätzung.*

Zeitungstypen
Boulevardzeitung: wird meist ohne Abonnement in Geschäften oder Kiosken gekauft, „reißerische" Aufmachung (Neugier erweckende Schlagzeilen, hoher Bildanteil), z. B. „BILD", „Abendzeitung", „tz".
Regionale/lokale Tageszeitung: erscheint täglich in einer bestimmten Region, wird vorwiegend an Abonnenten verkauft, z. B. „Fränkischer Tag", „Nordbayerische Nachrichten".
Überregionale Zeitung: erscheint täglich oder wöchentlich und ist in ganz Deutschland erhältlich, z. B. „Süddeutsche Zeitung" (täglich), „Frankfurter Allgemeine Zeitung" (täglich), „Die Zeit" (wöchentlich).

4 *a) Bringt verschiedene Zeitungstypen vom selben Tag mit und vergleicht die Titelseiten:*
- ☐ *Über welche Themen wird berichtet?*
- ☐ *Wie unterscheiden sich die Schlagzeilen?*
- ☐ *Wie hoch ist der Bildanteil? Was zeigen die Bilder?*
- ☐ *Was wird farbig hervorgehoben?*

b) Haltet in Stichworten fest, mit welchen sprachlichen und optischen Gestaltungsmitteln die jeweiligen Zeitungen arbeiten. Mit welcher Absicht werden diese Gestaltungsmittel eingesetzt?

Zeitungen online

1 *Jederzeit könnt ihr aktuelle Nachrichten aus Zeitungen auch online erhalten. Bildet Gruppen und vergleicht eine Zeitung in ihrer gedruckten Form mit der Online-Ausführung. Untersucht die Zeitungen dabei nach folgenden Kriterien und Leitfragen:*
- ☐ ***Aufbau:*** *Wo befinden sich die Themenübersichten?*
  Wie ist die Reihenfolge der Themen?
  Wie ist die Verteilung zwischen Schlagzeilen, Text, Bildern und Werbung?
- ☐ ***Inhalt:*** *Gibt es Unterschiede zwischen den Artikeln in gedruckter und digitaler Form?*
  Kann man weitere Texte zu ähnlichen Themen abrufen?
- ☐ ***Nutzen:*** *Welche zusätzlichen Funktionen gibt es bei der „Online-Zeitung"?*
  Welche Form des Lesens ist vorteilhafter?

2 *Zeitungen in gedruckter Form bzw. als Online-Ausführung haben Vor- und Nachteile für den Leser. Übertragt die folgende Tabelle in euer Heft und ergänzt weitere Vor- und Nachteile.*

	Zeitungen in gedruckter Form	Zeitungen als Online-Ausführung
Vorteile	- können an beliebigen Orten gelesen werden	- schnelles Finden von Texten zum gleichen Thema - ...
Nachteile	- ...	- ...

Ordnung muss sein: Die Ressorts

Das Schwimmen fiel ins Wasser

NACH ALLEN REGELN DER KUNST

Landwirt aus Kulmbach von Traktor überrollt

FC Bayern auf Liga-Pokal abonniert

Schluss mit historisch niedrigen Preisen

Bush reiste zu Verhandlungen nach Israel

7-jähriges Kind in München verschwunden

Konzernchef gibt Quartalswerte bekannt

Bundeskanzlerin hat Bewährungsprobe bestanden

1 *Zeitungen sind in verschiedene Themenbereiche gegliedert, die man Ressorts nennt. Zu den klassischen Zeitungsressorts gehören Politik, Lokales, Kultur/Feuilleton, Wirtschaft und Sport.*
a) Ordnet die oben stehenden Schlagzeilen den passenden Ressorts zu.
Wo kann es Überschneidungen geben?
b) Formuliert eigene Schlagzeilen für die einzelnen Ressorts.

2 *Seht euch verschiedene Zeitungen genau an. Blättert sie vollständig durch und notiert, in welche Ressorts die jeweilige Zeitung gegliedert ist. Gibt es Gemeinsamkeiten zwischen den Zeitungen?*

3 *Zählt die Seiten, die auf die verschiedenen Ressorts entfallen, und berechnet dann, wie hoch der Anteil der einzelnen Ressorts im Verhältnis zur gesamten Seitenzahl ist. Was sagen euch die Zahlen über die thematische Schwerpunktsetzung der jeweiligen Zeitung?*

4 *Jedes Ressort wird von einer Redaktion, die für diesen Themenbereich verantwortlich ist, betreut. Wählt drei Ressorts aus eurer Tageszeitung aus und leitet aus den Artikeln die Aufgaben ab, die die Redakteure in ihren Bereichen erfüllen müssen.*

Woher wissen Zeitungsredakteure, was in der Welt passiert? – Die Nachrichtenagenturen

19. 04. 2005/18:00 Uhr
Papstwahl

Schwarz. Schwarz. Weiß.

Wettlauf der Agenturen: AP[1] war eine Minute früher als die anderen. Dafür haben die aber schwarzen Rauch gemeldet. Ein Chronologie der Nachrichtenlage über die Rauchentwicklung in der Sixtinischen Kapelle.

17.52 Uhr: AP schickt die erste Eilmeldung: Schwarzer Rauch aus der Sixtinischen Kapelle. Die im Vatikan zum Konklave versammelten Kardinäle haben auch im dritten und vierten Wahlgang keinen neuen Papst gewählt.

17.53 Uhr: dpa[2] ist vorsichtiger als AP: Rätsel über Rauch. In Rom steigt aus der Sixtinischen Kapelle eine Rauchfahne. Die Farbe ist nicht genau erkennbar.

17.53 Uhr: AFP[3] schreibt, weißer Rauch zeige erfolgreiche Papstwahl an.

17.55 Uhr: Auch dpa ist nun sicher: Papst gewählt – weißer Rauch im Vatikan. Die Kardinäle in Rom haben einen neuen Papst gewählt. Zum Zeichen der Entscheidung stieg am Dienstag weißer Rauch aus dem Schornstein der Sixtinischen Kapelle.

17.56 Uhr: Die katholische Nachrichtenagentur KNA tickert: Die katholische Kirche habe einen neuen Papst. Um 17.49 Uhr stieg weißer Rauch aus dem Schornstein der Sixtinischen Kapelle auf.

17.57 Uhr: KNA hört die Glocken zuerst: Die katholische Kirche hat einen neuen Papst. Um 17.49 Uhr stieg weißer Rauch aus dem Schornstein der Sixtinischen Kapelle auf. Kurz darauf kündigte Glockengeläut des Petersdoms an, dass die im Konklave versammelten Kardinäle sich auf ein neues Kirchenoberhaupt geeinigt haben.

17.58 Uhr: Reuters[4] meldet sich zum ersten Mal: Rauch scheint sich weiß zu färben. Aber keine Kirchenglocken.

17.59 Uhr: DDP[5] hat es nun auch gesehen. Aber die Rauchfarbe ist immer noch ungewiss: Weißer Rauch steige auf – offenbar neuer Papst gewählt.

18.00 Uhr: AFP sieht kurz vor 18 Uhr den Rauch, aber hört keine Glocken.

18.01 Uhr: Wieder dpa: Die Kardinäle in Rom haben einen neuen Papst gewählt. Zum Zeichen der geglückten Abstimmung stieg am Dienstag weißer Rauch aus dem Schornstein der Sixtinischen Kapelle. Zunächst herrschte aber mehrere Minuten lang Unklarheit darüber, welche Farbe der Rauch hatte.

18.05 Uhr: Reuters: Weißer Rauch, keine Glocken.

18.06 Uhr: AP: Glocken signalisieren erfolgreiche Papstwahl.

18.06 Uhr: AFP: Glocken am Vatikan verkünden erfolgreiche Papstwahl.

18.07 Uhr: Reuters hört nun auch die Glocken läuten im Petersdom.

1 **AP:** The Associated Press, amerikanische Nachrichtenagentur
2 **dpa:** Deutsche Presse-Agentur
3 **AFP:** Agence France-Presse, französische Nachrichtenagentur
4 **Reuters:** britische Nachrichtenagentur
5 **DDP:** Deutscher Depeschen Dienst, deutsche Nachrichtenagentur

1 *Zeigt auf, was ihr am Beispiel der Papstwahl über die Arbeit der Nachrichtenagenturen erfahrt.*

2 *Zu Beginn oder am Ende vieler Zeitungsmeldungen findet man das Kürzel von Nachrichtenagenturen. Dadurch wird deutlich, aus welcher Quelle die Nachricht stammt.*
Stellt anhand von mitgebrachten Zeitungen fest, wie hoch der Anteil von Agenturberichten im Verhältnis zu Berichten eigener Mitarbeiter ist.

!

Presse- und Nachrichtenagenturen
Presse- und Nachrichtenagenturen liefern ihren Kunden (z. B. Rundfunk- und Fernsehstationen, Zeitungen) Nachrichten, die Informationen über aktuelle Ereignisse enthalten.
Die Nachricht selbst erhalten sie von ihren Informanten vor Ort oder durch mündliche oder schriftliche Pressemitteilungen der Regierungen, von Wirtschaftsunternehmen, Verbänden oder Parteien.
Die größten Nachrichtenagenturen sind: dpa (Deutsche Presse-Agentur), AP (The Associated Press, amerikanische Nachrichtenagentur), AFP (Agence France-Presse, französische Nachrichtenagentur) und Reuters (britische Nachrichtenagentur).

Die Zeitungsredaktion und ihre Arbeit

Franziska hat in den Ferien die Redaktion ihrer Tageszeitung besucht und will darüber einen Artikel für die Schülerzeitung schreiben. Sie hat sich während ihres Besuchs Stichpunkte notiert:

- pro Tag werden etwa 2000 Meldungen in die Datenbank der Zeitung eingespeist
- die Redakteure halten morgens Redaktionskonferenz ab und entscheiden, was gedruckt werden soll (teilweise heiße Diskussionen)
- jedes Ressort bekommt genaue Seitenzahl zugewiesen
- an Computern schreiben Redakteure die Artikel (viele telefonieren dauernd), fügen auch Bilder ein
- Lokalreporter sind bis nachmittags unterwegs
- große Eile, damit alles fertig wird
- vom Computer aus werden die Filme belichtet, die zur Herstellung der Druckplatten dienen (alles geht digital)
- bei Redaktionsschluss (17:00) geht nichts mehr. Erleichterung

3 *Beschreibt in einem Artikel für die Schülerzeitung, wie in einer Zeitungsredaktion gearbeitet wird. Nehmt die Stichpunkte zu Hilfe. Wenn euch Informationen fehlen, ruft bei der Redaktion eurer Lokalzeitung an und sprecht mit einer Redakteurin oder einem Redakteur.*

Der Herstellungsprozess einer Zeitung

Von der Redaktion zur Druckerei

Jugendliche erfuhren alles über die „Süddeutsche Zeitung"

Arbeit an der Druckmaschine

Ohrenbetäubender Lärm, unendlich erscheinende Transportbänder und ferngesteuerte Transportwagen: Johanna Seidel hat sich eine Druckerei kleiner vorgestellt. „Im Fernsehen habe ich schon mal gesehen, wie eine Zeitung gedruckt wird", sagt die 14-Jährige. Dass das mit richtig viel Stress verbunden ist, erfuhr die Schülerin jetzt bei einer Führung durch die Druckerei der „Süddeutschen Zeitung". „Ich wusste gar nicht, dass man so viele Leute braucht, um eine Tageszeitung zu machen."
Im Verlag der Süddeutschen Zeitung sorgen mehrere hundert Mitarbeiter dafür, dass ihre Zeitung täglich erscheint. Wenn morgens die ersten Computer in der Redaktion angestellt werden, haben die 120 Angestellten der Druckerei noch Pause. Stressig wird es erst am frühen Abend, wenn die fertigen Zeitungsseiten über die Telefonleitung in das Druckhaus übertragen werden. „Dann bringen wir die Seiten auf Metallplatten", sagt der zuständige Mitarbeiter für die Produktionssteuerung. „Eine Druckplatte entsteht im Prinzip wie ein Foto. Der Film einer Zeitungsseite wird auf die mit einer lichtempfindlichen Schicht versehene Aluminiumplatte gelegt und belichtet." Bis zu vier dieser Blechbogen werden für eine Seite benötigt, damit sie gedruckt werden kann. Die wiederum werden in die so genannten Rotationsmaschinen eingespannt. So heißen die Druckmaschinen, mit denen die Seiten bedruckt werden. Die ersten Ausgaben gehen um 18.30 Uhr über die Rotation. Bis zu 25 000 Zeitungsexemplare pro Stunde kommen gedruckt, gefalzt und gepackt aus der Anlage.
Bis um zwei Uhr nachts herrscht dann Hochbetrieb. Eine halbe Stunde später sind alle Fahrzeuge vom Hof, um die Zeitungen auszuliefern.
Vor allem die Geschwindigkeit, mit denen die Maschinen arbeiten, hat die Jugendlichen fasziniert. „Auch die Papierrollen sind riesig", sagt der 14-jährige Florian Holzer. Immerhin sind diese 1,40 Meter breit. 90 Tonnen Papier werden tagtäglich für den Druck der Zeitung benötigt. Buchstaben muss aber niemand mehr setzen. Das machen inzwischen die Computer.

Frisch gedruckte Zeitungen laufen zur Verpackung

4 *Erarbeitet aus dem Text die wesentlichen Abläufe bei der Zeitungsherstellung.*

14.2 Nachricht, Kommentar, Glosse, Interview – Journalistische Textsorten untersuchen

Der Aufbau einer Nachricht

1 Crash-Drama — 3. August 2005

2 **Flugzeug in Flammen**

3 **Air-France-Maschine verunglückt**

4 **Toronto – Flugzeugkatastrophe in Kanada. Beim Landeanflug auf den Flughafen von Toronto ist eine Passagiermaschine des Typs Airbus A 340 der französischen Fluggesellschaft Air France verunglückt.**

TV-Livebilder zeigen eine Explosion des verunglückten Airbus A340 während der Rettungsarbeiten.

5 Der mit 252 Passagieren besetzte Airbus, Flugnummer 358, gestartet in Paris, war über die Landebahn hinausgeschossen, raste in ein Waldstück, nur etwa 50 Meter vom stark befahrenen Highway 401 entfernt.

Nach Informationen des Nachrichtensenders CNN soll es in der Region heftige Gewitterstürme und extrem schlechte Sichtverhältnisse gegeben haben. Angeblich hatten starke Gegen- und Seitenwinde die Maschine unkontrollierbar gemacht. Das Flugzeug ging sofort in Flammen auf. Während Einsatzkräfte versuchten, zu löschen und Passagiere zu retten, kam es zu einer schweren Explosion.
Bis da sollen die Retter keine Möglichkeit gehabt haben, zu den Verunglückten vorzudringen. Polizei und Augenzeugen berichten aber übereinstimmend, dass zahlreiche Verunglückte um das brennende Wrack durch die dichten, dunklen Rauchschwaden geirrt sein sollen. Außerdem sollen Überlebende mit Bussen in Richtung Flughafengebäude gebracht worden sein.
Unter den Überlebenden sollen auch einige Besatzungsmitglieder gewesen sein. Angeblich sei einer der Piloten schwer verletzt ins Krankenhaus transportiert worden. Angaben über Opfer und Überlebende lagen bis Redaktionsschluss nicht vor.

1 *In Zeitungen sind viele Artikel ähnlich aufgebaut wie dieser und damit eine Nachricht. Lest den Text aufmerksam durch und benennt dann die nummerierten Textteile mit Hilfe des Zettels.*

- Schlagzeile
- Kurzfassung der Ereignisse
- Haupttext mit näheren Einzelheiten
- Untertitel
- Dachzeile/Headline

2 *In einer Nachricht sollten die sechs W-Fragen beantwortet sein:*

***Was** ist geschehen?*	***Wann** ist es geschehen?*
***Wer** war beteiligt?*	***Wie** ist es geschehen?*
***Wo** ist es geschehen?*	***Welche Folgen** hatte das Geschehen?*

a) Beantwortet folgende Fragen in Stichpunkten:
- ☐ *Welche W-Fragen werden schon in der Überschrift (Dachzeile, Schlagzeile und Untertitel) und im fett gedruckten Vorspann (Lead) beantwortet?*
- ☐ *Welche zusätzlichen Informationen liefert der Haupttext?*

b) Gebt den Inhalt des Textes mit Hilfe eurer Stichpunkte in eigenen Worten wieder.

3 *Untersucht den „Wahrheitsgehalt" der Schlagzeile und verändert die Schlagzeile so, dass sie genauer den Tatsachen entspricht. Wie ist die vorliegende Schlagzeile sprachlich gestaltet? Wozu dient eine Schlagzeile?*

4 *Zeigt auf, inwiefern die Zeitungsnachricht über den Flugzeugabsturz dem typischen Lead-Stil entspricht. Nehmt dazu den Merkkasten zu Hilfe.*

!

Die Nachricht

Die Nachricht **informiert knapp und sachlich über ein aktuelles Ereignis.** Der Nachrichtenstil ist geprägt durch die Beschränkung auf Tatsachen sowie das Bemühen um Objektivität, mit dem man den Tatsachen unvoreingenommen und unparteiisch gerecht werden will.

Nachrichten sind meist im **Lead-Stil** (engl. lead = führen) aufgebaut, d. h.: Die **wichtigsten Informationen** stehen **am Textanfang** (Vorspann oder Lead), dann folgen weitere Detailinformationen.

Eine umfangreichere Nachricht nennt man Bericht.

Nachrichtenaufbau (Lead-Stil) und Adressatenbezug lassen sich folgendermaßen darstellen.

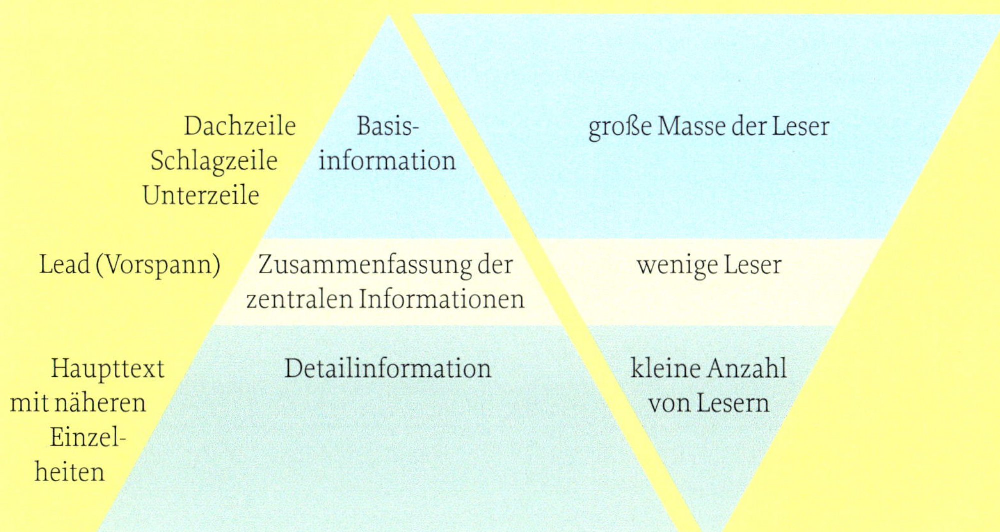

5 *Auch kürzere Meldungen wie die folgenden sollten möglichst alle W-Fragen beantworten.*

WÜRZBURG – Eine 68-jährige Frau aus Hammelburg hat am Montag eine Sparkasse in Würzburg überfallen. Sie hatte sich die Spielzeugpistole ihres Enkels ausgeliehen und war damit in eine Sparkassenfiliale gegangen, wo sie den Kassierer bedrohte und die Herausgabe von 10000 € forderte. Ein Bankangestellter verständigte die Polizei, die die Frau beim Herausgehen festnahm. Als Grund für den Bankraub gab die Frau an, mit ihrer kleinen Rente nicht mehr ausgekommen zu sein.

CUXHAVEN – Ein 28-jähriger Installateur aus Cuxhaven wurde am Mittwoch mit einer ungewöhnlichen Bissverletzung in ein Hamburger Krankenhaus eingeliefert. Als er im Keller eines Einfamilienhauses am Boden liegend eine Wasserleitung reparierte, näherte sich von hinten ein anderthalb Meter langer Kaiman, der dem Mann ins Hinterteil biss und ihn schwer verletzte. Die Familie hatte nicht daran gedacht, den Kaiman, der in einem Kellerraum untergebracht war, einzuschließen. Der Mann musste mit zwölf Stichen genäht werden.

Am Dienstag ist bei Augsburg ein Kleinflugzeug in die Scheune eines Gehöfts gestürzt. Dabei wurde der Pilot, ein 23-jähriger Student, wie durch ein Wunder nur leicht verletzt. Er hatte beim Landeanflug die Kontrolle über sein Flugzeug verloren, das sich im Dach verfing, welches den Aufprall bremste, wodurch das Leben des jungen Piloten gerettet wurde.

Auf der Autobahn A9 bei Rosenheim ist am frühen Donnerstagmorgen auf eisglatter Fahrbahn ein Lastwagen ins Schleudern geraten und umgestürzt. Dabei verlor er seine Ladung, 2000 Fußbälle, die sich über die gesamte Autobahn verteilten und über Stunden von den verständigten Hilfskräften eingesammelt werden mussten.

a) Lest die Texte und notiert jeweils die wichtigsten Informationen. Benutzt dazu die „W-Fragen“.
b) Sucht treffende Schlagzeilen für die Meldungen.
c) Übt euch im journalistischen Schreiben und verwandelt eine der Meldungen in eine Nachricht im Lead-Stil. Fehlende Informationen könnt ihr ergänzen.

6 *John B. Bogart, Lokalredakteur der amerikanischen Zeitung „Sun“, soll 1880 den nebenstehenden Ausspruch geprägt haben. Erklärt, was dieses Zitat bedeutet, und stellt Kriterien für eine gelungene Nachricht auf.*

„Wenn ein Hund einen Mann beißt, ist das keine Nachricht, aber wenn ein Mann einen Hund beißt, dann ist das eine Nachricht.“

7 *Dem Lead-Stil wird von Medienwissenschaftlern vorgeworfen, er berge die Gefahr der Leserbeeinflussung. Was haltet ihr von dieser Behauptung? Begründet eure Aussagen.*

Meinungsbildende Texte: Kommentar und Glosse

KOMMENTAR

Lebenskapital Bildung

Von Yvonne Globert

Nennen wir sie Monika. Weiblich, katholisch, Arbeiterkind vom Land. Die Verlierer der 1960er und 1970er Jahre hatten ein Gesicht bekommen. Geschlecht, Konfession und Status entschieden darüber, wer aus einer hinteren Reihe ins Leben startete. Der Begriff Chancengleichheit kam in Mode und hält sich dort bis jetzt. Heute heißen die Benachteiligten Muhrat, Nadine und Wolfgang. Ein Mix der Chancenlosen, die keinen Ausbildungsplatz finden, weil es z. B. mit dem Deutsch hapert und zu Hause weder Eltern noch Bücher erklären, wie man eine Bewerbung schreibt. Auch Arbeitslose sind darunter. Als „gering qualifiziert" abgestempelt und ohne Chance auf Weiterbildung.

Vor allem die soziale Herkunft schwebt nach wie vor als Damoklesschwert[1] über der Bildungspolitik. Nirgendwo, um noch einmal die PISA-Studie zu bemühen, prägt die Herkunft den Weg eines Kindes so sehr wie hier: Arbeiterkinder leiden unter strengeren Beurteilungen und finden sich seltener an Gymnasien und Unis. Entsprechend wenig tauchen sie später in der Liste der Führungskräfte und Top-Verdiener auf. Mit Frühförderung, Sprachprogrammen und der Idee einer Gemeinschaftsschule soll der Kreislauf durchbrochen werden. Ansätze in die richtige Richtung: Da unsere Kinder eine rechtlich garantierte, aber keine faktische Chancengleichheit haben, muss sie Thema bleiben.

Es allein dabei zu belassen, aber wäre fatal. In dem ausschließlichen Wunsch, alle Kinder auf gleicher Augenhöhe beginnen zu lassen, offenbart sich eine rückwärtsgewandte Haltung,

die eine Bildungsreform der Zukunft nicht trägt. Vom reaktionären Standpunkt aus soll Bildung in erster Linie Sicherheitsgarant sein für ein geregeltes Einkommen, die Altersvorsorge. Und im Sinne von Staat und Wirtschaft zur Erfüllung der Ansprüche des Arbeitsmarktes. So aber bleibt Bildung auf ihren Außenwert reduziert.

Wer eine umfassende Reform anstrebt, muss auch berücksichtigen, dass Bildung heute vor allem einen Wert für jeden persönlich besitzt. Einfach auf die Formel gebracht: In Bildung steckt nicht nur das Potenzial eines gesicherten Lebens, sondern auch die Möglichkeit, dieses frei zu gestalten. Gute Noten sind wichtig. Im Zweifel ist es wichtiger, ein Kind darin zu bestärken, sein Selbstbewusstsein nicht von Zensuren abhängig zu machen. Eine Karriere anzustreben, ist reizvoll. Im Zweifel ist es reizvoller, sich für einen Beruf zu entscheiden, der mit den eigenen Lebensvorstellungen in Einklang steht. Auch wer heute auf eine gute Ausbildung schauen kann, erlebt sich orientierungslos. Ohne Bildung gibt es gar keine Wahl.

Auch „lebenslanges Lernen" ist ein Schlagwort geworden und macht – richtig verstanden – deutlich, dass sich Lernprozesse nicht mit der

1 **Damoklesschwert:** Sinnbild ständig drohender Gefahr

Vorbereitung auf das Berufsleben und dem Ausscheiden aus der Arbeitswelt erschöpfen. Immer mehr Ältere begeistern sich für Seniorenstudiengänge und holen nach, wozu lange keine Zeit blieb. Die Ressourcen, wenngleich sie nicht auf Kosten der Jüngeren gehen dürfen, müssen erhalten bleiben. Ebenso die Möglichkeit, von Älteren zu lernen. Einige Unternehmen schätzen den Wissensfundus. Wer sich bildet, Wissen erwirbt und weitergibt, bleibt aktiver Teil der Gemeinschaft und verhindert so den wörtlich genommenen Ruhestand. Die Alternative sieht trist aus: Wer nicht neugierig ist auf die Welt, bleibt allein und sprachlos in ihr zurück.

All diese Gründe für eine „freiere" Bildung setzen voraus, dass wir stärker als zuvor das Lernen lernen, also Strategien entwickeln, mit denen sich relevantes Wissen filtern und weiterentwickeln lässt.

Den Wissensstandort Deutschland mieszumachen im Schaukampf um Schultests und im ständigen Vergleich mit anderen, stets kompetenter wirkenden Ländern, schafft Lernfrust statt -lust. Geschürt von den Parteien, die angesichts der Wahl im September Bildung nur zaghaft ins Zentrum nehmen. Eine schlechte Entscheidung, steckt doch in ihr das Potenzial zur Trendwende. Es lohnt sich, dieses zu entdecken.

1 *a) Lest den Kommentar von Yvonne Globert aufmerksam durch und klärt eure Fragen zum Text.*
b) Erläutert folgende Wörter:

Konfession (Z. 4)	*faktisch (vgl. Z. 31)*	*reaktionär (vgl. Z. 38)*	*Ressourcen (Z. 69)*
Wissensfundus (Z. 73)	*Alternative (Z. 77)*	*kompetent (vgl. Z. 87/88)*	*Potenzial (Z. 92)*

2 *Fasst den Inhalt des Textes in ein oder zwei Sätzen zusammen.*

3 *a) Klärt im Klassengespräch folgende Fragen und belegt eure Antworten anhand des Textes:*
- *Handelt es sich um einen vorwiegend informierenden oder meinungsbildenden Text?*
- *Welches Ziel verfolgt der Text?*
- *Ist der Sprachstil eher sachlich und tatsachenorientiert oder subjektiv wertend?*

*b) Erläutert, inwieweit sich der vorliegende Kommentar von einer Nachricht (**▷ S. 296/297**) unterscheidet. Sammelt Merkmale, die einen Kommentar auszeichnen.*

!

Der Kommentar
Ein Kommentar ist **ein subjektiv wertender Text,** in dem ein namentlich genannter **Autor** zu einem aktuellen Thema **Stellung nimmt.**
Kommentare ordnen Nachrichtenmeldungen in Zusammenhänge ein, erhellen die Hintergründe und führen Argumente für die eigene Meinung (argumentative Sprache) an. Häufig wird die Meinungsäußerung auch in Form von Aufforderungen oder Wünschen (appellative Sprache) zum Ausdruck gebracht.
Ziel des Kommentars ist es, die **Meinung des Lesers zu beeinflussen.**
Eine Sonderform des Kommentars ist der Leitartikel.

4 *Sucht in verschiedenen Zeitungen nach Kommentaren und Leitartikeln und notiert Antworten auf die folgenden Fragen:*
- □ *An welcher Stelle werden sie platziert und wie werden sie kenntlich gemacht?*
- □ *Mit welchen Themengebieten beschäftigen sich die Kommentare und Leitartikel?*

5 *Wählt ein strittiges Thema aus eurem Lebensbereich und verfasst dazu einen Kommentar.*

Die Glosse

1 *Lest die Gosse aufmerksam und erläutert, mit welchem Thema sich der Text beschäftigt.*

2 *a) In einer Glosse (von griech. „glossa" = Zunge, Sprache) sind die Stilmittel der Ironie und der Übertreibung besonders wichtig. Arbeitet diese Stilmittel in der vorliegenden Glosse heraus.*
b) Fallen euch noch andere sprachliche Mittel auf? Nennt sie und erklärt ihre Wirkung.
c) Vergleicht die sprachlichen Mittel der Glosse mit denen einer Nachricht und eines Kommentars.

3 *Besprecht, wie dieser Text im Vergleich zu einer Nachricht (▷ S. 296/297) oder einem Kommentar (▷ S. 300) auf euch wirkt. Versucht, die Textsorte „Glosse" zu definieren. Grenzt sie dabei besonders vom Kommentar ab.*

4 *Die Glosse gilt unter den Journalisten als die anspruchsvollste Textsorte. Nehmt Stellung zu dieser Aussage.*

Tief durchatmen

von Holger Reischock

Viel Feind, viel Ehr, heißt es so schön und die Bahn tut im Lichte dieses Wortes wirklich viel, um zu Ehren zu kommen. Rappelvolle Züge, falsche Ansagen, kaputte Klos und nicht einmal auf die Verspätungen kann man sich verlassen. Aber eins lässt sich den Bahnmenschen nicht vorwerfen: dass sie die Missstände tatenlos hinnehmen. Im Gegenteil. Ständig wird daran gearbeitet, den Fahrgast spüren zu lassen, dass man das Leben durchaus in vollen Zügen genießen kann. So sollen demnächst „Wellness-Teams" einige Regionalzüge im südlichen Teil Deutschlands begleiten. Vier Yogalehrer und Physiotherapeuten werden während der Fahrt versuchen, gestresste Reisende wieder locker und entspannt zu machen. Unter anderem sollen sie Interessenten die richtige Haltung und Atmung nahebringen, vor allem vermutlich beim Stehen im überfüllten, miefigen Gang. Bei so viel Wohlbefinden wird sich dann jeder geradezu wünschen, dass die Fahrt nie zu Ende geht. Oder wenigstens nicht pünktlich. Problem gelöst. Das Leben könnte so schön sein, wenn alle ein bisschen von der Bahn lernen würden.

!

Die Glosse
Die Glosse (von griech. „glossa" = Zunge, Sprache) ist ein **ironisch-witziger, oft auch polemischer Kurzkommentar** zu einem Thema.
In erster Linie unterscheidet sich eine Glosse vom Kommentar also nicht in der Themenwahl, sondern in ihrer sprachlichen Form. Eines der beliebtesten Stilmittel von Glossenschreibern ist die Ironie. Eine bekannte Glossenrubrik ist z. B. das „Streiflicht" in der „Süddeutschen Zeitung".

Das Interview

Angst entsteht schon im Kindesalter

proDente-Interview mit Mats Mehrstedt

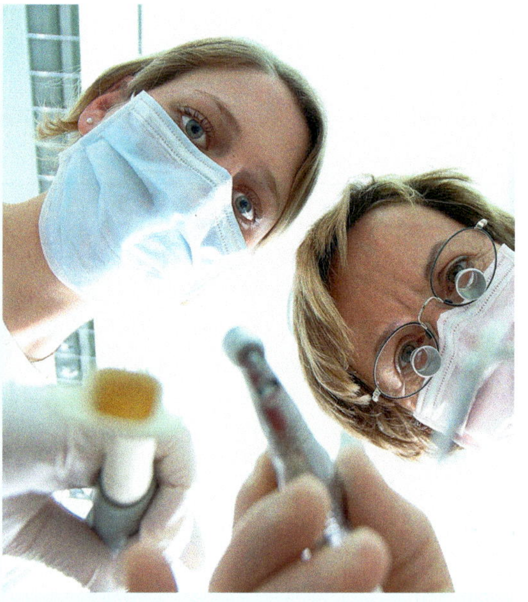

Als Leiter der zahnärztlichen Angst-Ambulanz in Hamburg arbeitet Mats Mehrstedt bereits seit 1979 mit Patienten, die unter Zahnbehandlungsängsten leiden.

proDente: Wie viele Menschen haben Angst vor dem Zahnarzt?
Mehrstedt: Das ist schwer zu sagen. Nach einer Untersuchung haben etwa zehn Prozent aller Menschen, die im Wartezimmer sitzen, eine regelrechte therapiebedürftige Phobie vor der zahnärztlichen Behandlung. Geht man davon aus, dass diese Menschen nur zum Zahnarzt gehen, wenn sie es vor Schmerzen nicht mehr aushalten, ist die Dunkelziffer sicher noch viel höher.

proDente: Woher kommen solche Ängste?
Mehrstedt: Oft haben die Patienten schlechte Erfahrungen beim Zahnarzt gemacht: dadurch, dass der Arzt sie grob behandelt hat, sie nicht ernst genommen hat oder nicht ausreichend für eine schmerzfreie Behandlung gesorgt hat. So darf beispielsweise ein Zahn nicht behandelt werden, wenn er entzündet und damit nicht zu betäuben ist. Dann muss man erst dafür sorgen, dass die Entzündung abklingt. Meist entstehen die Ängste schon im Kindesalter, deshalb ist ein behutsamer Umgang des Zahnarztes mit Kindern besonders wichtig. Sonst kommen diese Kinder vor lauter Angst möglicherweise gar nicht mehr in die Praxis.

proDente: Sind manche Personengruppen anfälliger für Phobien als andere?
Mehrstedt: Untersuchungen zeigen, dass Frauen eher betroffen sind als Männer, sozial Schwache eher als Wohlhabende, Jüngere eher als Ältere. Außerdem gibt es Zahnbehandlungsphobien eher bei Menschen, die ohnehin zu psychischen Problemen neigen und auch unter anderen Ängsten leiden.

proDente: Wie können Zahnärzte diese Ängste abbauen?
Mehrstedt: Neben Fortbildungen zum Umgang mit Angstpatienten kann jeder Zahnarzt seine Patienten vor allem ernst nehmen. Er kann zuhören und konkret nach Ängsten fragen. Der Patient sollte gründlich über die Behandlung aufgeklärt werden und sich selbst dazu entscheiden. Wichtig ist auch, dass der Zahnarzt immer schmerzfrei arbeitet. Denn jede zahnärztliche Behandlung ist ohne Schmerzen möglich.

1 *Informiert euch in einem Lexikon, was man unter dem Begriff „Phobie“ versteht.*

2 *Beantwortet anhand des Textes folgende Fragen:*
- *Welche Gründe gibt es für die Entstehung von Angstzuständen vor und während eines Zahnarztbesuchs?*
- *Welche Personen sind von Zahnbehandlungsängsten besonders betroffen?*
- *Welche Möglichkeiten gibt es, mit Angstpatienten umzugehen?*

3 *In einem Interview sind die Fragen, die gestellt werden, von zentraler Bedeutung. Bestimmt die Fragearten, die in dem vorliegenden Interview verwendet wurden, und erklärt ihre inhaltliche Leistung.*

Das Interview
Bei einem Interview handelt es sich um eine **Befragung durch einen oder mehrere Fragesteller** (so genannte Interviewer) mit dem Ziel, persönliche Informationen oder Sachverhalte zu ermitteln. Es gibt verschiedene Formen des Interviews, z. B.:
- **Das Interview zur Person:** dient dazu, ein möglichst klares Bild des Gesprächspartners zu zeichnen, z. B. durch Erfragen der persönlichen Lebensumstände, Meinungen etc.
- **Das Interview zur Sache:** Experten werden zu einem bestimmten Thema (z. B. aktuelles Tagesgeschehen, Entscheidungen, Ereignisse) befragt.

Nur die wenigsten Interviews erscheinen wortwörtlich in den Medien. Die meisten Interviews führen die Journalisten zu Recherchezwecken, z. B. um Zitate zu bekommen oder sich komplizierte Sachverhalte von Experten erklären zu lassen.

Interviews führen – aber wie?

Wer ein gutes Interview machen will, muss gut vorbereitet sein und bereit sein, auf seinen Gesprächspartner einzugehen. Die Fragen, die in einem Interview gestellt werden, sollten im Allgemeinen möglichst kurz, in jedem Fall aber so präzise wie möglich sein.

Vorbereitungsphase
- Wann findet das Interview statt?
- Wo soll es geführt werden?
- Welches Ziel wird angestrebt?
- Worum soll es inhaltlich gehen?
- Welche Antworten benötige ich dringend?

Tipps:

- Arbeiten Sie sich vorher in die Thematik ein.
- Telefonieren Sie mit Ihrem Interviewpartner und stellen Sie fest, wie auskunftsfreudig, gehemmt, kritisch etc. er ist. Sprechen Sie ggf. die Fragen mit Ihrem Interviewpartner ab.
- Wählen Sie einen ruhigen Ort für das Interview.

Durchführung des Interviews

- Seien Sie stets ruhig und höflich.
- Nehmen Sie eine entspannte, offene Körperhaltung ein.
- Blicken Sie Ihren Interviewpartner an. Vergraben Sie sich nicht hinter Ihren Unterlagen.
- Stellen Sie eine Einleitungsfrage, die dem Gegenüber Gelegenheit gibt, ins Reden zu kommen.
- Stellen Sie offene Fragen, keine Entscheidungsfragen, die mit Ja/Nein beantwortet werden können.
- Schaffen Sie mit unproblematischen Fragen Vertrauen.
- Fordern Sie Ihren Interviewpartner einfühlsam auf, kürzer, ausführlicher, weniger kompliziert etc. zu antworten, falls dies nötig ist.
- Bilden Sie keine Fragenketten, warten Sie geduldig auf eine Antwort.
- Bedanken Sie sich am Ende des Interviews bei Ihrem Gesprächspartner für seine Auskunftsbereitschaft.

4 *Die oben stehenden Tipps zum Führen eines Interviews hat eine Kommunikationsberatung zusammengestellt. Diskutiert über die Tipps:*

- *Welche findet ihr sinnvoll, welche nicht? Begründet.*
- *Gibt es Tipps, die ihr ergänzen wollt?*

5 *Führt gegenseitig Interviews zum Thema „Angst vor dem Zahnarzt" durch. Bereitet euer Interview sorgfältig vor, indem ihr einen sinnvollen Fragenkatalog für das Interview entwerft. Beachtet dabei auch die Tipps in dem Text „Interviews führen – aber wie?"* *(▷ S. 303/304).*

6 *a) Sucht nach weiteren Interviewpartnern und -themen aus eurer Region. Notiert, was euch an der Person oder dem Thema besonders interessiert.*

b) Entwerft ein Schreiben, in dem ihr eine Person um ein Interview bittet.

c) Bereitet euer Interview sorgfältig vor, indem ihr einen Fragenkatalog erstellt.

14.3 Reportagen untersuchen und verfassen

Surfin' NYC

In New York City ist alles möglich! Zwar sind die Wellen hier ausnahmsweise nicht die größten der Welt, gesurft wird aber dennoch – am Rockaway Beach in Queens. *von Sebastian Moll*

Die heiße Juli-Luft ist vor Feuchtigkeit so dick wie Suppe. Man muss schon eine Stunde mit der U-Bahn aus der Stadt herausfahren, um sich einigermaßen Linderung zu verschaffen. Hier, auf der schmalen Halbinsel Far Rockaway am äußersten Rand von New York, bremst wenigstens die Meeresbrise den steten Strom von Schweiß ein wenig.

Rockaway Beach ist beinahe zehn Kilometer lang, ein dünner Streifen Sand, der vom Stadtteil Queens aus in den Atlantik ragt. Wie eine spanische Wand schirmt ein dichtes Spalier trostloser Plattenbauten hinter dem Strand das offene Meer von der Stadt ab, die gleich dahinter dreißig Kilometer lang wie Brei in Richtung Manhattan fließt.

Für die Leute am Strandabschnitt zwischen Beach 88th und Beach 96th Street könnte New York jedoch genauso gut am anderen Ende der Welt liegen. Die Ungarin Annika etwa, die in einem der Wohnblocks direkt am Strand ein Apartment hat, kennt nur eins – in jeder freien Minute raus, an den Strand, aufs Meer, wo es den für New Yorker größten optischen Luxus im Überfluss gibt: Weite. Frühmorgens kommt sie von ihrer Schicht in Manhattan nach Hause und noch bevor sie in ihre Wohnung geht, kommt sie ans Wasser. Und wenn ihr der Wellengang zusagt, holt sie sofort ihr Brett und surft drei oder vier Wellen ab, bevor sie sich ein paar Stunden schlafen legt. Am Nachmittag ist sie dann wieder hier.

Morgens um fünf, schwärmt die dunkelhaarige Frau, sei es am schönsten, hier zu surfen. Da sei das Wasser noch klar und es sei noch nicht schwül. Und außerdem seien dann die Surfer aus Rockaway unter sich. Nachmittags kämen zu viele Yuppies aus Manhattan und machten den Einheimischen die wenigen brauchbaren Wellen streitig, die es hier gibt. In der Tat ist der Wellengang am einzigen Surferstrand auf dem Stadtgebiet von New York nicht sonderlich beeindruckend. Höchstens einen Meter hoch schwappt das Wasser ans Ufer, die Wogen brechen kaum fünfzig Meter vom Strand entfernt. Wenn ein Surfer acht oder zehn Sekunden lang auf seinem Brett steht, war das ein gelungener Ritt. So sei es meistens in Rockaway, erläutert Annika. Nur ein, zwei Mal im Jahr gebe es richtige Wellen hier, so wie die in Kalifornien.

Deshalb überlassen die Rockaway-Surfer heute Nachmittag auch den Manhattenern großzügig das Feld. Richie etwa, der ebenfalls in einer der Plattenbauten direkt am Strand wohnt, hat sein Brett auf zwei Mülleimern aufgebockt und erneuert die Wachsschicht auf der Standfläche. „Ist ziemlich tot im Moment", meint der weißblonde, knapp Sechzigjährige, dem die sonnenverbrannte Haut in Fetzen von den Schultern hängt. Richie surft seit 46 Jahren hier. Im Berufsleben war er Brückenmaler – bis er vor zehn Jahren von der Brooklyn Bridge gestürzt ist. Seither ist er ausschließlich Surfer.

Als Richie hier anfing, kam niemand aus Manhattan zum Surfen hier raus. Da gab es auch noch keinen eigenen Strandabschnitt für Surfer. Surfen war überhaupt nur erlaubt, wenn die Polizisten von Rockaway ein Auge zudrückten. Tagelang, so Richie, hätten sie damals auf den Balkons der Plattenbauten herumgelungert und darauf gewartet, dass die Flut schwillt und die Cops wegschauen. Heute, beschwert sich Richie, hätten irgendwelche Internetfreaks Kameras an den Gebäuden installiert. Die übertragen live die Bilder ins Netz, und wenn die Yuppie-Surfer auf ihren Monitoren an der Wall Street guten Wellengang sähen, dann seien sie in einer halben Stunde hier.

Nicht, dass Richie etwas gegen die Yuppies hätte. „Frieden und Freiheit, Mann, das ist die Surfer-Philosophie", sagt er. „Wir kommen alle miteinander aus." Aber irgendwie findet Richie schon, dass die Yuppies nicht verstehen, worum es eigentlich geht: „Die haben einfach nicht die alten Werte." Wie kostbar das bisschen Freiheit auf den Babywellen von Rockaway ist, das kann wohl nur ermessen, wer hier lebt – als Arbeiter oder Arbeitsloser in einem heruntergekommenen Hochhaus im letzten Winkel der Stadt.

Da ist es kein Wunder, dass Spannungen mit denen entstehen, die alles haben, einen gut bezahlten Job und eine teure Wohnung in Manhattan, und für die Surfen nur ein Trend ist, den man morgen wieder gegen einen anderen eintauscht. Gilberto, ein 40 Jahre alter puerto-ricanischer Lastwagenfahrer mit dicken Rastalocken und einem Tattoo der Jungfrau Maria auf dem Arm, kennt keine Gnade mit den Yuppies. „Ich habe mir extra ein kurzes, hartes Brett gekauft", zeigt er stolz seine Waffe vor, mit der er sich gegen die Fremden durchsetzt. „Wenn eine Welle kommt und ich erwische sie, dann lass ich mir die nicht nehmen. Und wenn mir dann einer von denen in den Weg kommt", deutet er in Richtung Norden, wo 100 Meter entfernt eine Kolonie Manhattaner Surfer sich eingerichtet hat, „dann hat er Pech gehabt."

Als gegen Abend die Sonne über Rockaway ein wenig gnädiger wird, türmen sich entlang der steinernen Mole doch noch ganz ansehnliche Brecher auf. Annika sitzt jetzt konzentriert auf dem Wasser und auch Richie hat sein frisch gewachstes Brett in die Brandung geschmissen. Gilberto hat sein Board neben einem jungen Mann mit einem Irokesenschnitt postiert und die beiden diskutieren zwischen ihren Ritten wild gestikulierend, wie die Wellenformationen am besten zu nehmen seien. Das Leben verdichtet sich in diesem Augenblick für die Rockaway-Surfer zu einem einzigen Gedanken – dem an die nächste Welle. Die verwahrlosten Plattenbauten und die erbarmungslos glühende Stadt dahinter sind Lichtjahre entfernt.

1 *a) Benennt das Thema der Reportage und gebt den Inhalt des Textes mit eigenen Worten wieder.*
b) Diskutiert darüber, wie diese Reportage auf euch wirkt. Kennt ihr ähnliche Texte?

2 *a) Die Reportage enthält sachliche Informationen. Sucht diese Informationen aus dem Text heraus. Wie erhielt der Autor diese Informationen?*
b) Kann man dem Text entnehmen, was der Autor selbst von dem „Surfen in New York City" hält? Belegt eure Meinung mit Textstellen.

3 *a) Setzt den ersten Textabschnitt (Z. 1–5) ins Präteritum. Wie wirkt der Text jetzt?*
b) Eine Reportage informiert in besonders lebendiger und anschaulicher Weise über ein Ereignis. Belegt diese Behauptung anhand des Textes, indem ihr die sprachlichen Gestaltungsmittel und deren Wirkung auf den Leser beschreibt.

4 *a) Tragt zusammen, wodurch sich die Reportage „Surfin' NYC" von einer Nachricht (▷ S. 296/297) unterscheidet. Berücksichtigt dabei Aufbau, Inhalt und sprachliche Mittel.*

	Aufbau	Inhalt	sprachliche Mittel
Reportage	...	...	...
Nachricht	Lead-Stil: wichtigste Informationen am Textanfang (Lead)	...	...

b) Formt die Reportage „Surfin' NYC" (▷ S. 305) in eine Nachricht im Lead-Stil um. Ergänzt fehlende Informationen selbst.

!

Die Reportage

Eine Reportage **informiert in besonders lebendiger und anschaulicher Weise** über ein Ereignis oder eine Person. Dabei kann auch das persönliche Erleben der Reporterin oder des Reporters deutlich werden. Reportagen führen mitten in ein Geschehen ein; die Leserinnen und Leser sollen gedanklich und emotional in das Geschilderte hineingezogen werden. In der Themenwahl ist der Journalist bei der Reportage frei: Alles kann zum Gegenstand seiner Schilderungen werden.

Die Merkmale einer Reportage sind:

- Recherche am Ort des Geschehens, Befragung von Beteiligten oder Fachleuten,
- Hintergrundinformationen und Zusammenhänge werden aufgezeigt,
- Wechsel zwischen sachlich informierenden und persönlich schildernden Textteilen,
- subjektive Meinung der Verfasserin oder des Verfassers,
- Zeitform: Präsens,
- wörtliche Rede,
- Angabe des Verfassernamens.

5 *Schreibt selbst eine Reportage über ein Thema, das ihr besonders interessant findet, z. B.:*

- Über einen ungewöhnlichen Menschen
- Über Menschen am Imbiss-Stand
- Über den Tagesablauf eines Briefträgers, eines Obdachlosen, eines Polizisten ...
- Über den Neubau eines Stadions, einer Festhalle, eines Schwimmbads ...

a) Entscheidet euch für ein Thema, über das ihr schreiben wollt, und legt dann eine Stoffsammlung an.
- *Sammelt Fakten und Informationen und notiert eure persönlichen Eindrücke vor Ort.*
- *Macht Fotos, die die Aussagen des Textes veranschaulichen.*
- *Führt Interviews (▷ S. 303/304) mit beteiligten Personen.*

b) Plant euren Text:
- *Notiert in Stichworten alle Informationen, die eure Reportage enthalten soll. Prüft, welche Aussagen von beteiligten Personen ihr wörtlich wiedergeben könnt.*
- *Überlegt euch einen anschaulichen Einstieg, der die Leser direkt in das Thema „hineinzieht".*

c) Formuliert eure Reportage aus. Achtet dabei vor allem auf eine anschauliche Sprache.

d) Überarbeitet eure Reportagen. Tauscht dazu eure Texte untereinander aus und notiert Verbesserungsvorschläge und Fragen. Sagt auch, was euch besonders gut gefallen hat.

15 Im Bann der bunten Bilder – Zeitschriften im Visier

15.1 Für jeden Geschmack das Richtige – Den Zeitschriftenmarkt kennen lernen

1 *Betrachtet die abgebildeten Zeitschriften. Welche der Zeitschriften kennt ihr und was wisst ihr über deren Inhalt?*

2 *a) Tauscht euch darüber aus, auf welche Leser- bzw. auf welche Käuferschicht die einzelnen Zeitschriften abzielen. Begründet eure Aussagen.*

b) Bestimmt die obigen Zeitschriften genauer, indem ihr sie nach verschiedenen Zeitschriftentypen ordnet. Haltet eure Ergebnisse übersichtlich fest, z. B. in einer Mind-Map.

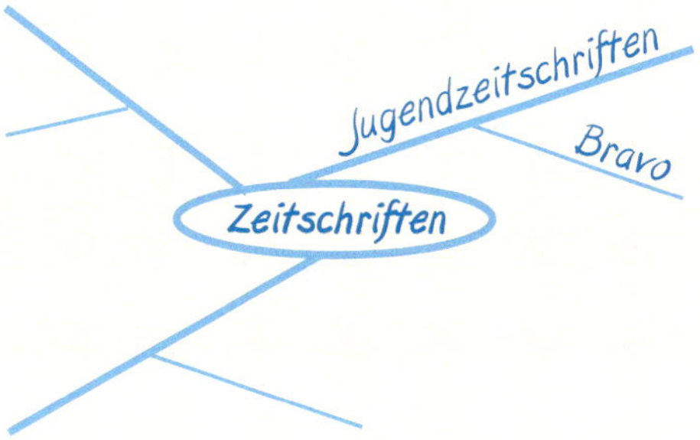

3 *Untersucht, welche Rolle Zeitschriften in eurem Alltag spielen. Führt dazu eine Umfrage in eurer Klasse durch.*

a) Sammelt Fragen zum Thema „Zeitschriften“ und entwickelt einen Fragebogen. Berücksichtigt dabei, dass ihr ihn gut auswerten könnt.

Umfrage zum Zeitschriftengebrauch

Geschlecht ☐ männlich ☐ weiblich

Wie oft liest du Zeitschriften?

☐ regelmäßig ☐ gelegentlich ☐ selten ☐ nie

Welche Themen sind in einer Zeitschrift besonders wichtig für dich?

☐ Jugendthemen ☐ Sport ☐ Mode ☐ Film und Fernsehen

☐ Klatsch ☐ Musik ☐ Computer ☐ Politische Themen

☐ ...

Welche Zeitschriften liest du regelmäßig, welche gelegentlich, welche selten?

regelmäßig ______________ selten ______________

gelegentlich ______________

b) Führt eure Umfrage durch und wertet dann die Ergebnisse aus, z. B. mit Hilfe einer Strichliste. Was sagt das Ergebnis über euren Lesegeschmack und euer Leseverhalten bei Zeitschriften aus?

!

Zeitschriften

Zeitschriften sind **Printmedien** oder **elektronische Medien** (Online-Zeitschriften), die in regelmäßigen Abständen, z. B. wöchentlich oder monatlich, erscheinen und sich mit ihren Beiträgen an bestimmte Lesergruppen wenden. Oft wird auch der Begriff „Magazin“ verwendet. Im Gegensatz zu Zeitungen sind sie weniger auf Nachrichten, sondern mehr auf Hintergrundberichterstattung zu aktuellen Themen ausgelegt. Auf dem Zeitschriftenmarkt unterscheidet man in der Regel zwei große Zeitschriftentypen:

- **Publikumszeitschriften** richten sich an ein sehr breites Publikum und setzen kein bestimmtes fachliches Interesse voraus. Typische Publikumszeitschriften sind Jugendmagazine, Fernsehzeitschriften, Frauen- und Männerzeitschriften und Illustrierte.
- **Fachzeitschriften** informieren über ein spezielles Fachgebiet und wenden sich an einen kleinen Leserkreis von Fachleuten, z. B. bestimmte Berufsgruppen.

4 *Die folgenden zwei Statistiken informieren über den Zeitschriftenmarkt in Deutschland.*

Zeitschriftenmarkt nach Segmenten
Anzahl und Auflagenhöhe

	Anzahl Titel gesamt	verkaufte Auflage gesamt
Publikumszeitschriften	2 454	125 726
Fachzeitschriften	3 291	15 345
gesamt	5 745	141 071

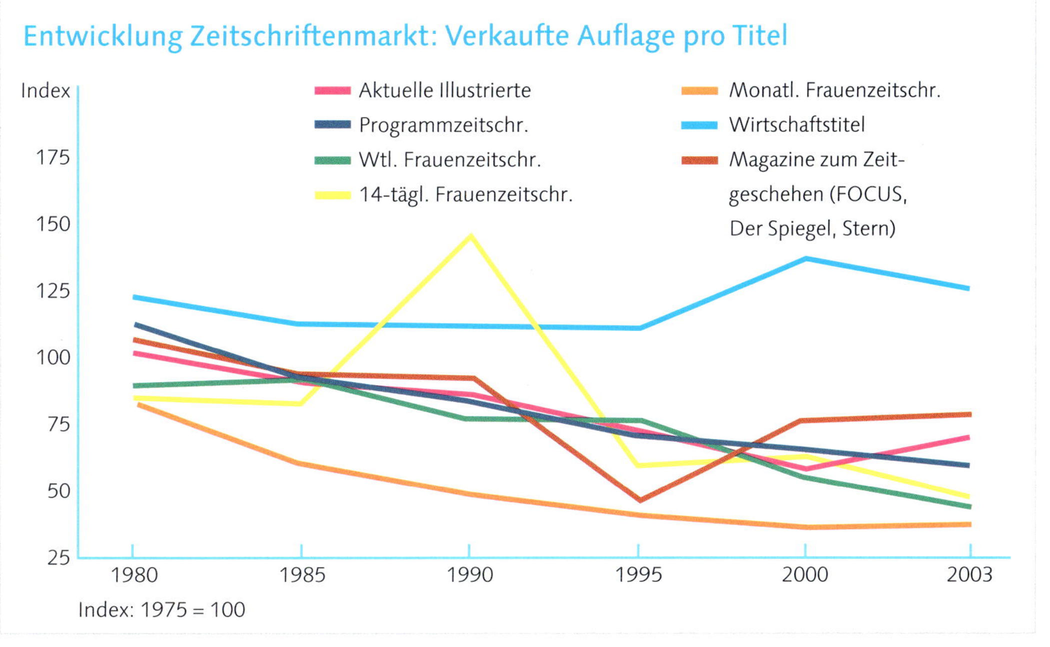

a) Betrachtet die beiden Statistiken genau, lest jeweils den Titel und die übrigen Erklärungen.
b) Formuliert die Kernaussage der einzelnen Statistiken in eigenen Worten.
c) Wertet beide Statistiken genau aus und fasst eure Ergebnisse schriftlich zusammen.

TIPP

Diagramme auswerten

Ein Diagramm ist eine grafische Darstellung von statistischen Angaben. Man unterscheidet z. B. Kreis-, Balken und Kurvendiagramme. Folgende Punkte helfen euch bei der Auswertung eines Diagramms:

- Lest den Titel des Diagramms und die übrigen Erklärungen. Wozu macht das Diagramm Aussagen, was wurde untersucht? Für welche Zeitspanne und/oder Personen(gruppen) gilt es?
- Untersucht, welche Angaben auf der x-Achse und welche auf der y-Achse vermerkt sind.
- Prüft bei Zahlenangaben, um welche Einheiten es sich handelt (z. B. absolute Zahlen oder Prozentzahlen). Wie groß war die Zahl der Befragungen/Stichproben?

15.2 Ein Bild sagt mehr als tausend Worte – Über die Wirkung von Bildern nachdenken

1 *a) Betrachtet die oben abgebildeten Zeitschriftenseiten einige Sekunden aufmerksam. Schließt dann das Buch und notiert, was euch zuerst wieder einfällt.*

b) Vergleicht eure Ergebnisse: Was wird am häufigsten genannt? Seht euch die Zeitschriftenseiten noch einmal an und überlegt, woran dies liegen könnte.

2 *a) Tauscht euch darüber aus, wie die einzelnen Bilder auf euch wirken. Welche Gestaltungselemente (Farbe, Licht, Bildausschnitt etc.) tragen zu der Bildwirkung bei?*

b) Untersucht, welche Funktion die Bilder jeweils haben. Sollen sie dokumentieren, berühren, erklären, neugierig machen …?

3 *„Ein Bild sagt mehr als tausend Worte." Erklärt, was mit dieser Redewendung gemeint ist, und diskutiert, ob ihr der gleichen Meinung seid.*

4 *Nicht nur der Bildinhalt, sondern auch der Bildausschnitt (Kameraeinstellung) ist für die Bildaussage entscheidend.*

a) Beschreibt mit Hilfe des folgenden Merkkastens die verschiedenen Kameraeinstellungen.
b) Untersucht, auf welche Weise die Kameraeinstellung die Bildaussage beeinflusst.

Kameraeinstellung
Die Kameraeinstellung legt die Größe des Bildausschnitts fest. Die verschiedenen Einstellungsgrößen nennt man (von ganz weit bis ganz nah):

- **Weit/Panorama:** Diese Einstellung eignet sich gut für die Darstellung von Menschengruppen oder einer Landschaft.
- **Totale:** Der Betrachter kann die Gesamtszenerie des Bilds lokalisieren (= räumlich zuordnen).
- **Halbtotale:** Vermittelt einen Überblick über eine bestimmte Szene.
- **Halbnah:** Zeigt die Personen bis ungefähr zum Knie. Mit dieser Einstellung kann eine Situation mit mehreren Personen gezeigt werden.
- **Nah:** Eine oder zwei Person/en wird/werden vom Kopf bis zur Mitte des Oberkörpers gezeigt, Mimik und Gestik sind zu erkennen.
- **Groß:** Das ganze Gesicht einer Person (Passfotoausschnitt) ist zu sehen, die Mimik steht im Mittelpunkt.
- **Detail:** Nur ein Ausschnitt einer Person oder eines Gegenstandes ist zu sehen. Diese Einstellung eignet sich, um etwas sehr deutlich zu zeigen, aber auch zur Verrätselung oder Verfremdung.

5 *a) Bringt selbst verschiedene Zeitschriften mit und untersucht in Gruppenarbeit das Layout (die Bild- und Textgestaltung) einzelner Zeitschriftenseiten genau. Folgende Leitfragen können euch dabei helfen:*
- *Was nimmt mehr Raum ein: Text oder Bild?*
- *Welche Bilder werden gezeigt?*
- *Welche Funktion haben die Bilder? Sollen sie erklären, neugierig machen, berühren ...?*
- *Sind die Bilder eindeutig oder benötigen sie eine erklärende Schlagzeile?*
- *Wie sieht das Layout (Bild- und Textgestaltung) der Zeitschrift aus (farbig/schwarz-weiß, einspaltiger Text/mehrere Textspalten, Informationskästen, Bildunterschriften, verschiedene Schriftgrößen und Typen)?*

b) Präsentiert eure Ergebnisse und gebt Vermutungen über den Lesertyp der jeweiligen Zeitschrift wieder.

Können Bilder lügen?

1 *a) Betrachtet die beiden Bilder und vergleicht. Wo liegen die Unterschiede?*
b) Besprecht, welche Absicht mit der Bildbearbeitung verfolgt wurde.

Manipuliertes Titelbild, 6. April 1992

Originalfoto von Asylbewerbern vor einer Antragsstelle in Berlin-Tiergarten

Jürgen Reiche

Manipulierte Bilder

Es wird immer leichter, Bilder zu produzieren, aber auch zu manipulieren. Die Verlockungen des Marktes sind groß. „Wer die Bilder beherrscht, beherrscht auch die Köpfe", so eine Erkenntnis, die Bill Gates[1] zugeschrieben wird und die auch andere zu Höchstleistungen anspornt. Demokratie, Verführung und Demagogie[2] liegen dicht beieinander.

Zum einen werden viele Menschen schnell und gleichwertig informiert – Bilder sind Massenware, jeder hat Zugang –, zum anderen nehmen die Gefahren der Beeinflussung und Fehlinformation immer weiter zu. Dank digitaler Technik, der Anwendung moderner Medien und der Popularität[3] des Internets sind Authentizität[4] und Autorenschaft meist nicht mehr nachzuprüfen.

Der Fantasie, der Kreativität, aber auch der Skrupellosigkeit[5] sind keine Grenzen gesetzt. Was ist noch wahr in einer von Medien beherrschten Welt, die oft nach dem Grundsatz verfährt: „Wenn die Geschichte stimmt, sind die Fakten nicht so wichtig?" Hat Prinzessin Stefanie ihr drittes Kind bekommen? Hat Sandra Bullock sich nackt fotografieren lassen? Kämpft Kuwait wieder gegen den Irak?

Alle sind zum kritischen Umgang mit dem Medium „Bild" aufgerufen. Wir dürfen uns kein X für ein U vormachen lassen, dürfen den Augen nicht mehr trauen, sondern müssen den Verstand aktivieren. Eine Kennzeichnungspflicht für korrekte Bilder, für authentisches Material ist gefordert – keine „lila Kuh" darf uns die Wirklichkeit ersetzen.

1 **Bill Gates:** Gründer von Microsoft
2 **Demagogie:** Aufwiegelung oder Volksverführung
3 **Popularität:** Beliebtheit
4 **Authentizität:** Echtheit
5 **Skrupellosigkeit:** Bedenkenlosigkeit

2 *a) Lest den Text und besprecht, welche Möglichkeiten und Gefahren die Bildmanipulation birgt.*
b) Diskutiert, inwieweit man den Bildern in den Medien vertrauen und ob man sich vor „Fälschungen" schützen kann.

3 *Die Aussage eines Bildes kann nicht nur durch Bildmanipulation verändert werden. Auch der Ausschnitt eines Bildes (Kameraeinstellung), die Perspektive („Vogelperspektive", „Froschperspektive", „Normalsicht") oder irreführende Schlagzeilen können die Bildaussage verfälschen.*
a) Sucht selbst in Zeitschriften nach Bildern, deren Aussage verfälscht wurde.
b) Stellt eure Bilder und Artikel vor und erläutert, inwiefern die Meinung des Betrachters beeinflusst wird.

15.3 Schreibwerkstatt – Eine Schülerzeitschrift erstellen

Wie wäre es, wenn ihr eine eigene Schülerzeitschrift hättet, in der ihr über interessante Fragen, Probleme, das aktuelle Zeitgeschehen etc. schreiben würdet?

Zeitlos Inhalt

Titelthema	
Ein Jahr ins Ausland: Schüleraustausch	2
Ausreißer auf Zeit: Mein Jahr in Polen	6
Was muss ich beim Schüleraustausch beachten?	8
Infos und Tipps zum Schüleraustausch	10
Internes	
Interview mit Frau Hermann	14
Streitschlichter in Aktion	16
Vorstellung der Schülervertretung	20
Skitage	22
Freizeitgestaltung: Eine Schülerumfrage	24
Abiturienten	28
Schule rockt	32
Wichtige Termine Prüfungen & Co	34
News: Bücher, Musik, Kino	
Buchtipps	36
Kino-News	38
Musik	40
Unterhaltung: Die bunten Seiten	
Comics	42
Witze	44
Preisrätsel	48

Impressum:
Zeitlos – Schülerzeitschrift des Kant-Gymnasiums Regensburg

Sitz der Redaktion:
Kant-Gymnasium Regensburg, Hauptstr. 33, 93047 Regensburg
E-Mail: redaktion@kant-gymnasium-regensburg.de

Redaktion: Katrin Faust, Paul Heidger, Anne Jessen, Tanja Kern, Simon Kober, Johannes Reuters, Maria Schulz, Christoph Steininger, Katja Thielen, Thomas Wolf, Luisa Zimmermann
Fotos: Dominik Lutz, Birgit Volk
Werbeanzeigen: Martin Henn
Illustration: Bettina Wagner
Grafik und Layout: Mareike Finke, Michel Süß
Druck: Druckpunkt, Regensburg

1 *Hier seht ihr das Inhaltsverzeichnis, das Titelblatt und das Impressum der Schülerzeitschrift „Zeitlos".*
a) Untersucht, welche „Ressorts" (▷ S. 290) diese Zeitschrift hat.
b) Besprecht, welche Inhalte ihr bei den einzelnen Beiträgen erwartet. Welche Beiträge würden euch nach dem Lesen der Überschriften interessieren?

2 *Die Herstellung einer Schülerzeitschrift umfasst verschiedene Arbeitsbereiche.*
a) Schaut euch das Impressum der Schülerzeitschrift „Zeitlos" an und besprecht, welche Aufgaben sich hinter den genannten Arbeitsbereichen verbergen.
b) Tauscht euch darüber aus, welche Fragen oder Probleme sich in den einzelnen Arbeitsbereichen ergeben. Notiert eure Fragen und überlegt euch Lösungsmöglichkeiten, z. B.: Werbung: Wer könnte Anzeigen in unsere Zeitschrift setzen? Wie viel Geld kann/muss man dafür verlangen?

3 *Bevor die einzelnen Aufgaben verteilt werden, gibt es allerhand zu klären, z. B. zum Team, zur Finanzierung, zur Technik, zur Zeitplanung, zum Leserkreis etc. Erkundigt euch bei anderen Schülerzeitschriftenteams oder holt euch Rat von Experten (eurer Lokalzeitung) oder aus dem Internet (www.schuelerzeitung.de).*

4 *Erstellt einen Arbeitsplan, in dem ihr festhaltet, was getan werden muss und wer welche Aufgaben übernimmt.*

Was ist denn angesagt? – Themen finden

1 *a) Sammelt Themenbereiche, die ein Schülermagazin berücksichtigen sollte. Lest dazu zunächst den unten stehenden Tipp „Ideen für Themen finden". Überlegt auch, wer die Leser/-innen eurer Zeitschrift sein werden und was diese genau interessieren könnte.*
b) Schreibt eure Themenvorschläge auf Blätter oder Karteikarten.

Quiz und Rätsel

Veranstaltungstermine

Abhängen in der Mittagspause?

Schüleraustausch

Bericht von der Mittelstufenparty

Die Bigband auf Konzerttournee durch Frankreich

...

2 *a) Ordnet eure Themenvorschläge nach „Ressorts" (= Bereiche), z. B.:*
- Neuigkeiten aus der Schule
- Bunte Seiten: Fun & more
- ...

b) Verteilt die einzelnen Ressorts an Arbeitsgruppen.

TIPP

Ideen für Themen finden

- **Brainstorming oder Cluster**
  Brainstorming bedeutet, dass man seinen Gedanken freien Lauf lässt und alles notiert, was einem in den Sinn kommt, ohne nachzudenken. Macht man das mit mehreren, kann man sich gegenseitig anregen. Beim **Cluster** schreibt man einen Ausgangsbegriff in die Mitte eines Blatt Papiers. Dann werden dem Ausgangsbegriff weitere Gedanken und Ideen zugeordnet, sodass ein „Ideennetz" entsteht (mehr zum Brainstorming und Cluster auf S. 55).
- **Zettel und Stift sind immer dabei**
  Jede Begebenheit, jeder Mensch, jedes Baudenkmal oder technische „Wunderding" kann der Ausgangspunkt für eine Geschichte oder einen Artikel sein. Im Verlauf des Tages fallen uns viele Dinge auf, über die wir gerne mehr wissen würden. Hier ist es wichtig, schnell zu handeln und Fragen oder Ideen aufzuschreiben. Einen kleinen Notizblock mit Stift sollte man deshalb immer dabeihaben, wenn man auf Themensuche ist.
- **Jugendzeitschriften und Schülerzeitungen durchblättern**
  Jugendzeitschriften und andere Schülerzeitungen stecken voller toller Ideen und Anregungen. Blättert diese durch und lasst euch von den dort aufgegriffenen Themen anregen.

3 *Vielfalt bekommt eine Zeitschrift nicht nur durch die Themenwahl, sondern auch durch die unterschiedlichen Textsorten (**▷ Journalistische Textsorten S. 353–354**), z. B.:*

Interview   Bildreportage   Fragebogen & Auswertung   Steckbrief

Kurzmeldung   Kommentar   Preisausschreiben   …

a) Überlegt, welche Textsorten euch noch einfallen, und ergänzt sie.
b) Ordnet den Themenvorschlägen aus euren „Ressorts" mögliche Textsorten zu, z. B.:
Die Bigband auf Konzerttournee durch Frankreich: Bildreportage, Interview …

Sich über ein Thema informieren – Die Recherche

Stefanie hat für einen Artikel über Drogenberatungsstellen recherchiert und berichtet bei der Redaktionssitzung den anderen davon:

„Also, es geht um die Arbeit von Drogenberatungsstellen. Zuerst habe ich im Internet nach Informationen über Drogenberatungsstellen gesucht und eine ganze Reihe interessanter Dinge gefunden, z. B. dass es verschiedene Organisationen gibt, die Beratungsstellen haben. Außerdem habe ich ein paar interessante Daten über die Zahl von Drogenabhängigen unter Jugendlichen gefunden, z. B.: wie viele jedes Jahr neu süchtig werden, welche Drogen vor allem von Jugendlichen konsumiert werden, was die neuen Modedrogen sind. Dann habe ich mir einen Termin bei der hiesigen Beratungsstelle geben lassen und habe mich dort mit einer Sozialpädagogin unterhalten. Sie hat mich durch die ganze Beratungsstelle geführt und mir dann ihre eigenen Aufgaben und die der anderen Mitarbeiter erläutert. Das war total beeindruckend. Die Frau konnte mir viele Dinge über drogenabhängige Jugendliche erzählen. Da ist auf jeden Fall was für meinen Artikel dabei. Zum Schluss hat sie mir noch zig Infobroschüren geschenkt und Adressen von Leuten gegeben, die mir weiterhelfen können. Das Material reicht bestimmt für drei Artikel. Vielleicht sollten wir ja eine Serie starten. Was haltet ihr davon?"

1 *Leitet aus Stefanies Bericht Informationsquellen ab, die für eine umfassende Recherche wichtig sind, und ergänzt sie durch weitere Recherche-Ideen.*

2 *Entwerft einen Recherchebogen zu einem Thema aus eurem „Ressort", z. B.:*

Thema: Schüleraustausch

Fragen zum Thema	Informationsquellen	Informationspersonen
Was ist ein Schüleraustausch?	Internetseiten, z. B. www.schueleraustausch-weltweit.de	…

Von der Recherche zum Schreiben

1 *Einige Texte, z. B. Interviews, können nahezu im „Originalton" aufgeschrieben werden. Andere Themen, zu denen ihr recherchiert habt, lassen sich oft nicht so einfach in druckreife Form bringen. Wie ihr weiterarbeitet, richtet sich auch danach, welche Unterlagen euch vorliegen, z. B.*

Material	Nächste Arbeitsschritte
Bildmaterial	□ aussagekräftige Bilder aussuchen □ Bildunterschriften ausformulieren **Leitfragen** ■ Was möchte der Betrachter des Bildes wissen? ■ Welche Informationen benötigt der Leser, um das Bild richtig einzuordnen und zu verstehen?
Stichpunkte zu eigenen Beobachtungen	□ nach den W-Fragen ordnen und überarbeiten **Leitfragen** ■ Welche Informationen braucht der Leser, um den Zusammenhang zu verstehen? ■ Welche zusätzlichen Gestaltungselemente sind für das Verständnis hilfreich (z. B. Tabellen, Skizzen, Karten etc.)?
Material aus Internetrecherche und Informationsbroschüren	□ Material auswerten **Leitfragen** ■ Welche Zusatz- oder Hintergrundinformationen gehören unbedingt in den Text? ■ Welche Daten sprechen den Leser an und sind aussagekräftig und verlässlich? ■ Wie sollen die Informationen präsentiert werden?

a) Sichtet und ordnet euer Material und ergänzt gegebenenfalls die Tabelle.
b) Untersucht eure Unterlagen mit Hilfe der Leitfragen. Wo bleibt etwas unklar? Schreibt dazu ergänzende Fragen auf und legt fest, welche Arbeiten noch notwendig sind.

2 *a) Ordnet die Informationen (Texte, Bilder etc.), die für euren Artikel brauchbar sind. Formuliert dazu Gliederungspunkte und schreibt diese als Teilüberschriften auf, z. B.:*

Allgemeine Infos zu ...   Zahlen und Statistiken

b) Schreibt zu jedem Gliederungspunkt wichtige Informationen aus eurer Materialsammlung in Stichworten auf.

3 *a) Wie wird aus euren Notizen ein Text? Probiert es an einem Beispiel aus. Schreibt in Partnerarbeit mit Hilfe der folgenden Notizen einen kurzen Artikel zum Thema: „Drogenberatungsstellen". Ergänzt fehlende Informationen selbst.*

Umfrage:
Drogenkonsum von 14-Jährigen
- Alkohol: 50 % haben schon einen Rausch gehabt
- Tabak: 27 % rauchen täglich
- Cannabis: 23 % haben Erfahrung mit Cannabis, 11 % kiffen regelmäßig, 7 % kiffen täglich, auch schon vor dem Unterricht

Befragung eines ehemals Drogenabhängigen (Mike)
- fing mit 14 Jahren an, Cannabis zu rauchen, am Wochenende auf Partys Alkohol
- mit 16 Jahren drogenabhängig
- ältere Schwester ging mit ihm zur Drogenberatungsstelle „Loops", hier durch Beratung und intensive Betreuung von den Drogen weggekommen
- Zitat: „Drogen machen dich kaputt. Lass bloß die Finger davon!"

Arbeit von Drogenberatungsstellen wie „Loops"
- „Loops" ist ein gemeinnütziger Verein, berät Jugendliche und erwachsene Drogenabhängige
- Jugendliche können in Beratungsstellen kommen oder sich am Telefon Rat suchen, werden außerdem von Streetworkern aufgesucht (viele Jugendliche nur so zu erreichen)
- Arbeit von Streetworkern: begleiten Drogenabhängige zu Behörden, verschaffen ihnen Unterkünfte, Kleidung, Lebensmittel, Therapieplätze, helfen bei Arbeitssuche oder Wiedereinstieg in die Schule

b) Findet eine treffende Überschrift für euren Artikel.

4 *Schreibt nun selbst zu eurem Thema einen Artikel für die Schülerzeitschrift. Lasst euch nicht entmutigen, wenn euch beim Schreiben nicht auf Anhieb der „große Wurf" gelingt. Die folgenden Tipps helfen euch beim Schreibprozess.*

TIPP

Erste-Hilfe-Tipps bei Schreibblockaden

- Schalte vor dem Schreiben alle äußeren Störfaktoren und Ablenkungen so gut es geht aus. Kein Radio, Fernsehen oder Musik!
- Versuche das „freie Schreiben": Setze dich einfach an den Schreibtisch und schreibe in einem fest begrenzten Zeitrahmen von fünf Minuten alles auf, was dir zum Thema einfällt. Höre keinesfalls auf zu schreiben! Achte nicht auf Fehler, Verschreiber oder ausgefeilte Formulierungen, sondern schreibe einfach, „wie dir der Schnabel gewachsen ist".
- Wenn du schon länger auf den Bildschirm oder das leere Blatt starrst, ohne dass etwas passiert, wechsle den Standort und suche dir einen anderen Ort zum Schreiben. Wechsle auch das Schreibgerät. Wenn du mit der Hand schreibst, nimm den Computer und umgekehrt.
- Höre auf, nach dem perfekten Anfang zu suchen, und schreibe zunächst den Teil, der dir am besten gefällt.
- Führe Korrekturen am Text erst durch, wenn deine Textfassung halbwegs vollständig ist.

Tipps zum Überarbeiten eines Zeitschriftenartikels

VORSICHT FEHLER!

Warum man sich beraten lassen sollte

Im Alter von 14 Jahren rauchte Mike das erste Mal Cannabis. Schnell kam er davon nicht mehr los. Es gab am Wochenende auch immer Partys. Dort betrank er sich regelmäßig. Mit 16 war er dann voll fertig.

Drogenkonsum von 14-Jährigen

Alkohol	50 %	haben schon einen Rausch gehabt
Tabak	27 %	rauchen täglich
Cannabis	23 %	haben Erfahrung mit Cannabis
	11 %	kiffen regelmäßig
	7 %	kiffen täglich, auch schon vor dem Unterricht

Mike wurde von seiner Schwester, die drei Jahre älter als er ist, zur Drogenberatungsstelle „Loops" geschleppt. Hier ist er dann durch professionelle Beratung und intensive Betreuung von den Drogen davongekommen.
Heute sagt Mike: „Drogen machen dich kaputt. Lass bloß die Finger davon!"
Jugendliche geben an, dass Unzufriedenheit, Missmut, mangelnde Perspektiven und emotionaler Druck Gründe sind, Drogen zu nehmen. Durch Suchtmittel scheint nämlich das Leben leichter, spaßiger und schöner, so die Jugendlichen. Zum Ausprobieren von Drogen treiben sie die stets vorhandene Neugier und der Wunsch nach einem „Kick".
Als Besorgnis erregend wird die steigende Zahl von jugendlichen Alkoholkonsumenten gesehen und auch mit Schrecken wird gesehen, dass die Haschischraucher immer mehr werden. Es gibt einen Drogenbericht, der ist übrigens aktuell. Hier sagt die Drogenbeauftragte der Bundesregierung, dass Jugendliche durch die so genannten Alkopops immer mehr Alkohol trinken und dass das „Rauschtrinken" immer mehr zugenommen hat. „In absoluten Zahlen bedeutet dies, dass 12- bis 25-Jährige im Durchschnitt pro Woche 68,8 Gramm reinen Alkohol zu sich nehmen. Bei der letzten Befragung im Jahr 2001 lag dieser Anteil noch bei 53,9 Gramm", so die Drogenbeauftragte. Die Zahl der rauchenden Jugendlichen sinkt langsam. Aber andersrum sind dafür immer mehr illegale Drogen in Mode. Ein Drittel (32 %) der 12- bis 25-Jährigen hat schon einmal illegale Drogen probiert und Cannabis ist dabei die mit Abstand am häufigsten probierte illegale Droge.
Wenn ein Jugendlicher wie Mike erst einmal in die Suchtspirale reingerutscht ist, können Freunde und Bekannte meist nichts mehr tun. Drogenabhängige brauchen die Hilfe von geschulten Beratern und erfahrenen Therapeuten. Dann erwächst eine Chance, von der Sucht loszukommen. „Loops" ist ein gemeinnütziger Verein. Er berät jugendliche und erwachsene Drogenabhängige. Außerdem wird bei „Loops" auch auf ganz praktische Weise geholfen. Jugendliche können in die Beratungsstelle kommen oder am Telefon Rat suchen. Außerdem werden sie auch auf der Straße von Streetworkern aufgesucht. Viele Jugendliche sind nämlich nur so, nämlich durch die Streetworker, zu erreichen. Sie scheuen nämlich den Weg in die Beratungsstelle. Streetworker führen Gespräche. Sie begleiten die Hilfesuchenden zu Behörden, verschaffen ihnen Unterkünfte, Kleidung, Lebensmittel oder Therapieplätze. Auch helfen sie bei der Arbeitssuche oder beim Wiedereinstieg in die Schule. Aber: „Helfen können wir nur dann, wenn sich ein Betroffener auch helfen lassen will", sagt Gabriele Weber, die Leiterin des Street-Programms „Loop-Action".
Mindestens genauso wichtig wie die Beratung von drogenabhängigen Jugendlichen ist die

> **„Drogen machen dich kaputt. Lass bloß die Finger davon!“**

Prävention, also zu verhindern, dass junge Menschen überhaupt erst drogensüchtig werden. In die Prävention, also die Verhinderung von Sucht, wird von Drogenberatungsstellen wie „Loops" viel Zeit reingepumpt. Sie gehen vor allem in Schulen. Dort informieren sie dann die Jugendlichen. „Es ist erschreckend, wie wenig Jugendliche über die körperlichen und psychischen Folgen des Drogenkonsums wissen", sagt Gabriele Weber. Und Drogenberater Michael Wey sagt warnend: „Viele Suchtkarrieren beginnen mit dem Glimmstängel und enden mit erheblichen Herz-Kreislauf-Problemen, Krebserkrankungen, Hauterkrankungen, Magen-Darm-Störungen, Störungen der Fruchtbarkeit und Potenz. Rauchende Jugendliche sind deutlich anfälliger für andere Drogen. Ebenso ist in diesem Zusammenhang bekannt, dass ein früherer Beginn schneller zur Abhängigkeit führt. Es gilt für alle Suchtstoffe die Tatsache, dass das Suchtrisiko umso größer ist, je früher der Jugendliche damit beginnt."

Nach diesen Informationsgesprächen denke ich, dass es wichtig ist, dass Jugendliche über Folgeschäden aufgeklärt werden. Vielleicht gleiten sie dann nicht in die Sucht ab.

Stefanie Winterberg

1 *Auch Schreibprofis wie Zeitungs- oder Zeitschriftenredakteure stellen ihre Arbeit zur Diskussion und erhalten so wertvolle Überarbeitungsvorschläge. Überarbeitet den Artikel über die Drogenberatungsstellen in einer Redaktionskonferenz. Bildet dazu Arbeitsgruppen aus jeweils vier Personen.*

a) Lest den Text vor und besprecht ihn Satz für Satz. Begründet, warum etwas geändert werden sollte, und schreibt eure Änderungsvorschläge direkt auf. Die „Tipps zur Textüberarbeitung“ helfen euch dabei.

b) Überarbeitet den Text, indem ihr eure Verbesserungsvorschläge einbezieht. Schreibt den Text noch einmal sauber ab oder verbessert ihn am Computer (▷ Tipps zur Textüberarbeitung am Computer findet ihr auf S. 357–358).

TIPP

Tipps zur Textüberarbeitung

- Die Überschrift muss den Leser packen und ihm Lust auf den Artikel machen. Deshalb: eine kurze, prägnante Überschrift, die neugierig auf den Artikel macht.
- Der Einstieg in das Thema entscheidet, ob der Leser weiterliest. Der erste Satz sollte den Leser auf das Thema neugierig machen, z. B. durch interessante Informationen, ein aussagekräftiges Zitat, eine charakteristische Schilderung ...
- Die Reihenfolge der Gedanken sollte sinnvoll aufgebaut und für den Leser nachvollziehbar sein. Ist der Gedankengang schlüssig?
- Prüft, ob zum Textverständnis weitere Informationen fehlen.
- Schreibt in Zusammenhängen, nicht reihend.
- Vermeidet inhaltliche Wiederholungen und Wortwiederholungen.
- Tauscht missverständliche oder unpassende Wörter aus.
- Vermeidet möglichst Passiv-Konstruktionen.
- Gebt wörtliche Rede als Zitat (macht den Text lebendig) oder in der indirekten Rede wieder.
- Überprüft zum Schluss Rechtschreibung und Zeichensetzung.

Die Optik macht's – Vom Text zum Layout

Jede Zeitschrift hat ihr Gesicht. Das Layout (Text- und Bildgestaltung) muss ansprechend sein, damit der Leser Lust zum Lesen bekommt.
Stefanie hat verschiedene Layout-Möglichkeiten ausprobiert.

ZEITLOS

Das Jugendmagazin

Keine Angst vor der Beratung

Mike war gerade 14, als er das erste Mal Cannabis geraucht hat. Schnell kam er davon nicht mehr los.
Außerdem gab's am Wochenende immer Partys, auf denen er sich regelmäßig betrank. Mit 16 war er dann körperlich fertig. Seine drei Jahre ältere Schwester „schleppte" ihn zur Drogenberatungsstelle Loops, wo er durch professionelle Beratung und intensive Betreuung von den Drogen weggekommen ist. Heute sagt Mike: „Drogen machen dich kaputt. Lass bloß die Finger davon!"
Jugendliche geben an, dass Unzufriedenheit, Missmut, mangelnde Perspektiven und emotionaler Druck Gründe seien, Drogen zu nehmen. Durch Suchtmittel erscheine das Leben leichter, spaßiger und schöner. Fast immer sind es Neugierde und der Wunsch nach einem „Kick", der Jugendliche zu Drogen greifen lässt.
Besonders Besorgnis erregend ist die steigende Zahl von jugendlichen Alkoholkonsumenten und Haschisch-Rauchern. In ihrem aktuellen Drogenbericht weist die Drogenbeauftragte der Bundesregierung darauf hin, dass Jugendliche durch die so

Zeitlos Das Jugendmagazin

Keine Angst vor der Beratung

Mike war gerade 14, als er das erste Mal Cannabis geraucht hat. Schnell kam er davon nicht mehr los.
Außerdem gab's am Wochenende immer Partys, auf denen er sich regelmäßig betrank. Mit 16 war er dann körperlich fertig. Seine drei Jahre ältere Schwester „schleppte" ihn zur Drogenberatungsstelle Loops, wo er durch professionelle Beratung und intensive Betreuung von den Drogen weggekommen ist. Heute sagt Mike: „Drogen machen dich kaputt. Lass bloß die Finger davon!"
Jugendliche geben an, dass Unzufriedenheit, Missmut, mangelnde Perspektiven und emotionaler Druck Gründe seien, Drogen zu nehmen. Durch Suchtmittel erscheine das Leben leichter, spaßiger und schöner. Fast immer ist es Neugierde und der Wunsch nach einem „Kick", der Jugendliche zu Drogen greifen lässt.
Besonders Besorgnis erregend ist die steigende Zahl von jugendlichen Alkoholkonsumenten und Haschisch-Rauchern.

1 *a) Vergleicht das Layout der hier abgebildeten Seiten und tauscht euch darüber aus, welche Gestaltungselemente euch gefallen und warum.*
b) Untersucht das Layout verschiedener Zeitschriften und Magazine und notiert, welche Gestaltungselemente euch besonders ansprechen. Stellt eure Ergebnisse vor.

2 *Legt nun das Layout für eure Zeitschrift fest. Probiert die Gestaltungsmöglichkeiten mit eurem Computerprogramm aus. Überlegt auch, welche Schriftarten und Hervorhebungsarten ihr verwenden wollt.*

Rand: oben ◎ mm
unten ◎ mm
links ◎ mm
rechts ◎ mm

Zeilenabstand: ◎ pt

Schriftgröße: Schlagzeile ◎ pt
Vorspann ◎ pt
Hauptteil ◎ pt
Zwischenüberschriften ◎ pt

GRUNDWISSEN

1 Sprechen und Schreiben

1.1 Miteinander sprechen

Gesprächsregeln

Gespräche, in denen eine Entscheidung über verschiedene Meinungen herbeigeführt werden soll, sollten nach bestimmten Regeln ablaufen, damit die Verständigung erleichtert wird. Die wichtigsten Regeln sind:
- Jede/r äußert sich nur zu dem Thema, um das es geht.
- Wir melden uns zu Wort und reden nicht einfach los.
- Wir hören den anderen Gesprächsteilnehmern aufmerksam zu.
- Wir fallen den anderen Gesprächsteilnehmern nicht ins Wort.
- Niemand wird wegen seiner Äußerungen beleidigt, verspottet oder ausgelacht.
- Wir befolgen die Hinweise des Gesprächsleiters oder der Gesprächsleiterin.

Für ein Klassengespräch braucht man einen **Gesprächsleiter** oder eine **Gesprächsleiterin.** Er/sie hat folgende Aufgaben:
- Die Diskussion eröffnen: „Unser Thema ist ... Ihr habt das Wort."
- Das Wort in der Reihenfolge der Meldungen erteilen: „Erst Simone, dann Axel, danach Yildirim."
- Beiträge zusammenfassen: „Als wichtigste Gründe habt ihr genannt ..."
- Eine Abstimmung einleiten und durchführen: „Stimmen wir jetzt darüber ab."

Diskutieren

▷ S. 142–146

In Diskussionen geht es darum, andere zu bewegen, das zu tun, was man selbst für richtig hält, sie also zu beeinflussen. Am besten gelingt das, wenn der Gesprächspartner oder die Gesprächspartnerin durch gute Begründungen überzeugt wird. Allerdings kann man jemanden auch mit unsachlichen Mitteln beeinflussen. Ein Beispiel dafür sind so genannte Killerphrasen. Man gibt dann zwar nach, fühlt sich aber unter Druck gesetzt und ist nicht überzeugt.

Beispiele für Killerphrasen:
- Ich hab keine Zeit.
- Wir sollten erst mal sehen, was die anderen machen.
- Du immer mit deinem ...
- Das ist doch viel zu viel Arbeit.
- Das geht nicht.
- Das geht uns nichts an.

1.2 Berichten

Der Bericht

- Ein **Bericht** stellt den **Ablauf des Geschehens vollständig** und **genau** dar.
- Er beschränkt sich auf die **wesentlichen Informationen.**
- Im Bericht müssen **sechs W-Fragen** beantwortet werden:

Was ist geschehen? **Wer** war beteiligt? **Wo** geschah es? **Wann** geschah es?	Die **Einleitung** informiert möglichst in einem Satz, worum es geht.
Wie geschah es genau?	Der **Hauptteil** zeigt den Verlauf des Geschehens in Einzelheiten.
Welche Folgen hatte das Geschehen?	Der **Schluss** gibt Auskunft über die Auswirkungen des Geschehens.

- Die Sprache im Bericht ist **sachlich** und **nüchtern.** Die eigene Meinung, Gefühle und erzählende Ausschmückungen gehören nicht in den Bericht.
- Ein Bericht fasst ein Ereignis zusammen, das bereits stattgefunden hat, und wird deshalb im **Präteritum** geschrieben, z. B.: „Er *betrat* ..."
- Wenn man in einem Bericht ausdrücken will, dass ein Ereignis noch weiter in der Vergangenheit liegt (Vorzeitigkeit), gebraucht man das **Plusquamperfekt.** Das Plusquamperfekt wird gebildet aus der Personalform von *haben* oder *sein* im Präteritum und dem Partizip II des Vollverbs, z. B.: „Er *hatte* ... *betreten* ..."

1.3 Sachliche Briefe schreiben

Bei **sachlichen Briefen** hält man sich strenger als im persönlichen Brief an bestimmte Regeln.

- Man bringt sein Anliegen genau, aber **knapp** und **sachlich** vor.
- Man verwendet die **Anredepronomen** der Höflichkeitsform („Sie", „Ihnen" usw.). Sie werden **großgeschrieben.**
- Wenn man nicht weiß, wer den Brief bearbeitet, verwendet man die Anrede „Sehr geehrte Damen und Herren".
- Das Schriftbild ist ordentlich, die Seitenaufteilung **übersichtlich.** Meistens werden sachliche Briefe mit dem PC oder der Schreibmaschine geschrieben.
- Der Brief wird handschriftlich unterschrieben.
- Für die äußere Form gibt es die nebenstehenden Vorgaben.

Name des Absenders — Ort, Datum
Straße und Hausnummer
PLZ und Ort

Name des Empfängers
Straße und Hausnummer
PLZ und Ort

Betreff (in möglichst wenigen Stichworten, worum es geht)

Sehr geehrte Frau ..., /
Sehr geehrter Herr ...,

Text

Mit freundlichen Grüßen
Unterschrift

1.4 Inhaltsangaben schreiben

Den Inhalt eines Sachtextes zusammenfassen

▷ S. 10–20

Die Inhaltsangabe eines Sachtextes informiert **kurz** und **sachlich** über den Inhalt und den Gedankengang des Textes. Dabei gelten für die Zusammenfassung von Sachtexten grundsätzlich die gleichen Regeln wie für das Zusammenfassen literarischer Texte.

Aufbau:
Informierende **Einleitung**: Die Einleitung macht Angaben über den Autor, den Titel, die Textsorte, ggf. die Quelle (Fundstelle, wo der Text erschienen ist) und benennt das Thema bzw. die Kernaussage des Textes (Basissatz). Im **Hauptteil** werden der Inhalt und der Gedankengang des Textes in eigenen Worten zusammengefasst.

Stil und Sprache:
Die **Zeitform** ist das **Präsens** (bei Vorzeitigkeit das Perfekt). Der Stil ist **sachlich** und **knapp** (Sachstil). Der Inhalt des Textes wird bei der Zusammenfassung mit **eigenen Worten** wiedergegeben, die gedanklichen Zusammenhänge werden durch Konjunktionen und Adverbien verdeutlicht.
Die in Sachtexten verwendeten Fachbegriffe lassen sich oft nicht mit eigenen Formulierungen wiedergeben, deshalb kann man sie übernehmen. In einer Textzusammenfassung erscheint **keine wörtliche Rede.** Unverzichtbare Äußerungen werden als indirekte Rede oder in einem Aussagesatz wiedergegeben.

Checkliste zur Inhaltsangabe
- ☐ Wird das Wesentliche wiedergegeben?
- ☐ Welche Einzelheiten kann man weglassen?
- ☐ Ist der Text mit eigenen Worten zusammengefasst?
- ☐ Wird als Tempus das Präsens, bei Vorzeitigkeit das Perfekt verwendet?
- ☐ Ist die wörtliche Rede als indirekte Rede oder Aussagesatz wiedergeben?
- ☐ Werden Zusammenhänge (Ursache und Wirkung, zeitliche Zusammenhänge etc.) durch Konjunktionen und Adverbien treffend benannt?

Den Inhalt von literarischen Texten zusammenfassen

▷ S. 21–33

Die Inhaltsangabe eines literarischen Textes informiert kurz und sachlich über den Inhalt des Textes. Sie beschränkt sich auf das Wesentliche und fasst den Handlungsverlauf in der zeitlich richtigen Reihenfolge zusammen. Dabei wird der Leser über die Gründe der Handlung und der Ereignisse informiert.

Aufbau:
Die **Einleitung** macht Angaben über den Autor, den Titel, die Textart, Ort, Zeit und Personen der Handlung und benennt die Kernaussage des Textes.
Im **Hauptteil** werden die wichtigsten Ereignisse der Handlung in chronologischer Reihenfolge zusammengefasst.

Stil und Sprache:
Die verwendete Zeitform ist das **Präsens** (bei Vorzeitigkeit das Perfekt). Der Stil ist sachlich und knapp (Sachstil). Der Inhalt des Textes wird mit eigenen Worten wiedergegeben, die Zusammenhänge (Gründe und Folgen) der Handlung werden durch Konjunktionen und Adverbien dargestellt.
In einer Textzusammenfassung erscheint **keine wörtliche Rede.** Sind Äußerungen von Figuren besonders wichtig, dann formt man die direkte Rede in die indirekte Rede oder in einen Aussagesatz um.

Checkliste zur Inhaltsangabe
- ☐ Wird das Wesentliche wiedergegeben?
- ☐ Welche Einzelheiten kann man weglassen?
- ☐ Ist der Text mit eigenen Worten zusammengefasst?
- ☐ Wird als Tempus das Präsens, bei Vorzeitigkeit das Perfekt verwendet?
- ☐ Ist die wörtliche Rede als indirekte Rede oder Aussagesatz wiedergeben?
- ☐ Werden Zusammenhänge (Ursache und Wirkung, zeitliche Zusammenhänge etc.) durch Konjunktionen und Adverbien treffend benannt?

1.5 Protokolle schreiben

▷ S. 37–52

Das Protokoll ist eine Sonderform des Berichts. Es gibt **knapp und sachlich** das Wesentliche einer Diskussion, einer Sitzung, eines Versuchs oder einer Unterrichtsstunde wieder. Protokolle haben eine feste äußere Form.

1 Die äußere Form eines Protokolls:
- ☐ **Protokollkopf:** Der Kopf des Protokolls enthält genaue Angaben, und zwar: **Anlass** (Titel der Veranstaltung), **Datum, Zeit, Ort, Anwesende, Abwesende, Protokollführer/-in,** evtl. **Thema** (z. B. der Unterrichtsstunde), Auflistung der **Tagesordnungspunkte** (TOPs); beim Protokollieren von Unterrichtsstunden werden die Stundeninhalte als TOPs aufgeführt.
- ☐ **Hauptteil:** die eigentliche Niederschrift
- ☐ **Schluss** des Protokolls: **Ort, Datum, Unterschrift** der Protokollführerin oder des Protokollführers

2 Verschiedene Protokollarten:
- ☐ **Das Ergebnisprotokoll** ist kürzer als das Verlaufsprotokoll, da es nur die Endergebnisse einer Veranstaltung, einer Diskussion oder eines Vortrags knapp und übersichtlich zusammenfasst. Dabei wird das Ergebnisprotokoll nach thematischen Gesichtspunkten (z. B. den Tagesordnungspunkten) gegliedert, d. h., man fasst verschiedene Aussagen zu einem Themenaspekt zusammen, auch wenn sie im Verlauf des Gesprächs zeitlich getrennt voneinander geäußert wurden.
  Das **Tempus** des Ergebnisprotokolls ist das **Präsens** (bei Vorzeitigkeit Perfekt).

- Das **Verlaufsprotokoll** hält den genauen Ablauf und die Ergebnisse einer Diskussion oder Veranstaltung fest. Dabei wird der Ablauf z. B. einer Veranstaltung nicht wortwörtlich wiedergegeben, sondern es wird kurz und sachlich in der richtigen Reihenfolge der Gesprächsbeiträge zusammengefasst, was gesagt oder beschlossen wurde.
  Das **Tempus** des Verlaufsprotokolls ist grundsätzlich das Präsens.
  Wichtige **Gesprächsbeiträge** einzelner Teilnehmer/-innen werden in der **indirekten Rede** (Konjunktiv I mit Angabe der Sprecherin oder des Sprechers) wiedergegeben.
- Das **Unterrichtsprotokoll** ist meist eine Mischung aus Verlaufs- und Ergebnisprotokoll. Es hält nicht nur die Ergebnisse einer Stunde fest, sondern berichtet auch, wie man zu den Ergebnissen gekommen ist (Festhalten der wichtigsten Erarbeitungsschritte).
  Das **Tempus** des Unterrichtsprotokolls ist das Präsens (ggf. auch das Präteritum).
  Wichtige **Gesprächsbeiträge** einzelner Teilnehmer/-innen werden in der **indirekten Rede** (Konjunktiv I mit Angabe der Sprecherin oder des Sprechers) wiedergegeben.

1.6 Argumentieren: Die begründete Stellungnahme

Argumentieren

▷ S. 53, 75, 142–146, 282–284

Um andere von der eigenen Meinung zu überzeugen, sollte man stichhaltig argumentieren. Beim Argumentieren stellt man eine **These (Behauptung)** auf, die man durch **Argumente (Begründungen)** stützt und durch **Beispiele** veranschaulicht. Die Argumentationspyramide zeigt, wie man Meinungen und Standpunkte begründen sollte:

These (Behauptung),
z. B.:
- Bewertungen
- Urteile
- Antrag/Empfehlung

Argumente (Begründungen),
z. B.:
- allgemein anerkannte Fakten und Tatsachen
- überprüfbare Beobachtungen
- Expertenmeinungen

Beispiele,
z. B.:
- Beispiele aus der eigenen Erfahrung
- Belege
- Zitate

Verben

Verben bezeichnen eine Tätigkeit *(Mein Roboter **rechnet.**)*, einen Zustand *(Mein Roboter **funktioniert.**)*, einen Vorgang *(Mein Roboter **fällt aus.**)*.
Verben werden **gebeugt** (konjugiert). Dabei bildet man aus der Grundform, dem **Infinitiv,** die **Personalform:** *Du **rechnest** schnell. Ich **rechne** schnell. Ein Roboter **rechnet** schneller. Zwei Roboter **rechnen** am schnellsten.*
Ungebeugte Formen des Verbs sind der **Infinitiv,** z. B. *gehen,* das **Partizip I,** z. B. *gehend,* und das **Partizip II,** z. B. *gegangen.* Das **Partizip Präsens** (Partizip I) wird aus dem Verbstamm und der Endung **-(e)nd** gebildet, z. B.: *brems**end**, trag**end**, zitter**nd**.*
Das **Partizip Perfekt** (Partizip II) wird aus der Vorsilbe **ge-**, dem Verbstamm und der Endung **-(e)t** oder **-en** gebildet, z. B.: ***ge**bau**t**, **ge**schwomm**en**.*
Die Befehlsform des Verbs ist der **Imperativ.** Er kann an einzelne oder an mehrere Personen gerichtet sein: *Geh(e)! – Geht!*
Achte auf den richtigen Imperativ: *geben* → *gib, sehen* → *sieh, essen* → *iss*

Die Tempora
Verben lassen sich in verschiedene **Tempora** (Zeitformen) setzen. Sie sagen uns, wann das im Satz Mitgeteilte passiert.

- **Präsens** ist das Tempus der Gegenwart und allgemein gültiger Aussagen: *Ich **lese** gerade.*
  Bildung des Präsens: Verbstamm + Personalendung, z. B.:
  *Ich **les-e** gerade.*

- **Perfekt** drückt in mündlichen Erzählungen Vergangenes aus: *Ich **habe** ihn **gesehen.***
  Bildung des Perfekts: Personalform von „haben" oder „sein" im Präsens + Partizip II des Verbs, z. B.:
  *Ich **habe** mir die Schürze **umgebunden.***

- **Präteritum** wird bei schriftlichen Erzählungen und Berichten für die Wiedergabe von Vergangenem genutzt: *ich **ging,** ich **sah.*** Bildung des Präteritums:
  - Bei schwachen Verben ändert sich der Stammvokal nicht. Sie werden durch die Endung **-te** konjugiert, z. B.:
    wandern → *wander**te**, reden* → *rede**te**, spielen* → *spiel**te**.*
  - Bei starken Verben ändert sich der Stammvokal beim Konjugieren, z. B.:
    helfen → *h**a**lf, binden* → *b**a**nd, reiten* → *r**i**tt.*
  - Bei unregelmäßigen Verben ändert sich nicht nur der Stammvokal, sondern sie weisen auch die **te**-Endung der schwachen Verben auf, z. B.:
    bringen → *br**a**ch**te**, denken* → *d**a**ch**te**, mögen* → *m**o**ch**te**.*

- **Plusquamperfekt** verwendet man für den Ausdruck der Vorzeitigkeit: *Nachdem ich alles **erledigt hatte,** ging ich los.*
  Bildung des Plusquamperfekts: Personalform von „haben" oder „sein" im Präteritum + Partizip II des Verbs, z. B.:
  *Davor **hatte** Jesper Zeitungen **ausgetragen.***

- Das **Futur** dient der Wiedergabe von zukünftigem Geschehen: *Ich **werde** ans Meer **fahren.***
  Bildung des Futurs: Personalform von „werden" im Präsens + Infinitiv des Verbs, z. B.:
  *Nach dem Sprung **wird** er auf einem Luftkissen **landen.***

Die Handlungsrichtungen: Aktiv und Passiv ▷ S. 105–107, 117–119

Aktiv und Passiv sind zwei Verbformen, die man bei der Darstellung von Handlungen und Vorgängen unterscheidet.

- Sätze, in denen die Handlungsträger als Subjekt erscheinen, stehen in der Verbform **Aktiv,** z. B.: *Sonja **sucht** das Heft.*
- Sätze, in denen mit dem Subjekt des Satzes etwas geschieht, stehen in der Verbform **Passiv,** z. B.: *Das Heft **wird** (von Sonja) **gesucht.*** In Passiv-Sätzen kann der Handlungsträger mit „von" oder „durch" genannt werden.

Bildung	**Aktiv** Handlungsverb *(suchen)* in der entsprechenden Tempusform	**Passiv** *werden* in der entsprechenden Tempusform + Partizip II des Handlungsverbs *(suchen)*
Präsens	*Sonja **sucht** das Heft.*	*Das Heft **wird** (von Sonja) **gesucht.***
Perfekt	*Sonja **hat** das Heft **gesucht.***	*Das Heft **ist** (von Sonja) **gesucht worden.***
Präteritum	*Sonja **suchte** das Heft.*	*Das Heft **wurde** (von Sonja) **gesucht.***
Funktion	Das Subjekt des Satzes handelt. Der Sprecher richtet den Blick auf den Handlungsträger.	Das Subjekt des Satzes verhält sich passiv. Der Blick wird auf die Handlung gerichtet.

Der Modus: Indikativ und Konjunktiv ▷ S. 108–112, 113–114

Man unterscheidet in der Sprache verschiedene Aussageweisen des Verbs, die so genannten Modi (Sg.: der Modus). Indikativ und Konjunktiv sind zwei Aussageweisen des Verbs. Sie ermöglichen es uns, auszudrücken, ob ein Geschehen wirklich (Indikativ) oder möglich (Konjunktiv) ist.

- **Indikativ (Wirklichkeitsform)**
  Wenn man ausdrücken möchte, dass etwas wirklich geschieht oder eine Aussage uneingeschränkt gültig ist, steht das Verb im Indikativ, z. B.:
  *Weil die Sonne **scheint, fahren** wir ins Freibad.*
  *Ich **heiße** Anja.*
- **Konjunktiv (Möglichkeitsform)**
  Wenn man ausdrücken möchte, dass etwas möglich, wünschenswert oder unwahrscheinlich ist, steht das Verb im Konjunktiv II, z. B.:
  *Wenn die Sonne **schiene, führen** wir ins Freibad.*
  *Ach, **wäre** ich doch schon 15 Jahre alt.*
  ***Hätte** ich Flügel, **flöge** ich auf und davon.*
- **Bildung des Konjunktivs II**
  Der Konjunktiv II wird vom Indikativ Präteritum des Verbs abgeleitet (oft mit Umlaut, d. h. Wechsel von a, o, u, au zu ä, ö, ü, äu).
  Beispiele:
  sie ging → *sie ginge,*
  wir fuhren → *wir führen,*
  sie waren → *sie wären.*

Indikativ Präteritum	Konjunktiv II
ich gab	ich gäb-e
du gabst	du gäb-est
er/sie/es gab	er/sie/es gäb-e
wir gaben	wir gäb-en
ihr gabt	ihr gäb-et
sie gaben	sie gäb-en

- **Umschreibung mit „würde“**
  Wenn der Konjunktiv II (im Textzusammenhang) nicht vom Indikativ Präteritum zu unterscheiden ist, wählt man die Umschreibung mit „würde“.
  Beispiel: *Wenn ich viel Geld hätte, **machte** ich eine große Reise.* (Konjunktiv II)
  *Wenn ich viel Geld hätte, **würde** ich eine große Reise **machen.*** (Umschreibung mit „würde“)
  Die Umschreibung mit „würde“ wählt man auch, wenn die Konjunktiv-II-Form ungebräuchlich ist oder als „geziert“ empfunden wird, z. B.:
  ich empfähle → ich würde empfehlen, er höbe → er würde heben.

Der Konjunktiv in der indirekten Rede

Wenn man wiedergeben möchte, was jemand gesagt hat, verwendet man die indirekte Rede. Das Verb steht im Konjunktiv I.

*Anja sagt: „Ich **komme** heute etwas später zu euch.“* (wörtliche Rede im Indikativ)
↘
*Anja hat gesagt, sie **komme** heute etwas später zu uns.* (indirekte Rede im Konjunktiv I)

Bei dem Wechsel von der direkten Rede zur indirekten Rede verändert sich oft das Personalpronomen.

Bildung des Konjunktivs I

Der Konjunktiv I wird durch den Stamm des Verbs (Infinitiv ohne „-en“) und die entsprechende Personalendung gebildet, z. B.: kommen → er komme, haben → sie habe, gehen → sie gehen.

Indikativ Präsens	Konjunktiv I
ich komm-e	ich komm-e
du komm-st	du komm-est
er/sie/es komm-t	er/sie/es komm-e
wir komm-en	wir komm-en
ihr komm-t	ihr komm-et
sie komm-en	sie komm-en

Ersatzformen

Wenn der Konjunktiv I (im Textzusammenhang) nicht vom Indikativ Präsens zu unterscheiden ist, wählt man den Konjunktiv II als Ersatzform oder die Umschreibung mit „würde“.

*Die Politiker sagen: „Wir **denken** nicht an eine Beschwerde.“* (wörtliche Rede im Indikativ)
↓
Die Politiker sagten, sie ~~denken~~ nicht an eine Beschwerde. (Konjunktiv I geht nicht)
↓
*Die Politiker sagten, sie **dächten** nicht an eine Beschwerde.* (Konjunktiv II als Ersatzform)
*Die Politiker sagten, sie **würden** nicht an eine Beschwerde **denken.*** (Umschreibung mit „würde“ als Ersatzform)

Konjunktionen

Konjunktionen (Bindewörter) wie „und“, „aber“, „oder“, „weil“, „sondern“ verbinden Wörter, Satzglieder und ganze Sätze miteinander. Konjunktionen sind nicht flektierbar (durch Beugung nicht veränderbar). Man unterscheidet:

- **nebenordnende Konjunktionen,** z. B. „und“, „aber“, „oder“, „denn“. Sie verbinden Wörter, Wortgruppen und Sätze, die grammatisch gleichrangig nebeneinanderstehen, z. B.: „Hund *und* Katze spielen im Garten.“
- **unterordnende Konjunktionen,** z. B. „weil“, „da“, „obwohl“, „wenn“, „als“, „nachdem“, „dass“. Sie leiten Nebensätze ein und binden diese Nebensätze an einen übergeordneten Hauptsatz, z. B.: „*Weil* ich müde bin, gehe ich ins Bett.“

Adverbien

Wörter, die nähere Angaben zu einem Geschehen machen, bezeichnet man als **Adverbien** (Umstandswörter, Singular: das Adverb). Sie **erklären** genauer, **wo, wann, wie** oder **warum etwas geschieht,** und sind nicht flektierbar (veränderbar). Wir unterscheiden:
- **Lokaladverbien** (Adverbien des Ortes), z. B.: „hier“, „dort“ ...
- **Temporaladverbien** (Adverbien der Zeit), z. B.: „heute“, „abends“, „erst“ ...
- **Modaladverbien** (Adverbien der Art und Weise), z. B.: „genauso“, „einigermaßen“ ...
- **Kausaladverbien** (Adverbien des Grundes), z. B.: „folglich“, „daher“ ...

Adverbien werden im Satz oft als adverbiale Bestimmungen verwendet. Der Begriff „Adverb“ bezeichnet also eine Wortart, der Begriff „adverbiale Bestimmung“ ein Satzglied.

2.2 Wort und Bedeutung

Wortfamilien

Wörter mit dem gleichen Stamm sind sprachlich verwandt und werden deshalb **Wortfamilie** genannt. Die Wörter einer Wortfamilie können gebildet werden durch
- Ableitungen mit Präfix: *finden – **er**finden – **be**finden;*
- Ableitungen mit Suffix: *brauchen – brauch**bar** – Brauch**tum**;*
- Zusammensetzungen: *bilden – Bild**hauer** – **Spiegel**bild.*

Die Zusammensetzung unseres Wortschatzes

▷ S. 127–137

Erbwort – Lehnwort – Fremdwort
Der Wortschatz des Deutschen besteht aus
- Wörtern, die **in der deutschen Sprache selbst geprägt** worden sind. Diese Wörter hat das Deutsche aus dem Germanischen oder Indogermanischen geerbt, man nennt sie **Erbwörter.**

- Wörtern, die **aus fremden Sprachen übernommen** worden sind. Man unterscheidet bei diesen Wörtern zwischen **Lehnwörtern** und **Fremdwörtern.**
  - Als **Lehnwörter** bezeichnet man Wörter, die zwar aus fremden Sprachen stammen, sich aber in der Aussprache und Schreibweise so **stark an die deutsche Sprache angepasst** haben, dass sie als deutsche Wörter betrachtet werden können, z. B.: „Fenster" (aus lat. *fenestra*), „Maske" (aus frz. *masque*) oder „Streik" (aus engl. *strike*).
  - **Fremdwörter** hingegen haben ihre **fremde Gestalt beibehalten.** Sie haben sich in der **Aussprache,** der **Betonung** oder der **Schreibweise** nicht der deutschen Sprache angeglichen.
    Bei dem Fremdwort „Computer" weicht z. B. die Aussprache vom Deutschen ab und bei Wörtern wie „Di**ä**t" oder „reform**ie**ren" liegt die Betonung nicht auf der ersten Silbe oder der Stammsilbe. Viele Fremdwörter kann man an ihren fremden Vorsilben (z. B. „anti-", „bi-", „hyper-") oder Nachsilben („-ismus", „-iv", „-ieren") oder an bestimmten „fremden" Buchstabenverbindungen (z. B. „T**ea**m", „Biblio**th**ek") erkennen.

Bedeutungswandel

Im Lauf der Zeit haben sich nicht nur die Schreibweise und die Aussprache der Wörter verändert, sondern auch deren Bedeutung. Verändert ein Wort im Laufe seiner Geschichte seine Bedeutung, nennt man dies Bedeutungswandel. Dabei kann sich die Bedeutung in unterschiedlicher Weise verändern, sodass wir **verschiedene Arten des Bedeutungswandels** unterscheiden:

- **Bedeutungsverengung:**
  Das Wort „muos" bezeichnete im Mittelhochdeutschen alle Arten von Speisen. Heute versteht man darunter nur noch eine breiartige Speise.
- **Bedeutungserweiterung:**
  Das mhd. Wort „horn" bezeichnete nur das Horn des Tieres. Heute gebrauchen wir das Wort zur Bezeichnung vieler Gegenstände, z. B. Horn des Tieres, Horn als Blasinstrument, Horn als Trinkgefäß.
- **Bedeutungsverbesserung:**
  Das mhd. Wort „marschalc" (Marschall) bedeutete Pferdeknecht. Heute bezeichnet dieses Wort einen sehr hohen militärischen Rang.
- **Bedeutungsverschlechterung:**
  Das mhd. Wort „merhe" (Mähre) bedeutete ursprünglich Pferd. Heute verstehen wir unter einer „Mähre" ein altes, abgemagertes Pferd.
- **Bedeutungsverschiebung:**
  Die eigentliche Bedeutung des Wortes ist kaum mehr feststellbar. Es sind z. B. Wörter, die durch ihren metaphorischen Sprachgebrauch ihre Bedeutung geändert haben. Ein Beispiel hierfür ist das Wort „Flaschenhals": Die Bezeichnung für den Körperteil „Hals" wird hier auch auf nicht menschliche Objekte (den „Flaschenhals") übertragen.

2.3 Satzglieder

Satzglieder im Überblick

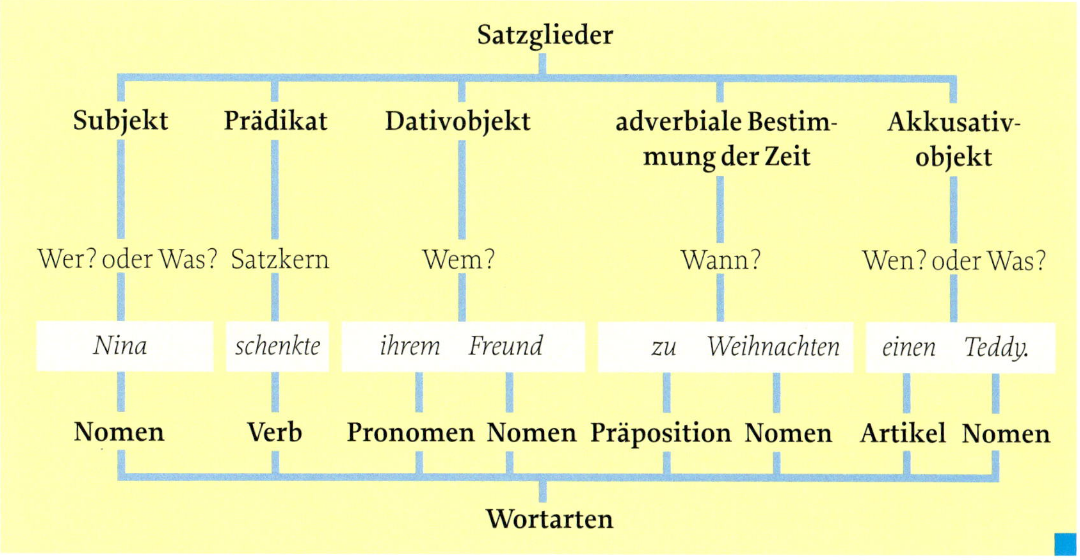

Satzglieder: Umstellprobe – Satzgliedfrage

Ein Satz setzt sich aus verschiedenen **Satzgliedern** zusammen. Ob ein einzelnes Wort oder eine Wortgruppe ein Satzglied bildet, erkennt man durch die **Umstellprobe:** Satzglieder lassen sich umstellen, ohne dass sich der Sinn des Satzes ändert. Zu den Satzgliedern gehören:

- Das **Prädikat;** es stellt den Kern des Satzes dar. Prädikate werden durch Verben gebildet. Es gibt einteilige Prädikate (z. B. „Sie *baut* einen Drachen.") und mehrteilige Prädikate (z. B. „Sie *hat* einen Drachen *gebaut.*"). Die Personalform des Verbs („*hat*") steht im Aussagesatz immer nach dem ersten Satzglied an zweiter Stelle.

Um die weiteren Satzglieder zu bestimmen, stellen wir vom Prädikat ausgehend Fragen.

- Das **Subjekt;** es ist die wichtigste Ergänzung zum Prädikat. Es steht im Nominativ. Wir ermitteln es durch die Frage **„Wer ...?" oder „Was ...?":**
  „*Wer* hat einen Drachen gebaut? – *Sie* hat ihn gebaut."
- Das **Akkusativobjekt;** wir erfragen es mit **„Wen ...?" oder „Was ...?":**
  „*Was* hat sie gebaut? – Sie hat *einen Drachen* gebaut."
- Das **Dativobjekt;** wir erfragen es mit **„Wem ...?":**
  „*Wem* hat sie den Drachen geschenkt? – Sie hat ihn *ihrem Vater* geschenkt."
- Das **Präpositionalobjekt;** wir erfragen es mit **„Worüber ...?", „Worauf ...?", „Wovon ...?"** usw.:
  „*Worüber* hat er sich gefreut? – Er hat sich *über den Drachen* gefreut."
- Das **Genitivobjekt;** es wird nur noch selten gebraucht. Wir erfragen es mit **„Wessen ...?":**
  „*Wessen* erinnert er sich gern? – Er erinnert sich gern *des Geschenks.*"

Adverbiale Bestimmungen

Adverbiale Bestimmungen (Umstandsbestimmungen) sind Satzglieder, die man mit den Fragen **„Wann ...?“, „Wo ...?“, „Warum ...?“, „Wie ...?“** ermittelt. Sie geben die näheren Umstände eines Geschehens oder einer Handlung an. Man unterscheidet:

- **adverbiale Bestimmungen der Zeit:**
  „Wann treffen wir uns? – Wir treffen uns *am Montag.*“
- **adverbiale Bestimmungen des Ortes:**
  „Wo ...? – Wir sehen uns *in der Schule.*“
- **adverbiale Bestimmungen des Grundes:**
  „Warum ...? – *Wegen des Regens* kamen wir nicht nach Hause.“
- **adverbiale Bestimmungen der Art und Weise:**
  „Wie ...? – Er folgte uns *neugierig.*“

Attribute (Teil eines Satzglieds)

Attribute geben nähere Angaben über ihr **Bezugswort** (z. B. Nomen). Ein Attribut kann vor oder nach seinem Bezugswort stehen.

„spannende	Bücher	mit Gespenstergeschichten“
Attribut	**Bezugswort**	**Attribut**

Das Attribut ist nur **Teil eines Satzglieds** und bleibt bei der Umstellprobe mit seinem Bezugswort verbunden:
„Die Klasse 7 b verkauft *spannende Bücher mit Gespenstergeschichten.*“
„*Spannende Bücher mit Gespenstergeschichten* verkauft die Klasse 7 b.“

Bis auf das Prädikat kann jedes Satzglied durch ein Attribut erweitert werden.

Es gibt verschiedene **Formen des Attributs,** z. B.:
- Adjektive: „*spannende* Bücher“, „*große* Freude“
- Nomen im Genitiv (Genitivattribut): „die Abfahrt *des Zuges*“
- Nomen mit Präposition (Präpositionalattribut):
  „das Spiel *ohne Grenzen*“
- Adverb: „das Mädchen *dort*“, „der Tag *danach*“
- Pronomen: „*unsere* Schule“, „*dein* Geburtstag“
- Zahlwörter: „*drei* Äpfel“, „*viele* Menschen“
- Apposition: „Ruth, *meine Freundin,* ...“

Die **Apposition** ist eine besondere Form des Attributs. Sie ist im Kern ein nachgestelltes Nomen und steht im gleichen Kasus (Fall) wie ihr Bezugswort. Die Apposition wird **in Kommas eingeschlossen.** Beispiele:
„Arnoul, *ein Ritter,* ist der wahre Held der Erzählung Lamberts.“
„Georges Duby, *einer der bedeutendsten Mittelalterexperten,* schrieb dieses Buch.“

2.4 Der zusammengesetzte Satz

Satzreihe

Eine **Satzreihe** besteht aus **aneinandergereihten Hauptsätzen.** Sie werden durch **Komma** voneinander getrennt, z. B.: „Er war ein gütiger Herrscher, das Volk liebte ihn." Hauptsätze werden oft durch nebenordnende Konjunktionen verbunden, z. B.: „Arthur war noch sehr jung, aber er war ein guter König."
Das **Komma kann entfallen,** wenn die Hauptsätze durch Konjunktionen wie „und", „oder", „entweder ... oder" oder „weder ... noch" verbunden sind, z. B.: „Das Volk liebte ihn und während seiner Regierungszeit herrschte Frieden."

Satzgefüge

Satzgefüge sind Sätze, die aus mindestens einem **Hauptsatz und einem Nebensatz** zusammengesetzt sind. Der Nebensatz ist dem Hauptsatz untergeordnet und wird durch **Komma** vom Hauptsatz getrennt. Nebensätze werden oft mit unterordnenden Konjunktionen wie „dass", „weil", „wenn", „als", „bevor" eingeleitet, z. B.: „Als Igraine ihren Sohn gebar, erschien Merlin am Hof."

2.5 Nebensätze

Adverbialsätze

▷ S. 101–105

Nebensätze nehmen oft die Stelle eines Satzglieds ein; man nennt sie dann Gliedsätze. Wenn ein Gliedsatz die Stelle einer adverbialen Bestimmung einnimmt, heißt er Adverbialsatz. Adverbialsätze lassen sich genau wie adverbiale Bestimmungen nach ihrer Zusatzinformation näher bestimmen. **Adverbialsätze** werden mit einer Konjunktion eingeleitet. Sie werden vom Hauptsatz durch ein **Komma** getrennt.

- **Temporalsätze** geben Zeitverhältnisse an. Einleitende Konjunktionen sind z. B.: „als", „während", „nachdem", „seitdem". Beispiel: „*Als beide Ritter nicht mehr kämpfen konnten*, brachte Merlin den verwundeten König zu einem Einsiedler."
- **Kausalsätze** geben den Grund oder die Ursache an. Einleitende Konjunktionen sind z. B.: „weil", „da". Beispiel: „Merlin blieb sehr lange bei Arthur, *weil der junge König mit dem Tod kämpfte.*"
- **Konditionalsätze** geben eine Bedingung an. Einleitende Konjunktionen sind z. B.: „wenn", „falls", „sofern". Beispiel: „*Wenn Arthur bei diesem Kampf gestorben wäre*, hätte England seinen König verloren."
- **Finalsätze** geben einen Zweck an. Einleitende Konjunktion ist z. B.: „damit". Beispiel: „*Damit der Schwarze Ritter dem König nicht mehr gefährlich werden konnte*, ließ Merlin ihn durch einen Zauberspruch in einen tiefen Schlaf sinken."
- **Konsekutivsätze** geben die Folge oder Wirkung an. Einleitende Konjunktion ist z. B.: „sodass" (auch: „so ..., dass"). Beispiel: „Arthur war krank und schwach, *sodass er die unbekannte Dame nur verschwommen erkennen konnte.*"

- **Modalsätze** geben die Art und Weise an. Einleitende Konjunktionen sind z. B.: „indem“, „wie“, „als“. Beispiel: „Die schöne Gwinever trug viel zu seiner Genesung bei, *indem sie Tag und Nacht an seinem Lager wachte.*“
- **Konzessivsätze** geben eine Einräumung an. Einleitende Konjunktionen sind z. B.: „obwohl“, „obgleich“, „wenn auch“. Beispiel: „*Obwohl Arthur die schöne Dame nur undeutlich erkennen konnte,* beeindruckte ihn deren Schönheit sehr.“
- **Adversativsätze** geben einen Gegensatz an. Einleitende Konjunktion ist z. B.: „während“. Beispiel: „*Während Arthur den Kampf so bald wie möglich fortsetzen wollte,* war Merlin ganz und gar gegen eine erneute Gefährdung des Königs von England.“

Subjektsätze und Objektsätze

Subjektsätze und Objektsätze sind **Gliedsätze,** weil sie die Stelle eines Satzgliedes einnehmen. Sie übernehmen die Rolle des Subjekts bzw. des Objekts für den Hauptsatz und lassen sich genauso wie Subjekt oder Objekt durch Satzgliedfragen ermitteln.
Subjekt- und Objektsatz werden durch ein **Komma** vom Hauptsatz abgetrennt.
Beispiel: „Wer dieses Schwert aus dem Amboss zieht, ist der König von England.“
Frageprobe: „Wer oder was (= Subjekt) ist der König von England?“
Beispiel: „Sich zu verstellen, hatte er nie gelernt.“
Frageprobe: „Wen oder was (= Objekt) hatte er nie gelernt?“
Subjekt- und Objektsätze können unterschiedliche Gestalt annehmen:

Satzform	**Subjektsatz**	**Objektsatz**
indirekter Fragesatz	*Wer diesen Ritter schlägt,* ist ein Held.	Niemand wusste, *wie er hieß.* Er wusste nicht, *ob er überleben würde.*
dass-Satz	*Dass er kämpfen wollte,* erstaunte Gwinever.	Er erkannte, *dass er kämpfen musste.*
Infinitivsatz	*Auf einem Pferd zu reiten,* machte ihm Freude.	Er erklärte, *nichts zu wissen.*

Relativsätze

Nebensätze, die mit einem Relativpronomen (z. B. „der“/„die“/„das“ oder „welcher“/„welche“/„welches“) eingeleitet werden, heißen **Relativsätze.**
Ein Relativsatz wird durch **Komma(s)** vom übergeordneten Satz, der das Bezugswort enthält, abgetrennt. Beispiele:
„Die Mädchen schliefen in einem Turm, ***der** sehr streng bewacht wurde.*“

2.6 Zeichensetzung

Kommaregeln im Überblick

▷ S. 174–181

Satzreihe

Eine **Satzreihe** besteht aus **aneinandergereihten Hauptsätzen.** Sie werden durch **Komma** voneinander getrennt,
z. B.: „Er war ein gütiger Herrscher, das Volk liebte ihn."
Hauptsätze werden oft durch nebenordnende Konjunktionen verbunden,
z. B.: „Arthur war noch sehr jung, aber er war ein guter König."
Das **Komma kann entfallen,** wenn die Hauptsätze durch Konjunktionen wie „und", „oder", „entweder ... oder" oder „weder ... noch" verbunden sind,
z. B.: „Das Volk liebte ihn und während seiner Regierungszeit herrschte Frieden."

Satzgefüge

Satzgefüge sind Sätze, die aus mindestens einem **Hauptsatz und einem Nebensatz** zusammengesetzt sind. Der Nebensatz ist dem Hauptsatz untergeordnet und wird durch **Komma** vom Hauptsatz getrennt. Nebensätze werden oft mit unterordnenden Konjunktionen wie „dass", „weil", „wenn", „als", „bevor" eingeleitet,
z. B.: „Als Igraine ihren Sohn gebar, erschien Merlin am Hof."

Infinitivsätze

Ein Infinitivsatz, der aus einem Infinitiv mit *zu* und mindestens einem weiteren Wort besteht, muss häufig durch Kommas abgetrennt werden, und zwar immer dann,

- wenn der Infinitivsatz durch ein *um, ohne, statt, anstatt, außer, als* eingeleitet wird, z. B.: „Ich möchte das Buch lesen, *um* mehr über Haie zu erfahren.";
- wenn der Infinitivsatz von einem Nomen abhängt, z. B.: „Wir hatten *den Plan, uns gründlich über Haie zu informieren.*" oder
- wenn durch ein hinweisendes Wort wie *daran, darauf, dazu* oder *es* auf den Infinitivsatz Bezug genommen wird, z. B.: „Wir hatten uns *darauf* gefreut, den Film über Haie anzusehen."

In allen anderen Fällen ist das Komma freigestellt. **Es empfiehlt sich, die Kommas immer zu setzen,** weil sie die Gliederung des Satzes verdeutlichen und niemals falsch sind.

Partizipialsätze

Ein Partizipialsatz muss normalerweise nicht durch ein Komma vom übergeordneten Satz getrennt werden. Ein Komma kann gesetzt werden, wenn der Partizipialsatz als Zusatz gekennzeichnet werden soll. **Ein Komma muss stehen,**

- wenn durch ein **hinweisendes Wort** auf den Partizipialsatz Bezug genommen wird, z. B. mit „so". Beispiel: „Um Worte ringend, *so* stellte sich Arthur der Lady vor."
- wenn der Partizipialsatz als **Einschub** die gewöhnliche Satzstellung unterbricht. Beispiel: „Der König, *vor Freude lächelnd,* lief auf sie zu."
- wenn der Partizipialsatz einen **Nachtrag** darstellt. Beispiel: „Er verweilte im Garten, *nach ihren Blicken heischend.*"

Aufzählungen

Aufzählungen können aus Wörtern oder aus Wortgruppen bestehen. Sie werden durch ein **Komma** getrennt. Beispiel: „Sie wollte um sechs Uhr nach Hause kommen, Aufgaben machen, dann schwimmen gehen."

Wenn die Wörter oder Wortgruppen in Aufzählungen durch nebenordnende Konjunktionen wie „und", „oder", „entweder ... oder", „sowohl ... als auch" oder „weder ... noch" verbunden sind, entfällt das Komma. Beispiel: „Wir fahren bei sonnigem *oder* trüben Wetter los."

Wörtliche Rede
Die wörtliche Rede steht in **Anführungszeichen.** Der Redebegleitsatz kann der wörtlichen Rede vorangestellt, nachgestellt oder in die wörtliche Rede eingeschoben sein.

Nach einem **vorangestellten Redebegleitsatz** weist ein **Doppelpunkt** auf die folgende wörtliche Rede hin. Beispiel: *Sie sagte:* „Ich besuche dich bald."

Der **nachgestellte Redebegleitsatz** wird durch **ein Komma** von der wörtlichen Rede abgetrennt. Beispiel: „Halt! Stehen bleiben!", *riefen die Polizisten.*

Der **eingeschobene Redebegleitsatz** wird durch **zwei Kommas** von der wörtlichen Rede abgetrennt. Beispiel: „Ich suche das Buch", *sagte sie,* „weißt du, wo es sein könnte?"

Das Komma bei Zusätzen und Nachträgen
Zusätze oder Nachträge grenzt man mit Komma ab; sind sie eingeschoben, so schließt man sie in Kommas ein.
Durch Kommas abgetrennt werden:

- **Appositionen** sind im Kern nachgestellte Nomen und stehen im gleichen Kasus wie ihr Bezugswort, z. B.: „Wen Jiabo, *der Regierungschef,* lebt in Peking."
- **Nachgestellte Erläuterungen** werden oft mit Wörtern wie „nämlich", „das heißt", „und zwar", „vor allem", „besonders", „insbesondere", „genauer", „zum Beispiel", „beispielsweise", „also" eingeleitet, z. B.: „In China leben weltweit die meisten Menschen, *nämlich 1,3 Milliarden.*"
- **Nachgestellte Partizipien, Partizip- oder Adjektivgruppen** und entsprechende Wortgruppen, z. B.: „Der Glaubensausübung, *buddhistisch, taoistisch, islamisch, christlich oder konfuzianisch,* sind in China noch immer strenge Grenzen gesetzt."
- **Parenthesen** sind Einfügungen in einen Satz, die auch alleine stehen könnten und damit vom Gesamtsatz unabhängig sind, z. B.: „Eines Tages, *es war mitten im Sommer,* hagelte es."

Das Komma bei Anreden und Ausrufen
Anreden, Ausrufe oder Ausdrücke einer Stellungnahme, die besonders hervorgehoben werden sollen, grenzt man mit Komma ab; sind sie eingeschoben, so schließt man sie in Kommas ein. Durch Kommas abgetrennt werden:

- **Anreden,** z. B.: „Leute, hört doch mal zu." „Für heute sende ich dir, lieber Christoph, die herzlichsten Grüße."
- **Ausrufe oder Ausdrücke einer Stellungnahme,** z. B.: „Oh, ganz schön viel los hier!" „Tatsächlich, das ist es!" „Leider, das hat er gesagt."

Das Komma bei mehrteiligen Orts-, Zeit- und Literaturangaben
Mehrteilige Orts-, Zeit- und Literaturangaben gliedert man durch Kommas.
Das abschließende Komma kann entfallen, z. B.:
„Das Vorbereitungstreffen findet am Mittwoch, dem 25. Juli, um 14 Uhr(,) in der Bibliothek statt." „Der Artikel ist im „Spiegel", Heft 48, 2005, S. 25(,) erschienen."

3 Rechtschreiben

3.1 Silbentrennung

Grundregel: Mehrsilbige Wörter trennt man nach **Sprechsilben,** die man bei langsamem, betontem Sprechen hören kann, z. B.: „Spa-zier-gang", „Rei-he", „heu-te". Ein einzelner Vokalbuchstabe am Wortanfang oder -ende wird nicht abgetrennt, z. B.: „Igel", „Abend". Von mehreren Konsonanten trennt man nur den letzten ab, z. B.: „Damp-fer", „Kat-ze".
Achtung: Die Buchstabenverbindung „ck" steht für einen Laut und wird nicht getrennt, z. B.: „ba-cken", „De-ckel", „Zu-cker".

3.2 Laute und Buchstaben

Die Schärfung: Schreibung nach kurzen Vokalen

Nach betontem kurzem Vokal stehen meist **zwei Konsonanten;** entweder zwei gleiche Konsonanten (Konsonantenverdoppelung) oder zwei verschiedene Konsonanten (Konsonantenhäufung).

- In den meisten Fällen kann man die zwei verschiedenen Konsonanten beim Hören gut voneinander unterscheiden, z. B.: *Hu**nd**, To**pf**, Ka**rt**e, de**nk**en.*
- Hörst du beim Sprechen nur einen Konsonanten, so wird er verdoppelt, z. B.: *kna**bb**ern, Pu**dd**ing, Ko**ff**er, Ba**gg**er, schwi**mm**en, Bru**nn**en, Su**pp**e, i**rr**en, verge**ss**en, schü**tt**eln.*

Achtung:
Statt verdoppeltem **k** schreibt man **ck,** z. B.: *Glü**ck**, He**ck**e, wa**ck**eln, zwi**ck**en, A**ck**er, ho**ck**en.*
Statt verdoppeltem **z** schreibt man **tz,** z. B.: *Ka**tz**e, Schu**tz**, Hi**tz**e, ä**tz**end, tro**tz**, plö**tz**lich.*
Ausnahme: Bei manchen Fremdwörtern folgt nach einem kurzen Vokal nur ein Konsonant, z. B.: *Apri**l**, Pra**x**is.* Bei vielen Fremdwörtern schreibt man nach kurzem Vokal nur ein einfaches **k,** manchmal auch **kk,** z. B.: *Anora**k**, Lyri**k**, dire**k**t, he**k**tisch, A**kk**usativ, A**kk**ordeon, Mo**kk**a.*

Die Dehnung: Schreibung nach langen Vokalen

Lang gesprochene Vokale **(a, e, i, o, u)** oder Umlaute **(ä, ö, ü)** können mit einfachem Buchstaben geschrieben werden wie in *Spur, wär, Tor.* Oder sie werden mit einem **Dehnungs-h** verbunden wie in *Sa**h**ne, fe**h**len* oder *bo**h**ren.*
Folgende Tipps können euch helfen, Wörter mit langen Vokalen richtig zu schreiben.

- **Verwandte Wörter bilden**
  Wenn man sich bei der Schreibung eines Wortes unsicher ist, ob es mit oder ohne Dehnungs-h geschrieben wird, kann einem die Schreibung eines verwandten Wortes aus der Wortfamilie helfen. Das Dehnungs-h im Wortstamm bleibt erhalten.
  ***wohn**en: die **Wohn**ung, **wohn**lich, be**wohn**en, **Wohn**ungsbau, Miet**wohn**ung, Ein**wohn**er*
- Den lang gesprochenen Vokal **u** im Präfix **ur-** und das lang gesprochene **a** und **u** in den Suffixen **-bar, -sal, -sam, -tum** schreibt man ohne Dehnungs-h, z. B.: *sonder**bar**, grau**sam**.*

- Nur wenige Wörter werden mit **Doppelvokal** geschrieben, z. B.: *Haar, Paar, Saal.*
  - Wenn sich von diesen Wörtern Ableitungen mit Umlaut bilden lassen, entstehen **einfache Umlaute,** z. B.: *Paar – Pärchen; Saal – Säle; Boot – Bötchen.*

Für das **lang gesprochene i** gilt:

- Die meisten Wörter mit lang gesprochenem **i** werden mit **ie** geschrieben, z. B.: *Kies, Wiese, kriechen, Tier, lieb, hier, viel, vielleicht, ziemlich.*
- Nur in den Pronomen **ihm/ihn/ihr** wird das lang gesprochene **i** als **ih** geschrieben, z. B.: *Wir schenken **ihm** ein Buch und **ihr** eine CD.*
- Sehr selten sind Wörter mit **ieh,** z. B.: *ziehen, fliehen, geliehen, Vieh.*
- In **Fremdwörtern** wird das lang gesprochene **i** oft mit einfachem **i** geschrieben, z. B.: *Maschine, Bleistiftmine, Apfelsine, Ski, Rosine, Klima, Motiv, Stil.*

Schreibung der s-Laute

Der s-Laut im Wortinneren

- Der **stimmhafte s-Laut** wird im Wortinneren immer mit einfachem **s** geschrieben, z. B.: *Rasen, leise, losen.*
- Beim **stimmlosen s-Laut** musst du auf den vorangehenden Vokal achten.
  Nach kurzem Vokal schreibt man **ss,** z. B.: *er hasst, Wasser, er frisst.*
  Nach langem Vokal oder **Diphthong** schreibt man **ß,** z. B.: *Klöße, spaßen, draußen.*

Der s-Laut am Wortende

Die Schreibung des s-Lautes am Wortende richtet sich danach, ob dem s-Laut ein kurzer Vokal oder ein langer Vokal oder ein Diphthong vorangeht.
Nach kurzem Vokal steht fast immer **ss,** z. B.: *der Biss – die Bisse.*
Nach einem langen Vokal oder **Diphthong** stehen die Buchstaben **s** oder **ß.**
Die Verlängerungsprobe hilft dir bei der Schreibung:
Wenn der **s-Laut** in der Wortverlängerung **stimmlos** ist, schreibst du **ß,**
z. B.: *sie heißt – heißen, der Spaß – die Späße.*
Wenn der **s-Laut** in der Wortverlängerung **stimmhaft** ist, schreibst du **s,**
z. B.: *das Haus – die Häuser, er niest – niesen.*

„dass" oder „das"?

„das" wird mit **s** geschrieben, wenn es sich

- um den **bestimmten Artikel** „das" handelt, z. B.: „*das* Äffchen".
- um das **Demonstrativpronomen** „das" handelt, z. B.: „*Das* ist das Äffchen von vorhin."
  Das Demonstrativpronomen „das" kann durch „dieses" ersetzt werden.
- um das **Relativpronomen** „das" handelt,
  z. B.: „Das Äffchen, *das* ich vorhin gesehen habe, klammert sich gerade am Gitter fest."
  Das Relativpronomen „das" kann durch „welches" ersetzt werden.

„dass" wird mit **ss** geschrieben, wenn es sich

- um die **Konjunktion** „dass" handelt. Durch „dass" wird immer ein Nebensatz eingeleitet, z. B.: „Ich glaube, *dass* ich jetzt im Zoo genug erlebt habe."

3.3 Groß- und Kleinschreibung

Nominalisierungen

▷ S. 169–170, 173

Verben, Adjektive, Partizipien und andere Wörter können als Nomen gebraucht werden. Man schreibt sie dann groß. Ihr könnt solche nominalisierten Wörter häufig an denselben **Signalwörtern** erkennen wie Nomen, z. B.:

- an einem vorausgehenden **Artikel:**
  „gehen", „gähnen", „13-jährig" – „*das* Gehen", „*ein* Gähnen", „*die* 13-Jährige"
- an einer vorausgehenden **Präposition** (die auch mit einem Artikel verschmolzen sein kann): „gut", „böse" – „*im* (in dem) Guten", „*im* (in dem) Bösen"
- an einem vorangestellten **Pronomen:**
  „lachen", „arbeiten", „jammern" – „*mein* Lachen", „*dieses* Arbeiten", „*kein* Jammern"
  „schön", „neu", „alt" – „*viel* Schönes", „*wenig* Neues", „*nichts* Altes"
  - In Verbindung mit den **Indefinitpronomen** „etwas", „alles", „nichts", „einige", „kein", „viel", „wenig", „allerlei", „ein paar", „genug", „manches" werden Adjektive großgeschrieben. Weil solche Wortgruppen häufig vorkommen, ist es am einfachsten, du lernst diese Pronomen als Signalwörter auswendig.

Nicht immer wird ein nominalisiertes Wort durch ein Signalwort angekündigt. Mache die Probe: Wenn du ein Signalwort ergänzen könntest, schreibst du groß, z. B.: „Wenn man *(das)* Gelb mit *(einem)* Blau mischt, entsteht *(ein)* Grün."

Achtung:
Nominalisierungen, die aus zwei Wörtern zusammengesetzt sind, schreibt man zusammen, z. B.:
„das Radfahren", „das Schlangestehen".

Schreibung von Zahlwörtern

▷ S. 165–166

- Zahlwörter (Numeralia) verteilen sich auf die Wortarten Nomen („die *Million*"; „der *Zehnte*"), Adjektiv („*zwei* Gruppen"; „der *zweite* Platz") und Adverb („*fünfmal*"; „*erstens*"). Man unterscheidet unter anderem:
  Kardinalzahlen; sie legen eine Anzahl fest, z. B.: „*eins*", „*hundert*", „zwei *Millionen*".
  Ordinalzahlen; sie legen eine Reihenfolge fest, z. B.: „der/die/das *Erste*", „der *achte* Tag".
- **Zahlwörter,** die **Nomen** sind oder als Nomen verwendet werden (Nominalisierung), schreibt man groß, z. B:
  „die *Million*" (Nomen), „der *Zehnte*" (Nomen), „am *Zehnten*" (Nominalisierung), „zum *Zweiten*" (Nominalisierung).
- **Zahlwörter,** die **Adjektive** oder **Adverbien** sind, schreibt man klein, z. B.:
  „*sechs* Monate" (Adjektiv), „Sie hat *zweimal* angerufen." (Adverb).
- Die Zahlwörter „hundert", „tausend" oder „Dutzend" können groß- oder kleingeschrieben werden, wenn mit ihnen unbestimmte, nicht in Ziffern auszudrückende Mengen angegeben werden, z. B.: „Es gab *Dutzende/dutzende* von Verletzungen."; „Viele *Hundert/hundert* mussten auf halber Strecke aufgeben."; „Einige *Tausend/tausend* Zuschauer kamen."

4 Umgehen mit Texten und Medien

4.1 Erzählende Literatur

Das höfische Epos

Das **Epos** (griech. epos = Wort, Erzählung, Lied, Gedicht) gehört zu den Großformen der erzählenden Literatur (Epik). Im Unterschied zum Roman ist das Epos erheblich älter und in **Versform** verfasst. (Die beiden ältesten Epen der abendländischen Literatur sind die „Ilias" und die „Odyssee" von Homer aus dem 8. Jahrhundert v. Chr.)
Das **höfische Epos** ist die erzählende Hauptform der deutschen **Dichtung des Hochmittelalters** (1180–1230).
Als „höfisch" bezeichnet man diese Dichtung deshalb, weil sie für den Vortrag bei Hofe bestimmt war und das Lebensgefühl der höfischen Gesellschaft (Ritter und adlige Damen) zum Ausdruck brachte.

Die Anekdote

Eine **Anekdote** ist eine **kurze Geschichte mit einer heiteren Pointe,** d. h. einem überraschenden und geistreichen Höhepunkt. Anekdoten erzählen über bedeutende Persönlichkeiten, gesellschaftliche Gruppen oder über interessante Ereignisse. Bestimmte Eigenschaften oder Eigenarten einer bekannten Persönlichkeit oder eines denkwürdigen Ereignisses werden dabei scharf und blitzlichtartig charakterisiert. Bei der knappen Schilderung des Geschehens wird als **sprachliches Mittel** häufig der **Dialog** (Rede und Gegenrede) verwendet.

Die Kurzgeschichte

▷ S. 249–252

Die **Kurzgeschichte** ist eine **knappe, moderne Erzählung,** die eine Momentaufnahme, einen krisenhaften Ausschnitt oder eine wichtige Episode aus dem Alltagsleben eines oder mehrerer Menschen zeigt.
Kurzgeschichten haben meist folgende **Merkmale:**

- **geringer Umfang**
- Ausschnitt aus einem **alltäglichen Geschehen,** der für die dargestellten Figuren von besonderer Bedeutung ist
- **unmittelbarer Einstieg** in das Geschehen, der schlagartig eine Situation aufreißt
- **zielstrebiger Handlungsverlauf** hin zu einem Höhe- oder Wendepunkt
- **offener Schluss,** der viele Deutungsmöglichkeiten zulässt
- meist **Alltagssprache** mit einfachem Satzbau und umgangssprachlichen Elementen in der direkten Rede (passend zur alltäglichen Thematik der Kurzgeschichte)

Erzählende Texte untersuchen

▷ S. 245–274

Um einen Text besser verstehen zu können, muss man ihn erschließen. Dazu untersucht man, wovon er handelt und wie er erzählt wird. Folgende Analyseaspekte können dabei in den Blick genommen werden:

Sprachliche Gestaltungsmittel untersuchen

▷ S. 249–252, 259–262

Um einen Text vollständig verstehen und deuten zu können, muss man die sprachliche Gestaltung des Textes untersuchen. Es reicht allerdings nicht aus, diese sprachlichen Auffälligkeiten nur zu benennen. Ihr müsst vor allem die **Wirkung,** die diese sprachlichen Gestaltungsmittel haben, erläutern. Im Folgenden findet ihr einige sprachliche Gestaltungsmittel.

Textebene:

- Wiederholung von Sätzen, Wortgruppen oder Wörtern

Satzbau:

- auffällige Häufung bestimmter Satzarten, z. B. Fragesätze
- Parataxe (aneinandergereihte Hauptsätze)
- Hypotaxe (Satzgefüge aus Haupt- und Nebensätzen)
- Inversion (Umstellung der geläufigen Wortstellung im Satz)
- Ellipse (unvollständiger Satz, Auslassung eines Satzgliedes/Wortes, das leicht ergänzt werden kann)

Aussageweisen des Verbs, z. B. Konjunktiv oder Imperativ

Wortwahl, z. B.:
- auffällige Häufung bestimmter Wortarten, z. B. Adjektive
- Verwendung von Jugendsprache oder Dialekt

Bildlichkeit der Sprache, z. B.:
- Metapher (Bedeutungsübertragung)
- Personifikation (Vermenschlichung)
- Hyperbel (Übertreibung)

(▷ mehr Informationen zu sprachlichen Gestaltungsmitteln auf den S. 260–262)

4.2 Gedichte

Merkmale von Gedichten

Gedichte bezeichnet man auch als lyrische Texte oder Lyrik. Der Begriff „Lyrik“ geht auf ein altes Saiteninstrument, die Lyra (Leier), zurück. Das bestimmende Merkmal lyrischer Texte ist die gebundene, rhythmische Sprache in **Versen.** Die deutsche Bezeichnung „Gedicht“ verweist auf das „verdichtete“ Sprechen in Bildern.
Folgende Merkmale kennzeichnen die Lyrik:
- **Strophe:** Die meisten Gedichte sind in Strophen gegliedert. Häufig bestehen Gedichte aus mehreren gleich langen Strophen.
- **Vers:** Besonders in älteren Gedichten haben alle Verse eines Gedichts oft annähernd dieselbe Länge, d. h., die Anzahl der Silben bleibt in jeder Zeile nahezu gleich.
- **Reim:** In vielen Gedichten werden die Verse durch einen Endreim miteinander verbunden. Die regelmäßige Abfolge von Endreimen ergibt verschiedene Reimschemata: Paarreim *(aabb)*, Kreuzreim *(abab)* und umarmender Reim *(abba)*.
- **Metrum (Versmaß):** Je nachdem, wie betonte und unbetonte Silben wechseln, unterscheidet man verschiedene Metren, z. B. Jambus („Ăm gráuĕn Stránd, ăm gráuĕn Méer“), Trochäus („Méinĕ Glóckĕn láutĕn“) und Daktylus („Gótischĕ Fénstĕr ŭnd máurisch vĕrzíertĕs Pŏrtál“).
- **Rhythmus:** Betonungen, Sprechpausen und Sprechtempo geben beim Vortrag den Rhythmus eines Gedichts wieder.
- **Lyrisches Ich:** Zu jedem Gedicht gehört eine Sprecherin oder ein Sprecher, der nicht mit der Autorin oder dem Autor gleichzusetzen ist. Oft stellt sich dieser Sprecher als ein Ich vor, das seine Gefühle, Beobachtungen und Gedanken so mitteilt, dass die Leserinnen und Leser sie mitempfinden können.
- **Sprache des Gedichts:** Die Sprache von Gedichten ist oft durch Vergleiche und Bilder (Metaphern) geprägt. Sie sind besonders dazu geeignet, Gefühle und Stimmungen auszudrücken oder eine bestimmte Atmosphäre entstehen zu lassen. So werden zur Darstellung von Liebe, Freude, Angst oder Einsamkeit z. B. oft Bilder aus dem Bereich der Natur verwendet (▷ mehr Informationen zu sprachlichen Gestaltungsmitteln auf den S. 260–262).

Die Ballade

Die **Ballade** ist ein Gedicht, das eine **handlungsreiche Geschichte erzählt** und damit epischen Texten nähersteht, als es Gedichte sonst tun.
Charakteristisch für die Ballade ist, dass die **Handlung zeitlich gerafft** ist und in einer **dramatisch zugespitzten Form** dargestellt wird. Durch **spannungssteigernde Momente** und wörtliche Rede werden die Leser wie bei einer **szenischen Darstellung** in das Geschehen hineinversetzt.
Wie andere Gedichte kennzeichnet auch die Ballade eine gebundene Form: Sie hat in der Regel ein festes **Metrum,** ist in **Strophen** gegliedert und besitzt einen **Reim,** oft auch einen Refrain.

Das Sonett

▷ S. 196–197

Das **Sonett** (von ital. *sonetto* = Tönchen, kleiner Tonsatz) ist eine Gedichtform, die vor allem im Barock häufig verwendet wurde. Es besteht aus 14 Zeilen, die in **zwei Quartette** (zwei vierzeilige Strophen) und **zwei Terzette** (zwei dreizeilige Strophen) gegliedert sind. Während für die Quartette der umarmende **Reim** (abba) vorherrschend ist, variiert in den Terzetten das Reimschema (z. B.: ccd/eed; cdc/ded; cde/cde).
Die gängigste Versform der Sonette ist der **Alexandriner,** ein sechshebiger Jambenvers, der eine Zäsur nach der dritten Hebung aufweist. Beispiel:

x x́ x x́ x x́ x x́ x x́ x x́ x
Du siehst, wohin du siehst, nur Eitelkeit auf Erden. (Gryphius: Es ist alles eitel.)

Die innere Struktur des Sonetts ist die **Antithese:** These (Behauptung) und Antithese (Gegenbehauptung) in den Quartetten und eine Synthese (Vereinigung von These und Antithese) in den Terzetten. Der **letzte Vers** enthält oft eine **Schlussfolgerung** oder eine **Pointe.**

4.3 Drama/Theater

▷ S. 225–244

Das Drama gehört neben der erzählenden Literatur (Epik) und der Lyrik zu den drei literarischen Großgattungen.
Dramentexte sind in Dialogform verfasst und bilden damit die Gespräche der auftretenden Figuren ab.

Für das Verstehen eines Dramas sind folgende Aspekte wichtig:
- **Exposition:** Eingangsszene eines Stückes. In ihr werden die Hauptpersonen, der Ort, die Zeit und häufig auch die Vorgeschichte der Handlung vorgestellt.
- **Konflikt:** Auseinandersetzung oder Streit, der den Kern der Handlung auf der Bühne bildet.
- **Akt:** auch Aufzug genannt; Hauptabschnitt eines Dramas; geschlossene Handlungseinheit, die meist aus mehreren Szenen besteht.

- **Szene:** Kurzer abgeschlossener Teil eines Theaterstücks. Eine Szene endet, wenn Schauspieler auf- oder abtreten oder wenn das Licht ausgeht.
- **Rolle:** Gestalt oder Figur, die ein Schauspieler auf der Bühne verkörpert.
- **Dialog:** Gespräch zwischen den Personen auf der Bühne. Ein Selbstgespräch auf der Bühne nennt man **Monolog.**
- **Regieanweisung:** Anweisung an Regisseure und Schauspieler, wie eine bestimmte Szene gespielt werden soll. Regieanweisungen helfen außerdem dem Leser, sich die Personen und das Geschehen vorzustellen.

4.4 Sachtexte

Merkmale von Sachtexten

▷ S. 275–286

Sachtexte unterscheiden sich von literarischen Texten dadurch, dass sie vorwiegend informieren wollen und sich deshalb auf das Wesentliche (wichtige Tatsachen, Fakten) beschränken. Oft werden bestimmte Sachverhalte mit Fremdwörtern oder Fachbegriffen treffend benannt. Sachtexte haben häufig folgende Merkmale:

- Sachtexte sind meist in Abschnitte unterteilt, die Zwischenüberschriften haben können. Der erste Abschnitt führt oft in das Thema ein, die weiteren Abschnitte informieren dann über spezielle Themen.
- Wichtige Wörter oder Wortgruppen (so genannte Schlüsselwörter) sind oft hervorgehoben.
- Manche Begriffe oder Fachausdrücke werden in einer Fußnote oder in einer Randspalte erklärt.
- Es gibt oft Abbildungen, Grafiken und Tabellen, die wichtige Informationen enthalten.

Das Layout eines Sachtextes

Ob ein Sachtext leicht zu lesen ist, hängt nicht nur von seinem Inhalt, sondern auch von seinem Layout (Text- und Bildgestaltung) ab. Viele verschiedene Elemente können das Textbild prägen, z. B.:

- Überschriften und Zwischenüberschriften
- Unterteilung in Absätze
- Hervorhebungen durch **Fettdruck,** *Kursivdruck,* GROSSBUCHSTABEN
- Schaubilder, Tabellen und Grafiken
- Fotos und andere Abbildungen

Durch diese Gestaltungselemente wird Wichtiges hervorgehoben.

Sachtexte auswerten

▷ S. 275–279

Folgende Schritte können euch helfen, Schritt für Schritt einen Sachtext zu verstehen:
1. Schritt: sich einen Überblick verschaffen (Überschriften, Bilder, Grafiken beachten)
2. Schritt: den Text genau lesen und Randbemerkungen machen
3. Schritt: Unverstandenes klären
4. Schritt: Aussagen einzelner Sinnabschnitte erkennen
5. Schritt: Kerninformationen entnehmen und ordnen, z. B. in einer Tabelle.

4.5 Medien

Zeitungen

▷ S. 287–306

Zeitungstypen

▷ S. 287–289

Boulevardzeitung:
wird meist ohne Abonnement in Geschäften oder Kiosken gekauft, „reißerische“ Aufmachung (Neugier erweckende Schlagzeilen, hoher Bildanteil), z. B. „BILD“, „Abendzeitung“, „tz“.

Regionale/lokale Tageszeitung:
erscheint täglich in einer bestimmten Region, wird vorwiegend an Abonnenten verkauft, z. B. „Fränkischer Tag“, „Nordbayerische Nachrichten“.

Überregionale Zeitung:
erscheint täglich oder wöchentlich und ist in ganz Deutschland erhältlich, z. B. „Süddeutsche Zeitung“ (täglich), „Frankfurter Allgemeine Zeitung“ (täglich), „Die Zeit“ (wöchentlich).

Journalistische Textsorten

▷ S. 296–306

Die Nachricht

▷ S. 296–298

Die Nachricht **informiert knapp und sachlich über ein aktuelles Ereignis.** Der Nachrichtenstil ist geprägt durch die Beschränkung auf Tatsachen sowie das Bemühen um Objektivität, mit dem man den Tatsachen unvoreingenommen und unparteiisch gerecht werden will.
Nachrichten sind meist im **Lead-Stil** (engl. lead = führen) aufgebaut, d. h.: Die **wichtigstenInformationen** stehen **am Textanfang** (Vorspann oder Lead), dann folgen weitere Detailinformationen.

Der Kommentar

▷ S. 299–300

Ein Kommentar ist **ein subjektiv wertender Text,** in dem ein namentlich genannter **Autor** zu einem aktuellen Thema **Stellung nimmt.**
Kommentare ordnen Nachrichtenmeldungen in Zusammenhänge ein, erhellen die Hintergründe und führen Argumente für die eigene Meinung (argumentative Sprache) an. Häufig wird die Meinungsäußerung auch in Form von Aufforderungen oder Wünschen (appellative Sprache) zum Ausdruck gebracht.
Ziel des Kommentars ist es, die **Meinung des Lesers zu beeinflussen.**
Eine Sonderform des Kommentars ist der Leitartikel.

Die Glosse

▷ S. 301

Die Glosse (von griech. „glossa“ = Zunge, Sprache) ist ein **ironisch-witziger, oft auch polemischer Kurzkommentar** zu einem Thema. In erster Linie unterscheidet sich eine Glosse vom Kommentar also nicht in der Themenwahl, sondern in ihrer sprachlichen Form. Eines der beliebtesten Stilmittel von Glossenschreibern ist die Ironie. Eine bekannte Glossenrubrik ist z. B. das „Streiflicht“ in der „Süddeutschen Zeitung“.

Die Reportage ▷ S. 305–306

Eine Reportage **informiert in besonders lebendiger und anschaulicher Weise** über ein Ereignis oder eine Person. Dabei kann auch das persönliche Erleben der Reporterin oder des Reporters deutlich werden. Reportagen führen mitten in ein Geschehen ein; die Leserinnen und Leser sollen gedanklich und emotional in das Geschilderte hineingezogen werden. In der Themenwahl ist der Journalist bei der Reportage frei: Alles kann zum Gegenstand seiner Schilderungen werden.

Die Merkmale einer Reportage sind:
- Recherche am Ort des Geschehens, Befragung von Beteiligten oder Fachleuten,
- Hintergrundinformationen und Zusammenhänge werden aufgezeigt,
- Wechsel zwischen sachlich informierenden und persönlich schildernden Textteilen,
- subjektive Meinung der Verfasserin oder des Verfassers,
- Zeitform: Präsens,
- wörtliche Rede,
- Angabe des Verfassernamens.

Das Interview ▷ S. 302–304

Bei einem Interview handelt es sich um eine **Befragung durch einen oder mehrere Fragesteller** (so genannte Interviewer) mit dem Ziel, persönliche Informationen oder Sachverhalte zu ermitteln. Es gibt verschiedene Formen den Interviews, z. B.:
- **Das Interview zur Person:** dient dazu, ein möglichst klares Bild des Gesprächspartners zu zeichnen, z. B. durch Erfragen der persönlichen Lebensumstände, Meinungen etc.
- **Das Interview zur Sache:** Experten werden zu einem bestimmten Thema (z. B. aktuelles Tagesgeschehen, Entscheidungen, Ereignisse) befragt.

Nur die wenigsten Interviews erscheinen wortwörtlich in den Medien. Die meisten Interviews führen die Journalisten zu Recherchezwecken, z. B. um Zitate zu bekommen oder sich komplizierte Sachverhalte von Experten erklären zu lassen.

Zeitschriften

▷ S. 307–320

Zeitschriften sind **Printmedien** oder **elektronische Medien** (Online-Zeitschriften), die in regelmäßigen Abständen, z. B. wöchentlich oder monatlich, erscheinen und sich mit ihren Beiträgen an bestimmte Lesergruppen wenden. Oft wird auch der Begriff „Magazin" verwendet. Im Gegensatz zu Zeitungen sind sie weniger auf Nachrichten, sondern mehr auf Hintergrundberichterstattung zu aktuellen Themen ausgelegt. Auf dem Zeitschriftenmarkt unterscheidet man in der Regel zwei große Zeitschriftentypen:
- **Publikumszeitschriften** richten sich an ein sehr breites Publikum und setzen kein bestimmtes fachliches Interesse voraus. Typische Publikumszeitschriften sind Jugendmagazine, Fernsehzeitschriften, Frauen- und Männerzeitschriften und Illustrierte.
- **Fachzeitschriften** informieren über ein spezielles Fachgebiet und wenden sich an einen kleinen Leserkreis von Fachleuten, z. B. bestimmte Berufsgruppen.

Film/Fernsehen

▷ S. 224

Ein Film hat als Textgrundlage ein Drehbuch. Darin werden sowohl der gesprochene Text als auch die Kameraeinstellung und -perspektive festgelegt.

Die **Kameraeinstellung** legt die Größe des Bildausschnitts fest. Die verschiedenen Einstellungsgrößen nennt man (von ganz weit bis ganz nah):

- **Weit/Panorama:** Diese Einstellung eignet sich gut für die Darstellung von Menschengruppen oder einer Landschaft.
- **Totale:** Der Betrachter kann die Gesamtszenerie des Bildes lokalisieren (= räumlich zuordnen).
- **Halbtotale:** Vermittelt einen Überblick über eine bestimmte Szene.
- **Halbnah:** Zeigt die Personen bis ungefähr zum Knie. Mit dieser Einstellung kann eine Situation mit mehreren Personen gezeigt werden.
- **Nah:** Eine oder zwei Person/en wird/werden vom Kopf bis zur Mitte des Oberkörpers gezeigt, Mimik und Gestik sind zu erkennen.
- **Groß:** Das ganze Gesicht einer Person (Passfotoausschnitt) ist zu sehen, die Mimik steht im Mittelpunkt.
- **Detail:** Nur ein Ausschnitt einer Person oder eines Gegenstandes ist zu sehen. Diese Einstellung eignet sich, um etwas sehr deutlich zu zeigen, aber auch zur Verrätselung oder Verfremdung.

Bei der **Kameraperspektive** unterscheidet man zwischen „Aufsicht" (auch „Vogelperspektive" genannt), „Untersicht" („Froschperspektive") oder „Normalsicht" (in Augenhöhe).

5 Arbeitstechniken und Methoden

5.1 Techniken des Mitschreibens

▷ S. 38–41

- nur das Wesentliche mitschreiben
  (Aber Vorsicht: Lieber zu viel als zu wenig mitschreiben.)
- klar und kurz formulieren (häufig Stichpunkte möglich)
- **Abkürzungen** verwenden und Zusammenhänge durch geeignete **Zeichen** (z. B. Pfeile) deutlich machen
- Aufzeichnungen inhaltlich und **optisch ordnen,** z. B. durch Nummerierungen, Spiegelstriche
- **Wichtiges hervorheben,** z. B. durch Unterstreichungen, durch ein Ausrufezeichen
- Raum (z. B. eine Randspalte) für nachträgliche Ergänzungen lassen
- Ergebnisse von Abstimmungen in Zahlen festhalten
- wichtige Gesprächsbeiträge mit Namen der Sprecherin/des Sprechers notieren
- Methoden (Diskussion, Medien wie OH-Projektor, Tafel etc.) vermerken

5.2 Tipps zur Informationsrecherche

- **Bibliothek:**
  Der OPAC (Online Public Access Catalogue) gibt Auskunft über den gesamten Medienbestand der betreffenden Bibliothek und funktioniert ähnlich wie eine Suchmaschine im Internet. Auf dem Bildschirm erscheinen Suchmasken, hier kannst du verschiedene Suchbegriffe eingeben, z. B. ein bestimmtes Schlagwort, den Namen eines Autors oder einen Buchtitel.

- **Bücher/Zeitschriften:**
  Das Inhaltsverzeichnis und/oder das Register zeigen dir, ob das Informationsmaterial für deine Zwecke brauchbar ist. Schreibe wichtige Informationen heraus und notiere dir die Textquelle. Wichtige Beiträge kannst du auch für deine Materialsammlung kopieren.

- **Lexika/Enzyklopädien:**
  In einem gedruckten Nachschlagewerk führen dich so genannte Querverweise (→) zu anderen Artikeln, in denen du weiterführende Informationen findest. In einem elektronischen Lexikon nennt man diese Querverweise Links.

- **Internet:**
  Um im Internet gezielt nach Informationen zu suchen, braucht man die Hilfe von Suchmaschinen, z. B. www.google.de. Um tatsächlich fündig zu werden, musst du dir geeignete Suchbegriffe überlegen. Die Suchmaschinen ordnen die gefundenen Links nach Wichtigkeit. Oft kann man an den Adressen und den mitgelieferten Kurzbeschreibungen erkennen, ob eine Seite brauchbar ist.

5.3 Informationsmaterial auswerten

▷ S. 87

Beim Auswerten eures Informationsmaterials wendet ihr die üblichen Textbearbeitungsmethoden an.

- Markiert auf einer Kopie oder auf einem Ausdruck der Texte die wichtigsten Informationen.
- Notiert am Rand Stichwörter, sodass ihr den Inhalt der Texte überblicksartig erfassen könnt.
- Verseht unbekannte Wörter und unverständliche Textstellen mit einem Fragezeichen und klärt ihren Sinn. Schlagt z. B. in einem Wörterbuch oder in einem Lexikon nach.
- Fasst die wesentlichen Informationen mit euren eigenen Worten zusammen.
- Schreibt Sätze, die ihr zitieren wollt, wörtlich heraus und notiert euch die Quelle.
- Wichtige Texte oder Statistiken solltet ihr für eure Stoffsammlung kopieren oder ausdrucken.

5.4 Diagramme auswerten

▷ S. 295, 309

- Lest den Titel des Diagramms und die übrigen Eintragungen. Wozu macht das Diagramm Aussagen, was wurde untersucht? Für welche Zeit und welche Personen(gruppen) gilt es?
- Untersucht, welche Angaben auf der x-Achse und welche auf der y-Achse vermerkt sind.
- Prüft bei Zahlenangaben, um welche Einheiten es sich handelt (z. B. absolute Zahlen oder Prozentzahlen). Wie groß war die Zahl der Befragten/Stichproben?

5.5 Texte am PC überarbeiten

Rechtschreibüberprüfung am Computer

▷ S. 44–47

Korrekturhinweise gibt das Programm „Word“ unter „Extras“ → „Rechtschreibung und Grammatik“.
Während der Rechtschreibüberprüfung werden die Wörter in eurem Dokument mit den Einträgen im Wörterbuch des Programms verglichen. Da dieses Wörterbuch jedoch nur die gebräuchlichsten Wörter enthält, werden oft Eigennamen und Fachbegriffe als Fehlerwörter markiert, obwohl diese korrekt geschrieben sind.
Andererseits erkennt das Rechtschreibprogramm viele Fehler nicht, z. B. das/dass-Fehler, falsche Wortendungen, falsche Groß- oder Kleinschreibung, falsche Zeichensetzung usw. Überprüft also jedes markierte Wort und schlagt im **Wörterbuch** nach, wenn ihr unsicher seid.

„Allerweltswörter" mit Hilfe des Thesaurus ersetzen

▷ S. 44–47

Die meisten Textverarbeitungsprogramme bieten einen **Thesaurus** (griech.: Wortschatz) an. Der Thesaurus ist eine Art Wörterbuch sinnverwandter Wörter, mit dessen Hilfe man häufig benutzte Wörter wie „sagen" durch sinnverwandte Wörter ersetzen kann. Den Thesaurus findet ihr unter „Extras" → „Sprache".

Layout-Gestaltung am Computer

▷ S. 44–47

Die Breite der **Seitenränder** könnt ihr unter „Datei" → „Seite einrichten" festlegen.
Die **Schriftgröße** findet ihr unter „Format" → „Zeichen" → „Schriftgrad".
Die **Schriftart** wird unter „Format" → „Zeichen" → „Schriftart" aktiviert.
Es gibt unterschiedliche **Hervorhebungen.** Unter „Format" → „Zeichen" findet ihr verschiedene Möglichkeiten, z. B. **fett** oder *kursiv.*
Den **Zeilenabstand** könnt ihr unter „Format" → „Absatz" → „Zeilenabstand" einstellen.

5.6 Schreibkonferenz

▷ S. 285

1. Eigene Textproduktion
Vor Beginn der Schreibkonferenz verfasst ihr selbst Texte. Die können ganz unterschiedlich aussehen, z. B.: Beschreibungen, Berichte, Textzusammenfassungen, Gedichte ...
Wichtig: Damit genügend Platz für die Korrekturen bleibt, klebt euren Text auf ein DIN-A3-Blatt oder lasst beim Schreiben rechts und links einen breiten Rand für Anmerkungen frei.

2. Gruppenbildung
Teilt euch in Arbeitsgruppen zu höchstens vier Personen auf. Die Gruppenbildung kann durch Los- bzw. Auszählverfahren oder durch freie Einteilung erfolgen.

3. Konferenzrunde
Lest in der Arbeitsgruppe eure Texte vor. Die anderen hören aufmerksam zu und können anschließend Fragen zum Textverständnis stellen.
Durch Markierungen und Notizen am Textrand werden dann Verbesserungsvorschläge gemacht. Ihr könnt Korrekturzeichen verwenden, z. B. I (Inhalt/Aufbau/Logik), A (Ausdruck), T (Tempus), Sb (Satzbau/Satzverknüpfungen), R (Rechtschreibung), Z (Zeichensetzung).
Wichtig: Vergesst nicht zu sagen, was euch an den Texten gefällt.

4. Textüberarbeitung
Der Text geht an die Verfasserin oder an den Verfasser zurück. Diese/r schreibt den Text noch einmal ab und berücksichtigt dabei die Verbesserungsvorschläge aus der Konferenzrunde. Ihr könnt eure Texte auch mit Hilfe des Computers überarbeiten.
Wichtig: Verbesserungsvorschläge können von der Verfasserin oder vom Verfasser auch abgelehnt werden, wenn es Gründe dafür gibt.

5.7 Texte erschließen

Wenn du Inhalte eines Sachtextes erschließen und behalten willst, musst du die wichtigsten Aussagen des Textes auf eine einprägsame Art markieren. Oft wird viel zu viel markiert, sodass bei einer Wiederholung der gesamte Text erneut gelesen werden muss. Markierungen sollten dazu dienen, dass die Kerninhalte möglichst schnell wieder im Gedächtnis wachgerufen werden. Eine bewährte Methode des Markierens ist die Drei-Stufen-Methode:

- **1. Stufe: Überfliegendes Lesen**
  Lies den Text zügig und markiere dir mit einem Fragezeichen am Rand unbekannte oder unklare Begriffe. Wenn es möglich ist, kläre sie durch Nachschlagen oder Nachfragen. Knappe Erklärungen oder Synonyme schreibst du an Stelle des Fragezeichens (radieren) an den Rand.
- **2. Stufe: Genaues Lesen**
  Lies den Text gründlich ein zweites Mal und unterstreiche mit einem Bleistift (mit Hilfe des Lineals) wichtige Aussagen. Bereits hier solltest du so wenig wie möglich unterstreichen.
- **3. Stufe: Konzentration auf Kernwörter**
  Hebe aus den mit Bleistift markierten Stellen nur die Kernwörter durch einen Textmarker hervor. Die Nebeninformationen kannst du mit einem feinen Filzstift markieren. Benutze zwei verschiedene Farben für Textmarker und Filzstift (am besten Gelb und Rot). Auch hier gilt: Lieber noch einmal aus den Bleistiftmarkierungen auswählen als zu viel markieren.

5.8 Ein Referat halten

▷ S. 87–89

Einleitung
- Nenne deine wichtigsten Ziele.
- Gib einen Überblick über das Thema deines Referats.
- Nenne allgemein Bekanntes.

Hauptteil
- Lesende können zurückblättern, Hörende nicht. Wiederhole deshalb wichtige Informationen.
- Erkläre Fachbegriffe.
- Antworte auf: Was? Wer? Wo? Wie? Warum?
- Schreibe wichtige Schlüsselwörter oder Gliederungspunkte an die Tafel oder benutze eine Overheadfolie.
- Verwende dein Anschauungsmaterial.

Schluss
- Knüpfe wieder an den Anfang an: Fasse die wichtigsten Punkte zusammen.
- Gib eine persönliche Einschätzung.

Tipps für den Vortrag
- Versuche, frei vorzutragen, und orientiere dich dabei an deinen Notizen.
- Sprich langsam und deutlich und versuche, sinnvolle Pausen zu machen.
- Blicke dein Publikum an, dann siehst du auch, ob es Zwischenfragen gibt.

Tzara, Tristan (1869–1963)
220 Um ein dadaistisches Gedicht zu machen
aus: Sieben Dada-Manifeste. Edition Nautilus, Hamburg 1984

Ulrichs, Timm (*1940)
216 ebbe – flut
217 denk-spiel (nach descartes)
221 ordnung – unordnung
aus: konkrekte poesie. Anthologie von eugen gomringer. Reclam Verlag, Stuttgart 1972, S. 141, 140, 144

Urlaub, Farin (*1963)
134 Alle dasselbe
aus: dem Booklet der CD „Der Sonne am Ende. Alle Songs" (2005)

Valentin, Karl (1882–1948)
226 Ritter Unkenstein
aus: Sämtliche Werke in acht Bänden. Bd. 5. Piper Verlag, München 1997, S. 250–271

Weindl, Fridolin
69 Was heißt denn hier „zelten"?
aus: Süddeutsche Zeitung vom 17. 5. 2005

Wigg, Ponzauer (= Ludwig Gruber, 1922–2005)
152 D'Hoamatsprach und Muadasprach!
aus: Bei uns dahoam. Verlag Rudolf Vierlinger, Sinnbach am Inn 2002, S. 10

Wirth, Armin
71 Wild Ice
aus: abenteuer reisen, Januar 2003, S. 104–108

Wohmann, Gabriele (*1932)
249 Die Klavierstunde
aus: Erzählungen. Verlag Langewiesche-Brandt, Ebenhausen 1966

Wolf, Ror (*1932)
213 Hallo, Köln
aus: Das nächste Spiel ist immer das schwerste. Haffmanns Verlag, Zürich 1990, S. 210–213

Zausper, Andreas Dominikus
151 Die baierische Mundart
aus: Baierisches und oberpfälzisches Wörterbuch mit Sprichwörtern und Volksliedern von Andreas Dominikus Zausper. Hrsg. von Alfons Huber. Morsak Verlag, Grafenau 1986

Zotter, Geri
221 Die Brücke
aus: Anspiel. Konkrete Poesie im Unterricht Deutsch als Fremdsprache. Hrsg. von Dietrich Krusche und Rüdiger Krechel. Verlag Inter Nationes, Bonn 1988, S. 4

Unbekannte/ungenannte Autorinnen und Autoren

174 An der Rezeption
aus: Süddeutsche Zeitung vom 18. 6. 2004, S. 18

302 Angst entsteht schon im Kindesalter
aus: Presseerklärung von pro-Dente, Köln, vom 8. 12. 2004

158 Bayerische Doppelvokale und ihre hochdeutsche Entsprechung
aus: Franz Ais Ringseis: Ringseis' Bayerisches Wörterbuch. Wortschatz – Worterklärung – Wortschreibung. Verlagsanstalt Bayernland, Dachau 2004, S. 26

136 CD-Review Farin Urlaub
aus: www.laut.de (Stand: 8. 8. 2005)

94 Chronik der Mondlandungen
aus: Fernand Salentiny: DuMonts Enzyklopädie der Seefahrer und Entdecker. Hrsg. und ergänzt von Werner Waldmann. DuMont monte-Verlag, Köln 2002, S. 68

296 Crash-Drama
aus: Express vom 3. 8. 2005

133 Der Wortschatz des Deutschen in Zahlen
aus: Das Fremdwörterbuch. Duden Bd. 8. Bibliographisches Institut und F.A. Brockhaus, Mannheim 2005, S. 318 f.

132 Die Geschichte der deutschen Sprache
Nach: Schülerduden Wortgeschichte. Bearbeitet von Jürgen Folz. Dudenverlag, Mannheim/Wien/Zürich 1987, S. 24–30

95 Die Mondphasen
aus: www.kindernetz.de (Stand: 16. 12. 2005)

80 Ein Menschheitstraum geht in Erfüllung: Raumfahrt
nach: Bertelsmann Jugendlexikon. Wissen Media Verlag, Gütersloh/München 2001, S. 522 f. (gekürzt und ergänzt)

182 Es fängt so harmlos an ...
nach: Alkohol. Materialien für die Suchtprävention in den Klassen 5–10. Hrsg. von der Bundeszentrale für gesundheitliche Aufklärung, Köln 2004, S. 131, Materialbogen 21.2

136 Gemischte Antipasti
nach: www.zdf.de (Stand: 9. 10. 2005)

83 Hallo? Ist da jemand?
aus: Ulrich Janssen/Ulla Steuernagel: Die Kinder-Uni. Forscher erklären die Rätsel der Welt. Deutsche Verlags-Anstalt, München 2004, S. 206–211

174 In Vaters Heimat
aus: Süddeutsche Zeitung vom 18. 6. 2004, S. 18

83 Japanischer Konzern plant Weltraumhotel
aus: www.geo.at (Stand: 20. 6. 2005)

137 Jill Sander, Modeschöpferin aus Hamburg, zum Thema Mode
aus: www.vds-ev.de (Stand: 24. 9. 2005)

215 Lexikoneintrag Füllhorn
aus: Lexikon der sprichwörtlichen Redensarten. Herder Verlag, Freiburg im Breisgau 2003, S. 1938

150 Lexikoneintrag Sprache
aus: Bertelsmann Jugendlexikon. Wissen Media Verlag, Gütersloh/München 2001, S. 609

82 Nutzen der Weltraumfahrt
nach: Bertelsmann Jugendlexikon. Wissen Media Verlag, Gütersloh/München 2001, S. 523

142 Regeln Jugend debattiert
aus: www.jugend-debattiert.de (Stand: 2. 11. 2005)

171 Superlative des Laufsports
nach: Geolino, Nr. 6/2005, S. 10

91 Tausende Tonnen Weltraummüll
aus: Das Universum. Fleurus Verlag, Köln 2004, S. 168

53 Urlaub an Nord- und Ostsee
aus: http://channl1.aolsvc.de (Stand: 12. 6. 2005)

53 Urlaub im Nationalpark
aus: www.Bayernwald-info.de (Stand: 12. 6. 2005)

280 Was ist relativ an der Relativitätstheorie?
nach: www.hr-online.de (Stand: 15. 12. 2005)

276 Wer ist Albert Einstein?
nach: www.wikipedia.de (Stand: 20. 12. 2005)

S. 9 oben links u. unten rechts: Cinetext/Allstar; oben **rechts:** picture-alliance/akg-images/Erich Lessing;
S. 9 unten links u. Hintergrund, 81, 130, 293 oben, 298: picture-alliance/dpa/dpaweb
S. 11: Arco/Hütter
S. 17: David Ausserhofer/JOKER
S. 23: akg-images/ Jean-Paul Dumontier
S. 26, 189, 197, 200, 203 unten, 220: akg-images
S. 28, 31, 147, 207, 208, 209, 211, 250: Artothek
S. 28, 31, 220, 250: VG Bild-Kunst, Bonn 2006
S. 35: Paul Schirnhofer/Agentur Focus
S. 37, 99, 226-241, 304: Thomas Schulz, Berlin
S. 53 links: Horst Jegen/Keystone, **rechts:** picture-alliance/HB-Verlag
S. 64: Gisela Mehren
S. 65: Rainer Jahns
S. 69, 79 links oben, 80 oben, 134, 164, 172, 186 Mitte, 191, 225 links, 245, 253, 256, 258, 272, 293 unten: picture-alliance/dpa
S. 71: Volkhard Binder, Berlin
S. 79 rechts unten: picture-alliance/akg-images; **Hintergrund:** images.de/KPA, Berlin, Germany
S. 80 unten: Wissen Media Verlag GmbH
S. 82, 292, 320: picture-alliance/ZB
S. 84: Science Photo Library/Agentur Focus
S. 85: picture-alliance/Picture Press/NASA/VRS
S. 88 links: Cinetext; **rechts:** © Bridgemanart.com
S. 132: Matthias Kulka
S. 140: Jochen Tack
S. 142: dpa, Berlin
S. 153, 156: Bayerische Staatsbibliothek München
S. 154: Weissbach/teamwork
S. 155: Bayerischer Rundfunk, „Schweig, Bub!"
S. 159: Birgit Neiser, Reitham
S. 163: Leopold-Franzens-Universität Innsbruck
S. 165, 190, 194, 246, 247, 270, 276: ullstein bild
S. 166, 178: Ute Reutin-Hoffmann, Vaterstetten
S. 186 links: TV-yesterday; **rechts:** Hamburgische Landesstelle für Suchtfragen e. V.
S. 193: Herzog August Bibliothek, Wolfenbüttel
S. 202: Bildarchiv Preußischer Kulturbesitz
S. 203 oben: akg-images/Erich Lessing
S. 205 oben: Libor Svacek, Cesk Krumlov, **rechts unten:** Schapowalow
S. 206: Stadtmuseum Ingolstadt
S. 213: Jochen Tack, Essen
S. 225 rechts: picture-alliance/akg-images
S. 249: Holger André, Berlin
S. 254: KNA-Bild, Frankfurt/Main
S. 264: ullstein – Keystone
S. 265: ullstein – KPA
S. 266, 268: ullstein – P/F/H
S. 267: ullstein – R. Janke
S. 273: Ute Voigt/direktfoto 2004
S. 275: picture alliance/Helga Lade GmbH, Germany
S. 277 oben: picture alliance/KPA/HIP/Ann Ronan Picture Library; **unten:** ullstein – AKG
S. 282: ullstein – dpa (85)
S. 283: ullstein – Tappe
S. 284: ullstein – Will
S. 280: Volkmar Schulz/Keystone
S. 288 links: Süddeutsche Zeitung, Titelseite 20.04.2005, Süddeutsche Zeitung GmbH, München, **rechts:** Fränkischer Tag, Titelseite 20.4.2005, Fränkischer Tag GmbH & Co. KG, **Mitte:** Bild, Titelseite 20.4.2005, Axel Springer AG, Berlin
S. 295: Globus Infografik, Hamburg
S. 296: Dave Abel/Toronto Sun/WPN/Agentur Focus
S. 299: images.de, Berlin, Germany
S. 302: ullstein bild – Krass/CARO
S. 303: Jan Potente/Das Fotoarchiv
S. 305: Sebastian Moll, New York
S. 307: Bravo, Nr. 51/2005 Heinrich Bauer Zeitschriften Verlag KG; GameStar, 1/2006, IDG Entertainment Verlag, München; GEO, Nr. 12/2005, Verlagshaus Gruner + Jahr AG & Co KG, Hamburg; Jolie, Juni 2006, Axel Springer Young Mediahouse GmbH, München Hamburg; Gala Nr. 50/2005, Norddeutschen Verlagsgesellschaft mbH, Hamburg; Kicker, 51/2005, Olympia-Verlag GmbH, Nürnberg; Motorrad, Nr. 26/2005, Motor Presse Stuttgart GmbH & Co. KG, Stuttgart; TV-Movie, 25/2005, Heinrich Bauer Programmzeitschriften Verlag, Hamburg; Neue Post, Nr. 51 14. Dezember 2005 Heinrich Bauer Zeitschriften Verlag KG; PC Magazin 01/2006, WEKA Computerzeitschriften-Verlag GmbH; Wirtschaftswoche, Nr. 50/2006, Verlagsgruppe Handelsblatt GmbH, Düsseldorf; Der Spiegel, Nr. 50/2005, Spiegel-Verlag, Hamburg
S. 310 oben links: P.M. Magazin, Nr. 10/2001, SPL/Agentur Focus, Hamburg, Picture Press, Hamburg; oben rechts: GEO, Nr. 12/2005, Verlagshaus Gruner + Jahr AG & Co KG, Hamburg; **unten links:** Gala Nr. 50/2005, Norddeutsche Verlagsgesellschaft mbH, Hamburg; **unten rechts:** View, Nr. 12, Dezember 2005, View Magazin GmbH, Hamburg
S. 311: Cinetext
S. 312 oben: Der Spiegel, Nr. 15/1992, Spiegel-Verlag, Hamburg
S. 312: Paul Glaser Pressefoto, Berlin
S. 313: Peter Widmann, Tutzing

Nicht in allen Fällen war es möglich, die Rechteinhaber der Abbildungen ausfindig zu machen. Berechtigte Ansprüche werden im Rahmen der üblichen Vereinbarungen abgegolten.

Theaterstücke

Zeitschriften- und Zeitungsartikel

SACHREGISTER

A

B

Zu diesem Buch gibt es ein passendes Arbeitsheft (978-3-464-60360-4), eine begleitende Lernsoftware (Home-Einzel-Lizenz: 978-3-464-60047-4) sowie ein Hörbuch (978-3-464-60377-2).

Redaktion: Kirsten Krause
Bildrecherche: Eireen Junge
Illustrationen:
Uta Bettzieche (S. 133, 144, 145, 149, 151, 152, 157)
Thomas Binder (S. 86, 93, 95, 242, 280)
Maja Bohn (S. 13, 54, 55, 58, 67, 74, 94, 96, 218, 263)
Steffen Faust (S. 101, 103, 105, 108)
Nina Pagalies (S. 42, 45, 48, 49, 127, 168, 170, 171, 174, 182)
Juliane Steinbach (S. 223)
Dorina Teßmann (S. 113–115, 117–120, 123, 126)
Umschlaggestaltung und Layoutkonzept: Katharina Wolff (Umschlagfoto: Thomas Schulz; Illustration: Nina Pagalies)
Layout und technische Umsetzung: werkstatt für gebrauchsgrafik, Berlin

www.cornelsen.de

Dieses Werk berücksichtigt die Regeln der reformierten Rechtschreibung und Zeichensetzung. Bei den mit [R] gekennzeichneten Texten haben die Rechteinhaber einer Anpassung widersprochen.

1. Auflage, 7. Druck 2016

Alle Drucke dieser Auflage sind inhaltlich unverändert und können im Unterricht nebeneinander verwendet werden.

Druck: Mohn Media Mohndruck, Gütersloh

ISBN 978-3-464-60354-3

PEFC
PEFC/04-31-1033

PEFC zertifiziert
Dieses Produkt stammt aus nachhaltig bewirtschafteten Wäldern und kontrollierten Quellen.

www.pefc.de